当代西方经济学原理

（第七版）

丁 冰　方 兴◎编 著

首都经济贸易大学出版社

Capital University of Economics and Business Press

·北 京·

图书在版编目（CIP）数据

当代西方经济学原理/丁冰，方兴编著. --7版. --北京：首都经济贸易大学出版社，2019.9

ISBN 978-7-5638-2987-3

Ⅰ．①当… Ⅱ．①丁… ②方… Ⅲ．①西方经济学 Ⅳ．①F091.3

中国版本图书馆 CIP 数据核字（2019）第 167142 号

当代西方经济学原理（第七版）

丁　冰　方　兴　编著

责任编辑	晓　地
封面设计	砚祥志远·激光照排　TEL：010-65976003
出版发行	首都经济贸易大学出版社
地　　址	北京市朝阳区红庙（邮编 100026）
电　　话	(010) 65976483　65065761　65071505（传真）
网　　址	http://www.sjmcb.com
E－mail	publish@cueb.edu.cn
经　　销	全国新华书店
照　　排	北京砚祥志远激光照排技术有限公司
印　　刷	北京九州迅驰传媒文化有限公司
开　　本	710 毫米×1000 毫米　1/16
字　　数	352 千字
印　　张	20
版　　次	1988 年 8 月第 1 版　**2019 年 9 月第 7 版**　2020 年 12 月总第 31 次印刷
书　　号	ISBN 978-7-5638-2987-3/F·1627
定　　价	39.00 元

序

现代西方经济学，就其所研究的范围和分析的经济变量关系问题而论，已区分为"微观经济学"和"宏观经济学"。前者是由 19 世纪 70 年代西方经济学学说史上出现所谓"边际主义革命"，直到马歇尔最后形成的"新古典学派"而奠定其理论基础的；后者是由 20 世纪 30 年代出现"凯恩斯革命"，在凯恩斯的《就业、利息和货币通论》中开创的宏观经济分析方法而逐渐形成其理论基础的。

微观经济学关心社会中的个人和各组织之间的交换过程，它研究的基本问题是资源配置的决定，其基本理论就是通过供求来决定相对价格的理论。所以，微观经济学研究的主要范围包括消费者选择、厂商进行的供给和收入分配。但是，西方经济学中的微观经济分析，对如何最优决定经济中的资源配置，是否能够给予普遍指导，以及按照这样的一种研究方法会出现哪些问题，这些在西方经济学界正展开热烈讨论。有的经济学者已强调，虽然经济学家们力图用比较抽象的理论和模式，表达对与资源配置有关的一般性问题的分析，但是资源配置的主要问题（任何社会的稀少资源在竞争活动的复杂性中，如何可能或应当加以分配）是处在政治争论和公众利害关系等许多领域的中心。所以，资源配置决策可能是极端复杂的、政治性的和主观的。

宏观经济学关心整个经济的行为和运行，它所研究的主要范围包括产量和就业的水平，一般物价水平及其变动率（即通货膨胀），国际收支和经济增长。关键问题集中于 3 个方面：①什么决定就业水平？②什么决定通货膨胀率？③政府在解决整个经济中的就业水平和通货膨胀率方面能起什么作用？

在 20 世纪 30 年代早期，资本主义世界经济大萧条之前，大多数经济学家并未把失业看成是一个重大问题，他们相信资本主义经济总是倾向于充分就业均衡状况。1936 年，凯恩斯出版了《就业、利息和货币通论》，他论证了 30 年代资本主义经济大萧条是投资水平显著下降的结果，失业反映了总需求不足的状态。因此，凯恩斯提出产量和就业的总水平决定于总有效需求的收入决定理论，而对新古典派乃至以前经济学家的信条——在经济中将存在保证充分就业均衡趋势的自动机制却表示怀疑。凯恩斯的这部著作对当时经济学家和政策制定者有着深刻影响，他们都主张采取积极的需求管理政策来抵消经济活动水平的波动，并使经济保持在高度的、稳定的就业水平上。在20世纪50年代和60年代，凯恩斯经济学成为盛行的正统学派，凯恩斯主义者都倾向于强调相机抉择的财政政策的作用（即变动政府支出和税率），相信财政政策变化比货币政策变化能够对经济活动起更强有力和更迅速的作用。

然而，到了20世纪60年代末期和70年代早期，由于许多资本主义国家经济出现停滞膨胀（高失业水平和高通货膨胀率两者同时并存），传统的凯恩斯主义政策不得不失灵，从而导致了对凯恩斯主义正统观念的怀疑。因此，70年代，宏观经济思想产生了以美国芝加哥大学米尔顿·弗里德曼教授为首的所谓货币主义的"反对革命"。这种"反对革命"导致了对货币的效力和货币政策作用重要性的信赖及其复兴。货币主义的主要信条之一是，除非受着不稳定的货币增长的扰乱，先进资本主义国家的经济是内在稳定的，当受到某些扰乱时，这些国家的经济将迅速恢复到在自然失业率中的长期均衡附近。就是说，在货币主义者看来，资本主义经济基本上能自行稳定在自然失业率上，因而，从长远来看，不存在通货膨胀与失业之间的交替关系，即长期菲利浦斯曲线是垂直的。

与货币主义者的观点形成对比，大多数凯恩斯主义者则倾向于相信长期菲利浦斯曲线不是垂直的，政府能够而且应当通过相机抉择的需求管理政策，来寻求一个失业目标。凯恩斯主义者认识到，由于失业与通货膨胀之间的交替关系，实行这样的需求管理政策将使通货膨胀卷入，但他们倾向于相信长期菲利浦斯曲线通过价格和收入政策的采用，会被向下移动（即实现在任何既定的失业水平上的较低的通货膨胀率）。而且，现代凯恩斯主义者还认识到，既需要需求方面的政策，又需要供给方面的政策来帮助稳定资本主义经济。

在宏观经济学中，最近已出现两个方面的发展：一是新古典派宏观经济学；二是供给学派经济学。

新古典派宏观经济学是从20世纪70年代货币主义宏观经济学中发展起来的。原来，货币主义者还承认总需求政策可以被用来影响短期的产量和就业水平（他们只对凯恩斯主义者关于需求管理的长期影响的论点表示怀疑），可是现在，新古典派宏观经济学却断定，即使在短期内，总需求政策变化也不可能影响产量和就业。构成新古典派宏观经济学的基础有3个假设：①合理预期；②持续的市场出清；③总供给曲线的性质（居民户和厂商所采取的合理决策反映了他们的最优化行为，以及居民户和厂商对劳动和产出量的供给取决于相对价格）。

供给学派经济学也是20世纪70年代作为传统凯恩斯主义经济学（需求

方面的强调）的替换者而发展起来的，它强调微观经济政策对增加潜在的产量供给和减少失业的重要性。供给学派经济学家认为，总产量和总就业主要决定于微观经济因素，这个因素决定总供给。总供给由厂商进行的生产要素组合而得出，而供给方面的政策基本上是指向增加总供给的微观经济政策，即改变个人和各厂商对变动中的环境和市场需求所作出的反应。例如，提高个人的微观经济刺激以提供劳动，增加各厂商的微观经济刺激以需求劳动力。再如，英国保守党政府供给方面的政策，正是把私有化（非国有化）作为使商品、劳务、资本等市场更有效率地运行的方式。

虽然现代西方经济学中的微观经济学和宏观经济学在不断演变中，但是许多经济学者都认为，就整体说来，他们的"经济学处在危机中"，他们自己正议论纷纷。有人断言："当前的'经济学危机'乃是基本假定、范例、'体系'的失败，而不是这个或那个理论的失败。"有的经济学家，如美国罗格斯大学阿弗雷德·艾克纳教授甚至认为，西方经济学尚未成为真正科学，因为要证实理论上的任何命题，逻辑检验是必要的，但不是充分的，重要的还必须进行一系列的、实质上属于经验的检验。与此同时，社会科学理论还需要进行实践检验，即必须说明理论对社会的影响，必须接受理论指导下的政策，必须证实预期的结果，但西方经济学迄今并未完全做到。

尽管如此，我们注意了解现代西方经济学基本原理，在马克思主义指导下，进行实事求是的研究，有分析、有批判地看待西方经济学及其演变，去粗取精、去伪存真，这对于我们当前在进行经济体制改革过程中所面临的理论上的挑战和创新，不是没有可供借鉴或参考作用的。丁冰教授编写的《当代西方经济学原理》这本教科书正是对达到上述目的而颇有帮助的。

胡代光
1988 年 3 月 6 日

目　录

第七版前言 ·· 1

导　言 ·· 1

上篇　微观经济学

第一章　供求的一般理论 ···························· 13
　第一节　需求的基本原理 ························ 13
　第二节　供给的基本原理 ························ 18
　第三节　弹性分析 ······························ 22
　第四节　均衡价格 ······························ 30
　第五节　蛛网理论 ······························ 34

第二章　消费理论 ·································· 38
　第一节　边际效用原理 ·························· 38
　第二节　无差异曲线 ···························· 43
　第三节　预算线和消费者均衡 ···················· 49
　第四节　收入和价格变化对消费的影响 ············ 53
　第五节　不确定性与风险 ························ 61

第三章　生产理论 ·································· 67
　第一节　生产和生产函数 ························ 67
　第二节　有一个可变投入的生产 ·················· 71
　第三节　资源的最佳配置 ························ 74
　第四节　生产均衡的改变 ························ 81
　第五节　规模经济 ······························ 83
　第六节　生产可能性曲线 ························ 85

第四章　成本与利润最大化 ················· 90
　　第一节　成本的含义和种类 ··············· 90
　　第二节　各种成本曲线 ················· 94
　　第三节　收益与利润最大化 ··············· 103

第五章　市场理论 ··················· 107
　　第一节　完全竞争市场中的厂商均衡 ··········· 107
　　第二节　完全垄断市场中的厂商均衡 ··········· 111
　　第三节　垄断竞争市场中的厂商均衡 ··········· 114
　　第四节　寡头市场中的厂商均衡 ············· 118
　　第五节　博弈论 ··················· 124

第六章　分配理论 ··················· 131
　　第一节　生产要素价格的均衡 ·············· 131
　　第二节　工资理论 ·················· 135
　　第三节　利息理论 ·················· 139
　　第四节　地租理论 ·················· 142
　　第五节　利润理论 ·················· 145
　　第六节　洛伦茨曲线和基尼系数 ············· 149

第七章　一般均衡与帕累托最适度 ············· 152
　　第一节　一般均衡论 ················· 152
　　第二节　帕累托最适度 ················ 156
　　第三节　完全竞争与帕累托最适度条件的实现 ······· 160

微观经济学小结 ···················· 163

下篇　宏观经济学

第八章　国民收入分析 ················· 169
　　第一节　收入的流量 ················· 169
　　第二节　收入的构成和决定 ··············· 175

第九章 宏观的就业理论和经济均衡 ················· 184

第一节 社会就业量决定的一般理论 ············· 184

第二节 凯恩斯的有效需求理论 ··············· 188

第三节 两种市场的均衡 ················· 194

第四节 在政府、对外贸易作用和汇率变动下的

收入均衡 ··················· 200

第十章 宏观经济政策 ·················· 214

第一节 宏观财政政策 ·················· 214

第二节 投资乘数的作用 ················· 226

第三节 政府其他财政收支的乘数作用 ··········· 230

第四节 宏观货币政策 ·················· 234

第五节 内在稳定器 ·················· 245

第十一章 通货膨胀与失业 ················ 248

第一节 通货膨胀及其原因的分析 ············· 248

第二节 通货膨胀的后果及对策 ·············· 255

第三节 通货膨胀与失业的交替关系 ············ 258

第四节 经济增长与失业的相互变动关系——奥肯定律 ······ 264

第十二章 经济的波动与增长 ··············· 267

第一节 哈罗德—多马经济增长理论及对经济波动的分析 ····· 267

第二节 新古典经济增长模型和剑桥经济增长模型 ······· 274

第三节 经济增长因素分析论和经济增长有限论 ········ 281

第四节 新经济增长论 ·················· 284

第五节 诺德豪斯增长理论 ················ 288

第十三章 经济周期理论 ················· 291

第一节 经济周期的阶段性和类型 ············· 291

第二节 乘数—加速数的经济周期理论 ··········· 294

第三节 货币的与实际的经济周期理论 ··········· 299

第四节 其他经济周期理论 ················ 303

宏观经济学小结 ··················· 307

第七版前言

本书自 1988 年问世 30 多年来，已 6 次修订再版，至今仍畅销不衰。这首先应归功于出版社在选题、编辑、出版发行等各个环节上的精心策划和组织安排，以及同行专家、广大读者、朋友们的厚爱与支持，在此特表示衷心感谢。

本书最近一次即第 6 次修订再版是在 2012 年 4 月完成的。自那以后的 7 年多时间里，国内外政治经济形势都发生了巨大变化。首先是国内以党的十八大、十九大成功召开和实践为标志，中国已从站起来、富起来，快速地进入了强起来的新时代，并确立了习近平新时代中国特色社会主义思想为党的指导思想。全党全国人民正在这一思想的指引下，意气风发地为实现"两个一百年"和中华民族伟大复兴的中国梦而奋力拼搏。其次在国际上，正面临百年未有的大发展、大变局、大调整时期，各国竞争日趋激烈，保护主义、单边主义、霸凌主义甚嚣尘上。在此形势下，我们一定要不忘初心，牢记使命，坚持改革开放，坚持和平的外交方针，特别是要积极推动深得人心的共商共建共享的"一带一路"建设，最大限度地团结世界各个国家和人民共同构建人类命运共同体。作为我国高校重要课程教材的《当代西方经济学原理》一书，自然需适应这一形势和使命的需要而进行相应的修订。此次主要修订之处：一是对"导言"补充了近 3000 字，同时相应删去了原有的少许段落，并明确指出，本课程在我国也是思政课的一个组成部分，必须全面贯彻党的教育方针；二是补充了 2018 年诺贝尔经济学奖获得者诺德豪斯的经济增长理论；三是对美国和其他发达国家近 6 年多来财政收支和债务状况做了延续性的补充。

我现已年迈力衰，特邀请年富力强的、既熟稔西方经济学，又长于金融学的首都经济贸易大学方兴教授与自己合作，共同进行此次修订工作。在修订出版中，还得到有关专家领导和郭幸同志的热情支持与帮助，以及首都经济贸易大学出版社领导和同志们的鼓励与大力支持。在此特一一表示深深的敬意和感谢。

著名经济学家胡代光教授为 1988 年初版写的序，现仍具有重要意义，第 7 版自应继续保留。

由于本人水平有限，书中难免会有不足之处，敬请专家、读者批评指正。

丁　冰

2019 年 6 月于

首都经济贸易大学经济学院

导　言

　　中华人民共和国成立 70 年来，经过波澜壮阔的奋斗历程，中国现已从站起来、富起来，进入强起来的中国特色社会主义新时代。存在决定意识，我国新时代的西方经济学教学与研究工作，理所当然地需要以新时代的新思想，即 21 世纪马克思主义中国化的习近平新时代中国特色社会主义思想为指导，正确对待西方经济学。

　　习近平指出："事实一再告诉我们，马克思、恩格斯关于资本主义社会基本矛盾的分析没有过时，关于资本主义必然消亡、社会主义必然胜利的历史唯物主义观点也没有过时。这是社会历史发展不可逆转的总趋势，但道路是曲折的。资本主义最终消亡、社会主义最终胜利，必然是一个很长的历史过程。我们要深刻认识资本主义社会的自我调节能力，充分估计到西方发达国家在经济科技军事方面长期占据优势的客观现实，认真做好两种社会制度长期合作和斗争的各方面准备。在相当长时期内，初级阶段的社会主义还必须同生产力更发达的资本主义长期合作和斗争，还必须认真学习和借鉴资本主义创造的有益文明成果，甚至必须面对被人们用西方发达国家的长处来比较我国社会主义发展中的不足并加以指责的现实。我们必须有很强大的战略定力，坚决抵制抛弃社会主义的各种错误主张，自觉纠正超越阶段的错误观念。最重要的，还是要集中精力办好自己的事情，不断壮大我们的综合国力，不断改善我们人民的生活，不断建设对资本主义具有优越性的社会主义，不断为我们赢得主动、赢得优势、赢得未来打下更加坚实的基础。"同时又说："一些外国学者认为，中国的快速发展，导致一些西方理论正在被质疑，一种新版的马克思主义理论正在颠覆西方的传统理论。"[①] 因此我们一定要坚持道路、理论、制度、文化"四个自信"，坚持以马克思主义为指导，以"一分为二"的科学态度，实事求是地正确对待西方经济学，切忌盲目崇拜或全盘照搬西方经济学。总之，我们既要看到两种制度将同时并存和相互合作、斗争的长期性，又要坚持以"一分为二"的科学态度，正确对待西方经济学。这是我们正确对待和评介西方经济学的基本原

---

① 习近平：《关于坚持和发展中国特色社会主义的几个问题》，《求是》2019 年第 7 期。

则和前提。

所谓西方经济学，一般是指西方资本主义国家的资产阶级经济学。当代资产阶级经济学家认为，经济学是研究稀缺资源在各种可供选择的用途中，进行最有效的配置，以求得人类无限欲望之最大满足为目的的一种社会科学。这表明它是以研究人与物之间的关系为对象，而完全回避了对经济关系的研究，这是片面的。恩格斯指出："经济学所研究的不是物，而是人和人之间的关系。归根到底是阶级和阶级之间的关系。"① 西方经济学既然回避了对经济关系或阶级关系的研究，便为掩盖资本家与工人之间剥削与被剥削的关系提供了最有力的工具。可见，西方经济学，只不过是为资产阶级和资本主义制度服务的经济学。

西方经济学作为一种资产阶级的意识形态，是随着资本主义制度产生、发展而形成和发展起来的。它从萌芽到现在，已有 500 多年的历史了。从 15 世纪到 17 世纪中叶是它的萌芽阶段，即重商主义阶段；17 世纪中叶到 19 世纪初是它的创立和发展阶段，即古典政治经济学占统治地位的时期；19 世纪初到 20 世纪初是它的庸俗化的形成和发展阶段，即传统庸俗经济学占统治地位时期；从 20 世纪 30 年代到现在，乃是当代资产阶级经济学占统治地位的时期。这个时期的资产阶级经济学，我们通常就称为当代资产阶级经济学，或当代西方经济学。

从 20 世纪初期开始，世界政治、经济形势发生了巨大变化，已从自由资本主义时代进入了帝国主义或垄断资本主义时代，资本主义的矛盾发展到了空前尖锐的程度。在 20 世纪 30 年代，资本主义世界爆发了严重的经济危机，事实宣告了传统庸俗经济学鼓吹的所谓资本主义能自动实现充分就业均衡的神话破产。为了振兴资本主义，资产阶级国家政府加强了对经济的干预，国家垄断资本主义发展起来了。为适应这种需要，英国经济学家凯恩斯于 1936 年发表了他著名的《就业、利息和货币通论》（以下简称《通论》）一书，对传统庸俗经济学进行修补，实行了"凯恩斯革命"。从此便产生了所谓凯恩斯主义，并逐渐为大多数资产阶级经济学家所信从。直到现在，凯恩斯主义虽然已经"失灵"了，但在西方经济学界仍然具有很大影响。我们或许可以这样说：在当代西方经济学界，至今还没有出现一个真正划时代的人物和学说能代替凯恩斯的学说和其"一代宗师"的地位。在凯恩斯主义及其学派的形成和发展过程中，与之相伴而起，或与之相抗衡的许多经济学派也纷纷出

---

① 恩格斯：《论马克思的〈政治经济学批判〉》，《马克思恩格斯全集》第 13 卷，人民出版社，1962 年版。

现。论其大者，主要有：凯恩斯学派，其中又可分为新古典综合派和新剑桥学派以及现代凯恩斯主义学派、货币学派、合理预期学派、供应学派、伦敦学派、弗莱堡学派、新制度学派、新制度经济学派、瑞典学派、激进学派、熊彼特的理论体系、罗斯托的"经济成长阶段论"，等等。

因此，当代西方经济学，一般是指自 20 世纪 30 年代以凯恩斯主义的产生为开端而逐渐兴起的、派别众多的、为垄断资本主义服务的资产阶级经济学。进一步讲，当代西方经济学乃是一个极其庞杂的，包括理论经济学和应用经济学在内的资产阶级理论体系。上述各个经济学派的理论观点和方法，则属于理论经济学的范围。尽管它们各有其不同的特点，但有一些基本原理，对许多学派来说却是共有的，或是相近的，对应用经济学来说，也是一个重要的理论基础。这些基本原理按照它们的考察对象和研究方法的不同，大体可以分为微观经济学和宏观经济学两个部分。这便是我们现在所要评介的内容。

微观经济学是指以单个经济单位的经济行为作为考察对象的经济学。例如，研究个别企业、个别家庭、个别生产资源所有者、个别消费者的经济行为，或者研究个别行业、个别市场的经济活动。因此，微观经济学又称个体经济学或个量经济学。微观经济学分析的方法称为个体分析法或个量分析法。

微观经济学虽然是当代西方经济学中理论经济学的一个重要组成部分，但其渊源却可追溯到很多年以前。从历史上看，从事微观经济学研究的，在 19 世纪有奥地利学派、洛桑学派、剑桥学派。如庞巴维克的边际效用价值论、瓦尔拉斯的一般均衡论、克拉克的边际生产力论和马歇尔的均衡价格论等，都是对微观经济的分析。这些对微观经济的分析，至今仍然是微观经济分析的理论基础和主要内容。马歇尔的均衡价格论是以完全竞争为条件的，到了 20 世纪 30 年代，英国的罗宾逊和美国的张伯伦从所谓垄断和垄断竞争条件出发，考察了生产者行为，形成了"厂商理论"，以及英国的希克斯提出了序数效用论，从而修补了传统的微观经济理论。目前，微观经济问题的研究者们，又把这些微观经济理论作了进一步的补充和发展，并以此来解释当前资本主义社会中的垄断与竞争、计划与市场、收入分配与资源配置、消费者行为、投资风险和技术创新、经济增长因素和对价格波动的合理预期等问题。

宏观经济学是与微观经济学相对而言的当代西方经济学中理论经济学的另一个组成部分。它以整个国民经济活动作为考察对象，研究国民经济中各个有关的经济总量及其相互关系和变化。例如，研究一国国民生产总值和国民收入的变动及其与社会就业、财政、金融、通货膨胀、经济波动和经济增长等等之间的关系。因为它是对国民经济的总体或总量进行研究，所以，又称为总体经济学或总量经济学。宏观经济学分析的方法，称为总体分析法或总量分析法。

与微观经济学一样，宏观经济学也有很长的历史渊源。早在17世纪，威廉·配第就开始了对宏观经济的研究。随后，魁奈的《经济表》和亚当·斯密对国民财富的形成与增长、政府收入与居民收入的关系等问题的分析，都是对宏观经济的分析。但最先提出宏观经济学这个概念的，是挪威经济学家、诺贝尔经济学奖第一个获得者雷格纳尔·弗瑞希。他是1933年提出这个概念的。1936年，约翰·梅纳德·凯恩斯的《通论》出版，在这部著作中，凯恩斯以宏观分析方法分析了现代资本主义经济总量现象的问题，提出了不同于新古典学派传统的论点，从而为宏观经济学的体系奠定了理论基础。此后，西方经济学的理论经济学大体就分为微观经济学和宏观经济学两大领域。从事宏观经济学研究的除了凯恩斯学派外，还有货币学派、瑞典学派等等。

当代西方经济学原理的基本内容如上所述。在西方一般大学中，当代西方经济学，特别是它的基本原理部分，乃是一门必修课程。他们认为，经济学是社会科学的"皇后"，现代社会的问题，直接或间接地与经济有关。因此，生活在现代社会的公民，必须接受经济学的学习，才能正确了解社会，处理各种问题；对于从事经济工作的人员来说，只有深入研究经济理论，才能全面了解经济体系如何运行，从而明智地作出正确的决策；对于国家政府来说，他们更需要经济学为自己的经济政策提供某些理论依据或制造辩护舆论，甚至需要从经济学中寻求某些政策建议，以巩固资本主义统治。

那么，我们生活在社会主义的中国，为什么也要学习当代西方经济学呢？

首先，是为了知己知彼，更好地为社会主义现代化建设服务。当代西方经济学是现代资本主义经济在资产阶级经济学理论上的反映，而且它与传统的庸俗经济学不同，不仅具有资产阶级庸俗经济学所固有的辩护性，同时还具有明显的实用性，它注意研究各种具体的经济问题，为加强企业管理、为资本主义国家政府加强经济干预服务，以致成为当前西方国家政府制定政策的重要依据，并且已经对世界资本主义经济的发展产生了重要的影响。我国今后必须长期坚持对外开放，而且越来越开放的政策，因此，与西方世界的经济往来必然愈来愈频繁、广泛。在往来中，我们要想处于更加有利的地位，贯彻平等互利原则，就必须知己知彼，其中包括了解他们的经济学。

其次，是为了借鉴它的某些可取之处，为我所用。当代西方经济学，在一定意义上可以说是西方学者对西方资本主义国家市场经济运行所作出的经验总结。尽管社会主义生产方式与资本主义生产方式有本质区别，但就共同的社会化生产和商品经济本身来说，却存在着一定的共同规律，特别是在当前，我国已确立了社会主义市场经济体制的经济模式，当代西方经济学自然在许多地方对我国有借鉴和参考的意义。第一，他们对经济的经营、管理方面的研究，不论微观或宏观方面，以及在强调企业自主经营的同时也注意加强国家干预和宏观调控等，都有一些可供我们参考的理论和方法；第二，他们对市场机制分析的某些内容，如需求函数、供给函数、消费行为理论等，对我国如何更好地发挥市场机制的作用有参考价值；第三，他们提出的在工业化国家中所遇到的种种社会经济问题，如资源耗竭、环境污染、生态失衡、分配失调等，亦可引为借鉴；第四，他们广泛应用数学方法，对经济现象进行定量分析，是我们经济工作过去所忽视的，因此我们一方面要反对他们滥用数学来解释所有经济问题，另一方面，也要吸取其所长，加强对经济的定量分析。

最后，是为了分清是非，更好地坚持四项基本原则。当代西方经济学是垄断资本主义的上层建筑，从根本上说，与马克思主义政治经济学格格不入。在理论基础方面，它们都把供求均衡价格论和"三要素"生产、分配论奉为金科玉律，而与马克思的劳动价值论、剩余价值论相对立；在方法论方面，它们都反对阶级分析方法，竭力回避资本主义的基本矛盾和经济实质，而在经济现象上兜圈子；在政策主张方面，它们都企图在不触动资本主义制度的基本矛盾和维护资本主义私有制的基础上，来克服现代资本主义的种种"缺陷"和"困难"，以求其永世长存。因此，我们对于当代西方经济学，既要学习和研究它，又不能盲目信从它，更不能把它作为我国经济建设的指导思想，而必须从整个理论体系上予以根本否定，分清是非，坚持马克思主义，坚持四项基本原则，从而从根本上进一步增强我们马克思主义的人生观、价值观，更好地达到立德树人的教育目的。

总之，在新的历史条件下，为了培养适应我国社会主义现代化建设需要的新型人才，我们的教育就需要坚持以马克思主义为指导，面向现代化、面向世界、面向未来，使学生既要了解中国，也要了解外国；既要认真掌握马克思主义经济学，也要很好地了解当代西方经济学，博采众长、开阔视野。只有这样，才能使学生从各种理论思潮的比较、鉴别中，去粗取精、去伪存真，成为一个真正清醒的马克思主义者和足智多谋的社会主义建设者。

这里还需强调指出，在我国，党是领导一切的。就开设西方经济学课程来说，其目的之一，既然是在立德树人，则不容讳言，它乃是党的思想政治教育课程（简称思政课）的一个组成部分。因此，搞好西方经济学的教学工作与讲好其他思政课一样，最根本的是要全面贯彻党的教育方针，解决好培养什么人、怎样培养人、为谁培养人这些根本问题。新时代贯彻党的教育方针，则要坚持马克思主义指导地位，贯彻习近平新时代中国特色社会主义思想，坚持社会主义办学方向，落实立德树人的根本任务，坚持教育为人民服务、为中国共产党治国理政服务、为巩固和发展中国特色社会主义制度服务、为改革开放和社会主义现代化建设服务，努力培养担当民族复兴大任的时代新人，培养德智体美劳全面发展的社会主义建设者和接班人。

为了全面贯彻党的教育方针，作为一本西方经济学原理课程的教材，我们还需要使学生对西方经济学主流思潮的过去、现在和未来是怎样随着世界经济的发展变化而变化有一个清醒的认识。

西方经济学自 15 世纪产生以来几百年发展历史，在一定意义上说，乃是国家干预主义和经济自由主义不断斗争和互为消长的历史。20 世纪 30 年代凯恩斯主义的产生，标志着国家干预主义在新的历史条件下开始逐步取代新古典自由主义而占据西方经济学界的主导地位；直到 70 年代，在资本主义"滞胀"（stagflation）危机的冲击下，以米尔顿·弗里德曼（Milton Friedman）为代表的新自由主义蓬勃兴起到 80 年代登上官方经济学宝座，占据主导地位；相应地凯恩斯主义则稍渐式微，但远未消失，而是以新凯恩斯主义的形式活跃在学术舞台并与新自由主义继续斗争。

从 2007 年 3~8 月美国住房次贷危机开始，到 2008 年 9 月 15 日以雷曼兄弟公司破产为标志迅速演变成全球性的金融危机、经济危机和主权债务危机。直到 21 世纪 10 年代初，全球性的金融经济危机才在总体上基本结束而进入缓慢的复苏时期。21 世纪伊始的这场大危机与 1929 年 10 月开始的 20 世纪 30 年代空前的资本主义经济大危机相比，无论是持续的时间，还是规模、深度，都毫不逊色，甚至在某些方面还有过之而无不及。历史经验表明，资本主义的每一次较大的金融经济危机的爆发，都与当时占据主导地位的西方经济学的理论政策体系有很大关系。20 世纪 30 年代大危机是受占据主导地位的新古典自由主义的影响，新世纪伊始的大危机则是受占据主导地位的新自由主义的影响。因此，如果说 20 世纪 30 年代大危机标志着新古典自由主义的破产，代之而起的是主张国家干预的凯恩斯主义占据主导地位；那么，当前 21 世纪伊始的大危机便标志着新自由主义的破产，代之而起的很可能是以加强金融监管为特征的新的国家干预主义占据上风。

值得注意的是，2008 年标志着新自由主义破产的事件，不仅是当时的国际金融、经济、债务危机，而且还有由此危机引发的社会危机、政治危机。如于 2011 年 9 月 17 日在纽约开始而迅速席卷全球、声势浩大的"占领华尔街"运动。他们的口号是："我们代表99%的人口，反对的是那些掌握40%财富的 1% 的人"①。运动参与者包括了高校师生在内的十分广泛的人群，甚至哈佛大学著名经济学家格里高利·曼昆（N. Gregory Mankiw）讲授经济学原理的课堂也受到了冲击。原来曼昆是属于新凯恩斯主义学派主张国家干预的经济学家，但在 2004 年以后，似乎与芝加哥新自由主义学派有了某些妥协，把经济危机的可能性和政府的作用边缘化。据媒体报道：2011 年 11 月 2 日，曼昆在讲授经济学导论课程"经济学十讲"时，约 70 名学生公然走出课堂，以抗议曼昆对自由市场的偏见②，同时声援已经持续一个多月的"占领华尔街"运动。在此，作为"占领华尔街"运动组成部分的哈佛学生罢课行为，进一步深刻说明，20 世纪七八十年代以来，盛行于西方各国的新自由主义，随着现实中发生的近百年来最大的金融经济危机的严重后果的同时，在思想理论上也愈来愈失去了它的影响力和诱惑力，即从一个侧面进一步说明新自由主义已破产了。

当然，我们说新自由主义在当前 21 世纪伊始的大危机冲击下已破产，并不是说它为资本主义经济服务的影响力已完全消失，只是说在当前的形势下它的主导地位已经丧失，而将有可能为国家干预主义所取代。正如新古典自由主义在 20 世纪 30 年代大危机冲击下遭到破产的命运，只表明它的主导地位被国家干预主义所取代，而并未完全丧失其影响力一样。同时还要看到，代之而起的国家干预主义也不是拯救危机的"灵丹妙药"。随着资本主义社会阶级矛盾的发展和变化，到了一定时期，其主导地位也还是可能为新自由主义所取代，即如凯恩斯主义在第二次世界大战后盛行一时，而到 70 年代以后就逐渐让位于新自由主义。因此，在当时，新自由主义的主导地位即使由国家干预主义所取代，最多也只能使资本主义的矛盾和危机得到暂时的缓和，而不能根除。原因在于，无论是国家干预主义还是新自由主义，其理论和政策都是以不改变而相反是以极力维护资本主义私有制以获取最大垄断利润为宗旨的。西方各国政府面对经济危机，究竟是采取国家干预主义还是自由主义，将视情况而定。随着资本主义危机周期性爆发，政府自然也就周期性地交替使用或相机选择国家干预主义或经济自由主义。这也就是西方经济学产生以来，这两大思潮呈现出互为消长变化的根本原因所在。

---

① 见《美"占领华尔街"运动蔓延全国》载《参考消息》2011 年 10 月 4 日第 1 版。（原文为：西班牙《国家报》2011 年 10 月 2 日文章《美国之秋》）。

② 罢课的学生在给曼昆的公开信中说："今天我们离开'经济学十讲'的课堂，是为了表达我们对于这门经济学导论根深蒂固的偏见的不满。"又说："认为亚当·斯密的经济学原理就比其他任何理论，例如，比凯恩斯理论更重要、更基本，这是毫无道理的。"（见：《东方早报》2011 年 11 月 16 日，石剑锋：《哈佛学生罢了曼昆的课》。）

那么，资本主义的命运是否依靠这两大主义就能永远维持下去呢？答案只能是否定的。按照列宁的帝国主义论和资本主义总危机论的观点，既然资本主义已发展到今天寄生的、腐朽的、垂死的帝国主义阶段，其固有的基本矛盾和危机，必然进一步愈趋尖锐和严重，即使政府交替使用或相机选择两大主义的理论政策，资本主义制度也只能勉强维持，苟延残喘，日趋衰落，直到最终为社会主义所取代为止。从当时出现的第二次世界大战后资本主义经济空前大危机所表明的资本主义已进一步衰落的事实，就可以看出这种发展趋势。这不仅是我们的看法，世界经济论坛主席克劳斯·施瓦布在 2012 年接受记者采访时，面对现实也无可奈何地承认："人们绝对可以说，当前形式的资本主义制度不再适合当今世界。"① 一些较务实的资产阶级精英，在一定意义和某种程度上也认为资本主义制度正在走向衰落之中。

美国唐纳德·特朗普于 2017 年 1 月接替奥巴马总统上台执政的事实便进一步验证了上述关于帝国主义已处于日趋衰落之势的观点。2009 年上台的奥巴马总统，尽管吸取了由国际金融危机所暴露的新自由主义破产的教训，制定出加强金融监管的《多德—弗兰克华尔街改革和消费者保护法》，及其相应的其他国家干预政策，但并未使美国经济有多大起色，相反，在某些方面还更加困难了，以致成了特朗普竞选总统时攻击的把柄。特朗普在竞选中说："现任政府政策的弊端在于存在巨大的浪费性支出、巨额的债务累积、巨额的财政赤字、经济低速增长以及开放性的边界等等，已将美国拖垮。"于是，他上台后几乎全盘否定了奥巴马的政治遗产，强调要"美国优先"，要使"美国再次伟大"，"我们将遵循两条基本原则：买美货、雇美国人"。其实质无非是要实行以逆世界潮流而动的落后保守的保护主义、单边主义、霸凌主义，取代 20 世纪七八十年代以后由美国自己长期主导推动的新自由主义经济全球化进程。特朗普上台两年的实践证明，他的这种政策，不仅没有使"美国再次伟大"，反而使美国内外矛盾急剧加深，综合国力相对日衰，国际影响力锐减，甚至他本人也纠缠于官司不断的窘境之中。

另一方面，以作为世界第二大经济体的中国为代表的广大新兴市场经济国家和发展中国家现正如旭日东升地蓬勃兴起。2013 年秋由中国倡议和推动的"一带一路"建设，仅从 2017 年 5 月和 2019 年 4 月举行两届"'一带一路'国际合作高峰论坛"的宏大场面，就充分说明，坚持平等互利、合作共赢和共商共建共享原则是多么得民心顺民意，一个新型的经济全球化已成为

---

① 见德国《金融日报》2012 年 1 月 25 日报道：《资本主义制度不再适合世界》，《参考消息》2012 年 1 月 26 日第 10 版。

势不可阻挡的历史潮流。因此，我们完全相信，随着"一带一路"和新型经济全球化的不断推进和深入发展，构建人类命运共同体的期望，必将成为现实。但我们也绝不可盲目乐观，必须深刻认识到资本主义社会的自我调节能力，充分估计到以美国为首的西方发达国家在经济科技军事方面长期占据优势的客观现实，两种社会制度并存，又合作又斗争的局面还将延续相当长的时期。因此我们必须做长期艰苦斗争的思想准备。最重要的，还是要集中精力办好自己的事情。对讲好西方经济学这门课程来说，关键就是要全面贯彻党的教育方针，真正落实立德树人，培养出合格的社会主义接班人；同时还须使受教育者在"一分为二"地正确对待西方经济学的框架下，不断提高实际经济分析的能力和水平，更好地为社会主义建设事业服务。

上 篇

微观经济学

　　微观经济学是以单个经济单位的经济行为作为研究对象的。它着重研究个别的消费者如何把有限的收入分配在各种商品的消费上，以取得最大的满足；个别的生产者如何把有限的资源分配在各种商品的生产上，以取得最大的利润；个别的生产要素提供者根据什么取得各自的收入；个别商品市场中所有的生产者和消费者如何在供求活动中决定商品价格，以及在所有单个商品市场中如何同时共同决定商品价格。因此，微观经济学可按供求一般理论、消费论、生产论、成本论、厂商论、分配论、一般均衡论等顺序进行阐述。

　　马克思曾指出，分析经济形式，既不能用显微镜，也不能用化学试剂，二者都必须用抽象力来代替。对西方微观经济学的分析我们也不例外地采用了抽象方法，即在一系列假设的条件下对某个微观经济进行分析。西方微观经济学由于其所研究的问题和所要建立的模型的不同需要，在不同场合有各种不同的假设条件。但在众多的假设条件中有三个假设条件却是基本的、共同的。这三个基本假设条件是：

　　第一，经济制度的假设。假定资本主义经济制度，其核心是资本主义私有制为既定不变的条件，因而在微观经济分析中并不涉及经济制度问题，必要时也只把它视为外生的经济变量来看待。

　　第二，"经济人"的假设。假定参与市场经济行为的主体都是为追求自己最大利益的、合乎理性的利己主义者。在西方经济学家看来，人的本性是利己的，在经济生活中，每个人都是从利己的动机出发，力图以最小的代价去换取最大的利益。

　　第三，完全信息的假设。假定参与市场经济行为的主体，不仅是合乎理性的利己主义者，而且能够完全掌握有关市场活动的一切信息和知识，因而能准确地做出自己经济行为的抉择。

由于微观经济学是以上述一系列假设条件为前提的，因此，我们在对其进行评价，特别是在考察其可否用作我国经济建设和改革参考时，千万不要忘记其假设条件，以免产生生搬硬套之误。

第一章　供求的一般理论

本章着重分析作为微观经济学核心的均衡价格理论。均衡价格是在商品的需求与供给双方共同作用下的结果，因此，我们将在依次阐明需求与供给的基本原理及其弹性理论之后，综合说明均衡价格的形成与其动态分析的蛛网理论。

第一节　需求的基本原理

在市场供求关系中，西方经济学家认为，买方的需求状况对商品的生产和销售具有重大影响，因此，首先需要对商品需求的性质和规律进行分析。

一、影响商品需求量的因素和需求函数

在西方经济学中，商品的需求（demand）与需要（need）不同。需要是指人们主观上的一种欲望（want），而人们的欲望却是多层次的，并且一层高过一层，每一层的需要又是无限的。需求则不仅是人们的一种欲望，而且是指具有某种支付能力的欲望和要求。可见，对某种商品的需求，必须具备两个条件：①消费者愿意购买；②消费者有支付能力。因此，需求的定义是：消费者在某一特定时期内，在一定价格条件下对某种商品具有购买力的需要。

由此出发可知，对某种商品需求数量的多少，将主要取决于以下五个因素：

（一）消费者的收入（income）

消费者的收入是指人均国民收入。一般讲，个人收入愈高，消费者对一定价格条件下的某种商品需求量就愈大。这种需求与收入呈正相关函数的商品称为正常商品（normal goods）。另外，对某些粗劣消费品的需求却会随着收入的增加而减少。这种需求与收入呈负相关函数的商品称为低档商品（inferior goods）。

（二）商品的价格（price）

商品的价格是影响商品需求最重要的因素。一般是价格愈低，需求量愈大；反之，价格愈高，愈求量愈小。这是因为商品价格的变化等于消费者实

际收入的相应变化，而且还会引起对替代商品（substitutive goods）需求的变化和消费者数量的变化。总之，一般商品需求与价格呈负相关关系。但也有一些商品，其价格愈高，人们对它的需求愈多的例外情况。例如，某些可用来表示人们一定社会地位和身份的特殊商品，如珠宝首饰等装饰品就是如此。这些可称为炫耀性消费（conspicous consumption）。由于这是经济学家凡勃伦（T. B. Veblen）首先发现的，故又称凡勃伦效应（Veblen effect）。

再如，有的并非高档珍贵的吉芬商品（Giffen goods）也是如此。19世纪英国经济学家吉芬（Giffen）对爱尔兰的土豆销售情况进行了研究，发现土豆价格上升时，需求量增加；价格下降时，需求量减少。这种违反常规的现象，一般称为吉芬效应（Giffen effect）或吉芬悖论（Giffen paradox）。此外，还有一些商品，当其价格变动幅度不大时，需求按正常情况呈反方向变动；当价格出现大幅度变动时，需求量便呈反常情况变动，如一些带有投机性的证券、黄金交易就是如此。

（三）相关商品价格（price of the relative commodity）

对某一种商品来说，即使它自身的价格不变，但由于其他相关商品的价格发生了变化，也会使它的需求量发生变动。所谓相关商品，有两种情况：其一，互替商品（substitutive goods），即在效用上可以互相替代的商品。如果有两种商品，其中一种商品的价格不变，另一种商品价格发生变化时，就会使前一种商品的需求量发生相同方向的变化。例如，煤和石油是互替商品。石油价格提高后，对煤的需求量就会增加；若石油价格降低，对煤的需求量就会减少。其二，互补商品（complement goods），即需要互相补充配套，才能发生效用的商品。如有这样的两种商品：其中一种商品的价格不变，另一种商品价格发生变化时，前一种商品的需求量会发生反方向的变化。例如，汽车和汽油是互补商品。当汽油价格上涨时，就会引起对汽车需求量的减少，若汽油价格下跌，对汽车需求量就会增加。可见，互替商品和互补商品价格的变动都会引起商品需求量的变动，但其变动的方向各不相同。

（四）消费者偏好（comsumer's preference）

如果消费者对某一种商品的偏好，或者说对它的兴趣和喜好程度发生了变化，那么，对这类商品的需求量自然会产生同方向的变化。

（五）人们的预期（expectation）

如果某种商品行情看涨，需求量将会增加；反之，如果某种商品行情看跌，需求量将会减少。

影响商品需求量的因素还有很多，例如，人口增减、国民收入分配状况等等。

由此可见，商品需求的变化要受多种因素的影响，其中有客观的物质因素，也有主观的心理因素，甚至还有政治、社会风尚的因素，等等。

以上影响需求量的因素与需求之间的关系可用需求函数方程表示：

$$Q_x^d = f\,(M,\ P,\ P_a,\ P_b,\ P^r,\ P^e,\ \cdots)$$

式中：Q_x^d——某种商品的需求量；

f——函数关系；

$M,\ P,\ P_a,\ P_b,\ P^r,\ P^e$——分别表示消费者收入、商品价格、互替商品价格、互补商品价格、消费者偏好和预期。

为简化起见，在假定其他因素不变，仅分析商品价格对需求影响的情况下，需求函数则可表示为：

$$Q_x^d = f\,(P)$$

二、需求表和需求曲线

（一）需求表

尽管影响需求变化的因素很多，但其中最重要的因素是商品本身的价格。因此，我们需要首先把价格变动对需求量的影响情况进行分析，把它们之间的函数关系用列表和坐标曲线的方式表现出来，形成需求表（demand schedule）和需求曲线（demand curve）。

这里的前提是：假定消费者的收入、消费者的偏好、相关商品的价格、人们的预期以及人口规模和分配状况都保持不变。

从一个人或一个居民户来看，他在一定时期内对商品的需求量受商品价格变动的影响：价格愈高，需求量愈少；价格愈低，需求量愈多。按这种情况列出的需求表叫个人需求表（individual-demand schedule）。

从一个市场来看，所有的个人需求表的量的总和，就构成市场需求表（market-demand schedule）。

现根据经验，我们假定对某一种商品的市场需求列表。见表1-1所示。

表1-1　市场需求表

需求数量	单位价格（元）
2 000	6
3 000	5
4 000	4
5 000	3
5 500	2
6 000	1

（二）需求曲线

从表 1-1 可以看出，当价格逐渐下降时，对商品的需求量就逐渐增加。在坐标图上，商品需求量同价格之间的关系就形成一条由左上方向右下方倾斜的曲线，它就是市场需求曲线。见图 1-1 所示。

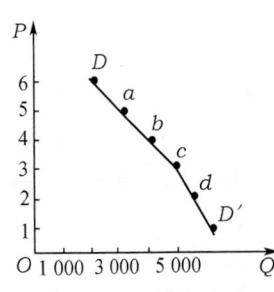

图 1-1　市场需求曲线

在图 1-1 中，横轴 OQ 表示商品的需求量，纵轴 OP 表示商品的价格，DD' 表示商品的需求曲线。

应当说明，我们把需求表的数据绘成需求曲线时，是假定价格和数量都是无限可分的，即价格可以是 6 元与 1 元之间的任何数值，需求量也可以是 2 000 与 6 000 之间的任何数值，这样才可能把图中的 D，a，b，c，d，D' 等各点连接起来形成一条曲线。这种假设显然不符合实际，但为了分析方便，同时它也确实反映了需求变化的趋势，所以，我们仍然这样假设。

（三）需求曲线的例外

正常的需求曲线是从左上方向右下方倾斜的。但是前面我们讲过，有些商品，例如，珠宝、项链等装饰品，价格越下降，对它的需求量反而越小；有些商品，例如，古董、古画和名贵邮票等，价格越高，对它的需求量反而越大，这些商品的需求曲线是从左下方向右上方延伸的。见图 1-2 所示。"吉芬悖论"所指商品的需求曲线也如此。

图 1-1 和图 1-2 所表示的需求曲线是非直线型的曲线。实际上，需求曲线可以是非直线型的，也可以是直线型的。当需求函数为一元一次的线性函数时，相应的需求曲线则是一条直线；当需求函数为非线性函数时，相应的需求曲线便是一条曲线。为了简化分析过程，在微观经济分析中，一般都使用线性需求函数。线性需求函数的通常形式是：

$$Q^d = \alpha - \beta P$$

式中：α，β——常数，且 α，$\beta > 0$。

此函数所对应的需求曲线为一条直线。例如，假定 α，β 的值分别为 1 000 和 200，价格为 P。这意味着价格每变动一个单位，商品需求量便变动 200，于是需求函数为 $Q^d = 1\ 000 - 200P$，如图 1-3 所示。

在图 1-3 中，纵轴表示价格 P，横轴表示需求量 Q，AF 直线便是需求曲线。在 F

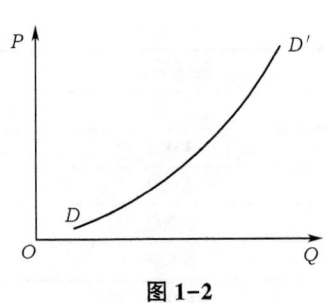

图 1-2

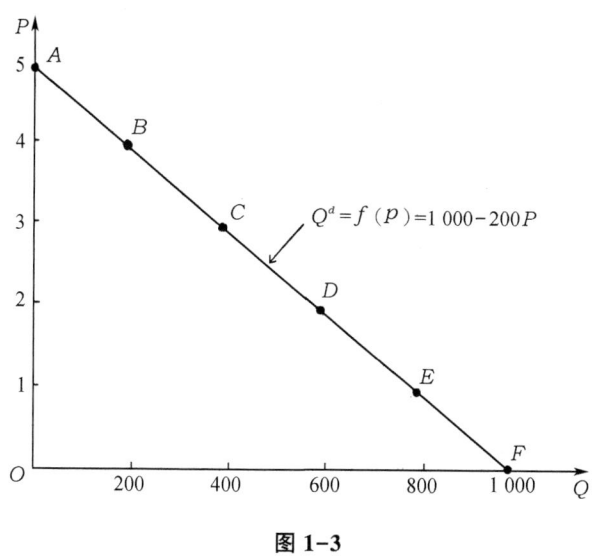

图 1-3

点，即当价格为零时，商品需求量为 1 000；价格每增加 1，需求量减少 200；当价格增到 5 时，需求量减到零，即处于 A 点。下面我们对需求变化和需求量变化的分析，使用的就是这种直线型的需求曲线。

三、需求变化与需求量的变化

前面我们讲的需求曲线，是指商品的需求随价格变化而变化的曲线。事实上，影响商品需求变化的不只是价格，因此，在概念上和坐标图上，商品需求量的变化（change in quantity demand）和需求变化（change in demand）就有所不同。需求量的变化，是指消费者按商品本身价格的变化而有不同需求量的变化，在图上表现为沿着需求曲线上下移动；而需求的变化，即需求程度的变化，是指消费者由于除去价格以外其他任何一种因素的变化而引起对商品需求表序列的变化，在图上表现为需求曲线本身左右位置的移动。例如，消费者对某种商品的偏好增强，需求曲线就会向右推移；当偏好减弱，需求曲线又会向左推移，如图 1-4 所示。

图 1-4 表明，在消费者偏好没有变化以前的需求曲线为 DD'。这时，当商品价格为 OP 时，商品需求量为 OX_0。当价格为 OP' 时，需求量为 OX'_0。这是沿着 DD' 需求曲线

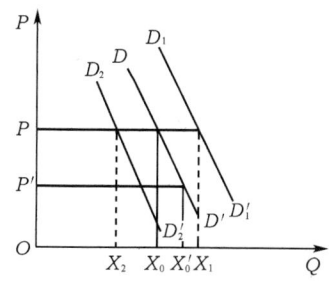

图 1-4 市场需求变化曲线

上点的移动的结果，被称为需求量的变化。

而当偏好增强，需求曲线的位置就由 DD' 移到 $D_1D'_1$。这时，即使商品的价格仍为 OP，但商品的需求量也增加了，变为 OX_1。这是由于随着偏好增强，需求程度提高的结果；当偏好减弱，需求曲线的位置，就由 DD' 移到 $D_2D'_2$。这时，即使商品的价格仍为 OP，商品的需求量也会减少为 OX_2。这是由于随着偏好减弱，需求程度降低的结果。这两种情况都是需求的变化，而 $D_1D'_1$，$D_2D'_2$ 则是需求变化曲线。

第二节　供给的基本原理

本节我们分析市场供给，包括分析供给的性质和规律性。

一、影响商品供给量的因素和供给函数

所谓供给（supply），按照西方经济学的解释，是指某一时间内，在一定价格条件下，生产者愿意并且能够出售的商品，其中包括新提供的物品和已有的存货。生产者为提供一定量商品所愿意接受的价格称之为供给价格（supply price）。

厂商在一定时间内愿意并能够提供什么样的商品以及能够提供和愿意提供多少商品，要受种种因素的影响和制约。这些因素主要是：

（一）厂商的目标

厂商的唯一目标是为了获得最大利润。因此，预期可获得最大纯利润时，厂商就去投资生产；如果预期无利可图，或者获利不大，厂商就不去投资生产或转移现有的生产项目。

（二）商品的价格

在其他条件不变的情况下，商品价格提高，意味着生产这种商品会给厂商带来更多利润，因而会吸引厂商去投资生产，从而增加这种商品的供给；反之，商品价格下降，厂商就会由于利润减少而削减生产，从而减少这种商品的供给。

（三）生产的技术水平

生产技术进步，意味着劳动生产率提高，单位产品的成本下降，在商品售价不变的情况下，会给厂商带来更多的利润。因此，生产技术愈进步，厂商一般就愈愿意并能够提供更多的商品。

（四）生产要素的价格

生产要素价格的变化，直接影响生产成本，从而最终影响利润。因此，

当生产要素价格下降时，厂商愿意多投资生产，增加这种商品的供给；而当生产要素价格上涨时，厂商会因生产成本的提高而削减投资和供给。

（五）相关商品的价格

与消费领域的商品有互替作用一样，在生产领域内的商品也有互替作用。比如1公顷土地，可以生产咖啡，也可以生产可可。如果咖啡的价格上涨，厂商自然愿意把生产可可的土地转向生产咖啡，于是可可的生产缩减，供给相应减少。

（六）厂商对未来行情的预期

如果某种商品的行情看涨，厂商就会减少现在的供应量，等待行情上涨后增加供给；如果此种商品的行情看跌，厂商就会把现有的存货尽快抛售出去，从而增加现在的供给。

能够影响供给量的其他因素还有很多，例如，气候的影响（农作物最为明显），新供给资源的开发或旧资源的耗竭等，都会给供给带来巨大的影响。

以上影响供给量的因素与供给之间的关系可用供给函数方程表示如下：

$$Q_x^s = f\ (G,\ P,\ T,\ P_f,\ P_a,\ P^e\cdots)$$

式中：Q_x^s——某种商品的供给量；

f——函数关系；

G，P，T，P_f，P_a，P^e——分别表示厂商的目标、商品的价格、技术水平、生产要素价格、相关商品 a 的价格及对行情的预期。

为简化起见，在假定其他因素不变，仅考察商品价格对供给影响的情况下，供给函数则可表示为：

$$Q_x^s = f\ (P)$$

二、供给表和供给曲线

（一）供给表

尽管影响供给变化的因素很多，但其中最重要的因素是商品自身的价格。因此，我们首先将价格对供给量的影响进行分析，把它们的函数关系用列表和坐标曲线的方式表现出来，这便形成了供给表（supply schedule）和供给曲线（supply curve）。

从个别厂商来看，他在一定时期所愿意并能够提供的商品数量，要受该商品价格的影响。价格愈高，他供给的商品量就愈大；价格愈低，他供给的商品量就愈少。按照这种变动趋势列出的表，叫个别厂商供给表（individual firm-supply schedule）。

从一个市场来看，所有的个别厂商供给表的量的总和，就构成了市场的供给表（market-supply schedule）。

根据经验，我们假定某一种商品的市场供给表如表1-2所示。

表1-2 市场供给表

供给数量	单位价格（元）
7 000	6
6 500	5
6 000	4
5 000	3
4 000	2
3 000	1

（二）供给曲线

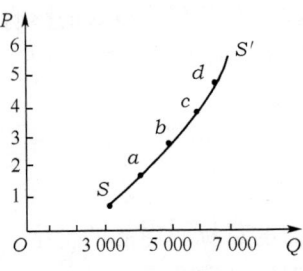

图1-5 市场供给曲线

从表1-2中我们可以看到，价格量的变动与商品供给量的变动方向一致。因此，在坐标图上，商品供给量同价格之间的关系就形成一条由左下方向右上方走向的曲线，这就是市场的供给曲线，如图1-5所示。

在图1-5中，横轴 OQ 表示商品的需求量，纵轴 OP 表示商品价格，SS' 为市场供给曲线。

应当说明，我们把供给表的数据绘成供给曲线时，是假定价格和数量都是无限可分的，即价格可以是6元与1元之间的任何数值，供给量也可以是7 000与3 000之间的任何数值，因此，才有可能把图中的 S，a，b，c，d，S' 等点连接起来形成一条曲线。这种假设虽然不符合实际，但为了分析方便，同时它也确实反映出供给变化的大致趋势，所以，我们仍然这样假设。

（三）供给曲线的例外

正常商品的供给曲线是一条由左下方向右上方延伸的曲线，但劳工的供给曲线却不完全遵循这一规律。在某一工资水平之下，劳工的供给会随着工资水平的提高而增加，随着工资水平的下降而减少。然而，当工资上升到一定水平以后，由于劳工此时对货币的需要不那么迫切，而相对对闲暇、娱乐、旅游等更感兴趣，所以，即使工资再上升，劳工的供给也不再增加，甚至有减少的趋势，如图1-6所示。

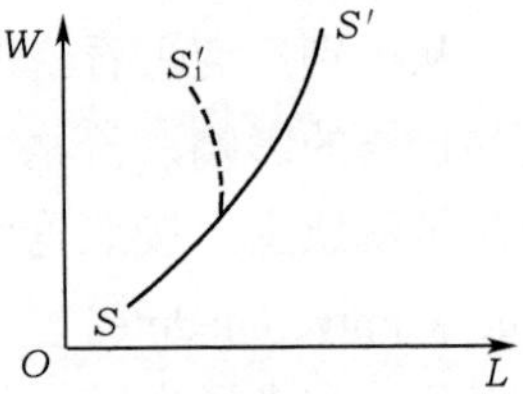

在图1-6中，横轴表示劳动供给量，纵轴表

图1-6

示工资水平，SS' 为劳动供给曲线，当工资水平上升到一定程度以后，劳动的实际供给曲线，有可能由 SS' 变为 SS'_1。

同需求曲线一样，供给曲线可以是曲线型的，如图 1-5 和图 1-6 所示，也可以是直线型的。当供给函数是一元一次的线性函数时，相应的供给曲线便是一条直线；当供给函数为非线性函数时，相应的供给曲线则是一条曲线。为了简化分析过程，在微观经济分析中，一般都使用线性供给函数。线性供给函数的通常形式是：

$$Q^s = -\delta + \gamma P$$

式中：δ，γ——常数，且 δ，$\gamma > 0$。

这个函数所对应的供给曲线为一条向右上方延伸的直线。例如，假定 δ，γ 的值分别为 400 和 200，价格为 P。这意味着价格每变动 1 个单位，商品供给量变动 200。于是，供给函数为：$Q^s = -400 + 200P$，如图 1-7 所示。

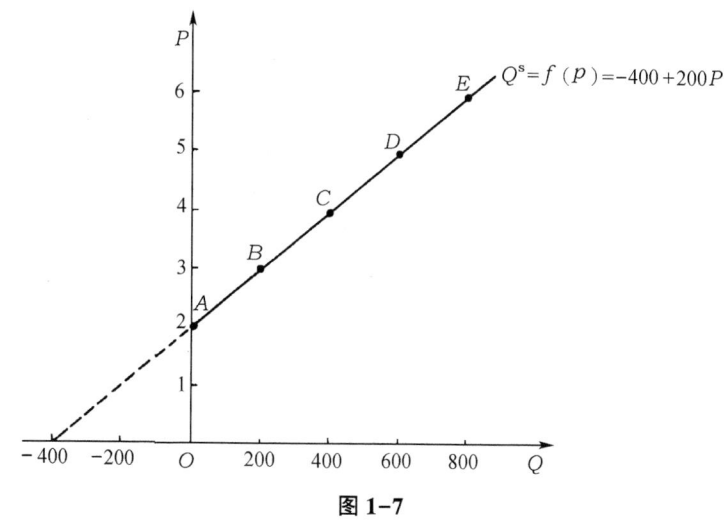

图 1-7

在图 1-7 中，纵轴表示价格 P，横轴表示供给数量 Q，AE 直线便是供给曲线。当价格为 2，即在 A 点上，供给为零；当价格为 3，即在 B 点上，供给为 200，余下类推。价格每增加 1，供给量增加 200，所以，供给曲线是一条直线。下面对供给变化和供给量变化的分析，采用的就是这种直线型的供给曲线。

三、供给变化和供给量的变化

以上讲的市场供给曲线，是指商品的供给随着该商品价格的变化而变化的曲线，事实上，影响商品供给的，不只是价格，于是在概念上就存在着商品供给量变化（change in quantity supply）和商品供给变化（change in supply）的区别，从而在坐标图上的表现也有所不同。供给量的变化是指厂商按照商品本身价格的变化而提供不同的商品量的变化，在图上表现为沿着供给曲线上下移动；而供给的变化，即供给程度的变化，是指生产者由于除去价格以外其他各个因素的变化而引起的商品供给序列的变化，在图上表现为供给曲线本身左右位置的移动。例如，当相关商品价格下降，供给曲线就会向右推移；当相关商品价格上升，供给曲线又会向左推移，如图1-8所示。

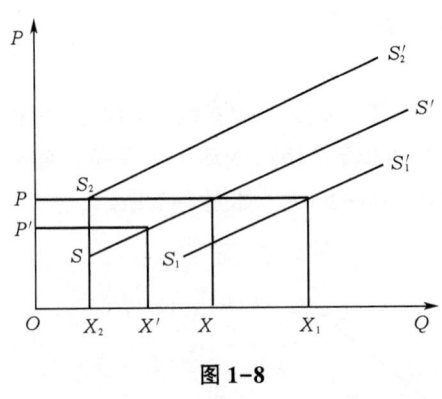

图1-8

在图1-8中，SS'为原来的供给曲线，当价格为OP时，商品供给量为OX，当价格降至OP'时，供给量则减为OX'。如果价格不变，始终为OP，但因其他因素（这里假定为相关商品价格）发生变化，使SS'曲线向右移至S_1S_1'时，或者向左移至S_2S_2'时，商品供给量就会相应地增至OX_1，或减至OX_2。这就是由于供给变化的结果，而不是因商品价格变化所引起的供给量的变化。

第三节　弹性分析

前两节我们对需求和供给变动规律的分析，指明了需求和供给各自受哪些因素的影响而引起变动及其变动方向，但未具体从量的规定上进一步说明哪些因素会在多大程度上引起需求和供给的变动。弹性分析的目的则试图解决这个问题。

所谓弹性（elasticity），一般是指反应程度，即在两个有函数关系的变量之间，其因变量对自变量变化的反应灵敏度，或者说，因变量的变动幅度（变动的百分比）对自变量变动幅度的比例关系。

这个弹性概念无论对需求函数还是供给函数都同样适用，而且分析方法也大体相同。因此，下面我们虽然要分别对需求弹性、供给弹性进行分析，但为节省篇幅，则着重于对需求弹性进行分析。

一、需求弹性

在经济学上，商品的需求弹性（elasticity of demand）是指商品需求量对影响其变动的各个变量变化的反应灵敏度。在影响商品需求量的各个因素中，迄今为止，西方经济学家只对其中三个变量，即价格、收入和相关商品的价格与需求量之间的函数关系做了数量上的分析，研究了这三种函数关系的需求弹性，即需求价格弹性、需求收入弹性和需求交叉弹性。现在分别介绍如下：

（一）需求价格弹性

需求价格弹性（price-elasticity of demand）是指商品的需求量对该商品价格变化的反应灵敏度。或者说，商品需求量变化的百分率对价格变化的百分率的比例。

设：需求价格弹性系数为 E_p，需求量为 Q，需求量变化为 ΔQ，价格为 P，价格变化为 ΔP。

根据定义，我们可以得到下面几个需求价格弹性的公式：

$$E_p = \frac{需求量变化率}{价格变化率} = \frac{Q'-Q}{Q} \div \frac{P'-P}{P}$$

$$= \frac{\Delta Q}{Q} \div \frac{\Delta P}{P} = \frac{\Delta Q}{\Delta P} \times \frac{P}{Q} \tag{1}$$

$$E_p = \lim_{\Delta P \to 0} \frac{\Delta Q}{\Delta P} \times \frac{P}{Q} = \frac{\mathrm{d}Q}{\mathrm{d}P} \times \frac{P}{Q} \tag{2}$$

$$E_p = \frac{\Delta Q}{(Q'+Q) \div 2} \div \frac{\Delta P}{(P'+P) \div 2}$$

$$= \frac{Q'-Q}{Q'+Q} \div \frac{P'-P}{P'+P} \tag{3}$$

应当注意，由于需求量的变化（ΔQ）与价格的变化（ΔP）方向相反，即价格愈高，需求量愈小；价格愈低，需求量愈大。所以 E_p 应为负数。不过，在计算 E_p 时可取绝对值。E_p 为负数表明，需求曲线是由左上方向右下方倾斜的。

这里还应注意，需求弹性系数与需求曲线的斜率是两个不同的概念。前者是指 $\frac{\mathrm{d}Q}{\mathrm{d}P} \times \frac{P}{Q}$ 之值，即用 P 与 Q 变化的百分比之比来表示的数值；后者是指在需求曲线上任何一点所表示的 $\frac{\mathrm{d}P}{\mathrm{d}Q}$ 之值，即 P 与 Q 的变化之比来表示的数值。所以，二者不容混淆。但由于计算弹性系数公式中的 $\frac{\mathrm{d}Q}{\mathrm{d}P}$ 为需求曲线斜率 $\frac{\mathrm{d}P}{\mathrm{d}Q}$ 之倒数，弹性系数与斜率又有密切关系，大体说来，斜率愈大，弹性系数愈小，斜率愈小，弹性系数愈大，如图1-9所示。

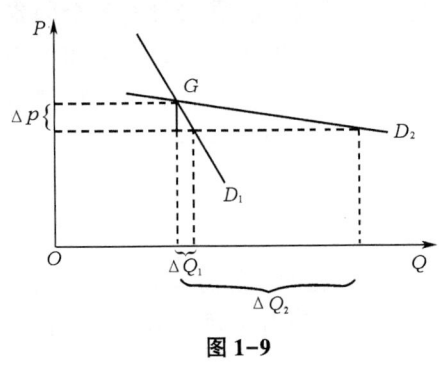

图 1-9

在图 1-9 中，横轴表示商品的需求量，纵轴表示商品价格，D_1 和 D_2 为两条需求曲线。D_1 的斜率大于 D_2 的斜率；D_1 的弹性系数则小于 D_2 的弹性系数。即当价格变动同样为 ΔP 的情况下，在需求曲线为 D_1 的场合，商品需求量的变动为 ΔQ_1；在 D_2 的场合，商品需求量的变动为 ΔQ_2。很明显，$\Delta Q_1 < \Delta Q_2$，说明 D_1 曲线表示的弹性系数小于 D_2 曲线表示的弹性系数。

需求弹性系数与需求曲线斜率的区别，在同一条曲线的各点上也可以看出来，如在一条线性需求曲线上的各点，尽管斜率相同，而弹性系数各异。这是由于在弹性系数公式（$E_p = \dfrac{dQ}{dP} \times \dfrac{P}{Q}$）中的 $\dfrac{dQ}{dP}$ 为需求函数对价格的导数，P 和 Q 为需求函数某个值相对应的价格和需求量。因此，在这条线性需求曲线上的任何一点所表示的 $\dfrac{dQ}{dP}$ 之值都相等，其弹性系数的大小则因 $\dfrac{P}{Q}$ 之值不同而将有所不同，即在曲线的上半部分表现为弹性系数较大，在下半部分表现为弹性系数较小。如图 1-10 所示。图中 C 为线性需求曲线的中点，其弹性系数为 1，称为单一弹性；在 C 点上方，离 C 点愈远，弹性系数愈大；在 C 点下方，离 C 点愈远，弹性系数愈小。这说明，在价格与需求量始终按同一比例变动的情况下，当价格愈高时愈有弹性，价格愈低时愈缺乏弹性。

下面我们用图形进一步说明需求价格弹性的五种情况。

第一种情况：

$|E_p| = 0$（见图 1-11）。

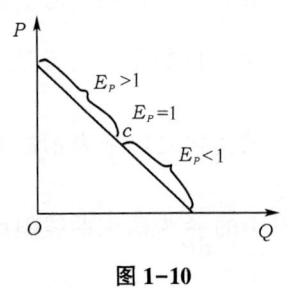

图 1-10

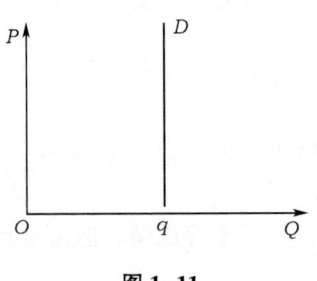

图 1-11

从图 1-11 中我们可以看到，无论价格怎样波动，对该种商品的需求量始终都是 q，即不发生变化。我们把这种商品叫作无弹性商品。例如棺材就属于这种商品。死了人买棺材，绝不会因为价格高而不买，也绝不会因为价格低而买两个、三个。一些药品也属于这种商品。

第二种情况：

$|E_p| = \infty$（见图1-12）。

图1-12说明，只要价格既定，买方就尽量收购商品，不受数量的限制。如政府按既定价格收购黄金、银圆、珠宝等，便属于这种情况。

第三种情况：

$|E_p| = 1$（见图1-13）。

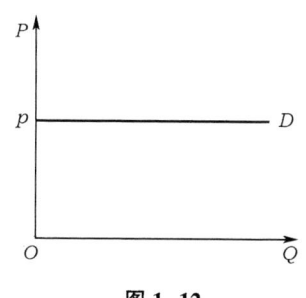

图1-12

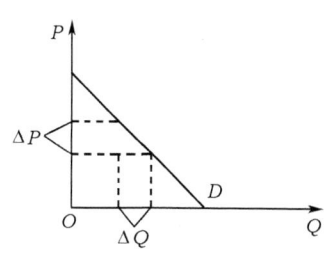

图1-13

图1-13说明，这种商品需求量的变动率和价格变动率的绝对值相等。一般讲，接近生活必需品的商品属于这一类。

第四种情况：

$|E_p| < 1$（见图1-14）。

需求价格弹性系数的绝对值小于1，说明需求量变动对价格变动的反应程度很小。属于这种情况的多是生活必需品。例如，食盐、粮食等，价格再高也不会少吃多少，价格便宜后也不会多吃多少。

第五种情况：

$|E_p| > 1$（见图1-15）。

图1-15说明，价格变化很小时，对这类商品的需求量会有较大幅度的增减，奢侈品多属于这种情况。

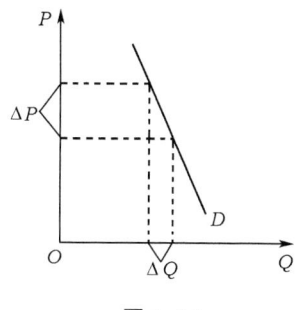

图1-14

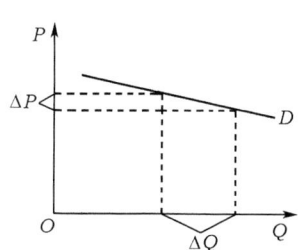

图1-15

以上五种类型的需求价格弹性与销售收入的多少有什么关系？这是研究需求弹性在市场经营的实际意义时需要弄清的一个问题。

厂商的销售收入（设为 y）等于商品的价格（P）乘以销售的商品数量或商品需求量（Q）。因此，$y=P×Q$。根据需求价格弹性的定义，各种商品当其价格发生变化时，由于价格弹性大小不同所引起的需求量的变化有很大差别，因而不同类型弹性所引起的销售收入的变化也有很大差别。现分别说明如下：

第一种：

$|E_p|=0$。这种商品由于价格的任何变化都不会引起需求量的变化，即在 $y=P×Q$ 的公式中，P 的任何变化，Q 都固定不变，因此，y 将与 P 按同方向、同比例地增减。

第二种：

$|E_p|=\infty$。这种商品由于在大于零的任何一种价格水平上的需求量都无限大，因此，若价格下降，只会使总收入无必要减少，所以，厂商一般不会降价；若价格上升，又会使需求量无限减少，以致使总收入减少为零。

第三种：

$|E_p|=1$。这种商品由于价格变动的幅度与需求量变动的幅度相等，所以，当价格与需求按相反方向变动引起的一增一减的变化幅度恰好可以相互抵消，因此，价格变动前后的销售收入不变。

第四种：

$|E_p|<1$。这种商品由于价格变动的幅度大于需求量变动的幅度，所以，当价格下降时，只会引起需求量较小幅度的增加，从而会使销售收入减少；反之，当价格上升时，也只会使需求量有较小幅度的减少，从而会使销售收入有所增加。总之，缺乏弹性（$|E_p<1$）的商品的销售收入与价格一般呈相同方向变化。

第五种：

$|E_p|>1$。这种商品由于价格变动的幅度要小于需求量变动的幅度，所以，当价格下降时，会引起需求量较大幅度的增加，从而会使销售总收入增加；反之，当价格上升时，会引起需求量有较大幅度的减少，从而会使销售总收入减少。总之，富有弹性（$|E_p|>1$）的商品的销售收入与价格一般呈相反方向变化。

（二）需求收入弹性

需求收入弹性（income-elasticity of demand）是指商品的需求量对消费者收入变动的反应灵敏度。或者说，商品需求量变化的百分率对消费者收入变化百分率的比例。

设：需求的收入弹性系数为 E_m；

需求量为 Q，需求量变化为 ΔQ；

收入量为 M，收入量变化为 ΔM。

根据定义，需求收入弹性系数的公式为：

$$E_m = \frac{Q'-Q}{Q} \div \frac{M'-M}{M} \qquad (1)$$

$$E_m = \frac{\Delta Q}{Q} \div \frac{\Delta M}{M} = \frac{\Delta Q}{\Delta M} \times \frac{M}{Q} \qquad (2)$$

$$E_m = \frac{\mathrm{d}Q}{\mathrm{d}M} \times \frac{M}{Q} \qquad (3)$$

为说明公式，我们假定某消费者实际收入增加 10%，如果对商品的需求量增加 3%，则需求收入弹性为：

$$E_m = 3\% \div 10\% = 0.3$$

如果收入增加 10%，而对商品的需求量增加 10%，那么，需求的收入弹性为：

$$E_m = 10\% \div 10\% = 1$$

如果收入增加 10%，而对某商品的需求量增加 30%，则对这种商品的需求收入弹性为：

$$E_m = 30\% \div 10\% = 3$$

与需求价格弹性大致相同，低收入弹性的商品属于"必需品"，而收入弹性大大高于 1 的商品可以认为是"奢侈品"。

应当注意，收入变化对需求量的影响，有可能是同方向，也有可能是反方向。因此，需求收入弹性有可能是正数，也有可能是负数。对大多数商品来说，收入增加，将导致对其需求量的增加，收入弹性为正数，这类商品称为"正常商品"，如咖啡、家禽、牛肉、乳酪、汽油、耐用消费品等等；但有些低档商品，当收入增加，反而会使其需求量减少，收入弹性为负数。比如：粗劣食品、土豆、玉米面等，西方的全乳、猪肉也属这一类。

（三）需求交叉弹性

需求交叉弹性（cross-elasticity of demand）是指商品需求量对其他某一相关商品价格变动的反应灵敏度。或者说，商品需求量变动的百分率对其他某一相关商品价格变动百分率的比例。

设：需求交叉弹性系数为 E_{xy}；

X 商品的需求量为 Q_x，需求变化量为 ΔQ_x；

X 商品的相关商品价格为 P_y，价格变化量为 ΔP_y。

根据定义，我们得到需求交叉弹性公式：

$$E_{xy} = -\frac{\Delta Q_x}{Q_x} \div \frac{\Delta P_y}{P_y}$$

$$= \frac{\Delta Q_x}{\Delta P_y} \times \frac{P_y}{Q_x}$$

这里应当注意，相关商品有两种情况：一是互替商品，由于它的需求量变动与其相关商品价格变动呈同方向变化，因此，需求的交叉弹性为正数；二是互补商品，由于它的需求量变动与其相关商品价格变动呈反方向变化，因此，需求的交叉弹性为负数。

图 1-16 是两种需求交叉弹性的图形。图 1-16（A）的需求交叉弹性为正；图 1-16（B）的需求交叉弹性为负。

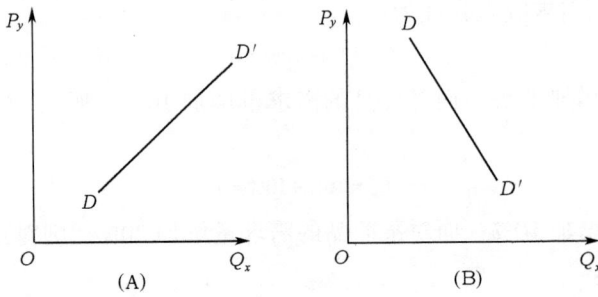

图 1-16

以上分析了三种需求弹性，是从数量关系上来具体说明商品需求量受商品自身价格、消费者收入、相关商品价格等变量变动的影响程度。因此，需求弹性是预测商品需求市场变化的重要工具。它对于我们搞好市场经济，做好市场预测都有一定的参考价值。

二、供给弹性

与需求弹性相似，商品的供给方面也有供给弹性。

供给弹性表明商品供给量的变化对价格变化反应的灵敏度，即供给量变动的百分率与价格变动的百分率的比例。

影响商品供给量的因素很多，这里我们只研究其中一种因素，即价格变动对供给量变动的影响。所以，我们一般讲的供给弹性实际上就是供给价格弹性。

供给弹性的一般公式为：

$$E_s = \frac{供给量变化率}{价格变化率} = \frac{Q'_s - Q_s}{Q_s} \div \frac{P' - P}{P}$$

$$= \frac{\Delta Q_s}{Q_s} \div \frac{\Delta P}{P}$$

$$= \frac{\Delta Q_s}{\Delta P} \times \frac{P}{Q_s}$$

式中：E_s——供给弹性系数；

Q_s——商品的供给量；

ΔQ_s——商品供给量的增减；

P——商品的价格；

ΔP——商品价格的增减。

由于供给量的变化与价格的变化在方向上一致，所以，供给弹性均为正数。

供给弹性因各种商品的生产条件不同，大体有下面五种情况。

第一种情况：$|E_s| = 0$（见图1-17）。

在图1-17中，供给曲线垂直于Q轴，所以$|E_s| = 0$。它表明无论价格怎样变化，供给数量都保持不变。如一些无法复制的珍贵名画、古董，就属于这种情况。例如，在湖北挖掘出来的吴王夫差的宝剑，可称是无价之宝，无论价格怎样上涨，供给都不会发生变化。

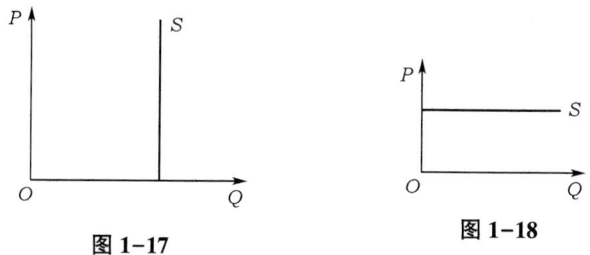

图1-17

图1-18

第二种情况：$|E_s| = \infty$（见图1-18）。

在图1-18中，供给曲线与Q轴平行，故$|E_s| = \infty$。它表明，只要价格既定，供给数量将会无限大。如在劳动力严重过剩的地区，劳动力的价格（工资）即使不发生变化，劳动力的供给也会源源不断地增加。

第三种情况：$|E_s| = 1$（见图1-19）。

某些机械产品，它们的供给量变动幅度有可能接近于它们的价格变动幅度，因此供给量变动与价格变动成等比例。

第四种情况：$|E_s| < 1$（见图1-20）。

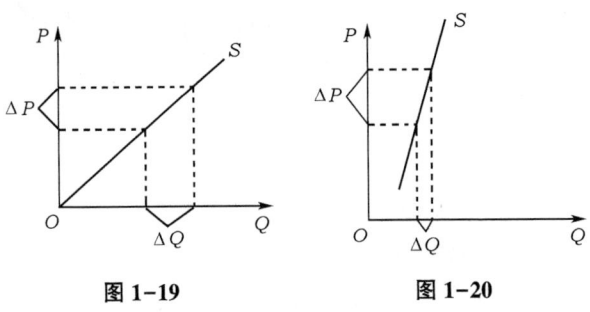

图 1-19   图 1-20

从图 1-20 可明显看出，此种商品的供给量变化大大小于其价格的变化。一般讲，资本密集型产品的供给多属这种情况，因为这类生产不容易很快增加或减少，所以价格变动后，供给量的增减不会太大。

第五种情况：$|E_s|>1$（见图 1-21）。

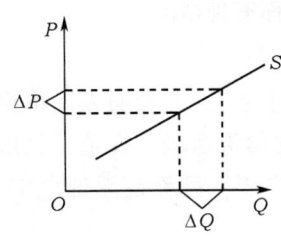

图 1-21

从图 1-21 可以看出，此种商品供应量的变化大于其价格的变化。一般说，劳动密集型产品的供给多属于这种情况，因为这种生产增加或减少相对容易些，所以价格变动后，供应量能较大幅度地改变。

以上五种情况说明，供给弹性的大小主要取决于供给的难易程度。供给弹性作为一种衡量和考察供给量与价格变动之间的数量关系的工具，在充分发挥市场调节作用的情况下，对我们有一定的参考价值。

第四节　均衡价格

微观经济学认为，在商品市场中，由于需求和供给两个方面共同作用的结果，便形成了市场均衡价格。

一、均衡价格的概念

所谓均衡价格，是指消费者为购买一定商品量所愿意支付的需求价格，与生产者为提供一定商品量所愿意接受的供给价格相一致时的价格。也就是指这种商品的需求曲线和供给曲线相交时的价格。请看均衡价格图（见图 1-22）。

在图 1-22 中，横轴代表商品数量，纵轴代表商品价格，DD' 和 SS' 分别代表商品的需求曲线和供给曲线。这两条曲线相交于 E 点，E 点所确定的价格

P_e 是该商品的均衡价格，E 点所确定的商品量 Q_e 就是该商品的均衡产量。换句话说，E 点既确定了需求价格与供给价格相等的均衡价格，同时也确定了消费者需求的商品量与生产者供给的商品量相等的均衡产量。

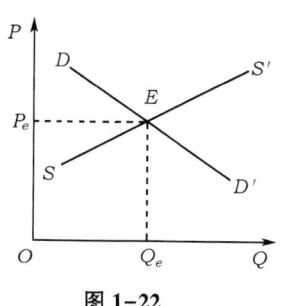

图 1-22

二、均衡价格的形成

西方经济学家认为，均衡价格是在完全自由竞争的条件下，通过市场供求的自发调节而形成的，如图 1-23 所示。

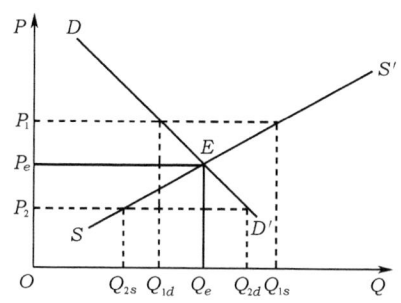

图 1-23 商品均衡价格图形

在图 1-23 中，横轴表示商品数量，纵轴表示商品价格，DD' 和 SS' 分别表示商品需求曲线和供给曲线。当价格为 OP_1 时，商品的供给量为 OQ_{1s}，而需求量仅为 OQ_{1d}，即供给大于需求（$OQ_{1s} > OQ_{2d}$），因此，价格会自动下降；当价格下降至 OP_2 时，商品的供给量为 OQ_{2s}，而需求量却为 OQ_{2d}，即供给小于需求（$OQ_{2s} < OQ_{2d}$），于是价格又会上升。这样，价格经过上下波动，最后会趋向于使商品的供给量和需求量都为 OQ_e，从而使价格达于 OP_e，即形成均衡价格。

西方经济学家认为，从均衡价格的形成过程说明，均衡是市场的必然趋势，也是市场的正常状态，而脱离均衡点的价格，必然造成供过于求或供不应求的失衡状态。失衡状态是反常的状态，在市场竞争中，失衡将趋于均衡，市场的反常状态将为均衡状态所代替。

这种均衡价格论，是马歇尔提出来的庸俗理论的大融合。它的根本错误就在于以价格代替价值，以价格形成代替价值形成，否定了劳动价值论，从而为否定资本主义剥削关系奠定了理论基础。但就它对价格形成的分析方法来说，仍有可供我们参考的意义。

三、从旧的均衡到新的均衡的变动

上述均衡价格的形成，是以一定序列的需求曲线和供给曲线来考察的，即只考察在既定的需求曲线和供给曲线下，通过市场供求的自发调节而形成均衡价格。这个既定的需求曲线和供给曲线仅仅考虑了价格对需求和供给的影响，至于其他许多影响需求和供给的因素并未考虑进去。由于其他任何一个因素的变化都会导致需求曲线和供给曲线发生位置的移动，所以在形成均衡价格之后，又可能因其他任何一个因素的变化，而使已形成的均衡为失衡所代替。只有再次经过市场供求的自发调节，才能重新形成新的均衡价格。这样，就形成了一个由旧的均衡向新的均衡的移动。

先从供给曲线方面来看，如图 1-24 所示。

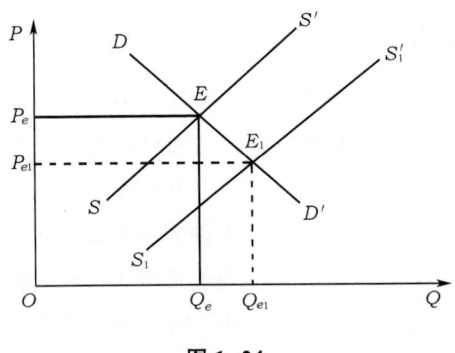

图 1-24

原来的供给曲线为 SS'，需求曲线为 DD'，均衡点为 E，均衡价格为 P_e，商品均衡量为 Q_e。如果这时厂商生产目标加强，生产技术进步，相关商品的价格下降，生产要素价格下跌，预期行情看跌等原因中有一个或几个因素同时起作用，那么，供给曲线就会向右移至 S_1S_1' 的位置，这时均衡点由 E 变为 E_1，均衡价格降为 P_{e1}，商品均衡量增至 Q_{e1}。

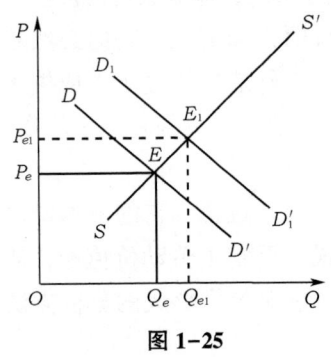

图 1-25

再从需求曲线方面看，如图 1-25 所示。原来的需求曲线为 DD'，供给曲线为 SS'，均衡点为 E，均衡价格为 P_e，商品均衡量为 Q_e。如果由于消费者收入增加，互替商品价格上升或互补商品的价格下降，消费偏好加强，预期行情看涨等原因中的一个或几个因素同时起作用，需求曲线会由 DD' 向右移到 D_1D_1' 的位置，均衡点由 E 移到 E_1，均衡价格增至 P_{e1}，而商品均衡量则增至 Q_{e1}。

这说明，均衡状态只是在一定条件下才存在，若条件发生变化，不论来自需求方面还是来自供给方面，或者两方面同时发生变化，均衡就会遭到破坏。这种破坏只有经过市场供求的自发调节，才又达到新的均衡。而在市场自由竞争条件下，也确实存在这种自发趋向于均衡的趋势。西方经济学家认为，均衡的意义就在于，它表明在市场自由竞争条件下，由于市场机制的作用，市场供求会自动趋于均衡，当达到均衡状态后，如果供求失衡，市场价格背离均衡价格，就有自动恢复到新的均衡点并继续保持均衡的趋势。

四、支持价格和限制价格

均衡价格理论，在一定意义上就是在完全自由竞争条件下的市场机制理论（theory of market mechanism）。所谓市场机制（market mechanism），通常是指市场调节经济运行的功能和方式，又称价格机制（price mechanism）或市场的自动稳定器（automatic stabilizers）。它一方面通过市场价格的波动自动调节商品的供求，使之趋向均衡；另一方面，通过供求关系的变化，它又自动地引起价格的变化，使之趋向于稳定的均衡价格。然而在现实生活中，市场机制由于所借以实现的完全自由竞争条件并不存在或不完全存在，以致必然会出现失灵。例如，政府采取支持价格和限制价格的措施，就会削弱市场机制的作用，使价格脱离均衡价格状态。

（一）支持价格

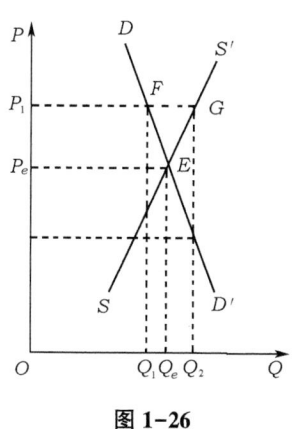

图 1-26

支持价格是指政府为了扶持某一行业的生产而规定的该行业产品高于市场均衡价格的最低价格，如美国长期对农产品实行的支持价格就是如此，如图 1-26 所示。

图 1-26 的纵轴表示价格 P，横轴表示商品量 Q，DD' 和 SS' 分别为需求曲线和供给曲线，P_e 为均衡价格，Q_e 为商品需求量，P_1 为政府确定的支持价格。此价格由于比均衡价格（P_e）高，一方面使商品的需求量 Q_1 低于均衡量 Q_e；另一方面使商品供给量 Q_2 高于均衡量 Q_e，于是形成 Q_1Q_2（或 FG）的过剩商品在市场上销售不出去。在没有政府干预而由市场机制充分发挥作用的情况下，如果出现商品过剩，价格自然就会回落到 P_e，使市场出清。而现在由于政府干预出现的过剩商品 Q_1Q_2，就只有靠政府收购，或者用于储备，或者用于出口。在出口不畅的情况下，政府就必须增加财政开支去收购。可见，支持价格往往是靠政府增加财政支出来维持的。

（二）限制价格

限制价格又称冻结价格，是指政府为了防止某种物价上涨而规定的该种商品的最高价格，见图 1-27。

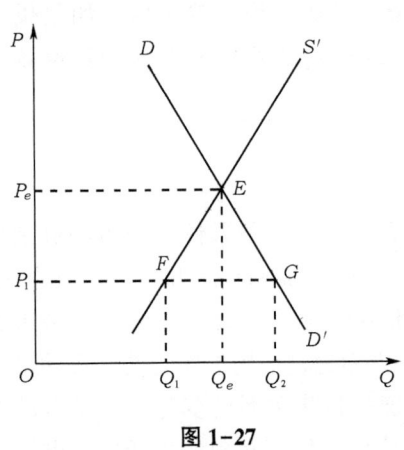

图1-27

在图 1-27 中，P_e 和 Q_e 分别表示均衡价格和均衡商品量。P_1 为政府规定的限制价格。由于它比均衡价格 P_e 低，一方面使商品供给量 Q_1 低于均衡量 Q_e；另一方面使商品需求量 Q_2 高于均衡量 Q_e，于是在市场上形成 Q_1Q_2（或 FG）商品量的短缺。这时，政府只有采取凭证供应和限制消费的办法来维持其限制价格，而这又往往会带来抢购和黑市交易等现象。所以，许多经济学家认为，限制价格是在某个时期为适应某种特殊情况不得不采取的政策，但它是不宜经常采取的政策。

以上说明，支持价格和限制价格都是实行市场经济的西方资本主义国家的政府，在一定条件下所不得不采取的对市场经济的干预措施。在我国社会主义市场经济条件下，由于种种客观条件的限制，有时也需要规定支持价格或限制价格。然而，我们决不能以"放开价格"或"休克疗法"来实行所谓的经济体制改革。

第五节　蛛网理论

前四节对供给和需求的分析属于静态均衡或比较静态均衡的分析。但供给和需求的应用并不局限于静态情况，它也能用来对变动的现实作出一定的分析。例如，"动态蛛网理论"就是这种分析，它是微观经济学中运用动态分析方法的一个典型例子。

一、蛛网理论的含义

蛛网理论（cobweb theorem）是现代西方经济学家用供求原理解释某些生产周期较长，因而调节其供给需要相当时间的商品，特别是农产品的价格和产量，一旦失去均衡，就会发生不同波动情况的理论。依据这种理论所表现的价格、产量波动的图形，状似蛛网，所以称之为"蛛网理论"。

蛛网理论实际是考察市场均衡的恢复与稳定条件的理论。前面讲过，均衡是有条件的，一旦条件发生变化，均衡就会被破坏，市场价格就会背离均衡价格。那么，价格离开均衡点以后，离均衡点是越来越近呢，还是越来越远？在什么情况下，市场价格会和均衡价格越靠越近，最终恢复均衡呢？这就是蛛网理论所要研究的问题。

蛛网理论是以下述条件为前提的：

第一，在所谓完全竞争的条件下，每个生产者都以为当前市场价格会保持不变，自己改变产量不会影响市场价格。

第二，所研究的商品都需要一定的生产周期（比如农产品需半年或一年，生猪的饲养需一年左右的时间），而生产规模一经决定，在生产过程完成之前，不能中途改变。因此，市价的变动只能影响下一生产周期的产量。

第三，当前市场价格是由本周期的产量决定的。

不难看出，这种蛛网理论所考察的内容，就是一种商品价格的波动对下一生产周期的产量产生什么影响，以及由此而产生的均衡运动问题。或者说蛛网理论是考察在什么条件下，会使一种商品的价格波动对下一生产周期的产量产生怎样的影响，以及最后能否使供求达到均衡的问题。

二、蛛网理论的三种模型

在上述假定的条件下，依照各种商品的供给弹性和需求弹性相互关系的不同情况，本期价格的波动对下一生产周期产量的影响，会出现三种不同情况。

为简便起见，我们假定需求弹性不变，假定它为1。

第一种情况：供给弹性小于需求弹性。在这种情况下，价格与产量的波动会越来越小，最后恢复均衡。这称为"收敛型蛛网"（cobweb of draw in model），见图1-28。

在图1-28中，横轴 OQ 表示商品数量，纵轴 OP 表示商品价格，因假设需求弹性为1，所以，需求曲线 DD' 的斜率为1。因为供给弹性小于需求弹性，所以，供给曲线 SS' 的斜率大于1。E 为均衡点，P_e 为均衡价格，Q_e 为均衡产量。

价格和产量的变动是这样的：

在第一阶段，我们假设它是个丰收年，农产品产量比均衡产量大，假定它为 Q_1，这时市场上供过于求，购买者只愿意为 Q_1 产量付出较低的价格

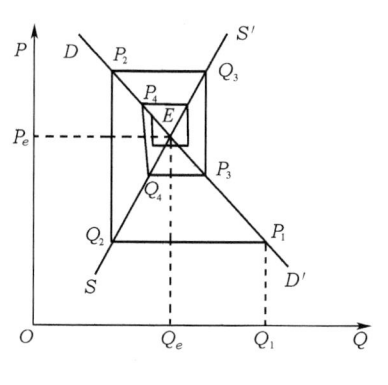

图 1-28

P_1，这个价格大大低于均衡价格 P_e。

第二阶段，由于本期价格 P_1 过低，生产者把第二年的产量缩减为 Q_2，Q_2 低于均衡产量，市场出现供不应求的局面，于是第二年购买者便愿意以高于均衡价格的买价 P_2 去购买 Q_2 的产品。

第三阶段，由于买价 P_2 高于均衡价格，生产者又把再下一年（即第三年）的产量增加到 Q_3，这 Q_3 显然大于均衡产量，于是购买者又只愿以低于均衡价格的买价 P_3 去购买 Q_3 的产品。

第四阶段，当买价降到 P_3，生产者则又把第四年的产量缩减到 Q_4，由于 Q_4 低于均衡产量，购买者又愿意以高于均衡价格的买价 P_4 去购买 Q_4 的产品。

如此反复波动的结果，使产量与价格愈来愈接近于均衡点 E。这说明，如果一种商品的供给弹性小于需求弹性，在失衡的情况下，通过自发的市场调节是能够趋向于均衡的。因此，供给弹性小于需求弹性便被看作是"蛛网稳定条件"。

第二种情况：供给弹性大于需求弹性。在这种情况下，价格与产量的波动越来越大，距离均衡点越来越远，无法恢复均衡。这称为"发散型蛛网"（cobweb of diffusible model），如图 1-29 所示。

图 1-29 与图 1-28 一样，需求曲线 DD' 的斜率为1，但因供给弹性大于需求弹性，所以，供给弹性 SS' 的斜率小于1，E 为均衡点，P_e 为均衡价格，Q_e 为均衡产量。

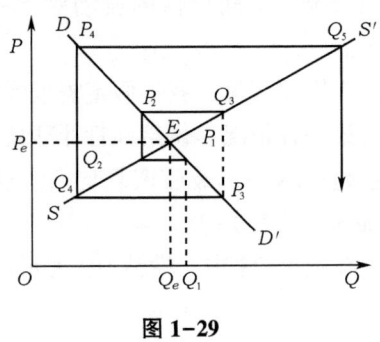

图 1-29

在这种情况下，价格和产量的波动过程大致与第一种情况相同，只是由于供给弹性大于需求弹性，使得价格和产量的波动越来越大，越来越远离均衡点。这说明，均衡不可能再恢复，因此，供给弹性大于需求弹性便被看作"蛛网不稳定条件"。

第三种情况：供给弹性等于需求弹性。在这种情况下，价格和产量的波动既不越来越小，也不越来越大，而是始终在同一幅度线上波动，起点的价格和终点的价格在同一点上相交，从而形成一个循环。这称为"封闭型蛛网"（cobweb of closed model），如图 1-30 所示。

由于价格和产量既不会恢复到均衡点，也不会远离均衡点，因此，供给弹性等于需求弹性被看作是"蛛网中立条件"。

蛛网理论通常被用来分析市场经济中某些产品的价格与产量之间的关系，

即通过分析本期产量决定本期价格，通过本期价格决定下期产量。这种关系可以用公式表示如下：

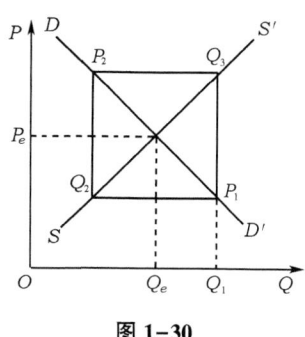

图 1-30

$$P_t = D\,(Q_t)$$

$$Q_t = S\,(P_{t-1})$$

式中：P——价格；

　　　Q——产量；

　　　D——需求函数；

　　　S——供给函数；

　　　t——本期；

　　　$t-1$——前一期。

这一理论是 1930 年分别由美国的舒尔茨，意大利的里西，荷兰的丁伯根各自提出的。舒尔茨论述了上面讲的第一种波动，丁伯根论述了上面讲的第一、第二种波动，并且以德国生猪的统计分析为例证。里西则论述了所有三种波动。1934 年，英国经济学家卡尔多便把这种波动理论定名为"蛛网理论"。

"蛛网理论"是西方经济学家在资本主义经济危机打击下，企图从一些经济表面现象去解释物价剧烈波动原因的理论。它虽然可以作为分析某些产品（如生产周期长的农产品）价格波动的参考，但并没有从整个资本主义制度的本质上去分析、寻找危机和价格波动的原因。

不仅如此，有的西方经济学家认为，运用蛛网理论来解释某些产品价格与产量剧烈波动的原因是缺乏充分根据的。他们认为，蛛网理论是建立在非理性的静态预期（statical expectation）分析基础上的一种模型，即假定生产者是以上个时期的实际市场价格作为决定本期产量的本期预期价格，以致造成预期误差和价格与产量波动。然而实际上，生产者由于实践经验的不断积累，却未必都是以上个时期的实际市场价格来作为决定本期产量的预期价格，他们会逐步修正自己的预期价格，使之接近实际，从而使实际产量与市场实际需求接近或相等，而不一定会使价格与产量大起大落。

第二章　消费理论

微观经济学中的消费理论或需求理论，也就是研究消费行为的理论，即研究消费者的行为怎样决定了需求曲线的种种特性；研究收入和价格变动对消费者的需求究竟有什么影响。

消费者行为的目的，是要使有限的收入购买到适当的消费品，以获得最大的满足。因此，本章实际就是研究消费者如何把有限的收入在各种消费品之间做出最有效的配置。

第一节　边际效用原理

为了研究消费者如何把有限的收入做出最有效的配置，我们首先要弄清效用和边际效用的概念，因为西方经济学家认为，消费者行为主要就是考虑如何从商品的消费中获得最大的效用。

一、效用和边际效用

（一）效用

所谓效用（utility），是指消费者从商品消费中所获得的满足，是消费者对商品主观上的偏好和评价。效用是人们的一种心理活动现象，而不是商品本身存在的有用性，因此，效用和有用性或商品的使用价值（value in use）具有不同的含义。前者是内在的、主观的；后者是外在的、客观的。一个商品如果能使消费者获得某种满足和愉快，这个商品就具有效用。满足的程度愈大，效用就愈大；如果不能使消费者获得满足，这个商品的效用就等于零。例如，一件棉衣，它在客观上具有供人御寒的性能，这就是它的使用价值或有用性。但是对不同的人或不同季节来说，它具有不同的效用，甚至是无效用或负效用。比如在夏天，棉衣成为一种累赘和负担，它就具有负效用。

效用的种类很多，它可以表现为物体形状的改变，比如，我们将棉纱织成布，将丝绸制成合体的衣物，都是增加了效用。效用又可以表现为地点的改变，比如，运输工人将一种货物由 A 点运到 B 点，也增加了效用。效用还与时间有密切的关系。此外，效用还表现为各种服务，例如，教师教书、医生治病、律师咨询等等，这些服务都是提供了效用。西方国家把这种服务与劳动统称为"劳务"。

（二）边际效用

所谓边际效用（marginal utility）是指最后增加的一个单位的商品或劳务所具有的效用。

西方经济学家认为，消费者在对某一商品的消费中所获得的效用，随其商品数量的增加而递减，这就是他们常说的"边际效用递减规律"（law of diminishing marginal utility）。

边际效用同总效用是两个概念。前者是指连续消费某一商品时，最后增加一单位的商品所具有的效用；后者是指连续消费某一商品时，各个单位的商品所具有的边际效用之和。

我们在这里谈到了边际效用和总效用。为了衡量其大小和多少，西方经济学家首先假定它是可以用自然数字计算的，即可以用1，2，3…来计算。

现在我们以看电影为例来考察一下边际效用和总效用之间的关系和变动趋势。

表2-1的数字说明，随着每周看电影次数的增加，边际效用递减。当一周只看一次电影时，它的边际效用在11以上；看两次时，第二次的边际效用就少于11多于9；看三次时，第三次的边际效用就少于9多于7……到第七次时，就没有什么效用了。

表 2-1 总效用和边际效用关系例表

每周看电影次数	总 效 用	边 际 效 用
0	0	
		13
1	13	
		11
2	24	
		9
3	33	
		7
4	40	
		5
5	45	
		3
6	48	
		1
7	49	
		-1
8	48	

但是，随着看电影次数的增加，在一定的限度内，总效用还是增加的。即当看一次电影时，总效用为13；看二次电影时，总效用为24；看三次时，总效用为33……看七次时，总效用为49，此时总效用最大。当看八次时，总效用就减为48了。随后，看的次数愈多，总效用还会愈少。

二、效用最大化原则

在西方经济学家看来，当边际效用递减已成为不可改变的规律的情况下，人们以一定的收入如何分配使用才能获得最大效用呢？亦即如何实现收入的有效配置呢？这就是效用最大化原则所要说明的问题。他们认为，实现效用最大化的原则，需分别按以下两种不同情况来确定：

第一，如果一个人连续消费某一种商品，效用最大化原则就必须是边际效用等于零，即当消费的最后一个单位商品的效用为零时，消费者从这种商品中获得的总效用最大。

设某种商品为X，在连续消费它时所获得的总效用为 TU，则 TU 会随着X的数量 x 的变化而变化，它们二者之间存在如下函数关系：

$$TU=f(x)$$

再设X商品的边际效用为 MU，则很明显，MU 乃是 $TU=f(x)$ 式中 x 的导数。

因此，假定：$TU=14x-x^2$

则：$MU=-2x+14$

当 $x=1$，2，3，4，5，6，7，8，…时，

$MU=12$，10，8，6，4，2，0，-2…

这就是说，连续消费到第七个单位的 X 商品效用为 0，这时的总效用（TU）必然最大。

$$TU=14x-x^2=49$$

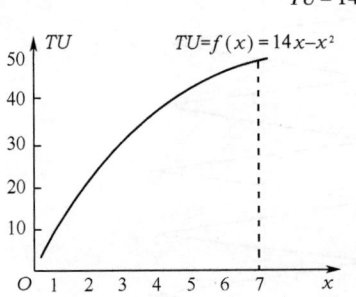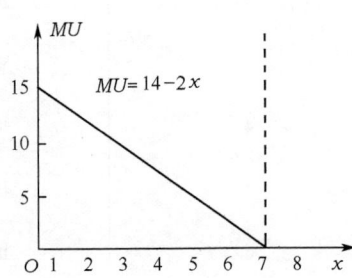

图 2-1

根据上式，我们可以计算出连续消费到第六个单位的 X 商品时的总效用为 $TU = 14x - x^2 = 84 - 36 = 48$；连续消费到第八个单位的 X 商品时的总效用为 $TU = 14x - x^2 = 112 - 64 = 48$。即当 $MU > 0$ 或 $MU < 0$ 时，TU 都小于 49。可见，若连续消费某一种商品，只有当边际效用等于零时，获得的总效用才最大。

上述 x，TU，MU 三个变量的关系，可用图 2-1 表示。

从表 2-2 更可明显看出，当边际效用（MU）为零时，总效用（TU）最大（$TU = 49$）。

表 2-2

x	1	2	3	4	5	6	7	8
TU	13	24	33	40	45	48	49	48
MU	12	10	8	6	4	2	0	-2

第二，如果一个消费者同时消费若干种商品，要想在一定的收入条件下获得最大的效用，就必须使各项开支中每一个货币单位（例如 1 元）购买的商品所具有的边际效用相等。如果这个条件不满足，那么消费者可以把钱从一个货币单位获得边际效用少的物品转移到一个货币单位获得边际效用多的物品上，一直到这个物品的一个货币单位所获得的边际效用同其他物品的边际效用相等时为止。现列表举例说明如下（见表 2-3）。

表 2-3

I	II	III	IV	V	VI	VII	VIII	IX	X
10	9	8	7	6	5	4	3	2	1
9	8	7	6	5	4	3	2	1	
8	7	6	5	4	3	2	1		
7	6	5	4	3	2	1			
6	5	4	3	2	1				
5	4	3	2	1					
4	3	2	1						
3	2	1							
2	1								
1									

表 2-3 中第一横栏的罗马数字，由左到右表示各种商品对人们重要性逐渐递减的序列。从纵向看，每一竖列从上到下呈下降趋势，表示每一种商品的边际效用递减。现设每一单位商品的价格都是 1 元，则某人在各种不同收入水平的情况下，如果要使自己获得最大效用的满足，就必须按下列方式

分配自己的收入。

当收入为1元时，购买Ⅰ类商品1个单位。这时总效用是10。

当收入为3元时，购买Ⅰ类商品2个单位，Ⅱ类商品1个单位。这时总效用是28（10+9+9＝28）。每种商品的边际效用都是9。

当收入为6元时，购买Ⅰ类商品3个单位，Ⅱ类商品2个单位，Ⅲ类商品1个单位。这时总效用是52（10+9+8+9+8+8＝52）。每种商品的边际效用都是8。

当收入按上述方式处理时，很明显的一个特点是，每一种商品的边际效用都相等，这说明消费者已获得了效用的最大满足。

这里说的是一定货币收入用于购买各种消费品时所获得效用的最大满足的原则。如果消费者不是用货币收入，而是以一定的其他资源（例如水）或时间用于各种场合时，其效用最大化原则亦与此相似，即应使该资源或时间分配于各种场合所各自取得的边际效用相等。

对于边际效用的概念若给以全盘否定是不恰当的，我们应当把"边际效用"概念本身同边际效用价值论区别开来。事实上，我们在日常生活中都在自觉或不自觉地运用"边际效用"的方法来处理各种消费项目，以便使自己获得尽可能大的满足。

三、消费者剩余

所谓消费者剩余（consumer's surplus），是指购买者对某一商品所愿支付的价格和该商品的市场价格之间的差额。当市场价格低于购买者为满足自己的欲望而愿支付的价格时，这个购买者就不仅在购买中得到了满足，而且还得到了额外的福利，这个福利便叫作"消费者剩余"。马歇尔说："一个人对一物所付的价格，绝不会超过，而且也很少达到他宁愿支付而不愿得不到此物的价格。因此，他从购买此物所得到的满足，通常超过他因付出此物的代价而放弃的满足；这样，他就从这购买中得到一种满足的剩余。……这个部分可称为消费者剩余。"[1]

为什么人们愿意支付的价格往往要超过实际支付的价格，以至能够获得消费者剩余呢？这里我们首先要明确，按照边际效用价值论，价格是由边际效用决定的。比如：人们买一磅茶叶，设其边际效用为20，每一个效用单位为1个先令，则此购买者愿意支付的价格就是20先令。但是，由于边际效用递减规律的作用，若购买两磅茶叶，则第二磅茶叶的边际效用就少于20，假设为14，第三磅茶叶的边际效用更小，假设为10。依此类推，第四、五、六、七磅茶叶的边际效用分别为6，4，3，2。这说明消费者愿意支付的价格分别为20先令，14先令，10先令……但是茶叶的市场统一价格为每磅2先令，这样，在愿意支付的总价格和实际支付的总价格之间就形成了一些差额，这些差额就是消费者获得的消费者剩余。

---

[1] 马歇尔著，朱志泰译：《经济学原理》（上卷），商务印书馆，1981年版。

现列表（见表2-4）。

表 2-4　消费者剩余例表

购买磅数	愿意支付的价格（边际效用）	实际支付的价格（市场价格）	愿意支付的总价格	实际支付的总价格	消费者剩余（差额）
1	20	2	20	2	18
2	14	2	34	4	30
3	10	2	44	6	38
4	6	2	50	8	42
5	4	2	54	10	44
6	3	2	57	12	45
7	2	2	59	14	45

表 2-4 可用图 2-2 来表示。

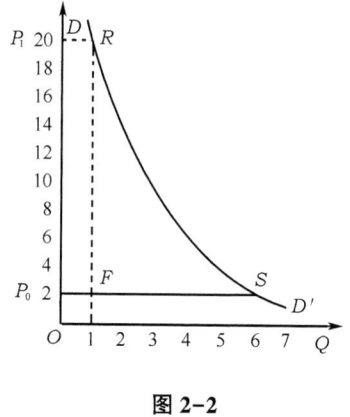

图 2-2

在图 2-2 中，横轴表示商品量，纵轴表示价格。当市场价格为 OP_0，购买 1 个商品时，购买者愿意支付的价格为 OP_1，而实际支付的价格为 OP_0，因此，他所获得的消费者剩余为 $P_0 P_1 RF$，即为 18 元。同理，当购买 6 个商品时，所得消费者剩余为 $P_0 P_1 RS$。其余类推。

由此看出，购买量越多，相对获得的消费者剩余越少；反之，购买量越少，相对获得的消费者剩余越多。我们知道，劳动者收入少，购买的商品较少，按照这个理论，他们获得的消费者剩余相对来说多于富人。然而，所谓消费者剩余是以边际效用为基础的，边际效用纯粹是人们主观心理的作用。因此，说劳动者获得较多的消费者剩余，无非是说他们心理上得到较多的满足，而不能说他们获得了什么实际利益或福利。

第二节　无差异曲线

一、效用序数论

消费者行为的目的，既然是要获得最大效用，就存在一个如何衡量效用大小的问题。西方经济学家认为，衡量效用的大小有两种方法：效用基数论和效用序数论。

效用基数论（cardinal utility theory）就是认为可以用基数词所表示的效用单位来衡量和计算效用的大小。如一周看一次电影的总效用是 13，即指有 13 个效用单位的效用，看两次电影的总效用是 24 个效用单位的效用等等。前面讲的效用大小就是以效用基数论的方法来衡量的。这种方法是奥国学派、杰文斯、瓦尔拉等边际效用学派的人物所使用和鼓吹的。后来，帕累托认为，既然效用是指个人的偏好，是人们的一种心理活动现象，无法计量，于是放弃了效用基数论，改用效用序数论。现在西方经济学家普遍采用这种方法。

所谓效用序数论（ordinal utility theory），就是认为效用不是数量概念，而是次序概念，只能根据偏好程度排列第一，第二，第三……而不能说有 1，2，3…个效用单位。或者说，能够判断的只是某人对某种商品的偏好超过对另一种商品的偏好，而不能说某种商品的效用是另一种商品效用的若干倍。这种效用序数论的方法是用无差异曲线来表示的。

二、无差异曲线的含义

无差异曲线（indifference curve）是微观经济学中用来研究消费者如何实现收入的有效配置问题常用的工具。这种曲线表示消费者在一定的偏好、一定的技术条件和一定的资源条件下选择商品时，对不同组合商品的满足程度是没有区别的。这时消费者对某种产品的喜好只有次序先后的问题。

假定有一个消费者，按照既定的价格购买 A 和 B 两种商品，如果 3 个单位的 A 商品和 2 个单位的 B 商品（两种商品的一种组合方式）与 2 个单位的 A 商品和 3 个单位的 B 商品（两种商品的另一种组合）给消费者带来的满足程度不相上下，那么，这两种组合中的任一种对消费者来说，满足程度是无差异的。当然，这种无差异的配合，不仅有上述两种，而可能有许多种，例如表 2-5。

表 2-5

	无　差　异　的　各　种　组　合	
	A	B
I	1	6
II	2	3
III	3	2
IV	4	$1\frac{1}{2}$

这里的四种组合，每种组合给消费者带来的效用都相等，把各种不同组

合的点连接起来，就形成了一条无差异曲线，如图 2-3 所示。

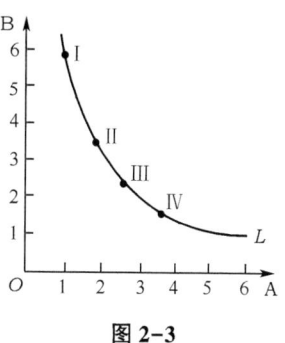

图 2-3

在图 2-3 中，横坐标代表 A 商品的数量，纵坐标代表 B 商品的数量，Ⅰ，Ⅱ，Ⅲ，Ⅳ代表 4 种不同的组合点。各点连接起来就形成了一条无差异曲线。实际上，在这条曲线上的任何一点都代表一种不同的组合，每一种组合都给消费者带来同样的满足。

不难想象，上面的表格只是可能的无数表格中的一个，我们还可以根据这个消费者所感到的较高或较低水平的满足程度，列出相应的多种不同的无差异组合的表格，而每一个表格都可用图形表示成相应的无差异曲线，于是这无数条无差异曲线便构成了无差异曲线群或称偏好系统，如图 2-4 所示。

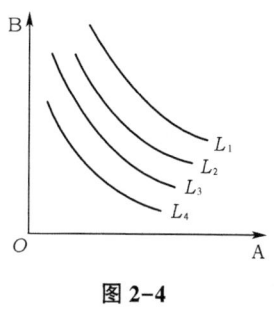

图 2-4

在图 2-4 中，OA 表示 A 商品的数量；OB 表示 B 商品的数量；L_1，L_2，L_3，L_4 表示 4 条不同程度的无差异曲线。

在这些无差异曲线群中，每一条曲线代表的满足程度都不相同。离原点近的曲线代表较低程度的满足，离原点远的曲线代表较高程度的满足，因为离原点远的曲线上的两种商品的组合在数量上要比它左边曲线上的商品数量多一些，从而带来的满足要大一些。

三、无差异曲线的特点

根据无差异曲线的含义，可知它具有如下特点：

第一，无差异曲线既然是条曲线，就说明两种可能互相代替的商品数量是假定无限可分的。即可以有无限数量的不同组合，每种组合都带来同等的满足。反过来说，正因为如此，才可以形成一条无差异曲线。

第二，无差异曲线的数量可以是无限的。我们在绘制无差异曲线群时一般只象征性地画出几条，这完全是为了更方便地说明问题。事实上，在任何两条无差异曲线之间，都存在无数条无差异曲线。无差异曲线充满了整个坐标的平面。这表明消费者对满足水平的偏好是无限的。

第三，横轴表示 A 商品的数量，纵轴表示 B 商品的数量，纵横两轴形成了一个 A-B 平面，叫作商品面。商品面上的任何一点都在一条（而且是唯一的一条）无差异曲线上。因为这一点代表的商品组合所提供的满足，和它所在的无差异曲线上其他点代表的商品组合所提供的满足水平是一致的，只是两种商品组合的比例各有不同而已。然而，这一点不可能同时又在另一条无差异曲线上，因为其他任何一条无差异曲线，都代表各不相同的满足水平。

第四，无差异曲线不可能互相交叉。这是第二和第三个特点的必然逻辑结论。我们用图形加以说明，见图2-5所示。

我们假定两条无差异曲线 L_1 与 L_2 相交于 P 点。Q 为 L_1 上的任一点。依照无差异曲线的含义，P 点和 Q 点同在 L_1 上，表示同等程度的满足水平，而 P 点又和 R 点同在 L_2 上，也表示同等的满足水平。因此，Q 与 R 表示的满足程度也就应该是相等的。但是，从图2-5中我们明显地看到，R 点的两种商品数量都比 Q 点的两种商品数量多。从而 R 点表示的满足水平应当比 Q 点表示的满足水平高。因此，两条无差异曲线相交的假设是不正确的。

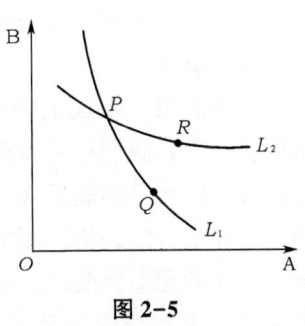

图 2-5

第五，无差异曲线在A-B平面上是由左上方逐渐向右下方倾斜的。换句话说，曲线的斜率为负数，这是因为任何一条无差异曲线表示在它上面的任何一点都提供同等水平的满足，是由增加A商品数量而同时必须减少B商品的数量；或增加B商品数量而同时必须减少A商品数量才能达到的。满足水平不变，而商品组合变动，两种商品数量就必须一涨一消，一正一负。因此，无差异曲线斜率一定是负数。

第六，无差异曲线凸向原点，从而它上面的每一点的切线都在曲线的下方。如图2-6所示。

在图2-6中，无差异曲线 L 上任何两点的切线都在曲线下方。这两条切线的斜率，实际就是无差异曲线上某两点精确的边际替代率。这个特点可以从下面我们将要对边际替代率的分析中得到进一步说明。

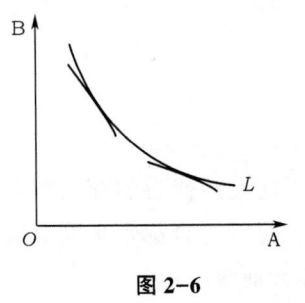

图 2-6

四、边际替代率

一条无差异曲线上的各点，表示提供同等满足的两种商品的不同组合。那么，从曲线上任何一点开始，如果向右下方移动，就意味着B商品的减少和A商品的增加；如果向左上方移动，就意味着B商品的增加和A商品的减少。这就是说，为了维持同等水平的满足，

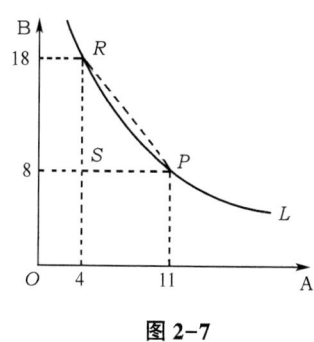

图 2-7

两种商品必须一增一减，互相有一个替代的比率，如图 2-7 所示。

在图 2-7 的无差异曲线上，R 点表示含有 4 个单位的 A 商品和 18 个单位的 B 商品，P 点表示含有 11 个单位的 A 商品和 8 个单位的 B 商品。若由 R 点向右下方移动到 P 点，就必须减少 10 个单位的 B 商品，增加 7 个单位的 A 商品，即：要用 7 个单位的 A 商品去替代 10 个单位的 B 商品，其替代率为 $\dfrac{\Delta B}{\Delta A} = \dfrac{RS}{SP} = \dfrac{8-18}{11-4} = -1\dfrac{3}{7}$。为了方便起见，可以去掉负号，替代率为 $1\dfrac{3}{7}$。

这说明，从 R 点到 P 点，消费者为了保持原有的消费水平，可以按照 $1\dfrac{3}{7}:1$ 的平均替代率（average rate of substitution，ARS）选择任何一种商品的组合，即每增加 1 单位的 A 商品就必须放弃 $1\dfrac{3}{7}$ 单位的 B 商品。

上面谈的替代率（$\dfrac{RS}{SP}$）显然就是 R 和 P 之间连接线的斜率。当 R 点沿着曲线向 P 点移动以致使 R 越来越接近 P 点，RP 斜率也就成为越来越接近于过 P 点的切线。所以，$\dfrac{RS}{SP}$（平均替代率）便越来越接近于过 P 点切线的斜率。到了极限，过 P 点切线的斜率就成了边际替代率。用公式表示：

$$\lim \frac{\Delta B}{\Delta A} = \frac{dB}{dA} = 边际替代率（导数）$$

用图形表示。见图 2-8 所示。

图 2-8 中各种符号的含义与图 2-7 相同。图中过 P 点的切线 PT 之斜率便是边际替代率（marginal rate of substitution，MRS）。它不同于 RP 割线之斜率所表示的在无差异曲线上 R 与 P 之间的平均替代率（平均每增加一个某种商品而需要放弃另一种商品的数量）。

应当看到，边际替代率与边际效用有

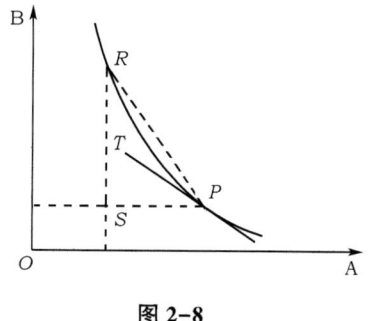

图 2-8

着密切的关系，因为边际替代率是以基于两种商品的边际效用而形成的无差异曲线为基础的。因此，边际替代率（以 MRS 表示）又可通过相互替代的两种商品的边际效用的比率来表示。

在前式：MRS（边际替代率）$= \dfrac{dB}{dA}$ 中，dA 表示 A 商品增减的微量，dB 表示因增减 A 商品微量，而必须相应地减少或增加 B 商品的微量。这两种商品之所以能有这样的替代比例，是因为二者的边际效用不同，以致各边际增（或减）量与其边际效用之积（绝对值）相等。即：

商品 A 的边际效用（MU_A）×商品 A 的边际增量（dA）= 商品 B 的边际效用（MU_B）×商品 B 的边际减量（−dB）。简化为：

$$MU_A \times dA = MU_B \times |-dB|$$

或：

$$\frac{MU_A}{MU_B} = \frac{|-dB|}{dA}$$

$$\frac{MU_A}{MU_B} = \frac{dB}{dA}$$

$$MRS = \frac{dB}{dA}$$

$$MRS = \frac{MU_A}{MU_B}$$

边际替代率的经济含义，是指在维持消费者满足程度不变的前提下，为了增加一个单位的某种商品而需减少另一种商品的数量。

五、边际替代率递减

西方经济学家认为，由于边际效用递减规律的作用，边际替代率有下降的趋势。即当 A 商品越来越增多时，它的边际效用越来越小，而 B 商品越来越减少时，它的边际效用越来越大。这样，在无差异曲线上便出现了越来越以增加较多的 A 商品才能替代一个单位的 B 商品的趋势，$\dfrac{\Delta B}{\Delta A}$ 之值（替代率）越来越小，这叫边际替代率递减规律（law of diminishing marginal substitutive rate），可用图 2-9 来说明。

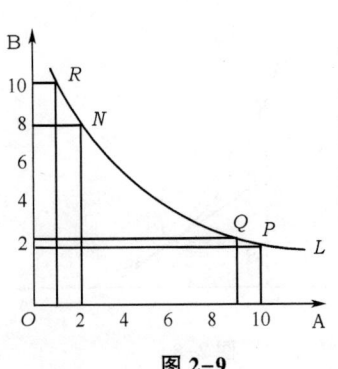

图 2-9

R，N，Q，P 为无差异曲线 L 上的 4 点。

我们看到，由 R 向 N 移动时，消费者愿意以 2 单位的商品 B 换取 1 单位的商品 A，即，要增加 1 单位的商品 A，就必须放弃 2 单位的商品 B。而由 Q 向 P 移动时，消费者只愿意以 0.5 单位的商品 B 换取 1 单位的商品 A。也就是说，要增加 1 单位的商品 A，只需放弃 0.5 单位的商品 B 就行了。可见，沿着无差异曲线由左上方向右下方移动时，边际替代率将逐渐变小。

以上考察的是两种商品互相替代的情况。现在，如果把 B 商品换为货币商品，则边际替代率递减律的经济含义是：消费者在购买某种商品（用牺牲货币商品去换来某种商品）时，随着他购买量的增加，他愿意支付的每个单位商品的货币额将愈趋减少。

第三节 预算线和消费者均衡

一、预算线

前面讲的无差异曲线只表明消费品为消费者提供的各种满足水平，但是，在商品经济中，消费者实际能达到哪种满足水平，则取决于他的收入和商品的价格。预算线（budget line）就是用来表示消费者在一定的个人收入和商品价格的条件下，可能买到的商品数量的界限，因而预算线是用来分析个人最佳消费行为和消费者均衡（收入的最佳配置）的工具。预算线也称消费可能线（consumption-poss-bility line），因为它确定消费可能的范围和限度，同时又称价格线（price line），因为它取决于价格水平。

为了分析简便，我们假定某消费者购买 A，B 两种商品。A 商品的单价是 1.5 元，B 商品的单价是 1 元。假设某消费者每周收入 6 元。他可以将这 6 元全部购买 A 商品或 B 商品，也可以购买一部分 A 商品和一部分 B 商品。某消费者可以用以下几种方法购买（参见表 2-6）。

表 2-6

可 替 代 的 两 种 商 品	
A	B
4	0
3	1.5
2	3
1	4.5
0	6

若消费者用6元收入全部购买A商品，那么可以买到4个单位，全部购买B商品，则可以买到6个单位。根据这两点我们可以作出一条曲线，它就是预算线，见图2-10。

MN曲线上任一点都是以一个6元收入所能购买到的A，B两种商品的恰当组合。在MON内的任何一点都是以6元收入所能购买的范围，例如，假定购买行为在P点。P点购买两种商品的总支出 = 2× 1.5+2×1 = 5（元）。总支出小于消费者6元的总收入，说明在P点消费者还有潜力可以继续购买。在MON外的任何一点都是以6元收入无法购买的范围。例如，假定购买行为在Q点，Q点购买两种商品的

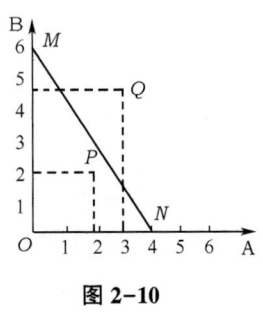

图2-10

总支出 = 3×1.5+5×1 = 9.5（元），总支出大大超过了消费者一周的6元收入。这说明，消费者的收入有限，对于这样的购买量力所不能及。只有在MN消费线上的点才达到了饱和的购买量。

二、消费者均衡

（一）消费者均衡的含义

无差异曲线和预算线实际上是说明消费者的主观愿望和客观条件两方面的问题。

从主观愿望讲，消费者可以作出各种满足水平的选择。这种选择可由无差异曲线群表示出来，离原点较远的无差异曲线表示较高水平的满足，离原点较近的无差异曲线表示较低水平的满足。在不考虑其他因素时，任何消费者都愿意选择离原点较远的无差异曲线以获得较大满足。但是，消费者能否做到这一点，还要受客观条件的限制。从客观条件讲，消费者满足水平又必须受货币收入和商品价格的限制，这种限制可由预算线表示出来。较高的收入和较低的商品价格使预算线远离原点，较低的收入和较高的商品价格使预算线靠拢原点。

总而言之，无差异曲线表示消费者消费的主观愿望；预算线则表示消费者消费的客观条件和可能性。如何使主观愿望同客观条件结合起来，使消费者获得最大满足，或者说，如何以有限的货币收入，在可以买到的商品间作最为合理的配置以求得最大效用，这就是消费者均衡理论所要研究的问题。

所谓消费者均衡，就是指在一定收入和一定价格条件下，购买一定量物品的消费者所能获得最大满足的状态。

（二）　实现消费者均衡的条件

把消费者的主观愿望和客观限制结合起来观察消费者均衡，应当同时利用无差异曲线和预算线这两个分析工具，我们把这两种曲线表现在同一坐标图内，如图 2-11 所示。

在图 2-11 中，横轴表示 A 商品数量，纵轴表示 B 商品数量，L_1，L_2，L_3，L_4 分别表示各种不同满足水平的无差异曲线，MN 为预算线。MN 与 L_1 相切于 E 点，与 L_4 相交于 R 和 S 两点。

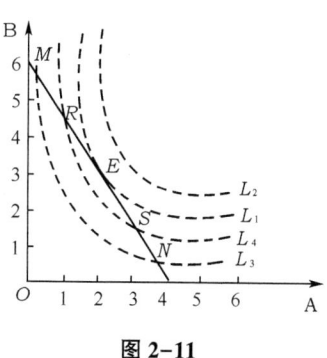

图 2-11

我们仍然假定消费者收入为 6 元，A 商品的价格为 1.5 元，B 商品的价格为 1 元，所以在这种收入和价格水平下，预算线只有一条即 MN。前面讲过，坐标平面上有无数条无差异曲线，图中画出 4 条 L_1，L_2，L_3，L_4。那么在预算线上，选择哪一点才能使消费者得到最大的满足呢？毫无疑问，那一点必须是在对他最为有利的一条无差异曲线上。从图 2-11 看，L_2 虽然满足水平最高，但由于他处在预算线 MN 的右侧，对于只有收入 6 元的消费者来说，他的力量达不到，所以 L_2 在我们考虑之外。L_3 和 L_4 与预算线 MN 都有交点，而 L_1 与 MN 只有一个切点。我们分析一下这几点中哪一点最为有利。

L_4 与 MN 有两个交点 R 和 S。虽然这两点购买 A 和 B 两种商品的总支出正好和消费者的 6 元收入相等，但因为 L_4 比 L_1 更靠近原点，所以消费者在 R，S 上只能获得较低水平的满足。自然 L_3 和 MN 的两个交点所代表的满足程度就更低了。

L_1 与 MN 只有一个切点，在这点上消费者的收入全部用完，而且能获得较之 L_3，L_4 更高水平的满足。在 L_1 上，从 E 点向左或向右移动，虽然能获得和 E 同样水平的满足，但由于他们都在预算线 MN 的右方，消费者没有能力购买那么多的商品。所以，唯有 E 点最合适，E 点就是消费者的均衡点。

所以，消费者的均衡点就是预算线和一条尽可能高的无差异曲线的切点。

在 E 点上，预算线和无差异曲线相切，因此，预算线就是这条无差异曲线的切线，无差异曲线的斜率就是预算线的斜率，二者是一致的。前面讲过，无差异曲线上某一点的切线的斜率就是这一点的边际替代率。所以，我们可以说，当消费者在尽可能高的无差异曲线上某一点的边际替代率正好等于预算线的斜率时，消费者便达到了均衡点。

从前面对预算线的分析中，我们可以看出，在两种可供选择的商品中，当收入一定时，预算线的斜率就是这两种商品价格的比率。因为消费者对 A 和 B 两种商品的货币支出总额是相等的（等于消费者的收入）。设商品 A 的价格为 P_A，商品 B 的价格为 P_B，两种商品量分别为 Q_A，Q_B。则：

$$Q_A \times P_A = Q_B \times P_B$$

即：

$$\frac{Q_B}{Q_A} = \frac{P_A}{P_B} = 预算线的斜率$$

又：

$$MRS_{AB} = \frac{MU_A}{MU_B}$$

按前面分析，预算线的斜率应该和边际替代率相等，所以：

$$\frac{MU_A}{MU_B} = \frac{Q_B}{Q_A} = \frac{P_A}{P_B}$$

这个公式表明，当消费者的边际替代率恰好等于商品价格的比例时，消费者便达到了最佳均衡点。

我们从上式可以推导出：

$$\frac{MU_A}{P_A} = \frac{MU_B}{P_B}$$

若现有 B 和 C 两种商品可选择，同样可以得出：

$$\frac{MU_B}{P_B} = \frac{MU_C}{P_C}$$

因此：

$$\frac{MU_A}{P_A} = \frac{MU_B}{P_B} = \frac{MU_C}{P_C} = \cdots = \frac{MU_N}{P_N} = 货币边际效用（L）$$

这就是消费者均衡的基本条件。

消费者均衡基本条件的含义是：消费者的一定收入在各种可供选择的商品中，要使自己获得最大满足，就必须使自己用每一单位货币所购得的每种商品的边际效用相等。这和本章第一节讲的"效用最大化原则"的结论一致。通俗讲，这个均衡条件的经济含义是：消费者在收入一定的情况下，如果一种东西买多了，边际效用低，他就应该少买一些；而另一种东西买得不够，还不能满足个人需要，边际效用很高，那么他就应该再多买一些。总之，应使每一单位货币所买到的每种商品的边际效用都相等。即务使每一单位货币的使用都恰到好处，发挥最大效用，于是自己就能获得最大满足。

例如，假设在某餐馆进餐，计划用于点菜的支出总额为 140 元，在各种菜肴的单价和边际效用序列已定的情况下，如何求得最大效用，如表 2-7

所示。

表 2-7 说明，原来"拟买"4 盘鱼、1 盘虾、2 盘肉，各盘菜的货币边际效用大小不等，即鱼的货币边际效用最小，虾的边际效用最大，因此，按照消费者均衡条件，就需减少鱼的购买量，增加虾的购买量。这样，当"实买"量鱼、虾、肉各为 2 盘的情况下，各盘菜的货币边际效用均为 $\frac{1}{5}$，实现了消费者均衡。

表 2-7

菜名	单价（元）	边际效用序列	拟 买		实 买	
			数量	货币边际效用（L）	数量	货币边际效用（L）
鱼	20	8，4，0，-4	4	$\frac{-4}{20}$	2	$\frac{4}{20}$ 或 $\frac{1}{5}$
虾	40	12，8	1	$\frac{12}{40}$	2	$\frac{8}{40}$ 或 $\frac{1}{5}$
肉	10	4，2，0	2	$\frac{2}{10}$	2	$\frac{2}{10}$ 或 $\frac{1}{5}$

第四节 收入和价格变化对消费的影响

以上分析的消费者均衡，是以消费者的货币收入和商品价格不变作为前提的。但是事实上，收入和价格两个因素都会经常变化，它们的变化对消费者均衡，或者说对消费者获取最大满足的消费行为会产生什么影响呢？

我们现分析如下：

一、收入变化对消费的影响

（一）收入变化对预算线的影响

从预算线的含义可以看出，预算线位置的高低，取决于两个因素：收入和商品价格。这里我们暂且把价格因素撇开，只研究收入变动对预算线的影响，见图 2-12。

我们仍然沿用讲预算线时举的例子。当消费者收入为 6 元时，他能买到 6 单位的 B 商品，或者 4 单位的 A 商品。因为我们假定 B 商品的单价为 1 元，而 A 商品的单价为 1.5 元。这时的预算线为 MN。

若消费者收入增加到 9 元时，全部购买 B 商品的数目是 9 单位，全部购

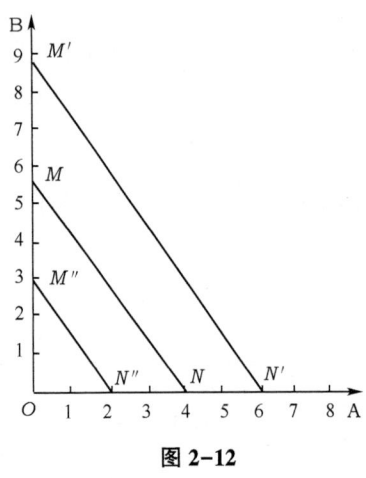

图 2-12

买 A 商品的数目是 6 单位，根据这两点确定的预算线 M'N' 显然是 MN 预算线向右平行移动的结果（因为价格未变，新的预算线的斜率与原来的一样）。若消费者的收入由 6 元减少到 3 元，那么，此时全部购买 B 商品的数目只能是 3 单位，而全部购买 A 商品的数量也只能是 2 单位了。根据这两点确定了一条新的预算线 M''N''，它显然是原来的预算线 MN 向左平行移动的结果。

可见，消费者收入增加，预算线在价格不变的前提下，会平行地向右移动，而当消费者收入减少时，预算线会平行地向左移动。

（二）收入消费曲线

收入消费曲线是西方经济学家用来分析收入变化对消费影响的一个工具。

上面讲过，收入的增减会使预算线平行地向右或向左移动，如图 2-13 所示。

在图 2-13 中，横轴表示某一商品（X）的数量，纵轴则表示消费者对其他商品的货币开支。假定 X 的商品价格始终为 10 元，消费者收入为 1 000 元。这时的预算线是 L_3M_3，就是说，此时消费者可以把 1 000 元收入全部购买 X 商品 100 单位，或者全部购买其他商品。这条预算线和无差异曲线Ⅲ的切点为 R，R 就是在 1 000 元收入下的消费者均衡点。这时消费者购买 40 单位的

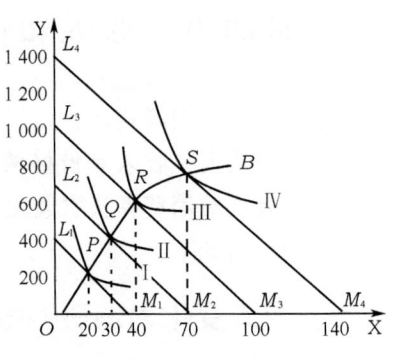

图 2-13

X 商品，用余下的 600 元购买其他的商品，从而获得最大的满足。

如果消费者收入由 1 000 元减少到 700 元，预算线将是 L_2M_2，即全部购买 70 单位的 X 商品或全部购买其他商品。这条预算线和无差异曲线Ⅱ相切于 Q 点，它表明在收入为 700 元情况下，消费者购买 30 单位的 X 商品和 400 元的其他商品便能获得最大满足。

若收入减为 400 元，预算线将是 L_1M_1，均衡点为 P；若收入增加到 1 400 元，预算线将右移到 L_4M_4，均衡点为 S。

这一连串的消费均衡点连接起来的线称作收入—消费曲线。

收入—消费曲线表明，在价格不变，收入水平变动的条件下，某消费者在商品 X 和其他商品之间选定的各个均衡组合点。或者说，在收入—消费曲线上的任何一点，都是消费者在相应的收入水平上所能选择的能使自己获得最大满足的 X 商品和其他一切商品的组合点。

从图 2-13 可看出，在价格不变的条件下，收入愈多，均衡点的位置离原点愈远，这表明消费者能获得更高水平的消费满足，或者说，消费者能消费更多的商品，这就是收入对消费的影响作用。

（三）恩格尔曲线

与收入—消费曲线有关的是恩格尔曲线。恩格尔曲线是由 19 世纪德国的一位行政官员和统计学家恩斯特·恩格尔提出的，用来分析收入变化对某一种商品消费的影响。

恩格尔曲线由收入—消费曲线推导而出。

在恩格尔曲线图中，横轴仍表示商品 X 的数量，但纵轴代表的是消费者的收入而不是 X 商品之外的其他商品的货币开支。根据收入—消费曲线的几个均衡点我们知道，当收入为 400 元时，消费者购买 20 单位的 X 商品，收入为 700 元时消费者购买 30 单位的 X 商品，收入为 1 000 元时消费者购买 40 单位的 X 商品，收入为 1 400 元时消费者购买 70 单位的 X 商品，这些时候消费者都达到最大满足，将这些点连接起来便构成了恩格尔曲线，见图 2-14。

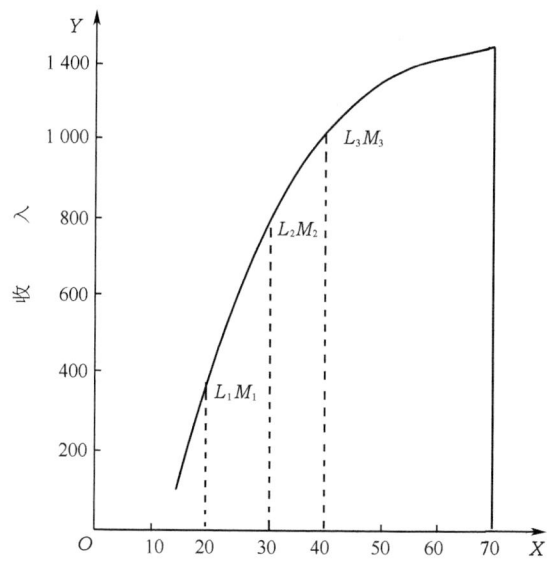

图 2-14　恩格尔曲线

恩格尔曲线表明，在不同的收入水平下，消费者对 X 商品的最佳数量选择。

恩格尔在分析收入变动对某一商品（X）消费的影响时，通常把各种商品分为"正常商品"和"劣等商品"两大类。"正常商品"是需求收入弹性大于零的商品，即收入增加，对该种商品的需求也增加。因此收入—消费曲线由左下方向右上方延伸。这类商品多指高档消费品、高档食品等。"劣等商品"是指需求收入弹性在一定范围内大于零，即当收入在一定限度内增加时，其需求量也会增加，但超过一定限度后，收入增加，对该商品的需求量反而会减少，这时的需求收入弹性便小于零了。因此，消费曲线在一定限度内由左下方向右上方向延伸，而过了这个限度，曲线向后弯曲，即由右下方向左上方伸展。"劣等商品"多指低劣质量的生活用品，如图 2-15 所示。

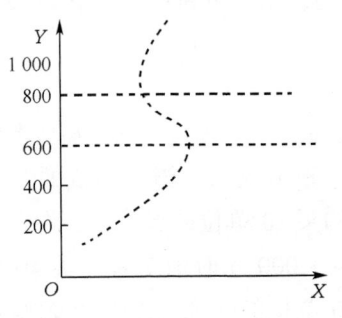

图 2-15

在图 2-15 中，横轴表示某种劣等商品数量，纵轴表示全部收入。我们看到，当收入低于 600 元时，对这种劣等商品的需求量会随着收入的增加而增加，但当收入超过 600 元后，曲线向后弯曲。这说明收入再增加，人们对这种劣等商品的需求量反而减少。

恩格尔曾根据萨克森的不同收入集团花费在各类物品劳务上的收入比例不同，得出一条规律，即恩格尔定律（Engel's law）。

恩格尔定律指出，随着家庭收入的增加，收入中用于食物方面的开支所占比例就愈来愈小。因此，他把家庭用于食物支出所占收入总额的比例，作为衡量一个家庭或一个国家富裕程度的标志。食物支出占家庭可支配收入的比例，称为恩格尔系数（Engel's coefficient），即恩格尔系数 = $\dfrac{食物支出金额}{家庭可支配收入}$。恩格尔系数越大，说明这个家庭或国家越贫穷，系数愈小则说明他们的生活比较富足。联合国粮农组织根据恩格尔系数大小作为测定和划分居民生活贫富的一个指标。恩格尔系数在 60% 以上者为绝对贫困；50%~59% 为勉强度日；40%~49% 为小康水平；30%~39% 为富裕；30% 以下为最富裕。西方资本主义发达国家目前一般都在 30% 以下。

应当看到，恩格尔定律是在假定其他一切变数为常数的前提下，只以居民的收入支出状况为依据得出来的，因此，在把它用来作为测量居民贫富指标时，还应考虑其他相关因素的变动情况，如一国的都市化、市场化程度；

人们的生活习惯、食品结构；社会收入的分配方式，以及食品的加工程度等等，否则难免有歪曲事实之嫌。

二、价格变化对消费的影响

（一）价格变化对预算线的影响

为了分析方便，我们在分析价格变化对预算线的影响时，假定只有一种商品价格发生变化，而另一种商品仍维持原来的价格。我们仍然假设消费者的收入为 6 元，假定 B 商品价格不变，A 商品的价格由 1.5 元涨到 3 元。那么，预算线与横轴的交点，便由 M 点向内移至 M' 点。因为这时消费者只能购买 2 单位的 A 商品。如

若 A 商品的价格由 1.5 元跌到 1 元，则预算线与横轴的交点便会由原来的 M 点向外移至 M'' 点。因为此时，消费者可以用 6 元收入全部购买 6 单位的 A 商品。

可见，一种商品的价格升高，预算线就会向内旋转，一种商品价格降低，则预算线会向外旋转，请看图 2-16。

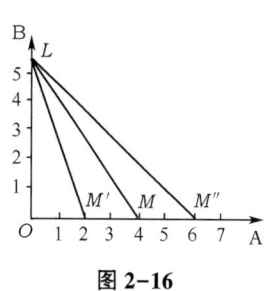

图 2-16

（二）价格消费曲线

价格消费曲线（price-consumption curve）是西方经济学家用来分析在收入不变条件下，价格变化对消费影响的工具。

当消费者在选择消费两种商品 X，Y 时，如果一种商品（例如 Y 商品）价格不变，另一种商品（例如 X 商品）价格变化而使预算线向外或向内旋转，自然会使消费者均衡点发生相应变化，连接各个不同消费者均衡点的曲线，便是价格消费曲线，如图 2-17 所示。

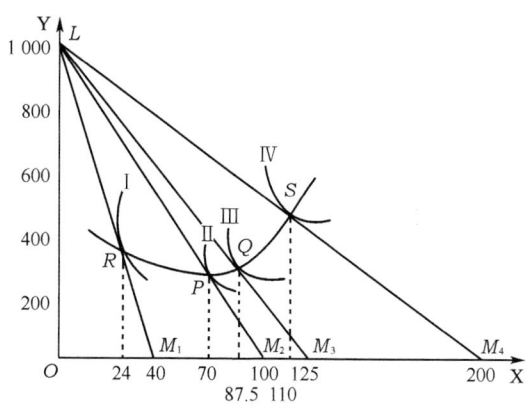

图 2-17

在图 2-17 中，横轴表示 X 商品的数量，纵轴表示用于其他商品的开支，我们仍然假设消费者收入为 1 000 元。当 X 的商品价格为 25 元时，消费者能购买 40 单位的 X 商品，预算线为 LM_1；当 X 商品的价格降为 10 元时，消费者对 X 商品的购买

量为 100，预算线为 LM_2；X 商品的价格再降到 8 元时，消费者可以购买到 125 单位的 X 商品，预算线向外转移到 LM_3；价格再下降为 5 元时，消费者便能买到 200 单位的 X 商品，预算线向外旋转到 LM_4 位置。

不同的预算线各自与不同水平的无差异曲线 Ⅰ，Ⅱ，Ⅲ，Ⅳ 相切于 R，P，Q，S 点，这 4 点便是消费者在不同价格条件下的消费均衡点。连接各个均衡点形成的曲线就是价格消费曲线。价格消费曲线表明，在收入已定的条件下，由于商品价格不同，消费者对商品的购买量就不同，价格愈低，购买量愈大；价格愈高，购买量愈小。曲线上任何一点都表明消费者在不同的价格水平下，对商品购买量的最佳选择，使他能获得最大满足。

（三）价格需求曲线

正如由收入消费曲线可以推导出恩格尔曲线（收入需求曲线）一样，从价格消费曲线也可以推导出价格需求曲线，简称需求曲线。或者说，价格消费曲线用另一种图形表示出来就是需求曲线，见图 2-18。

在图 2-18 中，横轴为 X 商品的数量，纵轴为 X 商品的价格。从价格消费曲线我们知道，当 X 商品价格为 25 元时，消费者购买 24 单位；当价格下降到 10 元时，消费者购买 70 单位；当价格下降到 8 元时，消费者购买 87.5 单位；当价格再次下降为 5 元时，消费者愿意购买 110 单位。这样，不同价格与最佳购买量之间的关系在图 2-19

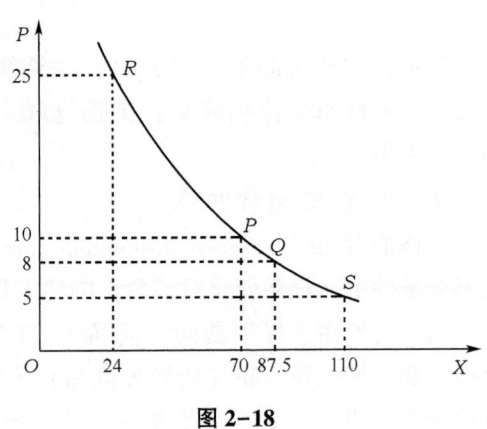

图 2-18

得到了很明确的表现。连接 R，P，Q，S 等点便形成了一条需求曲线。在西方经济学家看来，这里说明本章用序数效用分析的方法，也可得到第一章用基数效用分析方法所得到的商品需求曲线，而又避免了基数效用的缺点。

（四）收入效应和替代效应

西方经济学家认为，当一种商品价格变动而使消费者均衡点发生变动，实际就意味着消费者的福利因价格变动而产生了两种影响的结果：一是价格变动意味着消费者因实际收入发生变动而引起对商品购买量的变动，这叫"收入效应"（income efficient）；二是价格变动将使消费者对两种商品购买选择的组合比例发生变动，这叫替代效应（substitution efficient）。例如，当某种商品价格下降，消费者会增加对该商品的购买；而且消费者在多购买已降价的商品的同时还少购买价格不变的商品，即用前者去替代后者，而满足水平不变。西方经济学家认为，在收入一定的情况下，商品价格的变动对商品需求量的影响是收入效应和替代效应之和，如图 2-19 所示。

在图 2-19 中，横轴代表 X 商品，纵轴代表 Y 商品，当 Y 价格不变，X 价格下降时，预算线由 MN 移至 MN′，MN 与无差异曲线 I 相切于 P 点，MN′ 与无差异曲线 II 相切于 R 点，即消费均衡点由 P 移到 R，相应地对 X 商品的需求量由 X_1 增至 X_3，即增加了 X_1X_3。现做补助线 M_0N_0 使之与 MN′ 平行，并与 I 线相切于 Q 点。这表明当 X

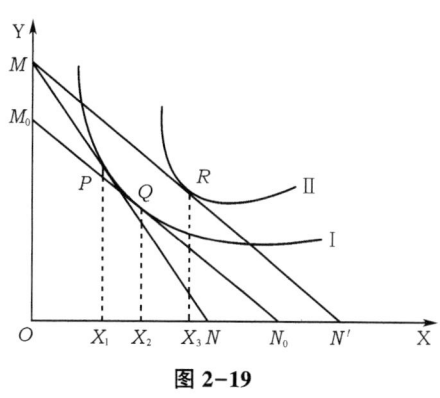

图 2-19

商品价格下降后，消费者在保持原来满足水平的情况下，商品选择的组合点由 P 移至 Q，即增加 X 商品的购买量 X_1X_2 来代替对 Y 商品的减量。可见，X_1X_2 是替代效应的结果。但在发生这种替代效应时，消费者已节省了相当于能购买 MM_0 的 Y 商品的收入，如果消费者不节省这笔收入，而把它全部用于去购买 X 商品，则可多购买 X_2X_3 的 X 商品。可见，X_2X_3 是收入效应的结果。从图 2-19 可以看出，$X_1X_2+X_2X_3=X_1X_3$。这说明，商品价格变动对该种商品需求量的影响（X_1X_3）是由收入效应（X_2X_3）和替代效应（X_1X_2）共同作用的结果。

（五）低档商品的收入效应和替代效应

以上关于收入效应和替代效应的分析，是仅就正常商品（normal goods）而言的。此外，还有低档商品（inferior goods）的价格变化也会引起收入效应和替代效应，而且与正常商品的有所不同。即由于收入对正常商品需求的影响是正相关的，对低档商品需求的影响是负相关的，因此，在收入效应方面，正常商品表现为商品的价格与需求按反方向变化，低档商品表现为商品的价格与需求按同方向变化；在替代效应方面，无论正常商品还是低档商品，商品的价格与需求都按相反方向变动。这就是说，体现在商品的价格与需求变动的关系上，对低档商品来说，收入效应表现为二者按同方向变动；替代效应表现为二者按反方向变动，这两种效应之和便构成对低档商品需求变动的总量，如图 2-20 所示。

在图 2-20 中，横轴表示某种低档商品的数量，纵轴表示某种正常商品的数量。当 Y 商品价格不变，X 商品价格下降，预算线由 MN 移至 MN′。MN 与

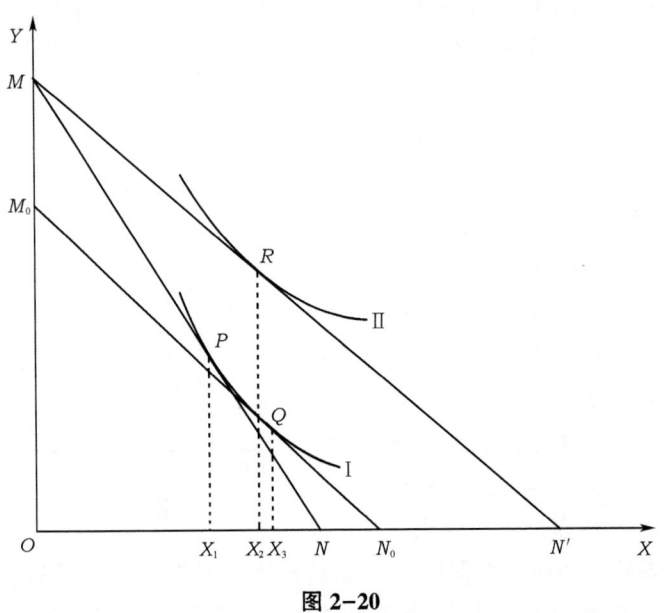

图 2-20

无差异曲线Ⅰ相切于 P 点，MN' 与无差异曲线Ⅱ相切于 R 点（注意：在这里 R 点处于 P 和 Q 点之间，与图 2-19 中处于 P 和 Q 点之后是不同的），即消费均衡点由 P 移至 R，相应地对 X 商品的需求由 OX_1 增至 OX_2，即增加 X_1X_2。这可视为低档商品 X 的收入效应和替代效应之和。这是因为：

第一，M_0N_0 与 MN' 平行并与Ⅰ线相切于 Q 点，表明当 X 商品价格下降后，消费者在保持原来满足水平的情况下，对 X 商品的需求增加了 X_1X_3 的数量，同时又相应地减少了对 Y 商品的数量，可见，X_1X_3 是对 X 商品的替代效应，其数值为正。

第二，当消费者均衡点由 P 移至 Q 点时，因 Q 是预算线 M_0N_0 上的一点，则意味着消费者尚结存了相当于能购买 MM_0 的 Y 商品的收入，这是由于 X 商品价格下降而使消费者的实际收入增加了的部分。如果消费者把实际收入增加后的全部收入都用于购买商品，则将消费者均衡移至 R 点，这就会减少 X 商品 X_3X_2 的购买，可见 X_3X_2 乃是 X 商品的收入效应，其数值为负。

于是，X 商品价格下降后引起的对 X 商品需求变动总量为：$X_1X_3 +$ $(-X_3X_2) = X_1X_2$。即等于替代效应和收入效应之和。

微观经济学中的这种收入效应和替代效应的分析方法，在一定程度上反映了消费者对商品选择的规律性。它说明了当商品价格变化后，消费者如何改变自己对商品购买的选择，因此，就生产者来说，它有助于了解消费者对于不同类别商品价格变化的反应，进而合理安排生产和作出正确的价格决策。

第五节　不确定性与风险

此前，我们对消费者选择的分析是以存在完全信息的条件为前提的。然而在现实生活中，有许多经济活动往往信息不完全，因而存在许多不确定性因素，以致必然会使消费者决策行为的后果存在风险。本节着重讨论消费者选择中的不确定性和风险，以及如何避免风险的问题。

一、不确定性和风险的含义

这里说的不确定性（uncertainty）是指在经济活动中，行为主体（如消费者）不能准确地知道自己的行为决策（如购买某种商品的决策）的结果。换言之，如果经济行为主体的决策结果不止一种情况，就称为不确定性。例如，某人购买彩票，可能发生中奖或不中奖两种结果，这就产生了不确定性。由于行为主体的决策后果具有不确定性，自然就会给行为主体带来风险。

风险（risk）即指一种行为决策会产生失败的可能性。当一种决策可能产生成功与失败的两种结果时，失败的可能性愈大，则风险愈大。

二、测度风险的指标

测度风险大小的指标通常有概率、方差、标准差。

概率（probability）是指一种结果发生的可能性有多大，或有可能发生的程度。如购买某种彩票中奖的概率为10%，不中奖的概率为90%，则表明中奖的可能性很小，不中奖的可能性（风险）很大。用概率来表示可能性的特点是：一种行为决策的各种结果的概率之和等于1。即一种决策如果只有成功与失败两种可能，当成功的概率为10%，失败的概率则为1−10%＝90%，这表明该种决策的风险很大。

方差（variance）又称离差，是指实际值与期望值之间的差额（无论正负，取绝对值）之平方的加权平均值。此中，实际值（real value）是指一种决策有可能发生的各种结果的数值。如消费者可购买同等数量的三种商品A，B，C，其总效用分别为10，5，8。这10，5，8三个效用则为消费者购买商品这种决策后果的实际数值。期望值（expected value）是指消费者决策行为有可能发生的各种结果预期收入的加权平均值，权数则为各种结果的概率。按前例，若已知购买A，B，C三种商品的概率分别为60%，30%，10%，则消费者总效用的期望值为：0.6×10+0.3×5+0.1×8＝8.3。由此，我们可以给出期望值的一般公式：

$$E\ (X)\ =\pi_1 X_1+\pi_2 X_2+\pi_3 X_3+\cdots+\pi_n X_n$$

式中：$E\ (X)$——期望值；

X——某一经济行为的实际经济变量；

π——该经济变量可能发生的概率。

这个一般公式可简记为：

$$E\ (X)\ =\sum_{i=1}^{n}\pi_i X_i$$

按上例，消费者购买 A，B，C 三种商品的实际值与期望值的差额（无论其正负）分别为：1.7（10-8.3），-3.3（5-8.3），-0.3（8-8.3）。因此：

$$方差 = 0.6\times1.7^2+0.3\times3.3^2+0.1\times0.3^2 = 5.05$$

标准差是指方差的平方根，如上例，设标准差为 δ，则：

$$\delta=\sqrt{5.05}=2.25$$

由此可知，设某种经济活动（如购买商品）的实际效用变量为 X，其各种效用分别为 X_1，X_2，$X_3\cdots$各种效用的概率分别为 π_1，π_2，$\pi_3\cdots$期望值为 $E\ (X)$，方差为 δ^2，则可给出方差的一般公式：

$$\delta^2=\pi_1\ [X_1-E\ (X)\ ]^2+\pi_2\ [X_2-E\ (X)\ ]^2+\cdots+$$

$$\pi_n\ [X_n-E\ (X)\ ]^2$$

因而标准差（δ）的一般公式为：

$$\delta=\sqrt{\pi_1\ [X_1-E\ (X)\ ]^2+\pi_2\ [X_2-E\ (X)\ ]^2+\cdots+\pi_n\ [X_n-E\ (X)\ ]^2}$$

方差和标准差为什么能成为测度风险的指标呢？因为它们充分考虑到一种决策行为各种结果的概率因素，而且是通过加权平均得出来的，因而更具有稳定性。从长期来看，方差和标准差是一个比简单的概率更具普遍性和准确性的测度风险的指标。

从下面两种风险大小不同的工作比较中，即可看出方差和标准差对测度风险大小的意义。第一种是推销商品的工作。推销者按销量多少获取报酬，因此，其收入取决于生意好坏，生意好时月收入 2 000 元，生意差时月收入 1 000元，其概率均为 50%，则期望值为：$0.5\times2\ 000+0.5\times1\ 000 = 1\ 500$（元）。第二种是进工厂工作获取固定报酬。情况正常时月收入 1 510 元，若犯错误受罚只能得 510 元，其概率分别为 99% 和 1%，则其期望值为：$0.99\times1\ 510+0.01\times510 = 1\ 500$（元）。这就是说，两种工作的预期收入相同，均为每月 1 500 元。但是，第一种工作的实际收入与预期收入的差额，生意好时为 500 元（2 000-1 500），生意差时也为 500 元（1 000-1 500，取绝对值），于是方差为：$0.5\times500^2+0.5\times500^2 = 250\ 000$；标准差为 500。第二种工作的实际收入与预期收入的差额，在正常情况下为 10 元（1 510-1 500），犯错误时为

990 元（510 - 1 500，取绝对值），于是方差为：$0.99 \times 10^2 + 0.01 \times 990^2 = 9\,900$，标准差为：$\sqrt{9\,900} = 99.5$。由此可见，无论是方差，还是标准差，第二种工作都比第一种工作小得多，这表明第二种工作比第一种工作的风险要小得多。

三、消费者对风险的态度

在无风险的确定性条件下，消费者效用取决于消费品数量的多少，即效用函数为 $U = f(x)$，并存在边际效用递减的规律。而在有风险的情况下，消费者的效用则与风险大小的关系极大，因此，需要认真研究消费者对风险的态度问题。

西方经济学家把消费者对风险的态度划分为三种类型：风险回避者、风险爱好者和风险中立者，并认为他们对风险各自持有不同的观点。

风险回避者认为，在无风险的条件下可以持有的确定性收入效用大于有风险条件下预期收入效用，或二者相等时，消费者偏爱确定性收入所获得的效用，这样的消费者便是风险的回避者。设效用为 U，收入为 W，其效用函数 $U(W)$ 的特征是具有严格凹的性质，即 $U''(W) < 0$。它表示随着消费者收入的增加，消费者货币收入的边际效用 $U'(W)$ 是不断递减的，如图 2-21 所示。

图 2-21 表明，OB 为效用函数曲线。假定消费者在无风险条件下的确定性收入为 20 万元，其效用水平为 16，即 A 点。而在有风险条件下，如果概率为 0.35 的 30 万元收入，其效用水平为 18，即 B 点；以及概率为 0.65 的 10 万元收入，其效用水平为 10，即 C 点，则其期望值为 17 万元（0.35×30 万 $+ 0.65 \times 10$ 万），相应的效用水平为 14，即 D 点。在这种情况下，

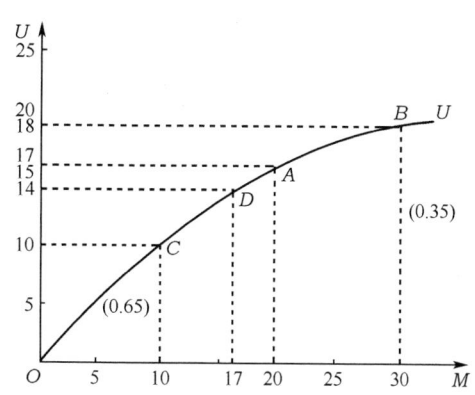

图 2-21 风险回避者效用曲线

消费者当然愿意选择有确定性收入及其效用水平的 A 点，而不愿选择风险条件下只能获得期望值及其效用水平的 D 点。

风险爱好者认为，在无风险条件下可以持有的确定性收入效用水平小于有风险条件下的收入效用水平，或二者相等时，消费者偏爱风险收入所得效

用。这样的消费者便是风险爱好者。其效用函数 $U(W)$ 的特征是具有严格凸的性质，即 $U''(W) > 0$，它表示随着消费者货币收入的增加，消费者货币收入的边际效用 $U'(W)$ 是不断递增的，如图 2-22 所示。

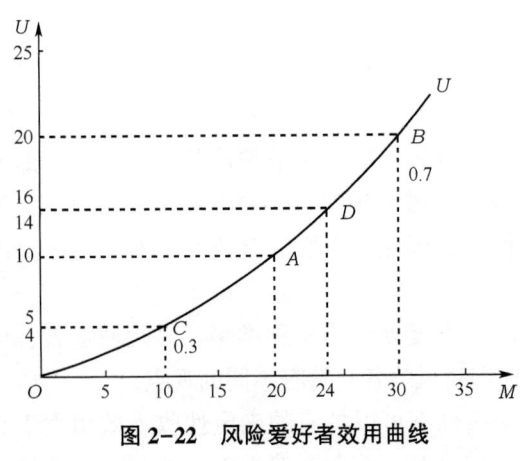

图 2-22 风险爱好者效用曲线

图 2-22 表明，OB 为效用函数曲线。假定消费者在无风险条件下的确定性收入为 20 万元，其效用水平为 10，即 A 点。而在有风险条件下，如果概率为 0.3 的 10 万元收入，其效用为 4，即 C 点；以及概率为 0.7 的 30 万元收入，其效用水平为 20，即 B 点，则其期望值为 24 万元（0.3×10 万 $+ 0.7 \times 30$ 万），相应的效用水平为 14，即 D 点。在这种情况下，消费者当然愿意选择 D 点而不愿选择 C 点。因为在 D 点虽然有风险，但其期望值和预期效用都远远大于无风险的确定性收入和效用。

风险中立者认为，在无风险条件下的确定性收入效用与有风险条件下的期望收入效用是相等的，而且效用与收入按同一比例增加，因此，其效用函数 $U(W)$ 的特征是严格线性的，即 $U''(W) = 0$。它表示随着消费者货币收入的增加，消费者货币收入的边际效用 $U'(W)$ 始终不变，如图 2-23 所示。

图 2-23 表明，OB 为效用函数曲线。消费者在无风险条件下的确定性收入与效用分别为 20 万元和 12，即 C 点。而在有风险条件下，一个不确定性的收入为 10 万元，概率为 50%；另一个不确定性收入为 30 万元，概率为 50%，则其期望收入为 20 万元（0.5×10 万 $+ 0.5 \times 30$ 万），其效用当然也为 12。在这种无风险情况下的确定性收入与效用，与有风险情

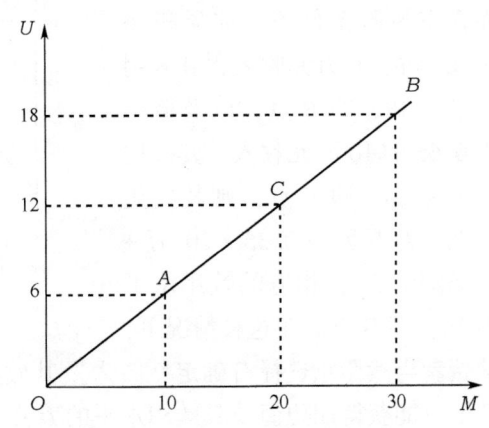

图 2-23 风险中立者效用曲线

况下期望收入与效用完全相等的情况下，消费者自然不在乎选择有确定性的收入还是选择有风险条件下的收入，表现了对风险的中立态度。

四、如何避免风险

如上所说，消费者对风险的态度有三种类型。在现实生活中，确有一些消费者偏爱风险，如乐于去购买风险很大的彩票就是例证；也有一些消费者对风险持中立态度，但这只是少数；一般讲，大多数消费者是风险回避者，他们都厌恶风险，力求减少或避免风险。如何减少风险呢？人们通常采取加强信息搜集，尽可能地掌握有关情况，作出比较准确的行为决策，以达到预期的目的；还可采取分散风险的办法，如为减少或避免投资风险，可以分散投资项目，"不要把鸡蛋装在一个篮子里"。同时，人们通常还采取购买保险（insurance）的办法。下面着重谈谈保险问题。

消费者为了避免自己的财产受到损失，向保险公司购买保险（投保），以便在受到损失后获得赔偿。消费者购买保险后，无论自己的财产是否受到损失，都可保证自己有确定性的收入。由于投保者与保险公司双方都需要获得最大的收益，从投保者来说，需要使自己支出的保险费用最多等于预期的损失；从保险公司来说，他所收取的保险费用最低也必须等于支出的赔偿费用。在此情况下，投保者与保险公司双方对保险金额和保险费用的最佳选择点在哪里？

举例来讲，假定某船主有一货船，其价值为 W。在航运中，他面临沉没的风险，其概率为 π，损失金额为 L。他为了避免可能发生的损失，决定向保险公司投保。他按自己投保金额 M 的一定比例（保险费率，以 r 表示）支付保险费后，如果货船沉没，保险公司就按投保金额进行赔偿。

首先，从投保者方面来看，为了避免风险，他希望通过投保获得最大期望效用（U）。最大期望效用可表示为：

$$\max_{M} \pi U\ (W\text{-}L\text{-}rM\text{+}M)\ +\ (1\text{-}\pi)\ U\ (W\text{-}rM)$$

式中，前半部分为船主在投保后货船沉没情况下的期望效用，后半部分为船主在没有发生沉没情况下期望的效用。如果把前半部分视为投保者从保险公司获得的预期收益，后半部分则可视为投保者向保险公司支付的预期成本。于是，按照成本收益分析方法，投保者获得最大期望效用的条件必须是边际收益等于边际成本，即前半部分与后半部分的一阶导数相等：

$$\pi U'\ \big[\ W\text{-}L\text{+}M\ (1\text{-}r)\ \big]\ (1\text{-}r)\ =\ (1\text{-}\pi)\ U'\ (W\text{-}Mr)\ r$$

$$\frac{\pi U'\ \big[\ W\text{-}L\text{+}M\ (1\text{-}r)\ \big]}{(1\text{-}\pi)\ U'\ (W\text{-}Mr)}=\frac{r}{1\text{-}r} \tag{1}$$

其次，从保险公司方面来看，如果货船沉没，保险公司将按船主投保金额 M 予以赔偿，同时又从船主方面获得保险费 Mr。于是他的预期收益为：$Mr-M$。如果货船没有沉没，保险公司便可获得保险费 Mr 的净收入。于是保险公司在假定自己的成本为零的情况下，期望利润为：$(1-\pi)Mr+\pi(r-1)M$。

在假定保险行业为完全竞争行业的情况下，每个保险公司的长期利润为零，于是：

$$(1-\pi)Mr=\pi(1-r)M$$

简化为：

$$r=\pi \tag{2}$$

（2）式表明，如果在完全竞争的保险行业中，保险公司所规定的每单位保险金额的购买价格 r 等于灾害发生的概率 π。

现将（2）代入（1）：

$$\frac{rU'\left[W-L+M(1-r)\right]}{(1-r)U'(W-Mr)}=\frac{r}{1-r}$$

$$U'\left[W-L+M(1-r)\right]=U'(W-Mr) \tag{3}$$

由于风险回避者（例如船主）的效用函数具有严格凹的性质，即消费者的边际效用 $U'(W)$ 是不断递减的，由此便可推出，在 $U'(W_1)=U'(W_2)$ 时，有 $W_1=W_2$，因此，（3）式可简化为：

$$W-L+M(1-r)=W-Mr$$

$$M=L \tag{4}$$

（4）式表明，风险回避者向保险公司投保的最优投保金额 M 应与他灾害发生后预期损失的财富 L 相等。

简而言之，投保者最优的投保金额为 $M=L$，保险公司收取的保险费率应为 $r=\pi$。

第三章 生产理论

微观经济学中的生产理论或供给理论，也就是生产行为理论。生产者行为的目的，是要使有限的资源分配在各种商品的生产上，以获取最大限度的利润。因此，本章实际就是研究生产资源的有效配置问题。

第一节 生产和生产函数

一、生产的概念

微观经济学中所说的生产（production），不仅指物质资料的生产，而且包括劳务的生产。但一般是指厂商对商品和劳务的生产，即厂商制造人们愿意购买的任何商品和劳务的行为。

生产必须有可供生产的要素，生产要素（factor of production）又称投入（input），一般包括劳动、土地和资本，还可以包括企业的组织才能。这后一要素，是对前三个要素进行合理组合所必需的。因此，微观经济学又认为生产就是企业家对各种生产要素进行组合从而制成产品和劳务的过程，厂商用一定的投入，通过生产过程获得一定的产出。这便是生产行为的全部内容。

微观经济学对生产的上述看法，显然是很片面的，因而是欠妥的。因为他们所说的生产仅仅是抽象的一般生产，丝毫不涉及生产的社会性质，不涉及生产关系。而政治经济学所要研究的生产，恰恰应包括生产的社会关系。这样，他们所说的生产，便完全抹杀了资本主义生产的特殊性质，掩盖了生产过程中的剥削与被剥削的关系。他们所研究的生产，实际是以产品的供给为基础来进行分析的。所以，在一定意义上讲，他们的生产理论也就是供给理论。

二、生产函数

（一）什么是生产函数

生产函数（production function）是西方经济学家把数学上的函数关系原

理运用于经济分析中的一个概念。它表明投入和产出之间的函数依存关系，即在一定技术水平条件下，某种产品产出的数量取决于所使用的各种生产要素在一定组合比例下的投入数量。

例如，某种产品 X 的生产中需要有 a 和 b 两种生产要素的投入及其组合的比例。用公式表示如下：

$$Q_X = F\ (a,\ b)$$

如果 X 产品的生产需要 a，b，c，$\cdots$，m 各个生产要素的投入，则公式变为：

$$Q_X = F\ (a,\ b,\ c,\ \cdots,\ m)$$

式中：F——函数关系；

　　　a，b，c，$\cdots$，m——函数关系中的自变量；

　　　Q_X——各个自变量的函数。

这就是一般的生产函数方程式。

生产函数方程式的经济含义是：在既定的技术水平条件下，在某一时间内为生产出 Q 数量的 X 产品，需要相应投入的 a，b，c，$\cdots$，m 等生产要素的数量及其组合的比例。如果 a，b，c，$\cdots$，m 的投入量已知，那么就可以知道 Q_X 的最大数量。反过来，如果 Q_X 已知，那么也就可以知道所需要的 a，b，c，$\cdots$，m 在各个生产要素最低限度时的投入量。

这个生产函数方程式，既然以一定的技术水平为前提，因此，技术发生变化，函数关系就会随之变化，这是不言而喻的。例如，由于技术进步，生产同样多的产品，原材料可以减少，则某个或某几个生产要素的投入数量就会减少，以致各个生产要素投入的组合比例发生变化。

（二）柯布—道格拉斯生产函数

前面讲的一般生产函数，是就个别厂商来说的。每个厂商或每个生产单位至少有一个生产函数。但是，就一个国家来说有千万个厂商，因而会有千万个生产函数，这样众多的生产函数是难以计算的。于是，就提出了需要考察一国或一个社会总的生产函数问题。

柯布—道格拉斯生产函数（Cobb-Douglas production function），被认为是美国总的生产函数。它是由美国经济学家柯布（Charles Cobb）和道格拉斯（Paul Howard Douglas）分析和提出来的，因故得名。

柯布和道格拉斯根据美国 1899—1922 年间的资本和劳动对生产量的影响，得出了在这一时期内美国的生产函数，公式如下：

$$Q = KL^a C^{1-a}$$

式中：Q——产量；

L——投入的劳动量；

C——投入的资本量；

K 和 a——常数，a 为小于 1 的正数。

同时，他们还根据这一期间的统计资料，得出几个常数的具体数字：

$$Q = 1.01L^{\frac{3}{4}}C^{\frac{1}{4}} = 1.01\sqrt[4]{L^3} \cdot \sqrt[4]{C}$$

这个函数的经济含义是：当资本（C）固定不变时，劳动（L）增加 1%，产量将增加 1% 的 $\frac{3}{4}$，即增加 1% 的 0.75。当劳动固定不变时，资本增加 1%，产量将增加 1% 的 $\frac{1}{4}$，即增加 1% 的 0.25。①

———————————

① 为什么呢？我们可以用公式计算这一结果。首先需要了解一个数学公式：

设：$a<1$

则：

$$(1+a)^m = 1+ma+\frac{m\ (m-1)\ a^2}{1\times 2}+\frac{m\ (m-1)\ (m-2)\ a^3}{1\times 2\times 3}+\cdots+$$

$$\frac{m\ (m-1)\ (m-2)\ \cdots\ (m-n+2)\ a^{n-1}}{1\times 2\times 3\times\cdots\times\ (n-1)} \tag{1}$$

设：$a<1$，所以公式（1）中的等号右边从第三项起，其数值微小得可以忽略不计，上式可变成：

$$(1+a)^m = 1+ma \tag{2}$$

柯布—道格拉斯生产函数中假设劳动（L）增加 1%，即生产函数中的 $L^{\frac{3}{4}}$ 改成 $(L+\frac{1}{100}L)^{\frac{3}{4}}$，将 $L^{\frac{3}{4}}$ $(1+\frac{1}{100})^{\frac{3}{4}}$ 按公式（2）计算得：

$$L^{\frac{3}{4}}\ (1+\frac{1}{100})^{\frac{3}{4}} = L^{\frac{3}{4}}\ (1+\frac{3}{4}\times\frac{1}{100})$$

$$= (1+\frac{0.75}{100})\ L^{\frac{3}{4}}$$

根据以上公式，我们可以计算出，在资本不变，劳动增加 1% 时产量的变化：

$$Q' = 1.01\ (L+\frac{1}{100}L)^{\frac{3}{4}}C^{\frac{1}{4}}$$

$$= 1.01\ (1+\frac{1}{100})^{\frac{3}{4}}L^{\frac{3}{4}}C^{\frac{1}{4}}$$

$$= 1.01\ (1+\frac{1}{100}\times\frac{3}{4})\ L^{\frac{3}{4}}C^{\frac{1}{4}}$$

$$= 1.01\ (1+\frac{0.75}{100})\ L^{\frac{3}{4}}C^{\frac{1}{4}}$$

又因为：

$$Q = 1.01L^{\frac{3}{4}}C^{\frac{1}{4}}$$

所以：

$$Q' = Q\ (1+\frac{0.75}{100}) = Q+\frac{0.75}{100}Q$$

可见，当 C 不变，L 增加 1% 时，产量 Q 增加 0.75%。

同理，当 L 不变，C 增加 1% 时，其产量会增加 0.25%（计算略）。

柯布—道格拉斯生产函数说明，在资本和劳动两个生产要素对产量发生影响时，如果各自增加1%，各自所引起产量的增长额之比为：

$$\frac{0.25}{100} : \frac{0.75}{100} = 1 : 3$$

这说明，劳动因素对产量的影响是资本因素对产量影响的3倍。西方经济学家认为，资本和劳动都创造收入，这种收入应各自归资本家和工人所有。因此，根据柯布—道格拉斯生产函数，美国工人的收入应该是资本家收入的3倍。这一结论被认为与美国工人收入为资本家收入的3倍这一实际情况相符合。

（三）生产函数的性质和技术系数

生产函数是从技术的角度表示投入与产出之间的依存关系，因此，它具有如下3个性质：

（1）在一定时期内，在既定的技术水平下，如果各种投入的数量增加，产出量也随之增加，因此，产出量是各种投入量的增函数。

（2）在投入的各种要素之间，有的可能有互替关系，例如，可以用机器代替人力，或用人力代替机器；有的可能有互补关系，例如，生产钢材需用煤和机器，或采煤需用机器、钢材等等。

（3）生产函数所表示的，是在一定投入下的最大产出量。

从生产函数的性质不难理解，一种生产函数就意味着必然存在一定的技术系数（technological coefficient）。所谓生产函数的技术系数，是指在一定技术水平下，生产某一单位产品所需要的各种生产要素之间的一定比例关系。这在马克思经济学中称之为资本的技术构成，反映这种技术构成的不变资本和可变资本的比例，称为资本的有机构成。

在生产函数的技术构成中，有的劳动所占比重较大，如轻工业，我们称之为劳动密集型产业；有的资本所占比重较大，我们称之为资本密集型产业。随着社会经济的发展和科学技术的进步，"劳动密集型产业"逐渐向"资本密集型产业"转化和发展。在这一转化过程中，技术系数并不是一成不变的，即使在技术不变情况下，技术系数也可以发生变化。因此，技术系数有固定技术系数和可变技术系数之分。固定技术系数指生产某种产品过程中所投入的各种生产要素的配合比例不变；可变技术系数则指各生产要素的配合比例是可以变动的，它们将随着产出的变化而变化。因此，生产者不仅要关心最佳的生产水平，而且要关心最佳的投入配合。

第二节 有一个可变投入的生产

以上内容说明，生产函数的技术系数有固定和可变之分。可变技术系数的生产，可以是各种生产要素的投入都在同时发生参差不齐的变动，也可以是一种投入发生变动，而其他投入固定不变。这一节，首先分析在技术不变的条件下，只有一种投入变动时产出发生变化的情况。

假设某厂厂房、设备等固定不变，雇用不同数量的工人生产，这时生产函数可列表，如表3-1。

表 3-1 总产量、平均产量和边际产量的关系

工人数目	总产量（TP）	平均产量（AP）	边际产量（MP）
1	10	10	10
2	25	12.5	15
3	45	15	20
4	60	15	15
5	70	14	10
6	78	13	8
7	84	12	6
8	88	11	4
9	90	10	2
10	88	8.8	-2

从表3-1我们可以看出：

第一，总产量（TP）随着工人人数逐渐增加而增加。这时，边际产量（MP）为正值；当边际产量为零时，总产量达到最大极限。之后，便开始下降。

第二，平均产量（AP）和边际产量（MP）都有先上升后下降的趋势，只是时间不一致。平均产量下降的时间比边际产量下降得晚，边际产量下降到一定点后还会出现负数。同时，平均产量增加时，边际产量大于平均产量；平均产量减少时，边际产量小于平均产量；平均产量到达最高点时，平均产量和边际产量正好相等。这些就是在技术不变情况下，有一个可变投入的可变技术系数生产的一切生产函数的共同点。

下面我们用图形详细地讨论总产量、平均产量和边际产量之间的关系。

首先看产量曲线图。见图3-1。

在图 3-1 中，横轴表示投入的劳动量（即工人人数），纵轴表示某种产品的产量。总产量曲线（TP）表明，随着工人人数的增加，总产量也不断增加，直到工人人数增加到 L_2 时，总产量达到最高点，过了这点以后，总产量开始下降。从图中我们可以看出，总产量曲线先以递增率增加，随后便以递减率增加。因此，总产量曲线呈双弓形。设 P_2 为总产量曲线的最高点，连接 OP_2，P_2 点表示工人人数 OL_2 时，总产量为 OY_2。因为 $\dfrac{OY_2}{OL_2}$

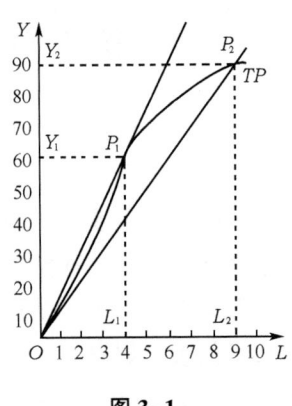

图 3-1

是工人人数为 OL_2 时的平均产量，而 $\dfrac{OY_2}{OL_2} = \text{tg} \angle P_2OL_2$。所以，$OP_2$ 的斜率就表示工人人数为 OL_2 时的平均产量。由此可以推论，任何数目的工人的平均产量都是由原点射向总产量曲线上相关点的射线的斜率。图 3-1 中，OP_1 的斜率表示工人人数为 OL_1 时的平均产量。斜率越大，平均产量愈大。很明显，在所有射线中，OP_1 射线的斜率最大，而 OP_1 正是总产量曲线在 P_1 点的切线。因此，我们可以说，由原点 O 射向总产量曲线的切线的斜率，乃是最大的平均产量。在图 3-1 中，OP_1 射线的斜率为：$\dfrac{60}{4} = 15$，正好与表 3-1 中数字相吻合。

我们再看看总产量曲线如何反映边际产量。所谓边际产量，就是每增加一个工人所增加的产品产量。从数学角度讲，就是总产量曲线上过某一点的切线的斜率，现用图 3-2 来说明。

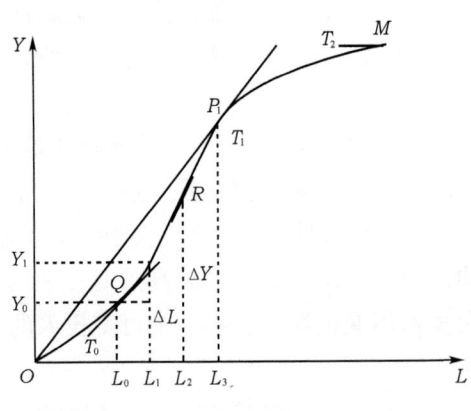

图 3-2

在图 3-2 中，总产量曲线上过 Q，R，P_1 点的切线分别为 T_0，T_1 和 OP_1。这些切线的斜率，便是工人人数在各个相应数目时的边际产量。为什么呢？

我们假设工人人数由 L_0 增加到 L_1，其产量由 Y_0 增加到 Y_1。若 L_1 接近于 L_0，则 Y_1 也接近于 Y_0，即：$\lim\limits_{\Delta L \to 0} \dfrac{\Delta Y}{\Delta L} = \dfrac{\mathrm{d}Y}{\mathrm{d}L}$，其导数就是过 Q 点的切线 T_0 的斜率。所

以过 Q 点的切线 T_0 的斜率，就是当工人人数增加到 L_0 时的边际产量。由此类推，切线 T_1 的斜率便是工人人数为 L_2 时的边际产量，切线 OP_1 的斜率便是工人人数为 L_3 时的边际产量。

从图 3-2 我们还可以看出边际产量的变化趋势。很明显，T_1 的斜率大于 T_0 的斜率和 OP_1 的斜率，所以在总产量曲线上，由 Q 点到 R 点，切线的斜率是递增的（即边际产量为递增）；由 R 点到 P_1 点，切线斜率是递减的（即边际产量为递减）。在 M 点，T_2 切线的斜率为零，表示边际产量此时下降为零，超过 M 点，切线斜率变成负数，它说明边际产量为负值。这些结论同表 3-1 中数字也相吻合。

从图 3-2 中我们还发现，OP_1 既是总产量曲线上过 P_1 点的切线，这条切线的斜率代表边际产量，而且 OP_1 又是原点向总产量曲线上 P_1 点所做的射线，这条射线的斜率是最大的平均产量。可见，当平均产量和边际产量相等时，平均产量最大。由此进一步推论：当边际产量大于平均产量时，平均产量上升；边际产量小于平均产量时，平均产量下降。

下面我们用简明图形综合表现总产量、平均产量和边际产量变化的趋势及其相互关系。见图 3-3 所示。

TP 代表总产量曲线，AP 代表平均产量曲线，MP 代表边际产量曲线。A 点之前，边际产量上升，到达 A 点时边际产量达到最高点。这一段，TP 以递增率增加。A 点以后，由于边际产量开始下降，因而总产量转为递减率增加。D 点处，边际产量和平均产量相等，此时平均产量达到顶点。E 点以后，由于边际产量降到零以下，所以总产量开始下降。

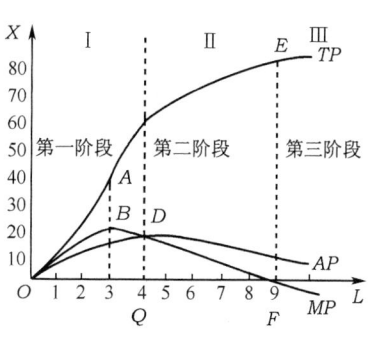

图 3-3

边际产量曲线先上升后下降的趋势，显示了西方经济学常用的一条原理，即所谓报酬递减法则。应当指出，这种法则只是在上述假设条件下，即在技术不变，当一种投入可变，其他投入不变的情况下才会发生。因而不能无条件地说"报酬递减"是一个普遍法则，这一点列宁已批判过。

从图 3-3 中我们看到，产量的增长经历了三个阶段：

第一阶段：总产量、平均产量都随工人人数的增加而增加。

第二阶段：边际产量小于平均产量，边际产量为正数。同时，平均产量开始下降，但总产量仍然上升。

第三阶段：边际产量为负数，因而导致总产量开始下降。

根据这三个阶段的分析，西方经济学家认为，生产要素的合理投入区间应该在第Ⅰ和第Ⅱ区间（即第一和第二阶段）。因为在第一区间，平均产量和总产量都继续上升，说明生产还有潜力，生产要素继续投入的结果会使平均产量上升。在第二区间，虽然平均产量有些下降，但总产量仍持续上升，所以生产要素的投入不宜停止。在第三区间，边际产量为负数，总产量开始下降，这种情况对厂商绝对不利，因此，生产要素的投入无论如何不应再继续进行，因此也被称为生产投入的禁区。

那么，在第Ⅰ和第Ⅱ合理投入的区间，又具体在哪一点投入最合理呢？这需视厂商不同的要求和目的而定。如果厂商不考虑单位产品的成本，只追求最大产量，则边际产量曲线（MP）与横轴之交叉点 F 是生产要素的合理投入点，因为此时总产量达到最高点；如果厂商不求获得最大产量，只追求单位产品的劳动成本最低，则过边际产量曲线（MP）和平均产量曲线（AP）的交叉点，与横轴垂直于 Q 点，这 Q 点便是生产要素的合理投入点。因为此时平均产量最大，以致单位产品的劳动成本最低。如果厂商既不单纯考虑成本，又不单纯考虑产量，而要综合考虑获得最大利润，则须按边际收益产量等于边际成本这个生产要素均衡条件，来确定生产要素的合理投入点。

微观经济学关于有一个可变投入的生产分析，对于我们加强企业管理，合理使用资源，借以提高经济效益，具有一定参考价值。但必须注意，它所阐明的边际产量递减趋势（报酬递减律）是以技术不变为前提的，而且仅仅以此为限。如果在技术进步的条件下，尽管只有一个生产要素的投入发生变化，边际产量在可变投入达到图 3-2 中 L_2 以后，也不一定会递减。

第三节　资源的最佳配置

资源的最佳配置是指在各种投入组合中的最优投入组合，也就是指资源最充分的利用问题。在这里，实际是要分析在技术不变的条件下，有两个或两个以上可变投入的产出变化情况。

为了研究资源最佳配置的条件，微观经济学认为需要运用生产等量线和等成本线两个工具。

一、生产等量线

生产等量线（production isoquant curve）是一条表明能够取得相等产量的两个可变投入的各种配合的曲线。

我们假定这两个可变投入是劳动和资本。它们的各种配合能够取得相等的产量。

在图 3-4 中，横轴代表投入的劳动，纵轴代表投入的资本。生产等量线Ⅰ表示产出量为 100时各种劳动和资本的配合。生产者可以用 10 个单位的资本和 75 个单位的劳动相配合，或者用 50 个单位的资本与 15 个单位的劳动相配合，还可以用 20 个单位的资本与 40 个单位的劳动相配合。把这些配合点连接起来，便形成了生产等量线Ⅰ。生产等量线上任何一点，都是能生产 100产出的各种不同的资本和劳动的恰当配合。很明显，Ⅱ线是表示较Ⅰ线有更高产出水平的资本与劳动相配合的曲线。因为Ⅱ线表示有更多的资本与劳动的投入，自然会有更多的产出。这里假设我们说Ⅱ线是表示能生产 200 产出水平的各种劳动与资本的恰当配合。

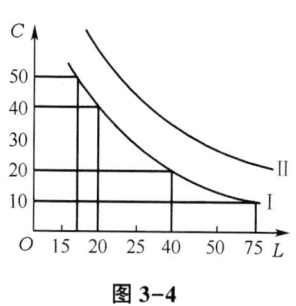

图 3-4

应当明确，在使用生产等量线这一分析工具时，相互配合的两个可变投入和产出假定都为无限可分，因此，等产量线可以是无限的，图 3-4 中画出的Ⅰ和Ⅱ两条线，不过是无数生产等量线中的两条而已。

根据生产等量线的含义，它必然具有如下特点：

第一，它是由左上方向右下方倾斜的。因为要保持产出量相等，所以，当一个可变投入增加时，另一个可变投入就需减少，于是，斜率为负值。在一条等产量线上所显示的两个可变投入的替代率（斜率），称为边际技术替代率（marginal rate of technical substitution），以 MRTS 表示：

$$\text{MRTS} = \frac{dC}{dL}$$

第二，边际技术替代率同边际产量有明显的关系，因而边际技术替代率可以通过两个相互替代的，可变投入的变化所各自引起的边际产品之间的比例来表示。这就是说，两个投入不同配合的坐标点在生产等量线上上下移动，产出量总是常数，但两个投入的配合却在变化。不过，只是其中一个投入减少所引起产出的减少，必然为另一个投入增加所引起产出的增加所弥补而已。因此，一个投入增量与其所引起的产出增量（边际产量）之积，必然等于另一个减量与其所引起的产出减量之积。设 MP_1 为微量增加的 L 投入所引起的边际产品，以 MP_2 表示微量减少的 C 投入所引起的产出减量。dL 表示 L 投入的微量增量，-dC 表示 C 投入的微量减量。则：

$$MP_1 \cdot dL = -MP_2 \cdot dC$$

则：

$$\frac{MP_1}{MP_2} = \frac{-\mathrm{d}C}{\mathrm{d}L}$$

因为：

$$\mathrm{MRTS} = \frac{-\mathrm{d}C}{\mathrm{d}L}$$

所以：

$$\mathrm{MRTS} = \frac{MP_1}{MP_2}$$

在这里，边际技术替代率可用两个相互替代的，可变投入变化所各自引起的边际产品间的比例来表示。这与边际替代率可用两种商品的边际效用的比例来表示相类似，只是前者从生产的角度来考察两种投入间的替代关系（因而用边际产品的比率），后者从消费的角度来考察两种商品之间的替代关系（因而用边际效用的比率）。

第三，它以凸面对着原点。因为按照西方经济学家的说法，由于报酬递减法则，MRTS 是递减的。即是说，当资本（C）这个可变投入减少，要以相对更多的劳动（L）这个可变投入去替代它，才能保持产出水平不变。换言之，当资本减少时，劳动生产率下降了，所以需要有更多的劳动才能保持原有的产量，从而 $\frac{\Delta C}{\Delta L}$ 的绝对值是递减的，或者说边际技术替代率 MRTS 是递减的，所以曲线凸向原点。

第四，等产量线的数量可以是无限的，而且各条等产量线互不相交。这一道理与无差异曲线的有关特点一样。

二、"脊线"与合理的生产区域

与一个可变投入的生产函数有其合理的投入区域相类似，在有两个可变投入的生产函数中，也有其合理的生产区域问题。这需从生产等量线的斜率谈起。

生产等量线的斜率可以是负值，也可以是正值，如图 3-5 所示。

在图 3-5 中，横轴代表劳动量，纵轴代表资本量，Q_1，Q_2，Q_3 为三条生产等量线。在 Q_1 线上 aa' 一段的斜率是负值，表明在这一线段上两种生产要素（L，C）是一增一减的变化，但产量相等；在 a 的左边一段和 a' 的右边一段的斜率都是正值，表明在这两条线段上，两种要素虽然都在同时增加，但产量仍与 aa' 线段的产量相等。而在 a' 点以右、与横轴平行的虚线则表明，在资本量不变的情况下，尽管劳动量增加，产量却低于 Q_1 线表示的水平。原因是在 a' 点上劳动量已达到饱和，其边际产量等于零，若再增加劳动量，就会出现人浮于事的情况，产量自然会减少。这意味着，在 Q_1 线上，a' 点的斜

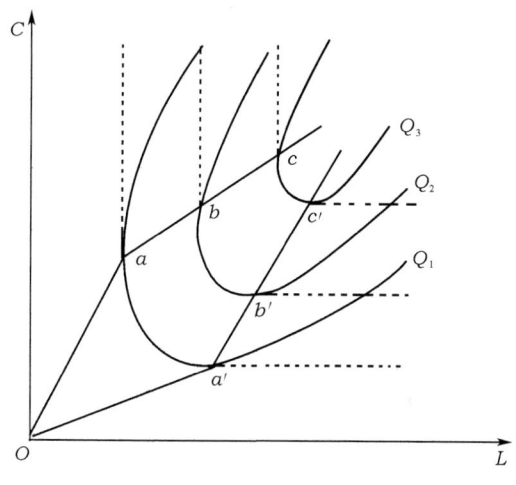

图 3-5

率，即边际技术替代率（MRTS）为零，a' 以右的虚线的斜率也为零，用公式表示为：

$$\text{MRTS} = \frac{MP_L}{MP_C} = \frac{0}{MP_C} = 0$$

式中，MP_L 和 MP_C 分别表示劳动的边际产量和资本的边际产量。同理，a 点以上与纵轴平行的虚线，表示在劳动量不变的情况下，尽管资本量增加，产量也低于 Q_1 线表示的水平。原因是在 a 点上资本的边际产量等于零，若再增加资本，则不仅使设备闲置，而且还会增加对其维护的费用，自然就会使产量减少。这表明，在 Q_1 线上，a 点和 a 点以上的虚线的斜率为无限大。用公式表示为：

$$\text{MRTS} = \frac{MP_L}{MP_C} = \frac{MP_L}{0} = \infty$$

可见，在生产等量线 Q_1 上，无论其斜率为正值的实线部分，还是为零或无限大的虚线部分，都是两种生产要素无法替代的区域，因而都不是以最小的要素投入而能获得既定的 Q_1 线所表示的产量的区域，即都不是合理的生产区域，合理的生产区域只限于 aa' 线段上。同理，Q_2 和 Q_3 线上的合理生产区域只分别在 bb' 和 cc' 线段上。连接 a，b，c 和 a'，b'，c' 的两条线便是生产的"脊线"（ridge line）。因此，所谓"脊线"，便是连接每条生产等量线上劳动边际产量为零点的轨迹，或连接资本边际产量为零点的轨迹，也就是厂商测度生产区域是否合理的分界线。

至于在生产合理区域内，究竟哪一点是最合理的生产点，还必须结合使用的成本问题来考虑。这就是下面我们所需要研究的问题。

三、等成本线

西方经济学家认为，一定产出的生产成本（production cost），乃是其各种投入的价格之和。如果成本总额已定，生产者所能投入的各种生产要素的数量，则取决于各个要素的市场价格。换句话说，如果生产者用于投入的资本金额为已定，那么他所能投入的要素数量，就由这些要素的市场价格来决定。

现假设某厂商所拥有的投入资本金额为 15 000 元，投入要素 C（资本）的价格为每单位 1 000 元，投入要素 L（劳动）的价格为每单位 2 500 元。于是，厂商所能投入的要素数量，则可以有不同的配合。例如，他可以把 15 000元全部用于购买 C，则可购买 15 单位的 C（15 000÷1 000）；他也可以全部资本用于购买 L，则可购买 6 个单位的 L（15 000÷2 500）；还可以购买 10 单位的 C 和 2 单位的 L 等各种不同的配合，如表 3-2 所示。

表 3-2

不同配合的两种投入	总额　　15 000 元 单价 C 为 1 000 元 单价 L 为 2 500 元
C	L
15	0
10	2
7.5	3
5	4
0	6

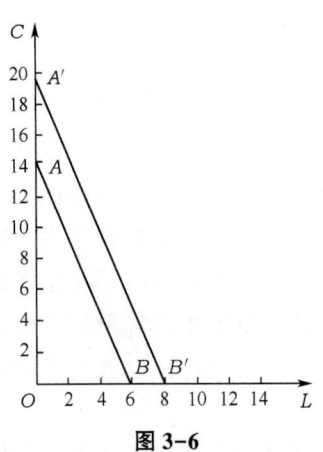

图 3-6

下面，我们用坐标图来表示。见图 3-6所示。

横轴表示 L 投入的数量，纵轴表示 C 投入的数量，AB 曲线表示在投入的成本总额为 15 000元，投入 L 的单价为 2 500 元，投入 C 的单价为 1 000 元的情况下，L 和 C 两种可变投入的所有适当配合。每种配合，其成本总额都相等（15 000 元）。因此，我们把 AB 线称为等成本线（iso-cost line）。等成本线是指使用等量成本的各种投入不同组合所构成的曲线。

很明显，只有等成本线 AB 上的各点，才是一定的投入金额(15 000 元)所能投入的各种要素的最大量的适当配合，因为在 AB 线以内的任何一点，所投入的 L 和 C 都不能把可能投入的金额充分使用；AB 线以外的任何一点，所拥有的投入金额不足以去购买 L 和 C 两个投入量。简言之，等成本线就是用来表示生产者在投入价格已定的条件下，用一定数量的资本金额所可能购买到的各种投入的最大数量界限。

等成本线的斜率是一个投入的减量与另一个投入的增量之比。但根据等成本线的含义，一个投入减量与其价格之积，应等于另一个投入增量与其价格之积。设 C 投入的减量为 $-\Delta C$，C 的价格为 P_C，L 投入的增量为 ΔL，L 的价格为 P_L，则：

$$| -\Delta C \cdot P_C | = \Delta L \cdot P_L$$

即：

$$| -\frac{\Delta C}{\Delta L} | = \frac{P_L}{P_C}$$

因为：等成本线的斜率 $= | -\frac{\Delta C}{\Delta L} |$

所以：等成本线的斜率 $= \frac{P_L}{P_C}$

上式说明，等成本线的斜率等于两个投入的价格之比。由于价格一定，等成本线的斜率也就固定，所以等成本线为一条直线。

在投入要素价格不变情况下，如果投入的成本增加，则等成本线将平行地向外移动；如果投入的成本减少，则等成本线将平行地向内移动。例如，成本增加到 20 000 元，那么，等成本线将由 AB 平行移动到 $A'B'$。之所以平行地移动，是因为等成本线的斜率，即两个可变投入（L 和 C）的价格比率是不变的，所以新的等成本线的斜率也不变。

四、资源最佳配置的含义和条件

资源的最佳配置，就是解决在产出水平一定的情况下如何使成本降为最低的问题，或者是在成本已定的情况下，如何求得最大产出的问题。总之，就是要以最小的成本取得最大的产出，实现资源的充分利用。如果说生产等产量线规定了各种产出水平的主观条件，那么，等成本线则规定了某厂商可能达到某一产出水平的客观条件。因此，要确定资源最充分利用的条件和界限，就需要把等产量线和等成本线结合起来考察。

现分两种情况来分析：

第一种情况，如何以最小的成本取得一定的产出水平？现用图 3-7 来分析。

图 3-7 中有一条等产量曲线 Ⅰ，我们假定它不变化。横轴表示投入 L 的数量，纵轴表示投入 C 的数量，C_1L_1，C_2L_2，C_3L_3 为已知投入价格条件下所任选的 3 条等成本线。我们的目的是要选择以最低的成本去达到产出由 Ⅰ 等产量线所表示的生产水平，即为了满足 Ⅰ 线表示的产出水平所需要的两个投入组合，应该选择哪一条等成本线，才是最低的成本呢？很明显，选择 C_2L_2 这条等成本线最合适。因为这条线与

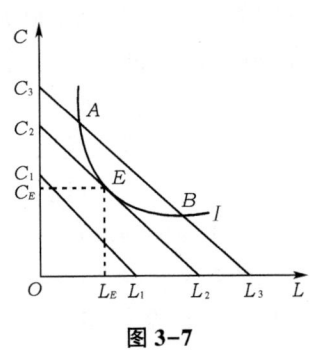

图 3-7

Ⅰ等产量线相切，因而以这条线所表示的成本量既能满足 Ⅰ 等产量线产出水平的需要，同时又做到了成本最小。我们再看其他两条等成本线，C_1L_1 不能和 Ⅰ 线相交、相切，这说明使用 C_1L_1 的成本无法购买 Ⅰ 线产出水平所需要的两个要素的投入量；而高于 C_2L_2 的 C_3L_3 等成本线，虽然和 Ⅰ 线交于 A 和 B 两点，说明它可以满足 Ⅰ 线产出水平所需要的投入量，但 A 和 B 点所代表的成本比 C_2L_2 线代表的成本高，也就是说它没有达到最低成本的要求。由此可知，在产出水平为已定的情况下，与已知的等产量线相切的那条等成本线乃是最低成本线，它们的切点 E 乃是最优投入组合点，或资源的最佳配置点，即生产均衡（production equilibrium）点。

E 点既然是等成本线与等产量线相切之点，因而也就是等成本线斜率和等产量线过切点的切线斜率相等之处，即等产量线过 E 点切线的斜率（或边际技术替代率）与等成本线斜率相等。那么，根据前面所说，边际技术替代率（MRTS）等于两个投入的变化所引起的边际产品的比例，等成本线的斜率等于两个可变投入的价格之比，即：

$$MRTS = \frac{MP_1}{MP_2}$$

$$等成本线斜率 = \frac{P_L}{P_C}$$

因为：　　　　　　　　　MRTS＝等成本线斜率

所以：　　　　　　　　　$\dfrac{MP_1}{MP_2} = \dfrac{P_L}{P_C}$

式中：MP_1——由 L 投入增量（ΔL）所引起的边际产出增量；

　　　MP_2——由 C 投入减量（$-\Delta C$）所引起的边际产出减量；

　　　P_L——L（劳动）投入的价格；

　　　P_C——C（资本）投入的价格。

公式的含义是，以最小的成本取得一定产出水平的均衡条件，是两个可

变投入的变化所各自引起的边际产品之比等于两个可变投入的价格之比。

第二种情况，在成本已定的情况下，如何取得最高水平的产出。现用图3-8来表示。

在图3-8中，C_1L_1表示在一定的资金和投入价格条件下的等成本线。Ⅰ，Ⅱ，Ⅲ，Ⅳ为4条不同水平的生产等量线。我们的目的是要在成本已定的条件下，选择一条等产量线，使生产达到最高产出水平。很明显，唯一可取的等产量线就是与C_1L_1等成本线相切的

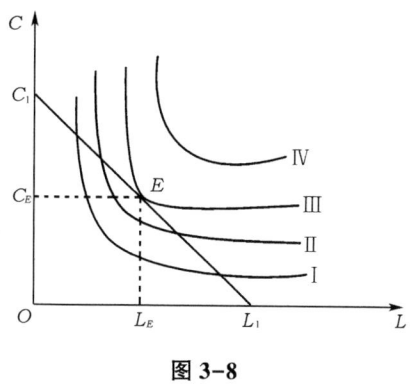

图3-8

那条Ⅲ等产量线。它们的切点E为最佳选择点。因为在Ⅲ线以下的Ⅰ和Ⅱ两线，虽然都能和C_1L_1相交，即已有的资金足够满足这两种产出水平所需的投入，但这两种产出水平明显低于Ⅲ线的产出水平，Ⅲ线以上的Ⅳ线，虽然所代表的产出水平比Ⅲ线高，但却是现有的资金能力所达不到的。所以，唯有Ⅲ线合适。Ⅲ线和C_1L_1的切点E，乃是资源最佳配置之点，也是生产均衡点。在这点上，能使已定的成本达到最高的产出水平。与前面一样，$\dfrac{MP_1}{MP_2}=\dfrac{P_L}{P_C}$是生产均衡的条件。

第四节　生产均衡的改变

以上所讲的生产均衡，是以生产资金、投入价格和生产技术不变为前提的。下面我们分析这三种因素变化会对生产均衡产生什么影响。

一、生产扩大线

先讨论生产资金变化对生产均衡产生的影响。很明显，如果生产资金逐渐增加，生产规模就会逐渐扩大，产出水平会逐渐提高，因而生产均衡点就逐渐向外移动。我们把各个生产均衡点连接起来，便形成了生产扩大线（expansion path）。生产扩大线表示在投入价格不变和生产资金逐渐增加的条件下，每一种生产水平的最佳资源配置。用图3-9说明。

在图3-9中，Ⅰ，Ⅱ，Ⅲ表示3条一定生产函数的等产量线，C_1L_1，C_2L_2，C_3L_3为资金逐渐增大时的几条等成本线。由于投入的价格不变，所以等成本线的斜率保持不变，因而这几条等成本线相互平行。假设这几条等成

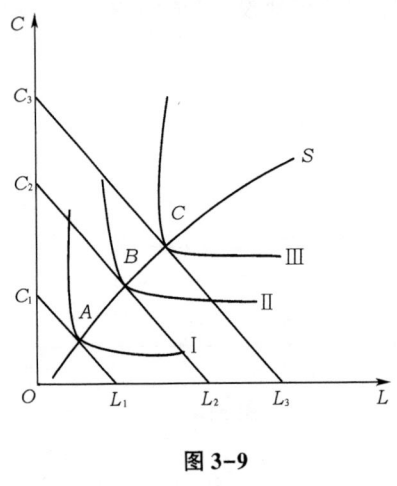

图 3-9

本线分别与Ⅰ，Ⅱ，Ⅲ等产量线相切于 A，B，C 点，则 A，B，C 点便是在投入价格不变的条件下，生产资金逐渐增加，产出水平逐渐提高时的各个相应的生产均衡点，也就是生产规模逐渐扩大时的最佳资源配置点。连接各点所形成的线，则是生产扩大线的一般形式。

生产扩大线的一般形式是指可变技术系数生产函数的生产扩大线，即各个投入的组合比例是可以变化的。

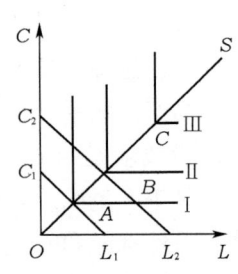

图 3-10

另外还有一种固定技术系数生产函数的生产扩大线，它们的各个投入的组合比例是不变的，这是生产扩大线的特殊形式，如图 3-10 所示。

Ⅰ，Ⅱ，Ⅲ为 3 条技术系数固定不变的不同水平等产量线，它呈直角形，说明 C 与 L 两种投入的比例固定不变，其唯一投入的恰当配合点分别是 A，B，C。除此之外，线上其他任何一点，在保持产出水平不变的情况下，一种投入的增加或减少，丝毫不会使另一种投入相应减少或增加。由于 A，B，C 都是两种投入的恰当配合点，而两种投入的比例保持不变，所以 OA，OB，OC 三条直线的斜率应当相等，从而 A，B，C 三点必在一条直线上。可见，固定技术系数生产函数的生产扩大线，就是从原点出发，经过每条生产等量线的拐角点的直线。

二、投入价格变化对生产均衡的影响

当使用的生产资金不变，投入价格发生变化时，生产者必然会选择那些较多地使价格下降的投入组合，而较少地选择使价格不变或上升的投入组合，如图 3-11 所示。

在图 3-11 中，横轴代表劳动的投入量，纵轴代表资本的投入量。Ⅰ线为一定产出水平的等产量线，设在投入价格未发生变动前的等成本线为 C_1L_1，它与Ⅰ线相切于 A 点。A 点即是原来的生产均衡点。现

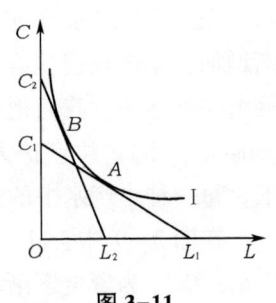

图 3-11

假设劳动投入（L）的价格提高，资本投入（C）的价格下降，等成本线就会移至 C_2L_2，并与 I 线相切于 B 点。这表明在保持原有产出水平的情况下（新旧等成本线都和同一条等产量线相切），减少了劳动投入，增加了资本投入，即两个投入的最佳配合发生了变化，产生了"替代效应"。如果新的等成本线与另一等产量线相切，则表明因投入价格的变动，不仅引起两种投入组合的变动，而且使产出发生了相应的变动。

三、技术变化的影响

生产技术变化，是指生产技术的进步，这必然会使投入的生产要素数量减少，因而即使投入价格不变，也可以在保持原有产出水平条件下减少成本，从而使等成本线向左平行移动，与等产量线相切。这就是说，技术变化的结果把生产等量线群推向原点。

在图 3-12 中，I 线为技术发展前的等产量线，C_1L_1 为技术进步前的等成本线，生产均衡点为 A；技术发展后，假设投入价格不变，用较少的投入即可达到同样的产出水平，于是 I 线向原点位移。这时，有 3 种可能位移的形式：一是由 I 移到 II$_1$，它意味着成本减少，投入的组合比例不变，因此生产均衡点仍落在 OS 线上，这称为中立技术变化；二是由 I 移到 II$_2$，成本减少了，但投入的 L 比投入的 C 相对减少，因而生产均衡点在比 OS 线坡度（斜率）较大的线上，这称为节省劳动的技术变化；三是由 I 移到 II$_3$，成本减少，投入的 C 比投入的 L 相对减少，因而生产均衡点在比 OS 线坡度较小的线上，这称为节省资本的技术变化。

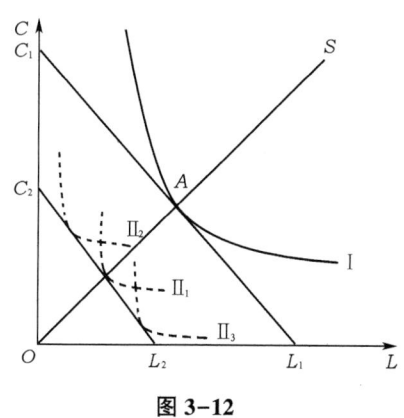

图 3-12

第五节 规模经济

一、规模经济的含义

这里所说的规模经济（scale economies），是指企业在可变投入生产条件下的产量变化问题。但它不是讲一种可变投入的生产，而是讲两种以上可变投入的生产，而且是在各种可变投入同时按一个方向变化，从而使生产规模发生改变的情况下，对企业的产量或收益所产生的影响。

微观经济学认为，所谓规模经济又叫规模节约，是指企业因生产规模扩大，企业的收益递增，成本递减，从而实现了节约，增加了利润。

企业在生产规模扩大的情况下，收益有递增、不变和递减三种可能，从而成本也就有递减、不变和递增三种可能的变化。但只有收益递增，成本递减，即出现收益增加的幅度大于企业规模扩大的幅度的情况时，才是规模经济。

规模经济之所以产生，有企业内部和外部两方面的原因。来自企业内部的规模经济叫内在经济（internal economics），来自企业外部的规模经济叫外在经济（external economics）。内在经济由于是在企业规模扩大的情况下，由企业内部原因引起的，因而只是一个企业受益；外在经济由于是企业外部整个行业规模扩大引起的，因而个别企业和整个行业都能受益。现在，我们分别对内在经济和外在经济做一分析。

（一）内在经济

内在经济之所以产生，主要是由于：①在产量较低的情况下，因设备没有得到充分利用，每个单位产品分摊的固定成本较大，若增加产量，则每单位产品分摊的固定成本减少，因而单位总成本下降，收益增加；②企业规模扩大后，内部分工更加精细，可以减少管理人员比例，从而减少单位产品的生产费用；③可以购买大型设备，设置生产流水线，从而提高生产效率，实现规模节约；④可以综合利用副产品，增加企业收入；⑤可以减少购销费用，降低单位产品成本。

但是，企业规模如果过大，又会形成相反的结果，即会使成本递增，收益递减。这被称作内在不经济（internal diseconomics）。例如，由于管理力量有限，造成指挥不力，调动不灵，管理效率低下；规模过大还会造成后勤和行政人员循环上升，内部通信联系费用增加，增设购销机构与人员等等。这一切都会使生产成本递增，收益反而递减。

（二）外在经济

外在经济是指整个行业规模扩大和产量增加，从而使个别企业受益。这是因为，整个行业发展以后，可以使个别企业获得修理、服务、运输、人才供给、科技情报等方面的有利条件，从而使个别企业的成本支出减少。例如，整个行业扩大后，相应设置维修、运输、人才培养、资金供给以及科技情报研究的专门机构，个别企业就可加以利用。

但是，也存在外在不经济（external diseconomies）的问题。这是由于随着整个行业的发展，会造成招工困难，动力不足，交通运输紧张，市场相对缩小，竞争加剧，地价上涨，环境污染加重等恶果。

二、适度规模

根据前面对内在经济与不经济，外在经济与不经济的分析，就提出了一个适度规模（moderate scale）的问题，即要使个别企业和整个行业的规模既不太大，也不太小。规模过大或过小，都会使单位产品的成本增加，利润减少，甚至会出现亏损局面。

适度规模的原则是：至少应该使规模收益不变，即至少应该使企业在规模扩大的情况下，生产成本不变，使企业收益增加的幅度与企业规模扩大的幅度相等。也就是说，以每单位产品最小成本获得最大收益时的规模，就是适度规模。适度的规模要求在保持规模收益不变的前提下，应尽可能使规模收益递增，而不能使规模收益递减。如果企业规模扩大到使收益发生递减的现象，那就表明企业规模过大了，应该及时缩小规模。

企业的适度规模不是由任何人的主观意志决定的，它取决于企业的生产技术、管理水平和市场条件。只有在这些因素恰当配合下，才能实现收益不变或递增。如果不顾这些客观条件，一味盲目扩大企业规模，势必造成规模收益递减甚至成为负数。

在决定企业规模的客观条件中，最重要的是生产技术条件，即主要看该产业是否用大的和不可分割的资本物品。例如，铁路、水力发电站，因为铁路、车辆或发电设备耗资巨大，所以只有大规模的企业才使用。汽车装配厂的规模，钢铁厂、炼油厂的规模，也以大型为好。但像服装厂，每人一部缝纫机，可以各自独立生产，规模大了往往不利于管理，成本费用必然增加。

根据美国20世纪60年代初的计算，在美国从年产量测出的工厂最优规模，妇女服装工业仅为50万美元左右；炼钢厂和轧钢厂为2 700万美元；玻璃制品厂为2 600万美元；无机化学为7 000万美元。

规模经济理论分析了企业的规模大小与成本和收益之间的关系，这对我们设计企业规模大小有一定的参考价值。它说明，企业规模并不是越大越好，而过小了也不利于提高经济效益，应该根据客观条件，求得理想的适度规模。

第六节　生产可能性曲线

以上我们分析了一个厂商在投入多种生产要素后进行生产的情况下，如何让资源获得最合理使用的问题。那么，对于既定的某种资源，又如何使其能获得最合理的使用呢？这就是生产可能性曲线所要研究的问题。

一、生产可能性曲线的含义

因为某种资源的数量是既定的，把它用于某一种商品生产后，就不能同时用于另一种商品生产，或者说，要增加某种商品的生产，就必须以放弃或减少其他商品的生产为代价。由此，便产生了一个可能性的概念，用图形表示，就是所谓的生产可能性曲线（production possibility curve），或称生产可能性边界（production possibility frontier），如图3-13所示。

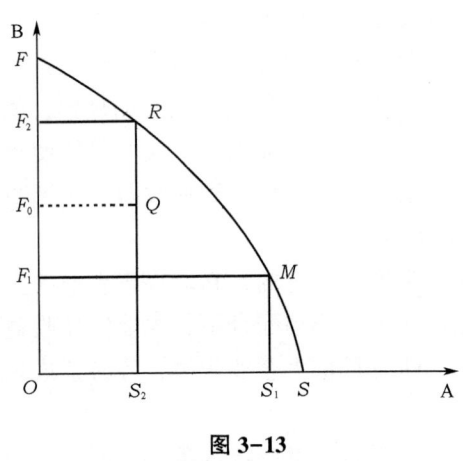

图3-13

在图3-13中，横轴表示用一定投入可以生产商品A的数量，纵轴表示用一定投入可以生产商品B的数量。假定把全部投入用于生产商品A时能生产OS数量，把全部投入用于生产商品B时能生产OF数量。若同时生产这两种商品，则可以选择多种配合，每一种配合都表示既定数量的投入可以得到的产出。例如，图3-13中的R点，就表示一种生产可能性

（即生产OS_2数量的商品A和OF_2数量的商品B），M点也表示一种生产可能性（即生产OS_1数量的商品A和OF_1数量的商品B），当然还可能有多个表示生产可能性的组合点。将F，R，M，S这样的点连接起来，就构成一条生产可能性曲线。简言之，生产可能性曲线就是指一定的资源所可能生产两种产品的各种不同组合点连接形成的一条曲线。它表示，在曲线上的任何一点，都是以既定的投入所能生产的两种商品的恰当组合。

那么，曲线外的某一点是否也可能是两种商品生产数量的恰当组合呢？不是。首先我们看曲线左侧的某一点，例如Q点，这点表示能生产OS_2数量的商品A和OF_0数量的商品B。和R点比较，它们都能生产同样多数量的A商品，但是R点能生产商品B的数量显然比Q点生产商品B的数量多。这说明，在Q点还有一些投入没有用完，即Q点并不是在既定投入内所能生产的两种商品的最大产量。很显然，在曲线右侧的任何一点，所要生产的两种商品量都缺乏足够的投入。所以，只有生产可能性曲线上的点才是以一定的投入所能生产的两种商品在数量上的恰当组合点。

二、边际转换率

根据生产可能性曲线的含义，曲线上的各点表示一定投入所能生产的两种商品的各种组合。当一种商品增加时，另一种商品就会减少。因此，曲线必然是从左上方向右下方倾斜的。同时，一种商品的增加与另一种商品的减少之间必然有一个数量比例关系，即一种商品转换为另一种商品的比例关系，这种关系就叫转换率。而边际转换率（marginal rate of transformation）则指增加一个单位商品 A 所必须减少的商品 B 的数量。我们用 MRT_{AB} 表示 A 和 B 两种商品的边际转换率。

$$MRT_{AB} = \lim_{\Delta A \to 0} \frac{\Delta B}{\Delta A} = \left| \frac{-\mathrm{d}B}{\mathrm{d}A} \right| = \frac{\mathrm{d}B}{\mathrm{d}A}$$

在可能性曲线上的各点，既然投入一定，则两种相互转换的商品生产的投入总量应相等，即两种商品各自的变量与其边际成本之积应该相等。设 A 商品的边际成本为 MC_A，B 商品的边际成本为 MC_B，A 商品的增量为 ΔA，B 商品的减量为 $-\Delta B$，则：

$$MC_A \times \Delta A = MC_B \times | -\Delta B |$$

调整：

$$\frac{MC_A}{MC_B} = \frac{\mathrm{d}B}{\mathrm{d}A}$$

因为：

$$MRT_{AB} = \frac{\Delta B}{\Delta A} = \frac{\mathrm{d}B}{\mathrm{d}A}$$

所以：

$$MRT_{AB} = \frac{MC_A}{MC_B}$$

三、等收益线和产品的最佳组合

等收益线（iso-revenue line）是指两种产品在价格已定的情况下，各种不同组合的销售收入总额相等的一条直线，即在这条线上的任何一点，虽然表示了两种产品有各种不同组合，但其销售收入总额相等。

如图 3-14 所示，横轴、纵轴分别代表 A 和 B 两种产品的产量。假定 A 和 B 产品的价格分别为 P_A 和 P_B，两种产品组合有如下两种极端情况：一是把既定的全部资源都生产 A 产品为 OA_1，则销售收入为 $OA_1 \times P_A$；二是把既定的全部资源都生产 B 产品为 OB_1，则销售收入为 $OB_1 \times P_B$。因为按照假定，两种产品的各种不同组合的销售收入相等，所以：$OA_1 \times P_A = OB_1 \times P_B$。在此情况下，连接 A_1 和 B_1 形成的一条直线 A_1B_1 便是等收益线。

现证明如下：

$$A_1B_1 \text{ 斜率} = \frac{OB_1}{OA_1}$$

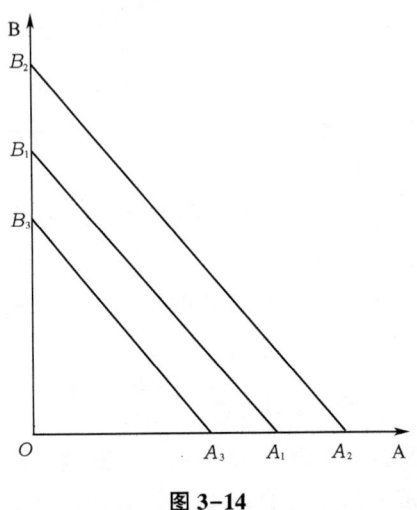

图 3-14

因为：
$$OA_1 \times P_A = OB_1 \times P_B$$

所以：
$$A_1B_1 \text{ 斜率} = \frac{OB_1}{OA_1} = \frac{P_A}{P_B}$$

由于价格既定，$\frac{P_A}{P_B}$ 之值就不变，从而 A_1B_1 斜率也不变，即在 A_1B_1 线上任何一点的斜率相等。所以，A_1B_1 是一条直线。这条直线 A_1B_1 便是等收益线。等收益线可以因有不同的收益水平而有不同的若干条，而且因每条的斜率相等而相互平行，离 O 点愈远的等收益线表示收益的水平愈高。如图 3-14 中，A_1B_1，A_2B_2，A_3B_3 是 3 条相互平行的等收益线，A_2B_2 代表高于 A_1B_1 的收益水平，A_3B_3 代表低于 A_1B_1 的收益水平。

研究生产可能性曲线的目的，是要寻求厂商在既定资源所能生产两种产品的情况下，为了获取最大收益的两种产品的最佳组合。为此，就需要把边际转换率与等收益线结合起来进行考察。因为前者可以测定两种产品的最佳组合点，后者可以测定最高的收益水平，如图 3-15 所示。

在图 3-15 中，横轴、纵轴分

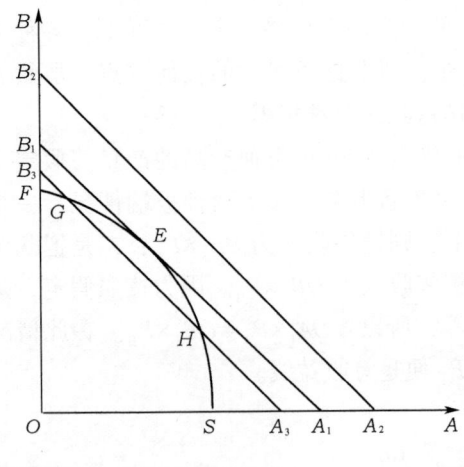

图 3-15

别代表 A 和 B 两种产品的数量，FS 为生产可能性曲线，A_1B_1，A_2B_2，A_3B_3 分别代表不同收益水平的等收益线，A_1B_1 与 FS 相切于 E 点，这 E 点就是厂商所生产 A 和 B 两种产品的最佳组合点。因为单从收益方面看，A_2B_2 虽然代表了最高收益水平，但与 FS 线没有任何关系，表明厂商以既定的资源是不可能达到的，因而不可取；A_3B_3 虽然与 FS 线能相交于 G 和 H 两点，表明厂商可能获得的收益水平，但与 A_1B_1 比起来却显得较低，因而也不可取。所以，唯有与 FS 相切的 A_1B_1 是可取的最佳等收益线，切点 E 乃是最佳的产品组合点。在这一点上，厂商既用尽了已定的全部资源，又获得了最大的收益。由于 A_1B_1 既是等收益线，又是过生产可能性曲线 FS 的 E 点的切线，所以，两者的斜率相等，即等收益斜率（$\dfrac{P_A}{P_B}$）与边际转换率（$MRT_{AB} = \dfrac{MC_A}{MC_B}$）相等：

$$\frac{MC_A}{MC_B} = \frac{P_A}{P_B}$$

或：

$$\frac{MC_A}{P_A} = \frac{MC_B}{P_B}$$

这就是厂商实现两种产品最佳组合的条件。公式的经济含义是：厂商在资源已定和产品价格已定的条件下，为了获取最大收益，就必须使两种产品的边际成本之比与两种产品的价格之比相等，或者在生产的每一种产品的售价中，每一单位货币所内含的边际成本相等。如果这个条件没有得到满足，就表明两种产品没有达到最佳的组合，因而需要调整资源在这两种产品中的分配，直到实现上述条件为止。

第四章　成本与利润最大化

前一章关于生产函数的分析，基本上是从实物技术的角度考察投入与产出的关系。在市场经济条件下，这种实物上的关系总要转化为货币价值量上的支出与收入的关系，然后才能从量上准确地衡量投入、产出的多少与得失。成本（cost）与利润（profit）便是从货币价值量上衡量投入产出（inpu-output）多少与得失的两个重要指标和范畴。因此，本章有必要对这两个范畴进行分析。

第一节　成本的含义和种类

在前一章分析生产均衡时，我们虽已涉及成本问题，但那主要是为了研究厂商如何在一定经济约束条件下求得生产要素最优组合或分配，因而只是简单地把成本视为一定价值量的投入来看待，但对成本本身却未进行深入考察，更未对成本变动与产量变动之间的关系进行分析。本章节将要完成这些任务。

在微观经济学中，成本的概念与一般会计上成本的概念有所不同。会计上的成本，是指生产经营中实际支出的费用。在微观经济学中，由于考虑的角度不同，西方经济学家一般把成本区分为机会成本（opportunity cost）、生产成本（production cost）。此外，还有所谓交易成本（exchange cost）等等。本章则主要考察机会成本和生产成本。

一、机会成本

机会成本（opportunity cost）是指从整个社会的角度，考察利用社会资源来从事产品或劳务生产所付出的代价，故又称社会成本（social cost）。从经济学上讲，由于社会的资源总是有限的，当人们利用某种资源去生产某种产品或劳务时，就必须放弃利用这种资源去生产另外一种产品或劳务的可能性或机会。这里所放弃生产的另一种产品或劳务的价值，便是所生产的产品或劳务的机会成本。换言之，当利用一定的资源获得某种收入而所放弃的另一种收入，便是所获得某种收入的机会成本。

例如，1 公顷土地可以种植小麦 250 公斤，也可以种植大豆 100 公斤。为种植 250 公斤小麦就必须放弃种植大豆 100 公斤的收获，这放弃的 100 公斤大豆的价值便是种植 250 公斤小麦的机会成本。

机会成本的概念还可以用边际转换率（marginal rate of transformation）来说明，如图 4-1 所示。

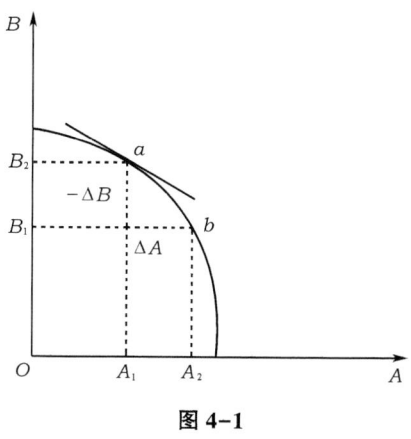

图 4-1

在图 4-1 中，横轴、纵轴分别代表 A 和 B 两种产品数量，a 和 b 是生产可能性曲线上的两种产品的组合点。当 a 点移动到 b 点，就意味着所增加的 A_1A_2 的 A 产品量是以放弃 B_2B_1 的 B 产品量为代价，所以 B_2B_1 便是 A_1A_2 的机会成本。也就是说，由 a 到 b 的平均转换率 $ART_{AB} = \dfrac{\Delta B}{\Delta A}$，便是在生产可能性曲线上 ab 区间每增加 1 个 A 产品的平均机会成本；过 a 点切线的斜率，即在 a 点上的边际转换率 $MRT_{AB} = \dfrac{dB}{dA}$，便是在 a 点上机会成本的极值。

使用机会成本的经济意义在于能更好地考察厂商的经济行为是否真正有效率。例如，在厂商的会计成本中，对自有资本可以不计利息，对自有的劳务支出也可以不计工资，因此，如果仅仅从会计账面上实际支出的成本费用和收益来看，厂商可能是盈利的，但如果使用机会成本的概念，在会计成本上再加进自有资本和自有劳务所需取得的利润、利息、薪水等收入（从社会角度看，如果把资本和劳务用于其他投资领域或企业，同样可以获得这些收入，因而这些资本和劳务的收入也是机会成本的组成部分），则很可能是亏损的，即厂商的经营是无效率或低效率的。所以，厂商在经营中无论在主观上是否意识到了机会成本，但在客观上它都是存在的。在国际贸易等其他许多经济活动中，机会成本的概念也得到了广泛的应用。

二、生产成本

生产成本（production cost）是指从个别厂商（firm）或企业（enterprise）的角度，来考察其从事产品或劳务生产的代价，故又称私人成本（private cost）。具体地讲，生产成本是指厂商或企业在生产商品或劳务中所使用的生产要素的价格，也叫生产费用。

微观经济学中生产成本的概念，依各种不同的划分方法而分成许多种类。

生产成本按其收回后归属的不同，可分为明显成本（explicit cost）和隐含成本（implicit cost）两种。明显成本又称支出成本，是指在形式上必须由企业主支付给生产要素所有者的那一部分成本，如工资、利息、地租、原材料价格等。隐含成本又称非支出成本，是指在形式上没有支付义务的、归属于厂商或厂商所有者的那一部分成本，如折旧费、企业主收入等。在企业主收入中，包括企业家组织管理企业的报酬，称为隐含薪水（implicit salary），以及企业自有资本的股息等，称为隐含利息（implicit interest）。隐含薪水和隐含利息都是隐含成本的组成部分，通常又称为正常利润（normal profit）。从另一个角度讲，正常利润则是机会成本。

生产成本按其不同的计算方法，又可分为总成本（TC）、平均成本（AC）和边际成本（MC）三大类。

（一）总成本

总成本（TC）指生产某一特定产量所需要的成本总额。它又分为总固定成本和总可变成本。

总固定成本（TFC）。总固定成本是生产中的固定要素，如生产设备、机器、厂房等的成本。这种成本在短期生产中，由于厂房、设备等固定要素不改变，因而它是一个固定的量，也就是说，总固定成本在短期内与产量无关。

总可变成本（TVC）。总可变成本是指生产中可变要素的成本。它包括原材料、燃料、电力、运输等费用；直接从事生产的工人们的工资，与产量有关的税金等等，大体相当于我们所说的流动资本。

（二）平均成本

平均成本（AC）就是生产每一单位产量所需要的成本。

$$平均成本 = \frac{总成本}{产量} = \frac{总固定成本 + 总可变成本}{产量}$$

即：

$$AC = \frac{TC}{Q} = \frac{TFC + TVC}{Q}$$

平均成本又可分为平均固定成本（AFC）和平均可变成本（AVC）。

平均固定成本（AFC）是指按产量平均的固定成本：

$$AFC = \frac{TFC}{Q}$$

平均可变成本（AVC）是指按产量平均的可变成本：

$$AVC = \frac{TVC}{Q}$$

（三）边际成本

边际成本（MC）也称增量成本，即：

$$边际成本 = \frac{总成本增量}{总产量增量}$$

或：

$$MC = \frac{\Delta TC}{\Delta Q} = \lim_{\Delta Q \to 0} \frac{\Delta TC}{\Delta Q} = \frac{\mathrm{d}TC}{\mathrm{d}Q}$$

上述各种成本之间有如下数量关系：

总成本（TC）等于固定成本（FC）与可变成本（VC）之和：

$$TC = FC + VC$$

平均成本（AC）等于平均固定成本（AFC）与平均可变成本（AVC）之和：

$$AC = AFC + AVC$$

现将上述各种成本及其相互关系举例列表，如表4-1所示。

表4-1　某厂商成本表

(1) 产量 Q	(2) 总固定成本 TFC	(3) 总可变成本 TVC	(4) 总成本 $TC=$ $TFC+TVC$	(5) 边际成本 MC	(6) 平均成本 $AC=\dfrac{TC}{Q}$	(7) 平均固定成本 $AFC=\dfrac{TFC}{Q}$	(8) 平均可变成本 $AVC=\dfrac{TVC}{Q}$
0	55	0	55		无穷大	无穷大	
1	55	30	85	30	85	55	30
2	55	55	110	25	55	$27\frac{1}{2}$	$27\frac{1}{2}$
3	55	75	130	20	$43\frac{1}{3}$	$18\frac{1}{3}$	25
4	55	105	160	30	40	$13\frac{3}{4}$	$26\frac{1}{4}$
5	55	155	210	50	42	11	31

续表

(1) 产量 Q	(2) 总固定 成本 TFC	(3) 总可变 成本 TVC	(4) 总成本 $TC=$ $TFC+TVC$	(5) 边际成本 MC	(6) 平均成本 $AC=\dfrac{TC}{Q}$	(7) 平均固定成本 $AFC=\dfrac{TFC}{Q}$	(8) 平均可变成本 $AVC=\dfrac{TVC}{Q}$
6	55	225	280	70	$46\dfrac{2}{3}$	$3\dfrac{1}{6}$	$37\dfrac{1}{2}$
7	55	315	370	90	$52\dfrac{6}{7}$	$7\dfrac{6}{7}$	45
8	55	425	480	110	60	$6\dfrac{7}{8}$	$53\dfrac{1}{8}$
9	55	555	610	180	$67\dfrac{7}{9}$	$6\dfrac{1}{3}$	$61\dfrac{2}{3}$
10	55	705	760	150	76	$5\dfrac{1}{2}$	$70\dfrac{1}{2}$
变化	不变	递增	递增	先减后增	先减后增	减少	先减后增

表 4-1 主要说明了各种成本之间的关系。这些数量关系在表上可一目了然。虽然这些数字是假设的，但却是依据报酬递减规律假设出来的，因而大体符合微观经济学认为的成本随产量的增加而有先递减然后又递增的趋势。

第二节　各种成本曲线

成本曲线（cost curve）是指生产成本随着产量变动而变动的轨迹。由于生产成本有总成本、平均成本、边际成本三类，相应的成本曲线也有总成本曲线、平均成本曲线、边际成本曲线三种，并且有短期成本（sort-run cost）与长期成本（long-run cost）之分。本节就分析各种成本曲线及其相互关系。

一、总成本曲线

（一）短期总成本曲线

微观经济学中的总成本曲线有长期总成本曲线（long-run total cost）和短期总成本曲线（sort-run total cost）之分。所谓长期与短期，并不单纯指时间长短，主要是看在考察成本变动的时期内，随着产量的变化，是否所有的投入都可以变化。

如果只有一部分投入可以变化，而另一部分投入是固定的，那就是短期。例如，一个厂商可以在短期内调节原材料和劳动力的数量，但却不能在短期内随意扩大或缩小厂房和主机。

如果所有的投入都可以变动，那就称之为长期。例如，一个厂商在较长时期内不仅可以调节原材料和劳动力的数量，还可以改造厂房，更换主机。

当然，长期与短期是相对而言的。有的企业半年、1年就算长期，有些企业要3年、5年甚至10年才算长期。

根据表4-1的数据，我们画出短期总成本曲线（STC）、短期总固定成本曲线（STFC）和短期总可变成本曲线（STVC），如图4-2所示。

在图4-2中，横轴表示产量，纵轴表示成本。

STFC是一条与横轴平行的线，这表明总固定成本并不随着产量的增加而变化。

STVC随产量的增加而增加，所以总成本曲线STC也是随着产量的增加而增加。但是，这两条曲线的增长率并非始终成比例，开始都以递减率上升，一旦超过临界点A后，就以递增率上升。这是由于微观经济学中报酬递减法则起作用的结果。在临界点前，产量上升幅度较大，成本虽然增加，

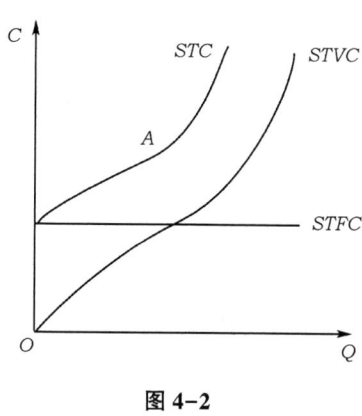

图4-2

但幅度较小；在临界点后，由于报酬递减，边际产量逐渐减少，因而可变成本的增加率趋于递增，总成本也随之递增。

（二）长期总成本曲线

长期成本是指厂商在生产时期对投入的全部要素量或整个企业规模都可进行调整，没有一个要素是固定不变的。因此，厂商总是可以在每一个产量水平上选择最优的生产规模进行生产。所以，长期总成本（LTC）也就是厂商在长期内的每一个时点所生产的每一个产量所平均分担的最小总成本。

长期总成本函数形式可表示为：

$$LTC = LTC(Q)$$

该函数表明，长期总成本是随产量的变化而变化的，其变化的趋势必然呈先递减而后递增。因为企业规模收益有先递增而后递减的趋势。相应的长期总成本曲线是向右上方倾斜的双弯形，如图4-3所示。

在图4-3中，横轴表示产量，纵轴表示成本，LTC为长期总成本曲线。

长期总成本曲线还可由生产扩大线（expansion path）推出，如图4-4所示。

在图4-4（a）中，横轴代表劳动；纵轴代表资本；Q_1，Q_2，Q_3为3条等产量线，其产量分别为50，100，150；A_1B_1，A_2B_2，A_3B_3为3条等成本线；

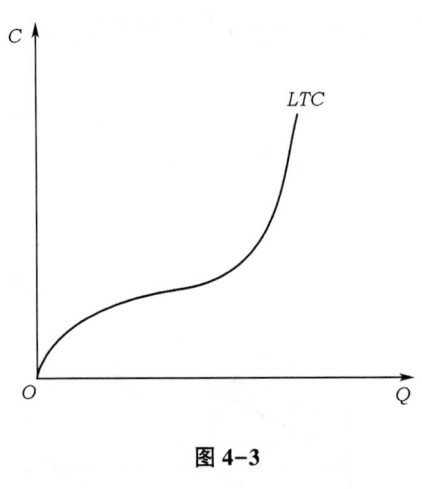

图 4-3

OR 为生产扩大线，它通过 3 条等产量线与相应的 3 条等成本线相切，其切点为 E_1，E_2，E_3。在这 3 点上表明，厂商生产的 3 种产量水平都各自使用最低成本，即生产 50 个产量时，最低的总成本为 $r \cdot OA_1$，或 $w \cdot OB_1$（这里 r 表示资本 K 的价格，w 表示劳动 L 的价格）；生产 100 个产量时，最低的总成本为 $r \cdot OA_2$，或 $w \cdot OB_2$；生产 150 个产量时，最低的总成本为 $r \cdot OA_3$，或 $w \cdot OB_3$。将所有这些产量与相应的最低总成本的坐标点描绘在图 4-4（b）中，便得出长期总成本 LTC 曲线。

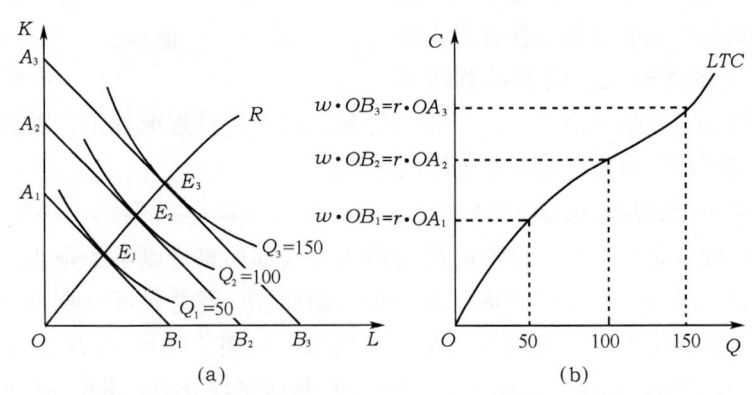

(a)　　　　　　　(b)

图 4-4

（三）短期总成本曲线和长期总成本曲线的关系

由于长期总成本曲线上的每一点都表示厂商所生产的产量使用了最低的总成本，因而也是使用了最低的平均成本。但就短期总成本来说，由于有一部分投入的生产要素是固定不变的，因而短期内有浪费设备或对设备利用不当的情况，只有在生产最佳产量的场合，平均成本才是最低的。因此，也只有在这种场合（即短期平均成本曲线 SAC 最低点所确定的产量），短期的总成本才与长期的总成本相等。其他场合短期总成本必定高于长期总成本，如图 4-5所示。

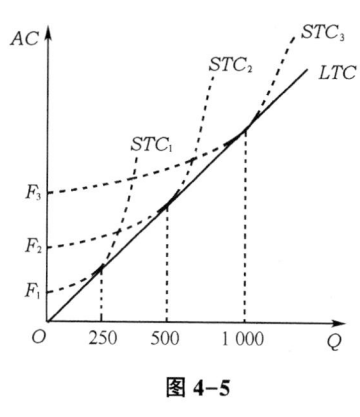

图 4-5

在图 4-5 中，F_1 表示生产 250 个单位产品的最佳生产设备，F_2 表示生产 500 个单位产品的最佳生产设备，F_3 表示生产 1 000 个单位产品的最佳生产设备，STC_1，STC_2，STC_3 相应地表示 3 条不同的短期总成本曲线，LTC 表示长期总成本曲线。

从图 4-5 可以看出，只有当生产出最佳产量（250 个单位产品，500 个单位产品，1 000 个单位产品）时，短期总成本曲线与长期总成本曲线相切，表明短期总成本与长期总成本相等。在其他点上，短期总成本都高于长期总成本。

长期成本曲线是由无数条短期成本曲线与之相切而形成的。从理论上说，这是因为生产设备可以无限地细分，从而会有无数条短期成本曲线，每一条短期成本曲线都有一个点与生产最佳产量的规模相适应。例如，产量可细分为 Q_1，Q_2，Q_3，…，Q_n，短期成本曲线相应地有 SC_1，SC_2，SC_3，…，SC_n。生产 Q_1 时，宜采用 SC_1 的规模；生产 Q_2 时，宜采用 SC_2 的规模……生产 Q_n 时，宜采用 SC_n 的规模。这样，把 SC_1，SC_2，SC_3，…，SC_n 曲线与横轴 Q 上的 Q_1，Q_2，Q_3，…，Q_n 垂直对应的点连接起来，就可以构成一条连续的曲线，即长期成本曲线。

所以，长期总成本曲线乃是对无数条短期总成本曲线的包络曲线（envelope curve）。在这条包络曲线上的每一点，都与一条相应的短期总成本曲线相切，连接各个切点而形成的线，就是长期总成本曲线。

二、平均成本曲线

平均成本曲线（average curve）也有短期平均成本曲线（SAC）和长期平均成本曲线（LAC）之分。

（一）短期平均成本曲线

短期平均成本曲线分为平均固定成本曲线（AFC）和平均可变成本曲线（AVC）两个部分。根据表 4-1 所列各种成本的有关数字，我们将短期平均成本曲线（SAC）、平均可变成本曲线（AVC）、平均固定成本曲线（AFC）进行绘制，如图 4-6 所示。

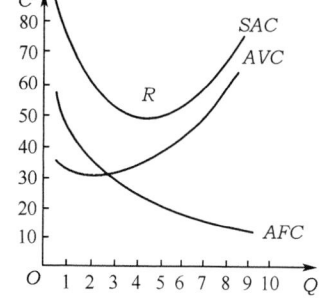

图 4-6 平均成本曲线

因为平均成本是平均固定成本和平均可变成本之和，所以图形上平均成本曲线反映了这两种成本对它的影响。在一般情况下，平均成本曲线先向下倾斜，下斜的速度要根据厂商生产的特点而定。比如，在大制造商的工厂里，平均固定成本（AFC）的比重较大，而且需要大量的工人进行操作，所以在生产的最初阶段，平均成本比较高，但随着大企业的开工生产，产量急剧上升，根据公式 $AC = \dfrac{TC}{Q}$，因此平均成本下降速度较快。但如果在一个杂货店中，设备和店员数量有限，销售量也有限，这里的平均成本下降速度就较制造厂商来得慢。另外，我们看到，平均成本降到一定程度（产量为 4 单位时）后才开始上升，这主要是收益递减规律的作用。我们设平均成本的最低点为 R。

平均固定成本曲线是一条由左上方向右下方倾斜的曲线。这是因为 $AFC = \dfrac{TFC}{Q}$，其中 TFC 不变，而产量逐渐增加，所以平均固定成本逐渐下降。

平均可变成本曲线先下降然后上升。这里我们注意到，平均可变成本曲线较平均成本曲线（SAC）先上升。为什么如此呢？这是因为，当平均可变成本曲线开始上升时，总固定成本对平均成本的影响仍然大于平均可变成本。就是说，此时单位产品成本中所含的固定要素的成本分摊额的比重，仍旧大于可变要素的成本分摊额，所以平均成本受平均固定成本的作用而下降。如果生产进行到一定程度，厂房、机器等设备发挥了充分的效用，这时平均成本将随着平均可变成本的上升而上升。就是说，一旦固定要素达到有效操作，若要再增加产量，就要投入更多的可变要素才能办到。

（二）长期平均成本曲线

长期平均成本曲线（LAC）是从长期来看，厂商在每一个时期所生产的每一个产量所平均分担的总成本量。它的函数形式为：

$$LAC\ (Q) = \frac{LTC\ (Q)}{Q}$$

由于长期总成本曲线意味着厂商在长期内总可以在每一个产量水平上选择最佳的生产规模进行生产，从而可以使在每一个产量水平上耗费的成本最小。因此，从函数 $LAC\ (Q) = \dfrac{LTC\ (Q)}{Q}$ 可以推知，厂商在长期内实现每一个产量水平最小总成本的同时，必然也就实现了相应的最小平均成本。因此，只要把长期总成本（LTC）曲线上各点的长期总成本值除以相应的产量，便得到每一产量的长期平均成本（LAC）值。再把每一个产量和相应的长期平均成本值描绘在产量和成本的平面坐标图中，便可得到长期平均成本曲线。

此外，长期平均成本曲线还可从短期平均成本曲线推导出来，这可从下面对这两条曲线的关系分析中看到。

（三）长期平均成本曲线和短期平均成本曲线的关系

假定厂商有无数个大小不同的生产规模可供选择，相应地就会有无数条短期平均成本 SAC 曲线，它们的包络曲线就构成了长期平均成本（LAC）曲线，如图 4-7 所示。

在图 4-7 中，SAC_1，SAC_2……分别代表不同生产规模的短期平均成本曲线。LAC 为长期总成本曲线，它与 SAC_1，SAC_2……相切，也就是说，长期总成本 LAC 曲线是由这些切点连接起来形成的一条线。在这条 LAC 线上，每一点都表示生产相应产量水平的最低平均成本。但必须注意，长期平均成本

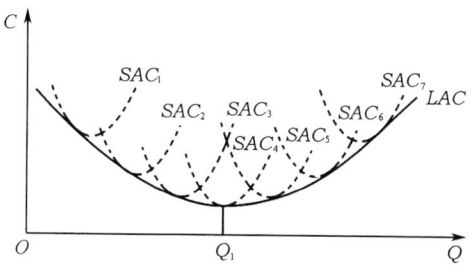

图 4-7　长期平均成本曲线

曲线 LAC 与每一条短期平均成本曲线 SAC 相切的切点，并不在每一条 SAC 线的最低点，即在 LAC 曲线的递减阶段，LAC 曲线相切于所有相应的 SAC_1，SAC_2，SAC_3 曲线最低点的左边；在 LAC 曲线的递增阶段，LAC 曲线相切于所有相应的 SAC_5，SAC_6，SAC_7 曲线最低点的右边；LAC 曲线只有在最低点才与 SAC_4 曲线相切。这时切点的斜率为零，它的切线与横轴平行；其他 LAC 线与任何一条 SAC 线相切的切点的斜率都不为零，因而切线也不是水平线。

为什么如此呢？现用图 4-8 标示的长期平均成本 LAC 曲线与短期平均成本 SAC 曲线的关系来说明。

在图 4-8 中，LAC 曲线与 SAC_2 曲线在产量为 Q_1 时，与对应的 A 点相切，但它并没有与 SAC_2 曲线的最低点 B 相切，在 B 点所对应的产量为 Q_2。而就 Q_2 的产量水平来说，厂商还可以选择比 SAC_2 所代表的更大一点的生产规模 SAC_2'，从而使 Q_2 的平均成本更低。因为 LAC 曲线正好与 SAC_2' 曲线相切于 A' 点，A 点也与 Q_2 相对应。而在 B 点表示的平均成本为 BQ_2，显然要大于 A' 点所表示的平均成本 $A'Q_2$。所以，厂商在产量为 Q_2 时，只会选择 SAC_2' 的生产规模，而不会选择 SAC_2 的生产规模。因此，LAC 曲线不可能切于 SAC_2 曲线最低点 B，而只能切于 B 点左边的 A 点。A 点乃是产量为 Q_1 时短期的最低平均成本。同理，LAC 曲线也不可能切于 SAC_2' 曲线的最低点 B'……只要 LAC 处于递减阶段，它就必然切于所有短期最优规模 SAC 曲线最低点的左边。同

样可知，当 LAC 处于递增阶段时，LAC 曲线就必然切于所有短期最优规模 SAC 曲线最低点的右边；LAC 曲线只是在最低点才与某一条 SAC 曲线最低点相切。

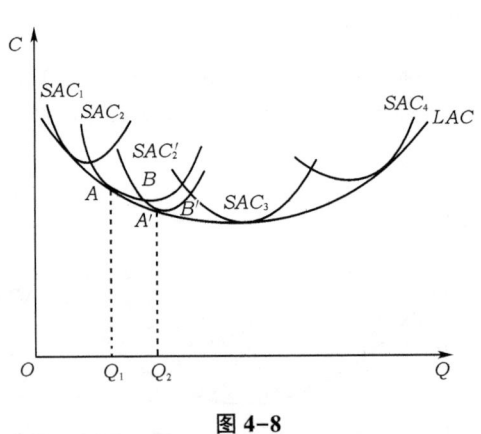

图 4-8

可见，长期平均成本 LAC 曲线乃是无数条短期平均成本 SAC 曲线的包络曲线，它与 SAC 曲线一样呈"U"字形。但二者形成"U"字形的原因不同。SAC 曲线的"U"字形是由于一部分投入的生产要素固定不变，使得在初始阶段随着产量增加而使总的平均成本下降，而后又会随着产量增加而使总的平均成本上升所形成的；LAC 曲线的"U"字形则是由于规模经济（sacle economics）和规模不经济（sacle diseconomics）引起的。当生产规模较小，并在小规模基础上进行生产性扩张，会出现规模收益递增的规模经济，从而使长期平均成本下降；相反，当生产规模过大，并继续进行生产性扩张，便会出现规模收益递减的规模不经济，从而使长期平均成本上升；当生产规模处于适度状态时，长期平均成本达到最低点。这样，LAC 曲线便呈"U"字形。

三、边际成本曲线

（一）边际成本曲线的形状

边际成本（MC）是指产品增量所增加的成本量，它的函数形式可表示为：

$$MC = \frac{\Delta TC\ (Q)}{\Delta Q} = \frac{dTC\ (Q)}{dQ}$$

由于在短期内，总成本 TC 要划分为总的固定成本 TFC 和总的可变成本 TVC 两部分，故：

$$MC = \frac{dTC\ (Q)}{dQ} = \frac{dTF\ (Q)}{dQ} + \frac{dTVC\ (Q)}{dQ}$$

式中，由于 TFC 是固定不变的，即 $TFC\ (Q) = 0$。

所以：

$$MC = \frac{dTVC\ (Q)}{dQ}$$

此函数表明，在短期内的总成本中，由于有一部分要素量并不随着产量的变动而变动，所以，边际成本 MC 只是可变成本 TVC 部分随着产量的变动而变动的量。由于可变要素投入的边际报酬递减规律的作用，边际成本曲线的形状必然是先下降而后上升（如图4-9所示）。这就是说，在初始阶段，当可变要素小到还不足以使固定要素充分发挥作用的情况下，随着可变要素增加，会使边际产量递增，从而使边际成本递减；随后，当可变要素已增加到能充分发挥固定要素的作用以后，随着可变要素继续增加，边际产量会递减，从而使边际成本递增。

（二）边际成本曲线与平均成本曲线的关系

如图4-9所示，边际成本 MC 曲线必定通过平均成本 AC 曲线最低点 R。

在图4-9中，横轴表示产量，纵轴表示成本，各个数据是按表4-1中的有关数据来填写的。边际成本 MC 曲线之所以必然通过 AC 曲线最低点 R，是由这两条曲线的定义决定的，即 $AC = \dfrac{TC}{Q}$，

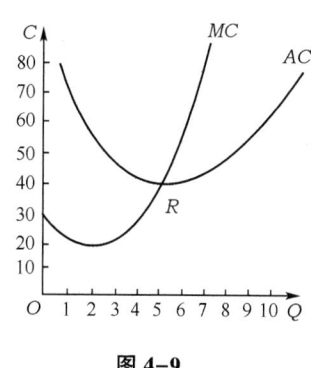

图4-9

$MC = \dfrac{\Delta TC}{\Delta Q}$。这就是说，平均成本的变化要由全部产品均摊，边际成本的变化，只由最后一个产品承担。因此，边际成本曲线的变动较早，平均成本曲线的变动较晚。边际成本先下降，平均成本后下降；边际成本先上升，平均成本后上升。

如果边际成本小于平均成本，那么每增加一单位产品，单位平均成本就比以前小些，所以平均成本是下降的；反之，如果边际成本大于平均成本，那么，每增加一单位产品，单位平均成本就比以前大一些。所以，平均成本是上升的。这样，就不可能发生边际成本大于平均成本时平均成本反而下降或者边际成本小于平均成本时平均成本反而上升的情况。所以，边际成本曲线只能通过平均成本曲线最低点 R。

（三）长期边际成本曲线与短期边际成本曲线的关系

我们前面分析的边际成本曲线是短期边际成本曲线 SMC。因为它是在假定一种成本固定不变的生产规模下，对边际成本进行的分析。与短期边际成本相对应的，是长期边际成本 LMC。长期边际成本是指在长期内所有投入要素都是可变的情况下的边际成本，即指在长期内增减一单位产品所引起的总成本变动的数额。

长期边际成本曲线也是一条先下降后上升的"U"字形曲线，如图4-10

所示。

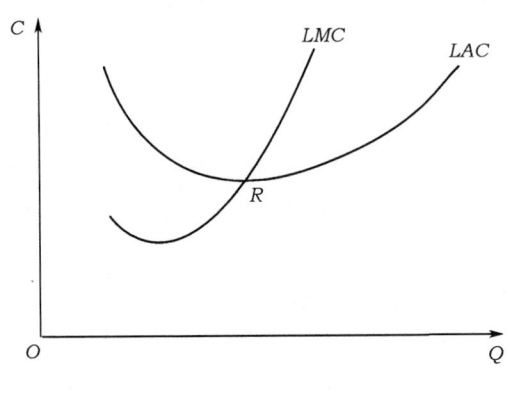

图 4-10

LMC 曲线的 "U" 字形是由生产规模在长期内从小到大的不断调整过程中存在着的，从规模经济到不规模经济的一般趋势所决定的。与短期的边际成本（*SMC*）同短期的平均成本（*SAC*）的关系一样，长期的边际成本（*LMC*）同长期的平均成本（*LAC*）的关系，也是二者在平均成本的最低点 *R* 相交，图 4-10 即表明了这点。这就是说，长期边际成本曲线先于长期平均成本曲线达到最低点，随后上升；在长期边际成本曲线低于长期平均成本曲线时，长期平均成本曲线下降；在长期边际成本曲线高于长期平均成本曲线时，长期平均成本曲线上升。所以，二者必然在长期平均成本曲线的最低点 *R* 相交。

长期边际成本 *LMC* 曲线还可以从短期边际成本 *SMC* 曲线推导出来。同时，也可以进一步说明 *LMC* 曲线必然通过 *LAC* 曲线最低点。

从图 4-5 关于长期总成本（*LTC*）曲线与短期总成本（*STC*）曲线的关系中看出，*LTC* 曲线是 *STC* 的包络曲线，即在长期内的每一个产量上，*LTC* 曲线都与一条代表最佳生产设备的 *STC* 曲线相切，说明这两条曲线在切点的斜率是相等的。而 *LTC* 曲线的斜率之值乃是 *LMC*，*STC* 曲线斜率之值乃是 *SMC*，因此，在其切点所对应的产量水平上 *LMC* = *SMC*。这也就是说，在长期内的每一个产量上，*LMC* 值都与代表最佳生产设备的 *SMC* 值相等。于是，*LMC* 便可从 *SMC* 曲线推导出来，如图 4-11 所示。

在图 4-11 中，每一个产量上代表最佳生产设备的 *SAC* 曲线都有一条相应的 *SMC* 曲线，而且每一条 *SMC* 曲线都通

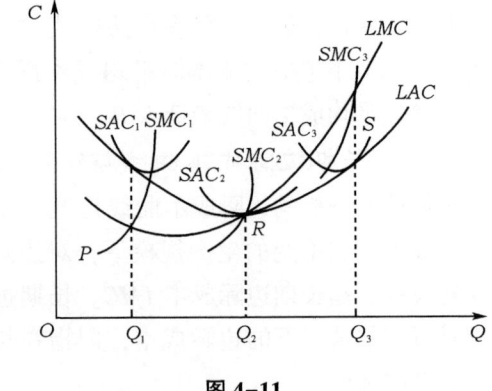

图 4-11

过相应的 SAC 曲线的最低点。例如，在 Q_1 的产量上，代表生产该产量最佳生产设备的短期平均成本曲线和短期边际成本曲线，分别为 SAC_1，SMC_1，相应的短期边际成本（SMC_1）由 P 点给出，其数值为 PQ_1。按前分析，既然在长期内一定产量水平上 $LMC=SMC$，所以，当产量为 Q_1 时，$PQ_1=SMC_1=LMC$。同理，当产量为 Q_2 时，$RQ_2=SMC_2=LMC$，当产量为 Q_3 时，$SQ_3=SMC_3=LMC$。推论：在无限个产量水平上，都有一个相应的 SMC 曲线与 LMC 曲线的结合点，正如 P，R，S 一样。连接这些结合点 P，R，S 等，形成的一条曲线便是 LMC 曲线。在图 4-11 中各结合点的 R，由于是 SAC_2 曲线的最低点，因此，RQ_2 不仅是 SAC_2 与 LMC 相等之值，而且是 SAC_2 的最低值，因而也是 LAC 的最低值。可见，长期边际成本 LMC 曲线必然通过长期平均成本 LAC 曲线最低点。

微观经济学成本理论的基本内容已如上述。在这里，我们需要指出的是他们所说的成本并不是以劳动耗费为基础，而是以厂商在生产活动中所必须支出的费用为基础。这些费用包括利息、地租和"正常利润"（即支付资本家、企业家组织才能的报酬）在内。我们知道，这些具体形式的剩余价值，都是由工人剩余劳动所创造的，并不耗费资本家一分一文。当然，成本理论中关于总成本、边际成本、平均成本之间的关系以及长期成本与短期成本之间的关系的分析，在方法上对我们企业的经济活动分析，具有一定的参考意义。

第三节 收益与利润最大化

厂商生产的目的是追求最大限度的利润。那么，在什么条件下才能实现利润最大化，这就需要对成本与收益进行比较分析。前两节，我们对成本进行了考察，现在，需要对收益进行分析，然后从二者的比较中求得实现利润最大化的条件。

一、收益的含义和种类

在微观经济学中，所谓收益是指厂商出售商品的收入，亦即商品的卖价所得。

在微观经济学中，通常使用的收益概念可分为三类：总收益、平均收益、边际收益。

总收益（TR）指厂商将产品出售后所得到的全部收入：

总收益＝每个商品的卖价×产量

平均收益（AR）指厂商出售一定量的商品时，从每个单位商品中所得到的平均收入，即每个商品的平均卖价：

$$平均收益 = 每个商品的卖价 = \frac{商品总卖价}{产量}$$

边际收益（MR）指厂商每增加一个商品出售量所引起的总收益的增加值，即最后增加的每一个商品的卖价：

$$边际收益 = \frac{总收益增量}{产量增量}$$

二、利润

微观经济学中的利润，与通常所说的会计利润（accounting-profit）有所不同。它泛指产出品价值和投入品价值之间的差额，亦即总收益与总成本之间的差额，称为经济利润（economic profit）。而计入总成本的，如本章第一节指出的，作为成本组成部分的隐含成本，包括正常利润在内。因此，这里说的利润或者说经济利润，实际是超"正常利润"。

现用表4-2说明总收益、总成本与利润之间的关系。

表4-2

产量（单位）	总收益（元）	总成本（元）	利润（元）
0	0	50	-50
1	300	400	-100
2	575	575	0
3	825	700	125
4	1 050	835	215
5	1 250	985	265
6	1 425	1 160	265
7	1 575	1 370	205
8	1 700	1 700	0
9	1 800	2 180	-380
10	1 875	2 860	-985

三、厂商利润最大化原则

为了寻求利润最大化原则，我们需要找出总收益、总成本、边际收益和边际成本之间的关系。为方便起见，现列表（见表4-3）。

表 4-3

产量 （单位）	总收益 （元）	边际收益 （元）	总成本 （元）	边际成本 （元）	利润 （元）
0	0	0	50		−50
1	300	300	400	350	−100
2	575	275	575	175	0
3	825	250	700	125	125
4	1 050	225	835	135	215
5	1 250	200	985	150	265
6	1 425	175	1 160	175	265
7	1 575	150	1 370	210	205
8	1 700	125	1 700	330	0
9	1 800	100	2 180	480	−380
10	1 875	75	2 860	680	−985

表 4-3 中的数字虽是虚构，但它始终遵循微观经济学的基本理论，即报酬递减规律。由于这一规律的作用，边际收益逐渐下降，因而总收益的趋势虽然是增加的，但增加的速度逐渐放慢。同样，由于报酬递减规律的影响，边际成本一开始呈阶段递减，但在某一产量之后便开始递增。

从表 4-3 中我们看到，在第 5、第 6 单位产量之间利润量最大（265）。这时，边际成本恰好等于边际收益。可见，边际成本（MC）等于边际收益（MR）时的产量，也是实现最大利润时的产量。低于第 5、第 6 单位的产量时，边际收益大于边际成本。这说明，增加一个产品所获得的好处比为此消耗的成本要大，还有潜在的利润没有得到，因此资本家将会继续扩大生产。但如果产量高于第 5、第 6 单位时，边际收益小于边际成本，即最后增加的一个产品所获得的好处，不如为生产这一产品消耗的成本大，说明厂商亏了本，于是资本家便会缩减生产，直到生产第 5、第 6 单位的产量时为止。此时，边际收益和边际成本相等，利润最大。从图 4-12 可以更清楚地看出它们之间的关系。

在图 4-12 中，横轴表示产量，纵轴表示成本、收益、利润。MC 和 MR 两条曲线分别为边际成本曲线和边际收益曲线，TP 为总利润曲线。MC 线与 MR 线在 E 点相交，E 点对应的产

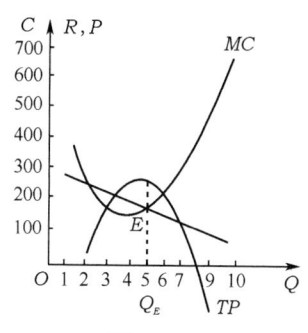

图 4-12

量为第5、第6个单位产品之间的 Q_E 点。这就是厂商能获得最大利润的生产均衡点。从图4-12可以看出，厂商实现利润最大化的必要条件是 $MR=MC$。从另一个角度看，即用数学模型也可推导出同样的结论。

设：MP，MR，MC 分别表示边际利润、边际收益、边际成本，则：

$$MP=MR-MC$$

又设：TP，Q 分别表示总利润和产量，则：

$$TP=f(Q)$$

在企业经营中，由于 MP 是总利润函数方程 $TP=f(Q)$ 的导数，即 $MP=f'(Q)$。当 $MP=0$ 时，TP 的值最大。所以，利润最大化的必要条件是：

$$MP=MR-MC=0$$

简化：
$$MR=MC$$

必须指出，微观经济学的利润最大化原则，由于以边际效用价值论和均衡价格论为基础，又以报酬递减规律作为依据，它否定了劳动价值论，建立在非科学的假设上，因而掩盖了资本主义经济关系的实质。但是，就其方法来说，它指出了企业家确定自己均衡产量，获取最大利润的原则是边际收益等于边际成本。这一点，对我们解决适度生产规模等问题，具有一定的参考意义。

第五章 市场理论

在微观经济学中，所谓市场（market）是指从事某种商品买卖的交易场所或接触点。市场理论则是指研究厂商在不同市场条件下，为实现最大利润的目的，而确定自己生产规模和商品价格的厂商均衡理论（equilibrium theory of firm）。

西方经济学家认为，依据市场竞争的不同条件和程度，可将市场分为四种类型：完全竞争市场、完全垄断市场、垄断竞争市场和寡头市场。市场理论就是要研究在这四种不同类型市场条件下的厂商均衡问题。因此，市场理论又称厂商理论或市场结构理论。

第一节 完全竞争市场中的厂商均衡

一、完全竞争市场的特点

完全竞争市场（perfect competition market）是一种纯粹理论上的典型意义的市场，它不受任何外部力量控制和干扰，是完全自由化的市场。

完全竞争市场具有以下特点：

第一，它是一个没有任何外在力量干预和控制的市场，既没有国家政府的干预，也没有厂商勾结的集体行动对市场机制作用的阻挠。

第二，它是一个数目众多的经济主体，而不存在足以左右市场的庞大企业或公司，即在市场中，每个经济主体的规模都很小，以致对市场不能产生什么影响。就买方而言，任何一个消费者，也不过是为数极多的消费者之一，从而不会引起卖者对他们的特殊考虑。就卖方而言，任何一个厂商的规模都很小，从而不能用变动某产出量的办法影响市场价格。

第三，市场上出售的商品是同质的，无差别的，甚至包装、样式都一致。因此，卖者不可能根据自己出售商品的某些特色而抬高价格。买者对任何一家厂商出售的商品都看成是一样的，而无任何偏好，也不愿为同一质量的商品付出较高的价格。

第四，市场上各种生产资源可以充分自由流动。任何一种生产资源，都可对市场的信息作出灵活反应：流入或流出这个市场。具体地说，资源的自由流动意味着：①劳动力在地理位置上和工作种类上可以自由流动；②没有一个投入所有者或生产者能够垄断投入；③新的厂商或新的资本可以毫无困难地进入某一行业。

第五，充分的知识。消费者、生产者和资源的所有者充分掌握市场信息。如果消费者对市场缺乏了解，他就会对本来可以付较低价格的商品而付出较高价格。这样，市场上就会出现商品同一而价格不一的现象；如果劳动者对市场的工资率一无所知，他就不会得到他本来可以得到的工资；如果生产者对成本价格不熟悉，他就不会把生产安排在最有利的水平上。

以上是理想化的完全竞争市场的条件和特点。在现实生活中，当然很难具备，甚至连一个条件也达不到。因此，这种完全竞争市场在现实生活中根本不存在。但是，微观经济学认为，抽象地分析这种市场很有必要，因为从抽象可以得到一般性。完全竞争的模式不符合现实的某一具体场合，因而不能精确地说明任何一个特定行业的活动，但却能反映经济过程的理论模式，反映经济活动的一般规律性。因此，对现实经济现象的解释和未来经济变化的预测，都有一般的适用性。所以，在西方经济学中，虽然有各种各样复杂的经济模式，但完全竞争模式仍然是用得最多的一种基本模式。

二、完全竞争市场中厂商的需求曲线

以前我们说过，对某种商品的市场需求曲线是由左上方向右下方倾斜的。但在完全竞争市场中，既然任何一个厂商都不能影响市场价格，那么无论他出售的商品是多少，是增加还是减少，都不会使价格发生变动。因此，对某个厂商商品的需求曲线必定是一条与 Q 轴平行的直线，这种曲线的需求弹性为无穷大。这条曲线所确定的价格水平则是由整个市场供给和需求决定的均衡价格（参见图5-1）。

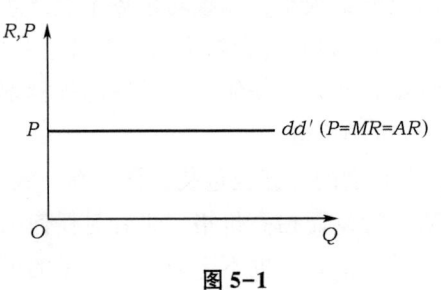

图5-1

由于边际收益等于每增加一个单位产品的卖价，而现在卖价始终不变，所以边际收益就和每个单位商品的卖价相等，从而也与每个单位商品的平均收益相等，即图5-1中表示的价格等于边际收益，也等于平均收益。

可见，完全竞争市场中个别厂商的需求曲线，是一条以市场均衡价格水平为高度并与横轴平行的直线，同时也是边际收益曲线和平均收益曲线。

三、完全竞争市场中厂商的短期均衡

这里所说的厂商的短期均衡，是指在完全竞争市场中，从短期看，个别厂商所处的生产均衡状态。前面我们讲过，一般厂商实现生产均衡状态的条件（原则）是边际收益等于边际成本（$MR=MC$）。这一原则当然适用于完全竞争市场中厂商的短期均衡。

完全竞争市场中厂商的短期均衡可能出现三种情况：

第一种：边际收益在边际成本低于平均成本之处与边际成本相等，即边际收益曲线（MR）在边际成本曲线（MC）低于平均成本曲线（AC）的地方与边际成本曲线相交，如图5-2所示。

MR 与 MC 相交于 E 点，E 点决定均衡产量为 Q_1。此时的平均成本为 FQ_1，平均收益为 EQ_1，因而总成本为 $\square NOQ_1F$，总收益为 $\square POQ_1E$，而 $\square NPEF$ 部分则是收益无法弥补的成本部分。这说明，厂商连最起码的正常利润都保证不了，因此 Q_1 产量不可取。

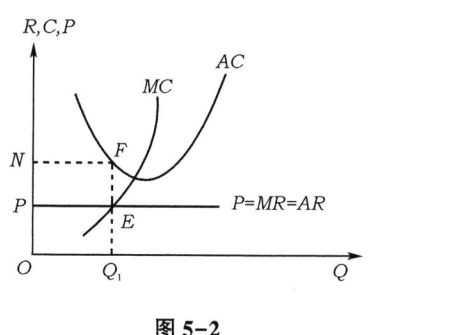

图 5-2

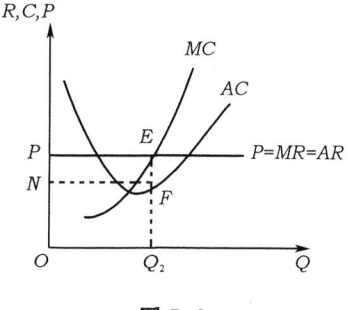

图 5-3

第二种：边际收益在边际成本高于平均成本之处与边际成本相等，即边际收益曲线（MR）在边际成本曲线（MC）高于平均成本曲线（AC）最低点的地方与边际成本曲线相交，如图5-3所示。

MR 与 MC 相交于 E 点，E 点确定均衡产量 Q_2，此时平均成本为 Q_2F，平均收益为 Q_2E，因而总成本为 $\square NOQ_2F$，总收益为 $\square POQ_2E$，显然总收益大于总成本，$\square PNFE$ 为超正常利润部分。这说明，厂商不仅保障了正常利润，而且还获得了超正常利润（经济利润）。这时，势必会有新厂商加入或者原有厂商扩大自己的生产规模。

第三种：边际收益在边际成本和平均成本相等时与边际成本相等，即边际收益曲线相切于平均成本曲线和边际成本曲线的交点（即平均成本曲线的

最低点），如图 5-4 所示。

MR 与 MC 相交于 E 点，E 点确定均衡产量为 Q_3，此时平均成本为 EQ_3，平均收益也为 EQ_3，因此总成本和总收益都是 □POQ_3E，厂商既没有亏损又没有超正常利润，不亏不赚，只能获得"正常利润"（因为"正常利润"包含在成本之中）。

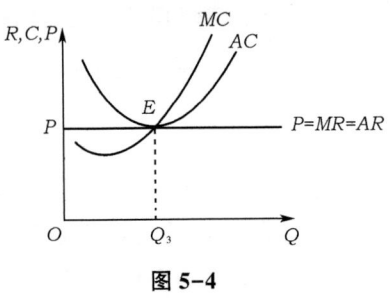

图 5-4

以上三种情况都是在完全竞争条件下，短期内可能存在的厂商均衡状态。因为时间很短，当第一种情况下出现了亏损，厂商来不及缩小生产规模；第二种情况下出现盈利，厂商来不及扩大自己的生产规模，新厂商也来不及加入该行业使价格下降，消除盈利。当然，长期内的情况则另当别论。

四、完全竞争市场中厂商的长期均衡

在完全竞争市场中，如果说在短期内，由于时间短促，厂商来不及调整自己的生产规模，因而可能出现第一、第二种情况。那么，在长期内就不会存在这两种情况了。因为，如果短期内厂商不足以保障正常利润，甚至遭受亏损，那么，长期内厂商就会退出他们所在行业或者缩小自己的生产规模，以致使整个行业的生产和供给减少，从而市场均衡价格上升，厂商的平均收益和边际收益提高，最终使亏损消失。如果短期内厂商获得超过"正常利润"以上的利润，那么，长期内新的厂商就会加入这个行业，或者原有厂商扩大自己的生产规模，以致使整个行业的生产和供给增加，从而市场均衡价格下降，厂商的平均收益和边际收益减少，最终使超正常利润部分消失。所以，只有短期中厂商均衡的第三种情况（即边际收益曲线相切于平均成本曲线的最低点）能长期保持。这样，短期内第三种情况的均衡，就是长期均衡。也就是说，在完全竞争市场中，实现厂商长期均衡的条件是：

$$MR=AR=MC=AC$$

五、完全竞争市场的"优点"

根据长期均衡的条件，西方经济学家进一步认为，完全竞争市场具有如下"优点"：

第一，完全竞争将导致尽可能低的价格和尽可能的高产量。因为从长期看，厂商均衡的第二种情况（即获得超正常利润的情况）不可能存在，即使短期内能存在，长期内也会因为产量过多，而使价格下降到边际成本与平均成本相等的水平，即按最低的平均成本水平出售商品，所以，这时价格尽可能低，而产量尽可能高。

第二，厂商在平均成本最低点生产，从而资源得到最有效的利用。$MR = MC = AC$，意味着长期内的生产成本是最低的平均成本，生产成本低，自然资源没有浪费，从而获得最有效的利用。

第三，可以节省广告支出。因为在完全竞争市场中，同类商品在质上无差别，消费者购买商品无偏好，因此，任何厂商都可按市场价格卖出他愿意出售的任何数量的商品。

我们认为，完全竞争市场既然只是抽象的理论分析，是虚构的市场，现实中根本不存在，因而也就谈不上它在实际生活中有什么优点。同时，在这种长期均衡中，$AR = AC$，似乎资本家无利可图，实际上，在他们所谓的成本中，已经包含了"正常利润"。

第二节　完全垄断市场中的厂商均衡

一、完全垄断市场的特点

完全垄断市场（the market of perfect monopoly）是指由一家厂商完全控制一个部门的市场结构。在这个市场中，只有唯一的出售者。这个出售者提供的产品和劳务，没有直接的替代物。因此，完全垄断市场是一个不存在竞争的市场，任何其他厂商都不能进入这一行业。

完全垄断可分为两类：一是完全政府垄断（如邮政业务、铁路国有化条件下的铁路运输业务等）；二是完全私人垄断（根据政府授予的专营权或专利权而产生的私商对某种商品的独家经营，或由于资本特别雄厚而建立的排他性的私人经营，如城市中由私商独家经营的自来水公司、电力公司等）。

二、完全垄断市场中厂商的需求曲线和边际收益曲线

在完全垄断市场中，由于一种商品和劳务由一家厂商垄断，因此厂商可以根据市场供求情况来规定商品的价格。前面我们讲过，市场需求总是遵循这样一个原则：价格高，需求少；价格低，需求多。所以，完全垄断市场的需求曲线是一条由左上方向右下方倾斜的曲线。我们知道，由于市场需求曲线就是平均价格线，因而也是平均收益曲线。在完全垄断市场中，厂商的平

均收益曲线，就是需求曲线。

　　然而，在完全垄断市场中的边际收益曲线，却不像完全竞争市场那样与需求曲线或平均收益曲线重合。它也是一条由左上方向右下方倾斜的曲线，但位置比平均收益曲线要低。这是因为边际收益的含义是指最后增加的每一个产量所引起的收益增量，而平均收益指的是生产的每一个产量所获得的平均收益。当平均收益随着销售量的增加而下降时，边际收益必然小于平均收益。否则，每增加一个销售量就不会使平均收益下降。

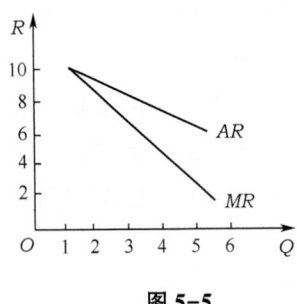

图 5-5

　　现以表 5-1 说明厂商生产某种产品所获平均收益与边际收益的关系。

　　用曲线图形表示（参见图 5-5）。

　　在图 5-5 中，横轴表示产量，纵轴表示收益，AR 为平均收益曲线，MR 为边际收益曲线。从图 5-5 中可以明显看出，MR 曲线在 AR 曲线下方。

表 5-1

价格 （元）	产量	总收益 （元）	边际收益 （元）	平均收益 （元）
10	1	10	10	10
9	2	18	8	9
8	3	24	6	8
7	4	28	4	7
6	5	30	2	6
5	6	30	0	5

三、完全垄断市场中厂商的短期均衡

　　在完全垄断市场中，厂商生产的目的是为了追求最大利润，因此，也必须遵循利润最大化原则，即在边际收益（MR）和边际成本（MC）相等的条件下确定生产水平，实现生产的均衡。

　　在完全垄断市场中，短期内的厂商均衡状态可能有如下三种情况：

　　第一种：在一般需求情况下，厂商在可获得垄断利润的条件下保持生产均衡，如图 5-6 所示。

　　根据利润最大化原则，由 MR 曲线和 MC 曲线的交点 E 确定均衡产量 Q_1。这时，平均成本为 FQ_1，总成本为 □NOQ_1F，平均收益（卖价）为 GQ_1，总收益为□POQ_1G。显然，□$PNFG$ 部分为垄断利润。

可见，在完全垄断市场的一般需求下，厂商能获得垄断利润。

第二种：在需求不旺的情况下，厂商可能只获得正常利润，如图 5-7 所示。

在图 5-7 中，MR 曲线和 MC 曲线相交于 E 点，确定 Q_2 产量。此时，平均收益曲线和平均成本曲线相切于 F 点，所以，这时的平均成本

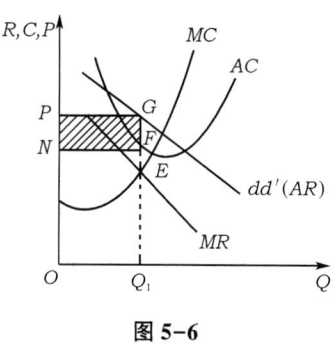

图 5-6

与平均收益相等，从而总收益和总成本都是□POQ_2F 部分，不存在垄断利润，但厂商获得了正常利润。

这种情况（AR 曲线和 AC 曲线相切）很偶然，并不经常发生。

第三种：在需求很低的情况下，厂商有可能得不到正常利润，甚至在亏损的情况下保持生产均衡，如图 5-8 所示。

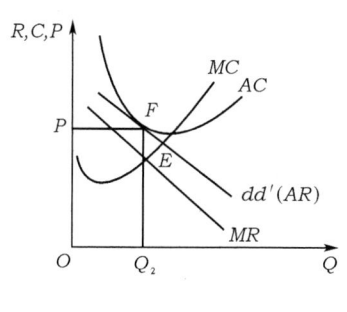

图 5-7

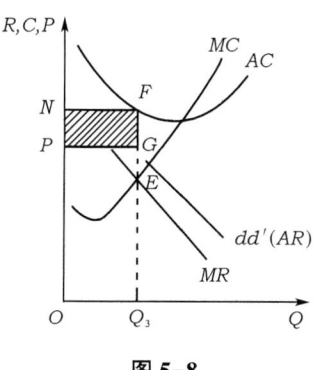

图 5-8

在图 5-8 中，需求曲线 dd'（平均收益曲线 AR）在平均成本曲线 AC 的下方，表明需求很低。MR 曲线和 MC 曲线的交点 E 确定均衡产量 Q_3。这时的平均成本为 FQ_3，平均收益（价格）为 GQ_3。因此，总成本为□NOQ_3F，总收益为□POQ_3G，□$NPGF$ 为亏损部分。这种亏损是绝对亏损，厂商连正常利润也无法获得。对垄断厂商来说，短期内可能出现这种情况，但不会持久下去，因为厂商经营的目的是要获得最大利润。

四、完全垄断市场中厂商的长期均衡

在完全垄断市场中，如果说，厂商在短期内会因需求不旺或需求很低，

出现只能获得正常利润或亏损的情况，那么，长期内，厂商就可以通过调整生产设备及厂房规模，以降低成本，从而使平均成本低于需求价格，达到第一种情况。如果垄断厂商无法调整生产以消除"亏损"，那么就只好停止营业。所以，完全垄断市场中的长期均衡必然是短期均衡的第一种情况。

五、完全垄断市场的"缺点"

西方经济学家认为，在完全垄断条件下，长期均衡不像完全竞争条件下的长期均衡那样，既能使资源得以充分利用，又能使消费者以尽可能低的价格购买商品。这是因为：

第一，从资源的利用方面看，完全竞争条件下长期均衡的条件是 $MR = AR = AC = MC$，即厂商是在使用最低平均成本情况下保持生产均衡，因而生产资源得到最充分利用。但在完全垄断条件下的长期均衡，MR 曲线与 MC 曲线的交点确定均衡产量，这时边际成本低于平均成本，此时的生产并不是在最低的平均成本下保持均衡，因而资源未能得到充分利用。

第二，从消费者对商品的购买价格来看，在完全竞争的长期均衡条件下，平均收益（即价格）同边际成本、平均成本相等，且此时平均成本最低，当然需求价格是最低的价格。这就使消费者有可能从价格上得到最大的满足。但是，在完全垄断条件下，在保持长期的均衡生产时，需求价格远远高于最低的平均成本，因为价格较高，不利于消费者的满足。

总之，西方经济学家认为，完全垄断下的长期均衡，既不利于资源的合理利用，也不利于消费者的满足。

我们认为，西方经济学家指出了完全垄断市场长期均衡的缺点，这是正确的。但他们只看到了这个缺点的表面现象，并没有揭示出这种缺点的根本原因在于垄断资本主义的所有制和垄断资本的统治，而仅仅把它看作是垄断厂商垄断了整个市场，与垄断资本家对生产资料的垄断和独占似乎没有什么关系。

第三节　垄断竞争市场中的厂商均衡

按照西方经济学家的解释，所谓垄断竞争（monopolistic competition），是指既包括完全竞争，又包括完全垄断两种性质的市场情况。它是处于完全竞争和完全垄断之间的一种市场，所以也称不完全竞争市场。

在微观经济学发展史上，1933 年以前，只有完全竞争和完全垄断两种市场。1933 年，英国剑桥大学的琼·罗宾逊和美国哈佛大学的张伯伦同时提出了第三种市场模式。琼·罗宾逊称之为"不完全竞争",张伯伦称之为"垄断竞争",他们的理论大同小异,一般都采用张伯伦的表述方式。

张伯伦认为,现实的市场既非竞争性,又非垄断性,而是二者的混合。因此,垄断竞争市场与前面讲的完全竞争市场和完全垄断市场,有着不同的特点和不同的均衡条件。

一、垄断竞争市场的特点

垄断竞争市场具有如下两个基本特点:

第一,厂商的数目比较多,彼此之间存在着激烈的竞争。生产同一种商品的厂商并非一家,他们各自的产品易于互相替代,因而新厂商易于进入市场,以致各厂商为了争夺有利市场以获取最大利润,必然存在激烈竞争。而在遭受亏损的时候,会有厂商退出生产。

第二,产品之间存在差别。同样的产品在质量、包装、形状、商标以致厂商服务态度等方面都存在差别,因而各个厂商成为其产品生产的垄断者,产品的差别越大,其垄断的程度就越高。他们出售商品的数量要受价格的影响,价格愈高,销售量愈小;价格愈低,销售量愈大。所以,垄断竞争市场中的需求曲线也是一条由左上方向右下方倾斜的曲线,边际收益曲线也呈同样方向,只是位置要比需求曲线低些。其道理同完全垄断情况下相同,不再重复。

二、垄断竞争市场中的厂商均衡

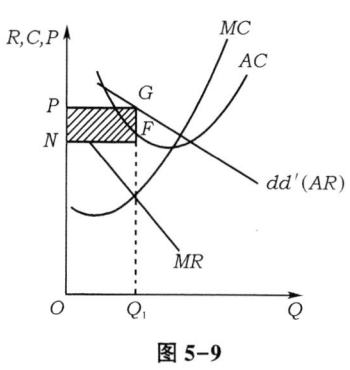

图 5-9

在垄断竞争条件下,厂商的短期均衡同完全垄断市场中厂商短期均衡的第一种情况一样,厂商可以获得垄断利润(或叫超正常利润)。如图5-9所示。

图5-9中的斜线部分为垄断竞争厂商在短期均衡情况下获得的超正常利润,即垄断利润。

但是,长期以来,由于在同一市场上存在若干垄断竞争厂商的竞争,当某个厂商在短期内获得超正常利润,就必定有其他生产同种商品的垄断竞争厂商加入这一特定差别产品的生产中来,占去了一部分需求市场,于是原来厂商的需求曲线就会向左移动;同时,由于新厂商的加入,竞争激烈,彼此都加强广告宣传等,致使产品成本提高,从而使边际收益曲线下移,平均成本曲线及边际成本曲线上升，最终使超正常利润消失。当然，如果边际成本曲线上升过多，与此同时，需求曲线向左移动太远，以致在出现亏损时，就必然有厂商退出该特定产品的生产，最终又使亏损消失。总之，通过厂商间的竞争，使厂商在长期内在保证获得正常利润的情况下实现均衡生产。所以，垄断竞争厂商的长期均衡必然是在获得正常利润情况下实现的，如图 5-10 所示。

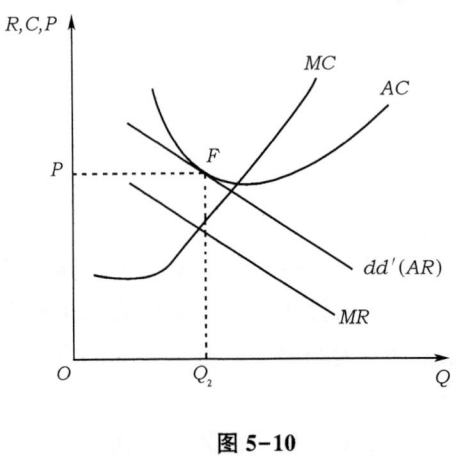

图 5-10

当均衡产量为 Q_2 时，平均收益与平均成本均为 FQ_2，总成本和总收益相等，厂商只能获得正常利润。

三、垄断竞争厂商和完全竞争厂商长期均衡的比较

从前面的分析可以看出，垄断竞争厂商的长期均衡同完全竞争厂商的长期均衡的共同点是，他们都只能获得正常利润，既不会发生亏损，也不会有超正常利润或垄断利润。但两者又有区别，主要是他们获得正常利润的条件不相同。

比较图 5-11 中的两种图形，我们可以将它们的区别归纳如下：

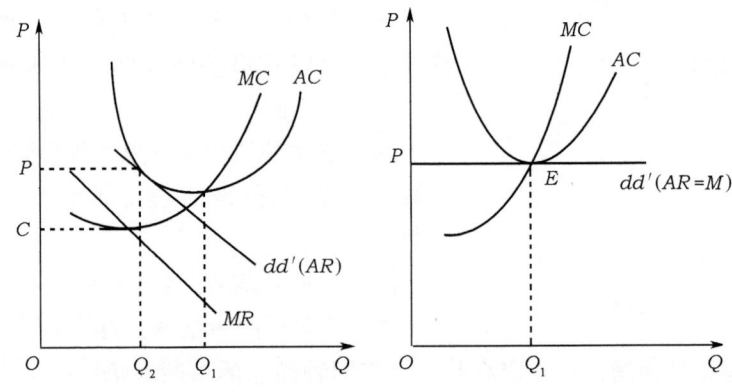

图 5-11

第一，两者的需求曲线（dd'）与边际收益曲线（MR）位置之间的彼此关系不同。完全竞争条件下的需求曲线与横轴平行，而且与边际收益曲线重叠；在垄断竞争条件下的需求曲线却是向右下方倾斜，而且与边际收益曲线相分离，处于后者的上方。

第二，两者的平均收益曲线（AR）或需求曲线（dd'）虽然都与平均成本曲线（AC）相切，但两者切点的位置不同。完全竞争条件下的平均收益曲线在平均成本曲线的最低点与之相切；而垄断竞争条件下的平均收益曲线却在平均成本曲线最低点的左上方某处与之相切。

第三，以上两个方面便决定了两者在成本和产量、价格方面都有所不同。在完全竞争条件下的成本是最低的，因为由边际收益曲线（MR）与边际成本曲线（MC）相交的均衡点，恰好就是平均成本曲线的最低点。由此说明，在这种情况下所决定的产量是最佳产量，价格是厂商所能接受的最低价格。而在垄断竞争条件下的成本却不是最低的。因为过边际收益曲线与边际成本曲线之交点与平均成本曲线相交于平均成本曲线最低点的左上方某处。就是说，在这种情况下所决定的产量不是最佳产量，产品价格也不是最低价格。

总之，两种长期均衡下的厂商虽然都只能获得正常利润，但条件各不相同，因而在对生产、消费的效应方面也有所不同。在完全竞争的长期均衡下，既可使生产者获得最佳产量，又可使消费者买到最低价格的商品；而在垄断竞争的长期均衡下，既不能使生产达到最佳产量，又不能使消费者购买到较低价格的商品。可见，垄断竞争不如完全竞争。

但有的微观经济学家认为，垄断竞争市场比较切合现实市场状况，因为事实上，完全竞争市场并不存在；而且垄断竞争市场比较有利于改进生产技术，同时为了得到产品差异的好处，价格略高一点，资源浪费一点也是值得的。而在完全竞争市场中，消费者对产品没有选择余地，这对他们的福利是一种损失，尽管价格低而产量高会增加他们的福利，但权衡得失，他们认为垄断竞争市场更为有利。

我们认为，他们的所谓完全竞争，固然是一种虚构，所谓垄断竞争也不过是资本主义的自由竞争。因为他们说的垄断，是由产品的差别引起的，实际上可以说任何一个厂商生产的产品同其他厂商生产的产品都是有差别的，如果说都是垄断，就等于说都不是垄断。他们宣扬垄断竞争的优越性，就是鼓吹资本主义自由竞争的优越性。然而在资本主义自由竞争中，消费者虽然有选择商品的余地，但对广大劳动者来说，实质上不过是使资本家有提高价格加强剥削的自由，只有在供过于求的情况下，消费者才能比较容易地选择使自己满意的消费品。然而每当出现这种情况时，资本家又会以缩减产量的手段使消费者的好处很快消失，所以这种理论是在承认垄断存在的情况下，否定垄断的实质。

第四节　寡头市场中的厂商均衡

一、寡头市场的性质和分类

所谓寡头（oligopoly）是垄断的一种。寡头又称寡头垄断或寡占，它是指在市场上，只有一家以上的少数几家厂商供给该行业生产的大部分产品，这几家的产量在该行业的总产量中各占较大份额。因此，在市场上每个大厂商都有举足轻重的地位。大厂商之间相互依存，关系密切，每个厂商进行决策时，必然考虑到其他大厂商的反应，每家厂商首先要推测竞争对手的产量，然后根据利润最大化原则来确定自己的生产规模。

可见，寡头市场（oligopolistic market）是介于完全竞争市场和完全垄断市场之间的一种中间型市场。就这点来说，它与垄断竞争市场相同。但垄断竞争市场侧重于竞争，而寡头市场则侧重于垄断，这是它与垄断竞争市场的区别。寡头垄断与完全垄断的根本区别在于：后者在市场上只有一家厂商垄断，而前者却有几个大厂商控制着整个产业，至少有两个大厂商控制，谓之"双头垄断"。寡头市场与完全竞争市场的区别在于：后者的厂商在各行业间易于自由流动，前者则使其他厂商进入本行业比较困难，因为大厂商已在市场上占有优越地位（资金规模、市场信誉、资源占有等）。这与垄断竞争中的厂商易于进入、退出也显然不同。

寡头市场根据寡头厂商的产品差别程度，可以区分为两种类型：一是纯粹寡头（pure oligopoly），二是差别寡头（differentiated oligopoly）。

纯粹寡头是指生产的产品性质一致，没有产品差别的各个寡头厂商。其特点是：他们彼此关系密切，相互依存的程度很高。例如，在钢铁、水泥、铅、铜等寡占产业上就是如此。这些厂商之间息息相关，一家厂商的产品数量、价格政策必然影响其他厂商的经营，迫使对方采取对策；自己作出决策时，也必须首先考虑对方有什么反应。

差别寡头是指生产的产品性质一致，但存在差别的寡头厂商。其特点是：他们彼此依存的程度较低。例如，在生活消费品（电视机、录音机、卷烟等），汽车，机械制品，石油产品，电气用具等寡占产业就是如此。他们之间依存性较差，每个厂商多少都有自己的市场。但既然是生产同一类产品，各产品之间可以相互代替，所以各厂商之间又必然存在竞争。

二、寡头价格

寡头价格（oligopolistic price），又称操纵价格（administrative price），是指在寡头垄断条件下，由少数寡头垄断者通过协议或默契作为行政措施制定的价格。因此，寡头市场的价格与其他各种市场的价格不同，它不是由市场供求关系决定，而是由少数寡头协议或默契决定。但它也不是由少数寡头任意决定，它本身有一个上限和下限。上限是市场需求的最高支付能力，下限是寡头厂商的正常利润。

寡头价格的形式之一，是价格领袖制。在价格领袖制下，由某一行业中最大的厂商或最有影响的厂商先定价，或与同行协商后定价，然后其他厂商则遵循这一价格出售商品。

在生产条件没有多大变化的情况下，寡头垄断者一般不会因需求变化而随之调整卖价。在经济衰退时，如果产品销售不出去，寡头宁肯减少产量也不肯降价，或者只轻微降价；在经济复苏时，寡头通常用扩大产量的方式来增加收益。

三、共谋完全的寡头垄断

共谋完全的寡头垄断，意味着市场上经销的产品完全被几个大厂商通过协商组成统一产业，从而控制整个市场，控制该产业所经销的产品数量和价格，以获取最大联合利润（joint profits）。

这里所谓统一产业，一般叫卡特尔（Cartel）。卡特尔是有形的寡头协议中最常见的一种。它是指生产同类产品的若干厂商为垄断某一特定市场而建立的组织。这种组织几乎与完全垄断厂商没有什么不同，只不过厂商的数目不止一个。各厂商的产品成本也有所不同。但可以通过协商，由卡特尔的管理机构协调各厂商的利益，制定统一的市场价格和确定产业全部的产销数量以及各个厂商各自可产销的数量。这样，卡特尔通过有组织、有计划地瓜分市场，就可以实现卡特尔内部各厂商攫取最大的联合利润的目的。因此，卡特尔寡头垄断组织的市场均衡，与完全垄断厂商的市场均衡没有什么区别。图5-12显示了卡特尔市场的均衡。

在图5-12中，曲线 MR 和曲线 MC 交点 E 确定均衡产量为 Q_1，市场价格 OP 是由均衡产量 OQ_1 与需求曲线 dd' 交点 F 决定的。

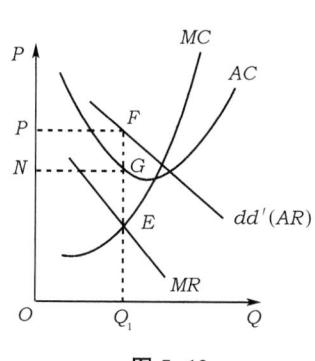

图5-12

但实际上是由卡特尔的管理机构根据市场预测材料估算出来的市场价格，即在卡特尔市场中，价格是由少数寡头协议决定，而不是由市场供求关系决定。当然，如前面所指出的，卡特尔也不能任意制定价格，尽管它力求提高价格，但不能超过 OP，否则市场需求有限，必然会有一部分产品销售不出去，所以 OP 就成为它的价格上限。下限是 ON，因为价格若低于 ON，他们就得不到正常利润了。

应当指出，这里所说的卡特尔垄断市场的均衡与完全垄断市场的均衡，毕竟还有所区别。因后者是指一家垄断厂商的均衡，而前者却是指若干家垄断厂商相互联合成一体的均衡。他们在联合之前虽然都面临统一的市场需求曲线和相应统一的边际收益曲线，但各自却因生产经营和技术等情况不同而有不同的边际成本曲线，因而各有不同的均衡产量和定价水平，只是彼此为了避免竞争的损失而勾结起来以后才形成统一的价格，如图 5-13 所示。

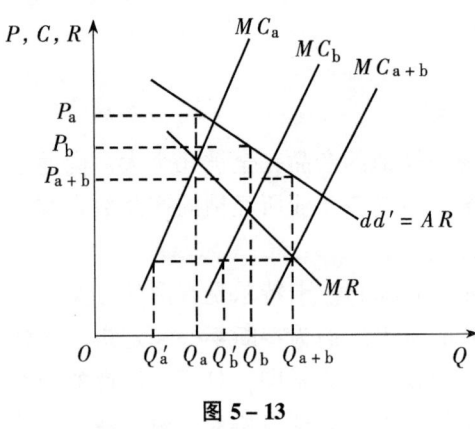

图 5-13

设有 A，B 两个大型厂商，他们共同的市场需求曲线为 dd'（AR），边际收益曲线为 MR。但各自原来的边际成本曲线为 MC_a，MC_b，因此，各自的价格水平为 P_a，P_b，各自的产品销售量分别为 OQ_a，OQ_b。彼此形成联合垄断的卡特尔后，为了减少彼此竞争的成本支出，而形成共同的边际成本曲线为 MC_{a+b}，因此，可把统一的价格定为 $P_a + P_b$，共同销售量为

OQ_{a+b}，各自销售量分别为 OQ'_a，OQ'_b。

四、局部寡头垄断

完全寡头垄断以攫取最大联合利润为目的，这是寡头厂商的理想。但他们往往达不到目的。在通常情况下，几个寡头的协议易于遭到破坏，使协议处于不稳定状态，从而使联合利润不能达到最大限度，这称为局部寡占或局部寡头垄断（partial oligopoly）。

为什么通常只能达到局部寡头垄断呢？我们可以从以下两方面来分析：

第一，从寡头厂商方面看，几个寡头厂商的协议，是按每个厂商的实力来达成瓜分市场协议的。但各厂商实力（生产技术条件、生产能力、资金等）

是在不断变化的，一旦打破了原来协议的平衡，协议的约束力就会受到威胁，最终会遭到破坏，或重新协商新的协议。

第二，从市场需求方面来看，也在不断变化。前面讲过，影响需求量的因素，除了价格以外，还有消费者的偏好，收入水平的高低，互替商品和互补商品的价格等等。这些因素都是经常变化的，厂商如何通过市场信息的收集和分析，正确测定需求量与价格之间的对应关系本来就是一件很困难的事，而且在偏好、收入水平等因素经常变化的情况下，就更困难了。需求的变化，意味着寡头厂商的需求曲线不断地上下移动，从而使各个厂商所占有的市场份额处于不断扩张和收缩之中，因此，原来各寡头垄断厂商根据协议（卡特尔组织的协议）所瓜分的市场，与不断变化的市场之间发生矛盾，这也就使协议处于不稳定状态。

既然各个寡头厂商之间的垄断市场协议是不稳定的，彼此必然产生竞争。例如通过价格战，一家厂商削价扩大销售量，其他厂商也照此办理，结果各厂商销售量并不一定扩大，但价格降低了，所谓最大的联合利润就不能取得。

可见，寡头厂商间的协议，虽然有一定稳定性，但从长期来看，却往往是不稳定的，只能是一种局部的寡头垄断。

五、古诺解和斯威齐解

在寡头垄断市场中，有的寡头厂商之间并不相互勾结联合成卡特尔组织，而是互为竞争对手。但他们由于生产的是同类产品，而且各自对市场又都有举足轻重的影响，因此，各自在作出决策时，都必须首先考虑对方有什么反应。但各个厂商只知道自己的产量和价格，并不了解其他厂商的产量和价格，这就使厂商的决策存在困难，从而在寡头垄断理论的分析上很难确切地把握寡头垄断市场的产量与价格的均衡点。

为了推测其他厂商的产量和价格，只有根据假设。为简便起见，西方经济学家通常都假定只存在两个寡头厂商，即所谓"双头垄断"市场的情况。他们对"双头垄断"市场的分析，由于各有不同的假设而有不同的均衡解，如古诺解、斯威齐的折弯需求解、埃奇沃思解、张伯伦解、霍特林解等。现只就古诺解和斯威齐解介绍如下：

（一）古诺解

法国经济学家安东尼·奥古斯汀·古诺（Antoine Augustin Cournot）在1838年出版的《财富理论的数学原理研究》一书中最早提出了对"双头垄断"市场均衡的一种解释，一般称为古诺解。古诺解的特点是着重进行产量分析，认为厂商主要是依靠变动自己的产量来争霸市场，如图5-14所示。

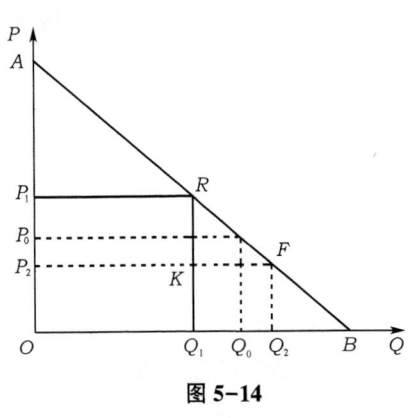

图 5-14

设：有甲、乙两个厂商的全部市场销售量为 OB，共同的需求曲线为 AB。又假定产品没有成本，因此，产品销售的收益量与利润量相等。在直角三角形 AOB 中，R，Q_1 分别为斜边和底边的中点。于是 $\square P_1OQ_1R$ 乃是 $\triangle AOB$ 的最大内接四边形，即当某厂商销售 AB 之一半 OQ_1 的产量时，就可获得最大利润。现假定甲厂商首先确定销售量为 OQ_1，即 $\frac{1}{2}OB$，价格为 OP_1，获得最大利润为 $\square P_1OQ_1R$。然后乙厂商便按甲厂商余下的 $\frac{1}{2}OB$ 市场之半确定自己的销售量为 Q_1Q_2，即 $\frac{1}{4}OB$，获得最大利润为 $\square KQ_1Q_2F$。但这时市场价格已由 OP_1 降至 OP_2，甲厂商利润也相应减至 $\square P_2OQ_1K$。这是甲厂商所不甘心的。

于是，甲厂商又要采取行动，按乙厂商已占去的 $\frac{1}{4}OB$ 市场余下的 $\frac{3}{4}OB$ 之半来确定自己的销售量为 $\frac{1}{2}\times\frac{3}{4}OB$。这就比他原来的销售量 $\frac{1}{2}OB$ 减少了 $\frac{1}{8}OB$。接着，乙厂商也采取行动，按甲厂商已占去后余下的 $\frac{5}{8}OB$ 市场之半来确定自己的销售量为 $\frac{1}{2}\times\frac{5}{8}OB$。这就比他原来的销售量 $\frac{1}{4}OB$ 增加 $\frac{1}{16}OB$……

这样，甲乙双方的竞争如此不断地进行下去，便使得甲厂商的销售量逐渐减少，乙厂商的销售量逐渐增加，直到最后两家厂商的销售量各占全部市场容量（OB）的1/3，这时市场处于均衡状态，市场的均衡价格也确定了下来。这就是说，双方竞争的结局是：

就甲厂商来说，它所提供的商品销售总量占全部市场容量（OB）的比重为：

$$\left[\frac{1}{2}-\frac{1}{8}-\frac{1}{32}-\cdots-\frac{1}{2}\left(\frac{1}{4}\right)^{n-1}\right]OB=\frac{1}{3}OB$$

就乙厂商来说，它所提供的商品销售总量占全部市场容量（OB）的比重为：

$$\left[\frac{1}{4}+\frac{1}{16}+\frac{1}{64}+\cdots+\left(\frac{1}{4}\right)^{n}\right]OB=\frac{1}{3}OB$$

所以，市场的全部销售量为$\frac{2}{3}OB$（$\frac{1}{3}OB+\frac{1}{3}OB$），即图 5-14 中 OQ_0，相应的商品价格为 OP_0。

必须指出，古诺解是以假定寡头厂商主要以变动自己的产量来对付竞争对手为前提的。但在现实生活中，寡头对付其竞争对手的策略却多种多样，千变万化，因此，古诺模型很难符合实际，最多也只能是寡头厂商均衡的一个特例。

（二）斯威齐解

美国激进经济学家保罗·马勒·斯威齐（Paul Marlor Sweezy）在 1939 年发表的《寡头条件下的竞争》一文中，提出了折弯需求曲线模型（kinked demand curve model）来解释在寡头市场上存在价格黏性（price sticky）的原因。

斯威齐模型是以如下假定为前提的：在寡头垄断的情况下，由于各厂商势均力敌，互相依赖性很强，一个厂商削价，其竞争对手为了不减少销售量，也跟着降低价格；一个厂商提价，其竞争对手为了增加销售量，却不跟着提价。这样就使某一寡头厂商在变动价格时实际面临一条折弯需求曲线和折断的边际收益曲线（marginal revenue curve），如图 5-15 所示。

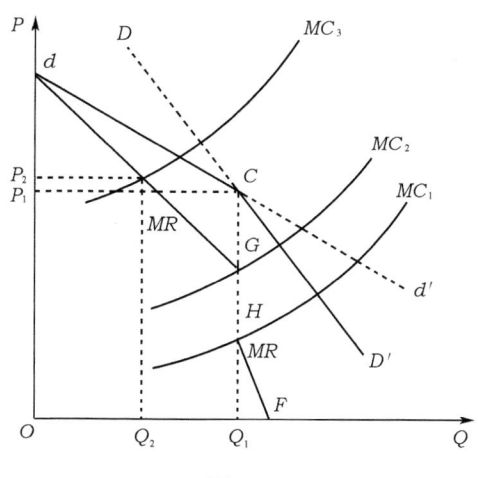

图 5-15

在图 5-15 中，横轴表示产量，纵轴表示价格，DD' 是整个行业的需求曲线，dd' 是某一寡头厂商的需求曲线，C 是厂商生产和销售 OQ_1 量产品时的价格 OP_1 的坐标点。然而，在 C 点上，该厂商面对的实际发生作用的需求曲线

dCD' 和边际收益线 $dGHF$ 都是折弯的。这是因为，如果该厂商把价格降低到 OP_1 以下，他的竞争对手也会跟着降价，因此，实际起作用的需求曲线是 CD'，而不是 Cd'。CD' 的价格弹性小于 Cd' 的价格弹性，这意味着厂商一旦降价，整个行业都将更迅速地降价而使自己的销售量增加不了多少；如果该厂商把价格提到 OP_1 以上，他的竞争对手并不跟着提价，这时，实际起作用的需求曲线是 dC，而不是 DC。dC 的价格弹性大于 DC 的价格弹性，这意味着厂商一旦提价，其销售量将迅速减少。所以，厂商的需求曲线以 C 为转折点呈折弯形，相应的边际收益曲线折断成两部分：dG、HF。GH 是边际收益曲线的断裂区域。

从图 5-15 中可以看出，边际成本（MC）可以在 GH 断裂区域内上下移动而不会改变该厂商按 $MC = MR$ 的利润最大化原则所确定的产量和价格，即如果由 MC_1 上升到 MC_2，其销售量都是 OQ_1，价格都是 OP_1，除非边际成本有很大提高，比如由 MC_2 移到 MC_3，才会使价格提高到 OP_2，同时使销售量大幅度减少到 OQ_2。这说明，寡头厂商以 C 点为界，无论降价或提价，对自己都不利。斯威齐企图以此来解释，相对于其他市场条件下的厂商，为什么在寡头市场条件下，其价格呈黏性状态，而不轻易变动。西方经济学家认为，由于寡头厂商的价格黏性，才使各寡头厂商之间易于形成勾结。

我们认为，斯威齐的折弯需求模型只是描述了寡头市场价格黏性的状态和原因，却未说明图形中 C 点，即具有黏性的价格本身是如何确定的；而且这种模型是以假定某厂商的价格变动时，其竞争对手只降价，不提价为前提的。实际上，这个前提不一定能成立。因此，这种解释很难符合实际，因而不是一般解。

第五节　博弈论

一、研究博弈论的意义

在上一节中我们看到，在寡头市场上，寡头厂商之间的行为是互相影响的，每一个厂商在进行产量和定价决策的时候，首先要考虑的是其他厂商对自己所要采取的行为的反应，然后，在充分考虑到其他厂商的所有可能的反应的前提下，再采取最有利于自己的行动。在寡头市场上的每一个厂商都是如此，厂商之间行为的相互影响和相互作用的关系就如同博弈一样。由于现实生活中有许多经济现象与持有不同利益主体之间的较量犹如博弈一样，博弈论的理论和方法则被运用于经济学中。20 世纪 80 年代以来，博弈论成为微观经济学的重要组成部分之一，在西方经济中变得日益重要。约翰·豪尔绍尼（John Harsayi）、约翰·纳什（John Nash）、赖因哈德·泽尔滕（R. Selten）三位经济学家便因对博弈论的研究卓有成效，而于 1994 年获得诺贝尔经济学奖。

二、博弈论的基本概念

博弈论（game theory）又称"对策论"或"游戏论"，是指研究博弈（如下棋、打牌）中局中人各自选择策略的科学，是应用于互斗局势中的抽象模型（又称博弈模型）的数学方法。任何一个博弈都有 3 个基本要素：局中人、策略和支付。局中人就是每个博弈的参与者，它可以是个人（如在扑克游戏中）、厂商（如在寡头市场中）或者整个国家（如在武装冲突中），每一个博弈中的局中人不能少于两人。策略就是局中人的每一次回合的行动。支付又称报酬，是指局中人的最终收益，它可能是正值，也可能是负值。

我们可以利用一个支付矩阵（报酬矩阵）来描述博弈的 3 个基本要素。如图 5-16 所示。

甲　　　乙	合作		不合作	
合作	10	10	6	12
不合作	12	6	8	8

图 5-16

图 5-16 中甲和乙是博弈的局中人，合作和不合作是策略，矩阵中的数字就是局中人的支付，如甲和乙都采取合作策略，他们获得的支付分别是（10，10）。

我们可以从不同的角度对博弈进行分类。根据局中人之间是否能够通过某种契约约束其行为，可以把博弈分为合作博弈（cooperative games）和非合作博弈（noncooperative games）；根据博弈持续的时间和重复的次数，可以把博弈分为静态博弈（static games）和动态博弈（dynamic games）；根据博弈者所掌握的信息的完全和完备程度，可以将博弈分为完全信息博弈（game with complete information）与不完全信息博弈（game with incomplete information），以及完备信息博弈（game with perfect information）与不完备信息博弈（game with imperfect information），确定博弈（game of certainty）与不确定博弈（game of uncertainty），对称信息博弈（game of symmetric information）与非对称信息博弈（game of asymmetric information）。下面我们主要介绍合作博弈和非合作博弈、静态博弈和动态博弈。

合作博弈，是指在博弈中，局中人通过谈判达成一个有约束力的契约以限制他们的行为，使之相互采取一种合作的策略。非合作博弈，是指在博弈中，局中人无法通过谈判达成一个有约束力的契约以限制他们的行为，而是相互之间在考虑对手的行为的前提下，独自行动的策略。例如，在寡头市场上，几家寡头通过订立契约，限制产量，制定垄断高价，则称这种博弈为合作博弈。若寡头们在市场竞争中仅考虑竞争对手可能采取的行动，但并不相互勾结，而是独立地进行产量和价格的决定，则称这种博弈为非合作博弈。非合作博弈的经典模型就是囚徒困境（prisoners'Dilemma）博弈模型。

囚徒困境模型的假设条件是：囚徒甲和囚徒乙都被指控是一宗罪案的同案犯。他们被分别关在不同的牢房且无法相互沟通信息。警方向他们交代了量刑原则：如果双方都坦白，各判处 4 年徒刑；如果双方都不坦白，各判处 2 年徒刑；如果一方坦白，一方不坦白，坦白方判处 1 年徒刑，不坦白方判处 8 年徒刑。图 5-17 的支付矩阵描述了这一博弈，图中的支付为负数，表示判刑的年数。

囚徒甲 ＼ 囚徒乙	坦白		不坦白	
坦白	-4	-4	-1	-8
不坦白	-8	-1	-2	-2

图 5-17

囚徒甲和乙的博弈过程如下：先考虑囚徒甲的策略选择。囚徒甲在决定自己的选择的时候，必须先要考虑囚徒乙的选择。根据支付矩阵，如果囚徒乙选择坦白，囚徒甲也选择坦白，会判刑 4 年；甲若选择不坦白，会判刑 8 年。如果囚徒乙选择不坦白，囚徒甲选择坦白，会判刑 1 年；甲若选择不坦白，会判刑 2 年。也就是说，无论囚徒乙的策略是坦白还是不坦白，囚徒甲都会选择坦白，这样对自己有利。按照同样的思路，无论囚徒甲的策略是坦白还是不坦白，囚徒乙都会选择坦白。如果囚徒甲和囚徒乙都选择不坦白（即他们之间合作），则他们都只需要判处 2 年徒刑。但他们之间不能相互串通，即使能够串通，他们能够信任吗？如果囚徒甲和囚徒乙串通选择不坦白，囚徒甲遵守策略，而囚徒乙突然改变策略，由不坦白变为坦白，囚徒甲将被判处 8 年，而囚徒乙被判处 1 年，所以，为了防范被囚徒乙利用的风险，囚徒甲坚决选择坦白。囚徒乙也如此。于是，我们可以得出，任何囚徒都不愿意改变自己的策略，博弈的最终策略组合是坦白、坦白，博弈的结局是-4，-4。博弈的最终策略组合是坦白、坦白，称为博弈均衡。它是指博弈中的局中人都不想改变自己的策略的一种相对静止的状态。

三、博弈论在经济学中的运用

我们以寡头市场上两个厂商的价格博弈为例，说明博弈论在经济学中的运用。

假设寡头市场上有厂商甲和厂商乙，他们生产同种有差别的产品，面临同样的成本和需求条件，他们必须在考虑到对方的情况下决定一个价格。价格博弈的得益矩阵如图 5-18 所示。

厂商乙 / 厂商甲	定价 4 美元		定价 6 美元	
定价 4 美元	12	12	20	4
定价 6 美元	4	20	16	16

图 5-18

在图 5-18 中，我们先分析厂商甲的策略选择。当厂商乙选择 4 美元定价时，甲若选择 6 美元定价，可获益 4；甲若选择 4 美元定价，可获益 12，于是，甲肯定选择定价 4 美元。当厂商乙选择 6 美元定价时，甲若选择 6 美元定价，可获益 16；甲若选择 4 美元定价，可获益 20，于是，甲肯定选择 4 美元定价。很清楚，无论厂商乙采取 4 美元定价策略，还是 6 美元定价策略，甲都会采取 4 美元定价策略。于是，我们可以说，4 美元定价策略是甲的占优策略。类似的分析对于乙也是适用的。因为，无论甲采取 4 美元定价策略，还是 6 美元定价策略，厂商乙都会采取 4 美元定价策略，所以，4 美元定价策略也是乙的占优策略。厂商甲和厂商乙博弈的结局是 12，12，占优策略均衡是定价 4 美元、定价 4 美元。由此，我们可以给出占优策略的定义：无论其他局中人采用任何策略，该局中人确信自己所选择的策略是最好的。

如果我们对上面的价格博弈的支付矩阵稍做修改，可得到另一个矩阵，如图 5-19 所示。

我们先分析厂商甲的策略选择。当厂商乙选择定价 4 美元时，甲若选择定价 4 美元，可获益 12；甲若选择定价 6 美元，可获益 30，于是，甲选择定

厂商乙 厂商甲	定价 4 美元		定价 6 美元	
定价 4 美元	12	12	18	30
定价 6 美元	30	18	16	16

图 5-19

价 6 美元策略。当厂商乙选择定价 6 美元时，甲若选择定价 6 美元，可获益 16；甲若选择定价 4 美元，可获益 18，于是，甲选择定价 4 美元策略。显然，甲没有占优策略，甲的最优策略随乙的策略的变化而变化。类似地，对于乙的策略选择而言，当甲选择定价 4 美元时，乙会选择定价 6 美元；当甲选择定价 6 美元策略时，乙会选择定价 4 美元策略。显然，乙也没有占优策略，乙的最优策略随甲的策略的变化而变化。但是，我们仍可以注意到，在以上的博弈过程中，只要甲选择了定价 6 美元，乙就不会改变对定价 4 美元的选择；同样，只要乙选择了定价 4 美元策略，甲也不会改变对定价 6 美元策略的选择。从这个意义上说，策略组合（定价 6 美元，定价 4 美元）也达到了一种均衡，我们称这种均衡为纳什均衡。它是以数学家约翰·纳什（John Nash）的名字命名的。所谓纳什均衡是指：在其他局中人的策略给定时，该局中人所能得到的最优策略。

根据纳什均衡的定义，图 5-19 博弈中的定价 6 美元、定价 4 美元和定价 4 美元、定价 6 美元这两对策略组合也都是纳什均衡，而另外两对策略组合，定价 4 美元、定价 4 美元和定价 6 美元、定价 6 美元都不是纳什均衡。因为当厂商甲选择定价 6 美元策略时，厂商乙不是选择定价 6 美元而是选择定价 4 美元；当厂商甲选择定价 4 美元时，厂商乙不是选择定价 4 美元而是选择定价 6 美元。

通过对图 5-17 和图 5-18 的分析，我们可以看出，占优策略均衡一定是纳什均衡，而纳什均衡不一定是占优策略均衡。

四、静态博弈和动态博弈

我们再回到图 5-18 中两个寡头厂商博弈的例子。从支付矩阵来看，如果两个寡头厂商能够密切配合，制定高价，二者都能获得较高的收益（16，16）。如果两个寡头厂商不密切配合而是相互竞争，则每一个厂商只能获取较低的收益（12，12）。实际上，在寡头市场厂商之间经常会达成协议，成立合作性质的卡特尔组织，共谋利益的最大化。然而，我们会进一步发现，如果有一方坚持 6 美元策略，而另一方偷偷采取 4 美元策略，坚持高价的一方只获益 4，而采取低价的一方会获益 20。这意味着在寡头市场上厂商在达成共同的高价后，每一个寡头都有强烈的利己动机去偷偷地背离协议，以获取更多的收益，最后的结局将是定价 4 美元策略组合是博弈均衡解。寡头们究竟是实行竞争还是合作？每一个寡头都处于两难的境地。

寡头的困境类似于囚徒的困境，囚徒的不合作策略是否意味着寡头间也总是采取不合作的策略？答案是不确定的。在某些情况下，寡头将采取竞争策略；在另一些情况下，寡头会采取合作策略，这与寡头间采取的是静态博弈还是动态博弈有关。

所谓静态博弈，是指在博弈中，局中人同时进行策略决定，一旦每个局中人的策略选定，整个博弈的结局就确定了，每一个局中人不可能再对博弈的过程和结果施加任何影响。所谓动态博弈，是指在博弈中，局中人先后进行重复博弈。重复博弈是动态博弈的一种形式，它可分为无限次重复博弈和有限次重复博弈。无限次重复博弈是指相同结构的博弈可以无限次地重复进行下去；有限次重复博弈是指相同结构的博弈重复次数是有限的。

在一次静态博弈情况下，当寡头合作协商维持一个高价格水平时，每一个厂商都从利己心出发偷偷降低自己产品的价格，以期获得更多的利润。当每个厂商都这样想并这样做时，整个市场的产品价格会下降，使所有寡头得到最差的结果。在一次性博弈中，因为博弈只有一次，任何厂商的欺骗行为都不会遭到惩罚。所以，寡头厂商之间的同谋是不稳定的，不合作解是必然的。

在动态博弈中，上述情况会得到改变。在分析动态博弈时，我们首先加进一个假设条件，这就是寡头厂商之间的"以牙还牙"策略。所谓以牙还牙策略，是指所有的寡头厂商开始是合作的。对于每一个寡头，只要其他寡头是合作的，则他就将合作继续下去。如果有一个寡头背弃合作协议而采取不合作策略，其他寡头都采取不合作策略，并将不合作策略一直进行下去，以示对破坏协议者的惩罚和报复。

我们仍利用图 5-18 说明无限次重复博弈的具体情况。假定定价 4 美元是寡头厂商采取不合作策略的价格，定价 6 美元是寡头厂商采取合作策略的价格。对寡头厂商甲来说，在"以牙还牙"策略的前提下，如果他始终坚守合作协议，他的长期收益是 16+16+16……如果他采取机会主义行为，首先破坏协议采取不合作策略，他得到的一次性收益是 20，然而，在以后的重复博弈中，他遭到"以牙还牙"策略的报复，他的长期收益是 12+12+12……这样，每一个寡头厂商都不会为了获得一次高收益而失去长期的高收益。所以，在"以牙还牙"策略的无限次重复博弈中，所有的寡头都会遵守协议，采取合作策略。

下面，我们分析有限次重复博弈的具体情况。假定博弈只重复有限的 6 次，并且仍然保留"以牙还牙"策略。由于第 6 轮博弈是最后一次博弈，以后不再有重复博弈，所以第 6 轮博弈中寡头厂商违约改变价格不会遭受处罚。于是，在第 6 轮博弈中，理性的厂商会选择不合作。逆推到第 5 轮，所有的厂商都明白在第 5 轮大家都是不合作的，于是大家都在第 6 轮就采取不合作策略，如此下去，一直逆推到第 1 轮。也就是说，在有限次重复博弈中，寡头厂商的合作是不稳定的，博弈的均衡解就是不合作。当然，如果寡头只知道博弈是有限的，但不能确定终止期，此时的均衡解仍然是合作解。

我们认为，博弈论本来是一种用抽象模型来研究和揭示两个或两个以上局中人互斗策略的数学方法。西方经济学家在 20 世纪 80 年代以来把它用之于对经济学的分析，从而使经济学增添了新的分析工具，并使西方经济学获得进一步深入发展，这是应充分肯定的。但这种方法毕竟是一种抽象的数量分析工具，对分析复杂的经济关系就不免有其不可克服的局限。如在分析竞争市场中的博弈时，是以完全竞争市场的假定为前提的，而实际上这种市场并不存在；在分析寡头市场中的博弈时是假定存在局中人的素质和实力没有任何差异的势均力敌状态，这与实际也不相符，因而按照博弈论分析的结局并不一定可靠。不仅如此，局中人在确定其最优策略以前，需要全面了解支付情况，但在实际中，局中人并不一定甚至根本不可能掌握完整的资料和信息，于是解的确定性就可能落空。此外，任何一种经济现象的产生和发展都要受其特定的经济规律制约，而绝不是以简单的博弈过程所能解释的。因此，我们对博弈论既要承认它在经济分析中有一定可取之处，但又不能迷信它、滥用它，更不能把它视为分析一切经济问题的万能法宝。

第六章 分配理论

微观经济学从根本上讲，是由价格理论和分配理论两大部分组成的。从一定意义上说，前几章讲的是微观经济分析的"价格理论"，本章则转入对"分配理论"的评介。

现代西方微观经济学沿袭萨伊（J.B. Say）的生产三要素论和"三位一体"公式的分配理论，把社会成员的收入分配看作与生产要素价格有关。在他们看来，价值是由各个生产要素创造的，各个生产要素创造的价值，就形成了它们各自所有者收入的源泉和分配的份额。而各个生产要素所创造的价值，也就等于它们各自本身的价格。所以，微观经济学中的分配理论，实际上就是生产要素的价格理论。

第一节 生产要素价格的均衡

一、生产要素价格形成的特点

微观经济学家认为，生产要素分为劳动、资本、土地和企业家才能四种。他们的价格与一般产品一样，由其需求和供给的均衡状态决定。在完全竞争条件下，由市场的供求来自发调节。但生产要素价格的形成与一般产品价格的形成又有所不同，主要表现在：

第一，在产品市场上，需求来自个人，供给来自厂商；而在生产要素市场上却相反，需求来自厂商，供给来自个人。即劳动由工人供给，资本由资本家供给，土地由地主供给，而管理企业的才能则由经营者供给。

第二，对已形成的价格，就一般产品而言，是指人们对它一次性的购买价格；就生产要素而言，则是指厂商按约定期间对它们的使用价格，而不是指一次性的购买价格。例如，劳动的价格，是指购买一定时间内劳动力使用的价格，即工资，而不是指一次性购买工人的全部劳动力的价格；资本的价格，是指使用一定期间的资本利息，而不是指资本本身的全部价值；土地的价格，是指一定期间的地租，而不是土地本身的全部价格。

二、生产要素的需求

对生产要素的需求是一种派生的需求，或间接的需求。它取决于对利用该种生产要素生产出来的产品的需求。如果市场上对某种产品的需求增加了，那就会增加对生产该种产品的生产要素的需求。

对生产要素的需求，还要受生产技术变化的影响。因为技术进步了，生产同量的产品，有可能减少对生产要素的需求。在技术不变的情况下，厂商对生产要素的需求，又取决于生产要素本身的价格。价格高，需求量少；价格低，需求量多。

对生产要素的需求价格，则取决于它的边际生产力（marginal productivity）。因为生产要素的需求者不是个人，而是厂商。厂商需求生产要素的目的是为了赚取利润，而利润是收益与成本的差额。所以，厂商对生产要素愿意支付的需求价格，必然要考虑该生产要素能给自己带来多少收益，即要考虑该生产要素的边际生产力大小。边际生产力大，厂商愿意支付的价格就高；边际生产力小，厂商愿意支付的价格就低。

所谓边际生产力，按克拉克（John Bates Clark）的说法，就是指追加的最后一个单位的生产要素所产生的生产率，或所带来的收益。它等于生产要素增量所引起的产量的增量与每个产量的收益之乘积，或称边际收益产量（marginal revenue product），简称 MRP。

设：边际生产实物量为 MPP，边际收益为 MR，则：

$$MRP = MPP \cdot MR$$

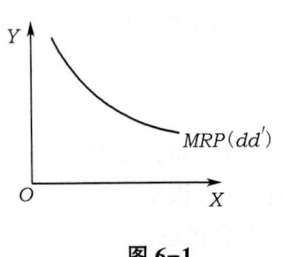

图 6-1

克拉克认为，在其他生产要素投入不变的条件下，某一生产要素随着投入量的增加，其边际生产力递减，也就是边际收益产量递减。从而边际收益产量曲线和需求曲线向右下方倾斜，如图 6-1 所示。

在图 6-1 中，横轴表示厂商对某一生产要素的需求数量，纵轴表示某一生产要素所引起的收益。MRP 曲线（或 dd' 曲线）表明，随着对生产要素需求的增加，其收益递减。

三、生产要素的供给

四种生产要素各有不同的特点和不同的供给者，因而会有各种不同的供给情况和供给曲线。但也有一般的规律可循，所以这里只简单地谈谈一般生产要素的供给问题。

生产要素的供给者是它的所有者，它的供给价格则决定于它的生产费用或成本。而生产要素的需求者是厂商，厂商购买生产要素是为了生产可供出售的产品。因此，它的供给价格则构成厂商的生产成本。这就是说，生产要素的价格就是厂商使用该生产要素的成本。

在完全竞争市场上，由于生产要素的供给者很多，它的购买者也很多。因此，每一个厂商对于某一生产要素的购买量在该要素总供给量中所占比例很小，他的购买量不足以影响生产要素的市场价格。这就是说，无论厂商对生产要素的购买是多是少，其供给价格都不会改变，从而厂商使用该生产要素的边际成本就等于其平均成本和价格，即 $MC = AC = P$。从生产要素的供给方面来看，每一种生产要素的供给者无论供给数量是多是少，也不会改变供给价格，即供给曲线是一条与横轴平行的直线，其价格高度就是其生产费用或成本，这就是其供给价格。所以，生产要素的供给曲线（SS'）与边际成本曲线（MC）、平均成本曲线（AC）重叠，共为一条以供给价格为高度的与横轴平行的水平直线，如图 6-2 所示。

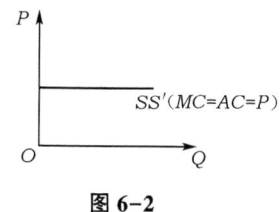

图 6-2

这是完全竞争条件下，生产要素的供给曲线，它与完全竞争条件下厂商的需求曲线很容易混淆（见图 6-3）。

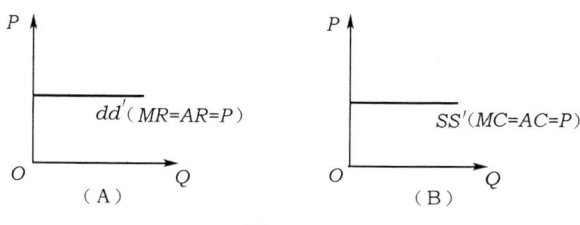

图 6-3

图 6-3（A）是完全竞争条件下厂商的需求曲线。需求曲线 dd' 与边际收益曲线 MR，平均收益曲线 AR 重叠在一条以市场均衡价格为高度的水平直线上。在这里，厂商是供给者，多卖或少卖产品，都不会影响价格。

图 6-3（B）是完全竞争条件下生产要素的供给曲线。这条供给曲线，与边际成本曲线和平均成本曲线重叠在一条以供给价格为高度的水平直线上。这里，厂商是生产要素的需求者，生产要素的提供者无论多提供或少提供，都不会影响生产要素的价格。这时候，厂商的需求曲线应该是一条从左上方向右下方倾斜的曲线。

四、完全竞争条件下生产要素价格的均衡

在完全竞争条件下，生产要素的价格由其市场的供给和需求自发调节，即生产要素的均衡价格由生产要素的供给曲线和需求曲线的交点决定，如图6-4所示。

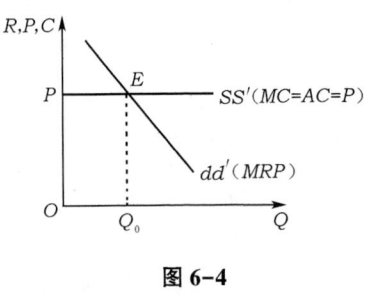

图6-4

在图6-4中，横轴表示生产要素的需求量或供给量，纵轴表示生产要素的收益、成本、价格。生产要素的需求曲线是一条由左上方向右下方倾斜的曲线。它表明生产要素价格高，对它的需求少，价格低，对它的需求多。生产要素的供给曲线与需求曲线相交于 E 点，而 E 点便是生产要素的均衡点，它决定均衡价格 P 和均衡数量 Q。均衡点 E，意味着生产要素均衡的条件是 $MRP=MC$。当 $MRP>MC$ 时，说明厂商若继续增加生产要素的需求量，还依然有利可图。而当 $MRP<MC$ 时，说明厂商所使用的生产要素数量过多，以致使自己遭受亏损，因此必须减少对生产要素的需求。只有在 $MRP=MC$ 时，厂商所得的利润最大，所以此时对生产要素的需求量既不用增加也不用减少，实现了均衡，即在一般情况下，生产要素的均衡条件为：$MRP=MC$。由此所决定的价格 OP，便是生产要素的均衡价格。

在完全竞争条件下，厂商的边际收益等于产品价格，即 $MR=P$。

因为：
$$MRP=MPP \cdot MR$$

所以：
$$MRP=MPP \cdot P$$

方程式的经济含义是：边际收益产量（MRP）等于边际生产实物量与产品价格的乘积。这里所说的产品价格，因为是不变的平均价格，所以，边际生产实物量与产品价格的乘积又称为边际产值（Value of the marginal product），简称为 VMP。

于是：$MRP=VMP$。

所以，完全竞争条件下的生产要素均衡条件，又可以表述为边际产值（VMP）等于边际成本（MC），即 $VMP=MC$。

在不完全竞争条件下，由于 MR 递减，MR 曲线和 P 线不重合，即 $MR \neq P$，所以这时生产要素的均衡条件只能是边际收益产量（MRP）等于边际成本（MC），即 $MRP=MC$。

以上便是微观经济学的生产要素均衡价格论。很明显，这种理论是一种以价格决定价格的循环论。因为作为决定生产要素均衡价格的因素，无论是

MRP，还是*VMP*，都是以已知产品价格为前提，而产品价格又是以生产要素价格作为一个决定的因素。

尽管如此，微观经济学却认为，各个生产要素所有者的收入分配，乃是以生产要素的均衡价格为依据的。

第二节 工资理论

在微观经济学的工资理论中，有以克拉克为代表的以边际生产力论为基础的工资理论和以马歇尔（Alfred Marshall）为代表的以均衡价格论为基础的工资理论。

一、以边际生产力论为基础的工资理论

边际生产力论（marginal productivity theory）认为，工资是由投入的最后一个劳动单位所产生的边际收益产量所决定的，或者说工资是由边际劳动生产力决定的。

他们在考察边际劳动生产力时，假设其他生产要素的投入不变。这样，当劳动的投入增加时，其所增加的产量开始以递增速度增加，增到一定数量后，由于每一单位劳动所分摊的机器装备逐渐减少，即技术供应越来越不好，因此，如果继续增加劳动投入，那么每次增加一个单位的劳动所生产出来的产品必然少于前一单位劳动所生产的产品。所以，边际劳动生产力曲线先上升而后逐渐下降，如图6-5所示。

图6-5表明，在其他生产条件已定的情况下，雇用3个工人时生产量最大，等于10个单位。在此以前，每增加1个工人，产量便以递增速度增加。但在此以后，则呈递减状，当雇用第10个工人时，其产量最小，为1个单位。雇主愿意付给工人的工资正好也是1个单位。这时，第10个工人所增加的产量等于雇主付给他的工资，雇主不再增雇工人，也不会解雇工人。因此，他们认为，工人的工资恰好与雇主雇用的最后一个工人所增加的产量相等，即工资应由边际劳动生产力决定。图中*AW'*曲线便是边际劳动生产力曲线；*OAW'M*表示雇用10个工人所生产的全部产量，其中*OWW'M*为10个工人的工资总额，*WAW'*为其他生产要素的报酬。西方经济学家认为，工人就这样以工资的形式获得了他们劳动的全部报酬。

很明显，这种工资理论是为资本主义剥削辩护的理论。因为它掩盖了工资的本质，认为工资是工人劳动的全部报酬，否认了资本家对工人剩余劳动的剥削。即使按他们自己的说法，所有工人的工资总额是由最后一个工人所

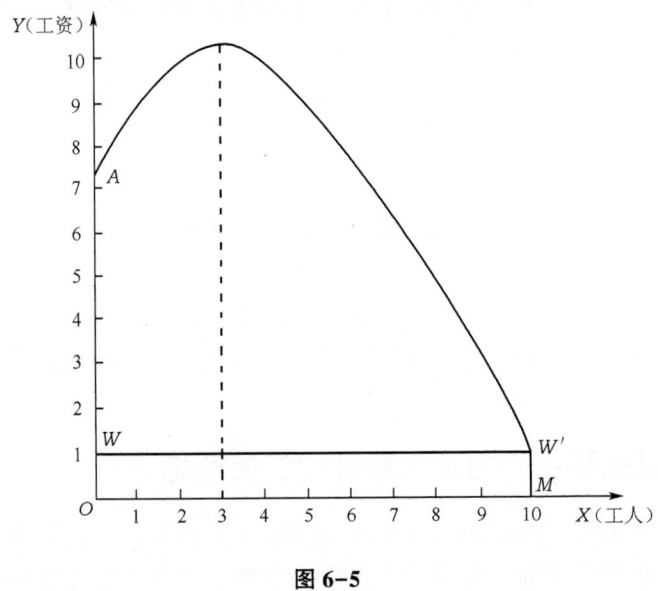

图 6-5

创造的产量为标准计算出来的，而在第 10 个工人以前的所有工人创造的产量却远远高出这个工资水平，这说明除了最后一个工人以外，其他工人都没有得到自己的全部劳动报酬。因此，这种以边际劳动生产力论为基础的工资理论本身也是自相矛盾的。

二、以均衡价格论为基础的工资理论

以马歇尔均衡价格论（equilibrium price theory）为基础的工资理论认为，工资是劳动这个生产要素的报酬，工资水平则由劳动要素的均衡价格决定，即由劳动这个生产要素的需求曲线和供给曲线的交点决定。

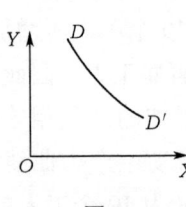

图 6-6

从劳动的需求看，他们的看法同边际生产力论相同，认为工资取决于劳动的边际生产力。因为劳动的边际生产力递减，所以劳动的需求曲线向右下方倾斜，如图 6-6 所示。

在图 6-6 中，横轴表示工人数量，纵轴表示产量和工资水平，DD' 表示劳动边际生产力曲线，也就是劳动的需求曲线。线上任何一点都表明，厂商在雇用该点所代表的工人数量时愿意支付的工资水平。

从劳动的供给看，工资取决于两个因素：①劳动力的生产成本，即工人养活自己和家庭的费用，以及工人培养和教育的费用；②劳动的负效用，即劳动者认为劳动是以牺牲自己的闲暇时间为代价的。因此，劳动供给量，随着供给价格的提高，会有三种不同情况。

第一种：在一般情况下，当劳动供给价格提高时，劳动的供给量也会逐渐增加。因为当工资升高时，许多原来嫌工资太低而不愿就业的人愿意参加工作，而且工资提高时，工人的生活和教育水平提高，也会造成更多的劳动力就业，所以劳动的供给曲线向右上方延伸，如图 6-7 所示。

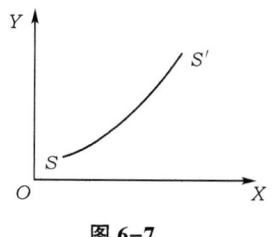

图 6-7

第二种：在劳动的供给价格逐渐上升的初期，供给量会逐渐增加。但是，劳动的供给价格高到一定程度后，尽管价格还继续提高，劳动的供给量却不再增加。这是由于，工资高到一定程度后，工人对货币工资的需求就不那么迫切了的缘故。图 6-8 的劳动供给曲线，就是先向右上方倾斜，而后向 X 轴的垂直方向向上延伸。

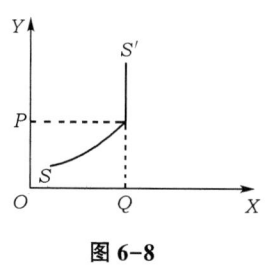

图 6-8

第三种：当劳动供给价格上升到一定高度时，劳动的供给数量不仅不会增加，反而会逐渐减少。西方经济学家认为，一个人一天的时间可以分为工作和闲暇两部分。工作得到工资，闲暇得到享受。所以，工作的代价是牺牲闲暇的享受，而闲暇的代价就是失去工资。因此，当工资升高，闲暇的代价增大，人们就会付出较多的时间工作，而随着工资的提高，工人的劳动供给将增多。然而，货币收入增多后，货币的边际效用递减，而由于闲暇时间的减少，使闲暇的边际效用增加。于是，工人的劳动供给在工资水平达到一定高度后，反而会减少。这时，工人宁愿少劳动少拿工资，而利用这些时间从事各种娱乐、消遣活动。图 6-9 中的劳动供给曲线就反映了这种情况。

西方经济学家认为，工资水平就是由上述需求曲线和供给曲线的交叉点决定的。

当需求曲线与第一种供给曲线相交时，E 点决定工资水平为 OP，劳动的均衡量为 OQ。

在图 6-10 中，均衡点表示厂商愿以 OP 的价格支付工资，劳动者也愿以 OP 的价格来提供 OQ 数量的劳动，于是劳动供需处于均衡状态。

当需求曲线与第二种供给曲线相交时，E_1 为均衡点，确定均衡劳动量 OQ，工资水平 OP_1。如图 6-11 所示。

在图 6-11 中，E_1 为 SS' 和 $D_1D'_1$ 的交点，此时工资水平为 OP_1，劳动量为 OQ。若厂商对劳动的需求价格水平提高，使需求曲线由 $D_1D'_1$ 移到 $D_2D'_2$，

则 E_2 为新的均衡点。这时，尽管工资水平由 OP_1 提高到 OP_2，但劳动的供给量仍然为 OQ，劳动的供需仍在原来的 OQ 数量水平上达到均衡。

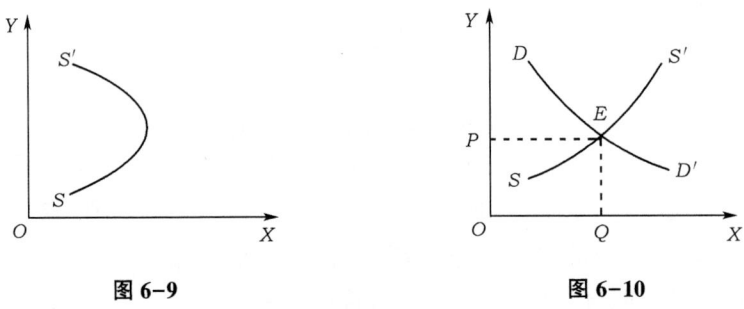

图 6-9   图 6-10

当需求曲线与第三种供给曲线相交时，出现两个均衡点 E 和 E'。如图 6-12 所示。

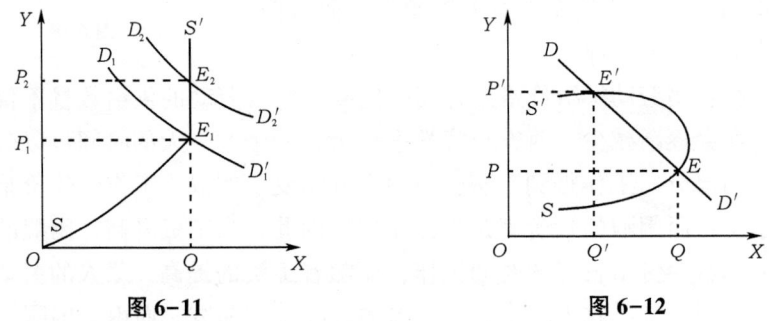

图 6-11   图 6-12

在图 6-12 中，当 DD' 与 SS' 相交于 E 点时，均衡劳动量为 OQ，工资水平为 OP；当 DD' 与 $S'S$ 相交于 E' 点时，均衡劳动量为 OQ'，工资水平为 OP'。我们看到，$OP'>OP$，但 $OQ'<OQ$。这说明，当工资水平大大提高后，劳动的供给量不仅没有增加，反而减少了。

对于以均衡价格论为基础的工资理论，我们同样认为它是为资本主义剥削辩护的。因为从需求方面看，它的需求曲线就是边际生产力曲线，它的理论基础是庸俗的边际生产力论；而在供给方面，他们所说的第二、第三种情况，在资本主义社会里尽管偶尔存在，但绝不能与第一种情况相提并论。因为大量的事实是，随着工资的增加，对工人就业的吸引力也增加，只有在工人已充分就业、工人生活十分富裕的情况下，才可能出现后两种情况。然而，在资本主义制度下，这些情况一般是不可能存在的。

不仅如此，这种工资理论还为反对工人团结起来为提高工资而斗争提供了理论依据。因为按照这种理论，工资既然由劳动的均衡价格决定，那么工资只有等于均衡价格时，劳动的供求才处于均衡状态。如果工人团结斗争，人为地提高工资，就会破坏劳动的供应量和雇用量之间的平衡，从而造成失业。见图6-13。

在图6-13中，劳动的需求曲线和供给曲线相交于 E 点，工资水平为 OP，均衡的劳动雇用量为 OQ。但是，如果因为工人团结斗争，人为地把工资提高到 OP_1 水平，与横轴平行的 P_1P' 线则与需求曲线相交于 E'，因而这时厂商对劳动的雇用量势必会减少到 OQ'，使劳动的供需失衡，形成 $Q'Q$ 数量的工人失业。在他们看来，工会就是工人团结的组织，是劳动供给

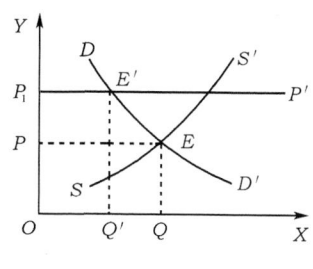

图 6-13

市场的垄断者。在工会的垄断下，人为地提高工资水平，或者在工会的压力下促使政府规定最低的工资率，都会起到上述破坏劳动市场均衡，形成工人失业的作用。这样，他们就把以均衡价格论为基础的工资理论当作他们反对工人提高工资的武器，把工人失业归咎于工人的团结斗争和工会的垄断，从而把资本主义制度的罪责完全抹杀。

第三节　利息理论

在微观经济学的利息理论中，也有以克拉克为代表的以边际生产力论为基础的利息理论和以马歇尔为代表的以均衡价格论为基础的利息理论。

一、以边际生产力论为基础的利息论

与边际劳动生产力决定工资相类似，边际生产力论认为，边际资本生产力决定利息。即在假设其他生产条件不变的前提下，随着资本量的增加，产量开始递增，但增到一定阶段后又逐渐下降。这种现象被叫作边际资本生产力递减。利息被认为是由边际资本生产力决定。因为在他们看来，资本生产要素与劳动生产要素一样，是创造价值的源泉，随着资本的增加而新增加的产量，自然就是资本所创造的，应归资本家所有。这便是属于资本家所有的利息。如图6-14所示。

图6-14与劳动边际生产力曲线图相似。这里横轴表示资本投入量。AW' 曲线是边际资本生产力曲线，增加的最后1单位资本所创造的生产率为 MW'，利息总额为 $OWW'M$，全部产量为 $OAW'M$，其中 WAW' 属于其他生产要素的

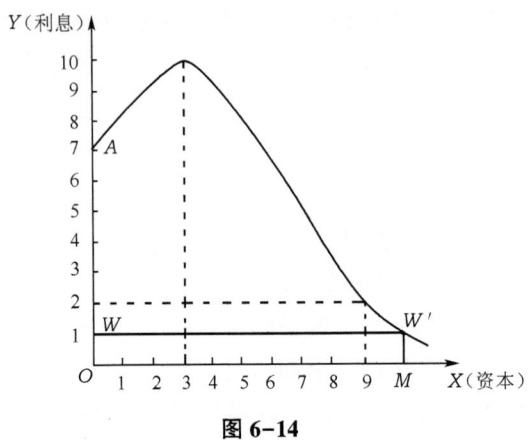

图 6-14

报酬。

这种利息理论显然是一种掩盖利息的剥削本质的辩护理论。因为它把利息看作是资本创造的。实际上，利息不过是资本家剥削工人创造的剩余价值的一种具体形式。

二、以均衡价格论为基础的利息理论

在马歇尔看来，正如工资是由劳动要素的均衡价格决定的一样，利息是由资本这个生产要素的均衡价格决定的。即利息是由资本的需求和供给的均衡状态决定的。

从资本的需求方面看，利息取决于资本的边际生产力。因此，资本的需求曲线是一条由左上方向右下方倾斜的曲线。

从资本的供给方面看，利息取决于借贷资本的供给成本。在西方经济学家看来，借贷资本的供给成本是借贷资本家对现期消费的牺牲或等待，利息就是等待的报酬。他们认为，资本家的收入既可以用作现期消费，又可以用作未来消费。现期消费所得到的是享乐的满足，未来消费所得到的是利息。于是现期消费的代价是对利息的牺牲，而未来消费的代价是对现期享乐的牺牲。这就是说，借贷资本家用作未来消费部分虽然得到利息，但却牺牲了现期的享乐，所以，利息的供给成本或代价就是现期消费的牺牲。如果利息率高，现期消费的代价就大，于是借贷资本家将会把更多的收入部分用作未来消费，较小的部分用作现期消费。因而资本的供给会随着利息率的提高而增大。从另一方面说，如果资本家以收入的更多部分用作未来消费，势必使较小部分用作现期消费，则现期消费的边际效用增大。这就是说，当资本家把更多的部分用作未来消费时，其对现期消费所带来的享乐的牺牲也就更大。

所以，资本家供给的资本愈多，所要求的利息就必然愈大。总之，资本的供给与利息率是按同方向变化的。所以，资本的供给曲线必然向右上方延伸。

资本的利息就是由上述需求和供给的均衡状态决定的。即由资本的需求曲线和供给曲线的交点确定，如图 6-15 所示。

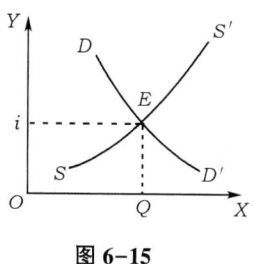

图 6-15

在图 6-15 中，横轴表示资本的数量，纵轴表示利息率。资本的需求曲线 DD' 与资本的供给曲线 SS' 相交于均衡点 E，E 点决定均衡利息率 Oi，均衡资本量 OQ。这说明，厂商愿意按 Oi 的利息率借入 OQ 资本量，借贷资本家也愿以 Oi 的利息率贷出 OQ 的资本量，资本的供求恰好达到均衡状态。

可以想见，如果通过政府干预，人为地提高或降低利息率，都会使资本的供求失去平衡（见图 6-16）。

在图 6-16 中，资本的需求与供给的均衡点为 E，均衡利息率为 Oi，均衡资本量为 OQ。但是，如果政府规定利息率最高限为 OI，因为 II' 线与 X 轴平行，则对资本的需求是 OQ_2，而此时资本的供给量仅仅为 OQ_1，出现了需求大于供给的现象（Q_1Q_2），这样就阻碍了厂商对资本的需求，从而阻碍了生产的发展。

假定政府规定利息率不能低于 Or 水平。这时资本的需求量为 OQ_1，供给量为 OQ_2，出现了供大于求的现象（Q_1Q_2），结果使多余的资本 Q_1Q_2 闲置起来不能发挥应有的作用，同样会影响生产的发展，如图 6-17 所示。

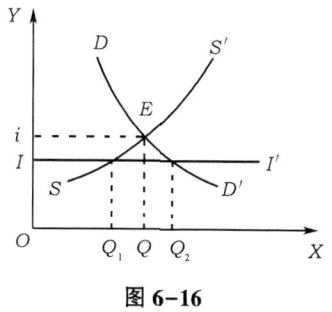

图 6-16

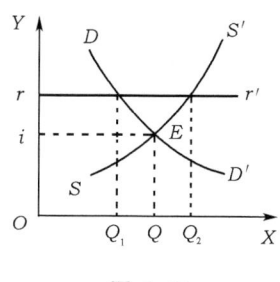

图 6-17

不难看出，这种以均衡价格论为基础的利息论比边际生产力论的利息理论更为庸俗。因为它不仅以边际生产力论为依据，而且还以资本的供给成本为依据。而所谓资本的供给成本，乃是资本家对现期消费的牺牲或等待。这完全是一种心理感觉，似乎资本家的心理作用可以产生利息。因此，它不仅是主观唯心主义的观点，而且还进一步把利息的产生归功于资本家，否定了利息的真实来源。

第四节　地租理论

一、地租的决定

西方经济学家认为，地租是使用土地（包括地面、矿藏、水域等）而支付的报酬，而土地不过是资本的特殊形式；同时还认为，使用资本而支付的报酬是利息，因此，地租不过是利息的一种特殊形态。既然如此，正如利息取决于资本的边际生产力一样，地租则取决于土地的边际生产力，而土地的边际生产力是递减的。

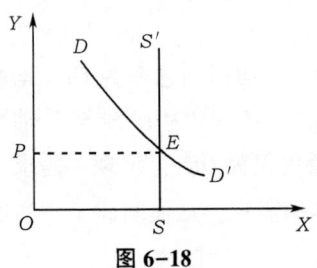

图 6-18

当然，在他们看来，土地与资本还是有所区别。因为资本的供给是无限的，土地的供给却是有限的。它的供给曲线被认为没有弹性，是一条固定的垂直线。因此地租只取决于需求，只由土地的边际生产力决定，如图 6-18 所示。

在图 6-18 中，横轴表示土地数量，纵轴表示地租水平。SS' 为土地的供给曲线，由于没有弹性，所以垂直于 X 轴。DD' 为土地的需求曲线。因为土地的边际生产力递减，所以土地的需求曲线向右下方倾斜。DD' 与 SS' 交于 E 点，OP 则表示均衡的地租水平。这意味着在使用固定不变的 OS 土地量时，地租就由 OS 土地的边际生产力决定。

随着经济的发展，人口的增加，以致农产品的价格上升，土地的边际收益产量增加，即对土地的需求水平提高，土地的需求曲线位置提高，因而地租也会随之提高，如图 6-19 所示。

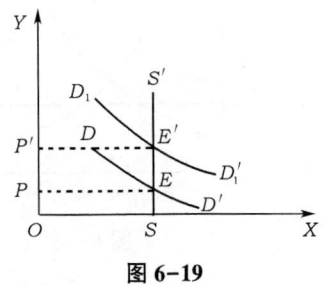

图 6-19

在图 6-19 中，土地的需求曲线由 DD' 移到 D_1D_1'，供给仍然不变，地租则由原来的 OP 提高到 OP'。这说明，即使是对土地的需求增加，以致使地租上升，也是由土地的边际生产力或需求曲线决定的，而与供给无关。

二、准地租

准地租（quasi rent），类似地租之意，又可译为准租金。它是指有些生产要素的租金，在一定条件下，类似地租，只取决于该生产要素的需求方面，而与其供给无关。凡是这种租金就被称为准地租或准租金。

一般说，准地租是某些素质较高的生产要素，在短期内供给不变的情况下所产生的一种超额收入。

例如，厂商使用的厂房、机器设备等生产要素，从短期看，它的供给数量固定不变，供给弹性几乎为零。正如土地的供给弹性为零一样。如果厂商所使用的是较好的厂房、设备，其边际收益产量较高，也就是说它们的边际生产力曲线或需求曲线的位置较高，所得租金水平也就较高，通常表现为获得超额利润。这部分就被看作是由厂房、机器设备的需求决定的，而与供给无关，如图6-20所示。

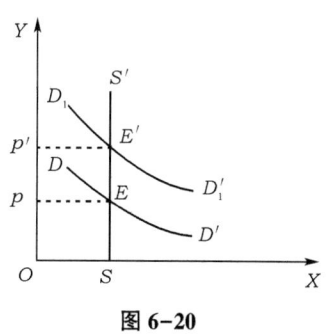

图6-20

在图6-20中，横轴表示短期内厂房、机器设备的数量，纵轴表示厂房、机器设备的报酬或租金。DD'为一般社会水平的厂房、机器设备的边际生产力曲线或需求曲线，它与供给曲线SS'相交于E，因而社会一般水平的厂房、设备的报酬（租金）为OP。D_1D_1'表示使用较好的厂房、机器设备的边际生产力曲线或需求曲线，它与SS'相交于E'，因而使用较好的厂房、设备的报酬（租金）为OP'，$OP'>OP$，其超额部分PP'就表现为使用较好厂房和设备所得到的超额利润。因为它是由需求方面决定的，即由于D_1D_1'曲线水平较高的结果，而与供给方面无关，所以称为准地租。

当然，上述准地租仅仅存在于短期内，因为从长期看，较好的厂房和设备的供给量也是可变的，即供给量会增加，供给价格也会提高。那时，厂房和设备的报酬不仅取决于需求方面，而且也要取决于供给方面，由供求均衡决定。

再如，在较高级技术工人的工资中，存在着一种超正常工资的额外收入。它被认为是由这部分生产要素因具有天赋才能，以致边际生产力较高而产生的。他们的供给量并未改变，他们所得到的超额的工资收入，并不是由于随着供给数量的增加，供给价格提高的结果，而仅仅是由于这些劳动生产要素本身独具的优越条件造成边际生产力较高，或劳动的需求曲线位置较高而产生的。因此，这部分超额工资收入被看为准地租。当然，从长期看，这种较高级的技术工人数量会增加，供给数量和供给价格会发生变化，超额工资也就随之消失。

企业家才能的报酬收入（即企业的利润），有很大一部分也是准地租。因为他们认为，企业家的正常利润率虽然是和他们的才能的供给成本（即教育、训练等费用）联系着，但它最终是以特异的天赋才能作为决定个人利润大小的主要因素。这种由个人天赋才能决定的利润收入部分，与较高级技术工人性质相同，也由需求方面决定，而与供给无关。于是，他们便把这部分利润看成准地租，甚至说："在某些场合，为了某些目的，几乎企业的全部收入都是准地租。"

从以上可以看出，西方经济学家是以庸俗的均衡价格论为依据，从某些表面现象出发，把利息、利润、工资等分配范畴与地租混淆在一起而提出了所谓准地租概念。

三、经济地租和生产者剩余

西方经济学家认为，经济地租（economic rent）是准地租的一种特殊形式。前面讲的一般准地租，是指边际生产力较高、素质较好的生产要素，在短期内由需求方面的因素所引起的一种超额收入。而经济地租则相反，它是指素质较差的生产要素，在长期内由于需求增加而获得的一种超额收入。它们的共同点都是由需求方面决定，而与供给无关。例如，有甲、乙两类劳动生产要素，乙类优于甲类，如果甲类要求每月工资100元，乙类要求每月工资150元，从长期看，因为乙类劳动者已大量增加，社会普遍工资水平已提高到乙类工人所要求的工资水平，因此，他们每月得到的150元工资乃是正常工资，而不存在超额工资和准地租的问题。但是，由于厂商对劳动需求量的增加，单靠乙类劳动者不能满足需要，还必须雇用甲类工人，因为工资水平已普遍涨到150元，甲类工人当然也能得到150元，然而他们本来只要求得到100元，实际上却得到了超过自己要求的工资50元，这50元就被认为是准地租。但是，这种准地租虽然也是由需求方面决定，而与供给无关（这点与前述的几种准地租相同），但它不是由于生产要素的边际生产力水平较高的结果，而是由于需求数量增加的结果，而且是在长期内存在的，所以又给予它一个特殊的名称：经济地租。

在一定意义上，这种经济地租类似消费者剩余（consumer's surplus），是生产要素所有者所得到的超过他愿意接受的收入部分，故称为生产者剩余（producer's surplus）。第二章讲过，所谓消费者剩余，是指购买者对某一商品所愿支付的价格与该商品市场价格之间的差额。当市场价格低于购买者愿意支付的价格时，这个购买者就感到获得了额外的福利。

生产者剩余与消费者剩余的相同点在于：二者都是由实际发生额（实际的收入额或实际的支付额）与自己心目中所愿意的数额（愿意接受的数额或愿意支付的数额）之差形成的。因此，都是自己所得到的一种"剩余"。但它们又有明显的区别：消费者剩余是由产品的消费者、购买者得到的一种额外福利，但只是一种心理上的感受，并非实际收入的增加；生产者剩余则是由生产要素的供给者得到的一种额外收入，这种收入是实际收入的增加。

上述经济地租或生产者剩余是由劳动要素的供给者实际得到的超过他们本来愿意接受的工资水平的收入，这种经济地租可称为劳动的经济地租。其他生产要素的供给者，当然也可得到这种相类似的经济地租或生产者剩余。

第五节　利润理论

前面我们曾从利润形成的角度谈到过利润问题。现在，我们再从分配的角度进一步介绍微观经济学的利润理论。

一、正常利润

微观经济学中的正常利润（normal profit）是成本的一个组成部分。它通常包括企业家才能的报酬、平均的分摊收益（average imputed return）和风险的报酬（risk premium）三个部分。它们之所以叫作正常利润，因为它是企业家刚好愿意从事企业经营所得到的资金收入。马歇尔认为，当没有刺激而使运用中的资本变更数目，这时产业中的盈利是"正常"的。企业家的收入如果高出正常利润，就会有更多的企业家进入这个行业；如果低于正常利润，就会使有的企业家退出这个行业。现在我们分别对正常利润的三个部分逐一进行分析。

所谓企业家才能的报酬，是指组织管理企业才能的这个生产要素的报酬，即企业家以薪水形式取得的收入。有的人把这部分收入列入一般管理人员的薪水之中，与工人工资同样看待，实际上，企业家的薪水有一部分是属于利润性质的收入。

就企业家组织管理企业的才能来说，它作为一种生产要素，西方经济学家认为，也有它的供给方面和需求方面，它的供给成本是指企业家为获得组织和管理企业能力而支付的费用，而它的需求却不同于其他生产要素的需求。后者的需求都是厂商、企业家的需求，因而都是通过企业家的购买和供给实现的。在这种情况下，生产要素（如劳动、土地、资本）的供给者和需求者分属不同的人。所以，从这个意义上讲，它的需求表现为直接的需求。但是，前者的需求则属于企业家自己。企业家既是组织管理才能这个生产要素的供给者，同时又是需求者，而企业家的需求被认为是社会的需求，所以企业家才能的需求表现为间接的社会需求。

即使按照西方经济学家的逻辑，企业的组织管理能力这种生产要素，虽然有它的供给成本，但它的需求却是间接的社会需求。因而，作为这种要素报酬的所谓正常利润，实际上就是企业收益中除去支出以外的一部分剩余，而与它的供给成本没有什么大的联系。他们把这种利润说成是企业家才能的报酬，无非是为了掩盖利润真实来源的一种辩护性说法而已。

所谓平摊收益，是指自有资本的报酬，即股息（股利、红利）。它必须大于同额货币在同一时间内所能取得的利息，否则，企业家就不愿去投资经营企业了。

所谓风险报酬，是指投资冒险的收入。风险是指投资者所面临的亏损的可能性。投资者总是宁愿少冒风险，投资于有把握盈利的事业中，但某些投资是需要冒风险的。为了消除人们对风险的厌恶，就必须给承担风险者以一定的报酬，这部分报酬必须计入在正常利润之内，作为企业家必不可少的一部分收入，否则就没有人愿意去冒风险，以致那些需要冒风险的事业就没有人去投资经营了。

各个行业的情况不同，风险也有大有小，因而风险的报酬就有多有少。例如，从事证券买卖风险较大，风险报酬就较多；兴办航运、采矿风险较小，风险报酬也就少。风险报酬既然是正常利润的组成部分，风险报酬又有多有少，所以各行业的正常利润率必然不等。

二、超额利润

超额利润（super profits）是一种超过正常利润的利润（super-normal profits）。按西方经济学家的说法，这是由于企业家凭借特异的天赋而对企业进行创新（innovation）的结果，因此应该归企业家所有。

所谓创新，就是建立一种新的生产函数，即把一种从来没有过的生产要素和生产条件的新组合引入生产体系。具体说，这种"新组合"包括以下5个方面的内容：①引进一种新产品；②引进一种新技术；③开辟一个新市场；④获得一种新的原材料供给；⑤生产组织方法上的一种新发明及其应用。很明显，上述5个方面的"创新"实质，就是把新的科学技术发明和新的经营管理方法应用于生产实践，把科学技术由实验室转移到大批量的生产。这样，生产率自然会大大提高，并能降低成本，因而获得超过正常利润的利润。

但是，这种超额利润只能存在于开始采用的一定时期。从长远看，由于各企业之间的竞争，必然会或迟或早地普遍采用这种先进的科学技术和先进的管理方法，或争夺新的市场，超额利润就会消失。当然，长期内总会不断涌现新的科学技术和管理方法，所以，超额利润虽然只能在短期内存在，但从长期看来，却是一个不断涌现，又不断消失的过程。

创新是要冒风险的。因为在实验室能够获得成功的科学技术发明，在大批量生产中却未必能取得同样的效果，或者一个新产品大量生产后，未必就有足够的市场。特别是在新产品出现时，人们对它的性能、用途都不大了解，往往一下打不开销路，这些因素都可能给企业带来亏损。因此由创新而获得的超额利润，从一定意义上说也是风险的报酬，但这种风险报酬与上面谈到的根本不具有创新意义的风险报酬不同，因为这种创新的风险报酬只存在短期之内，而上述风险报酬则具有长期性，所以，把它列入正常利润之中。

三、垄断利润

垄断利润（monopolistic profit）也是一种超正常利润的利润。但它与上面讲的超额利润不同，不是由于创新的结果，而是由于厂商或企业的专卖或专买的垄断而产生的超正常利润的利润。

专卖是指垄断厂商从商品的出售方面来看，由于有很多买者，而卖者只有他一家，于是，他可以在购买者的支付能力所能支付和愿意支付的限度内，抬高销售价格。由此而获得超过正常利润的收入部分，就形成了垄断利润。

专买是指垄断厂商从购买某种生产要素方面来看，由于有很多卖者，而买者只有他一家，于是他可以在供给者所愿意接受的范围内压低价格，从而获得垄断利润。

西方经济学家认为，这种垄断利润是由牺牲生产要素供给者的利益而引起的，有的西方经济学家甚至还认为这是一种剥削。

由专卖或专买垄断而来的这两种剥削产生的机制，可用图 6-21 来表示。

在图 6-21 中，横轴表示劳动供给数量，纵轴表示成本、收益和价格。AC_1 为专买条件下劳动的供给价格，也是厂商的劳动平均成本，MC_1 为劳动边际成本，VMP 为完全竞争条件下的边际产值，MRP 为专卖条件下的边际收益产量。垄断厂商按照边际收益产量（MRP）与劳动边际成本（MC_1）相等的原则，来确定对劳动购买的最佳数量为 OL_0。按西方经济学家的说法，劳动创造的全部价值等于边际产值（VMP）与劳动量（OL_0）之积。在产品专卖的情况下，产品价格本应按 MRP 线来确定为 OP_2。然而，厂商利用专卖的垄断条件却把价格按

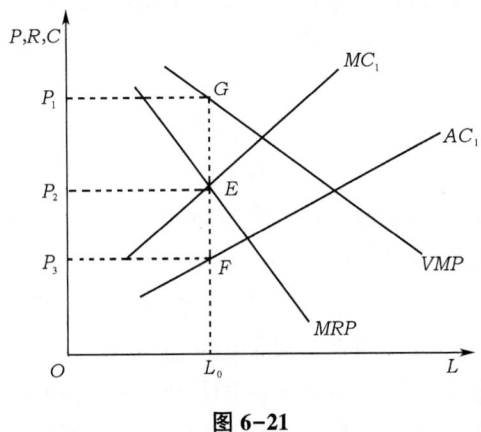

图 6-21

VMP 线来确定为 OP_1。这样，厂商便"剥削"了 $P_1P_2 \cdot OL_0$ 的价值量。从专买方面来看，厂商对劳动的购买本应按 MC_1 线来支付劳动者的工资为 OP_2，然而，他利用专买的垄断条件，却按劳动者所能接受的 AC_1 线，来确定支付的工资水平为 OP_3。这样，厂商通过买方垄断，又对劳动者"剥削"了 $P_2P_3 \cdot OL_0$ 的价值。所以，厂商"剥削"的劳动总量为 $(P_1P_2+P_2P_3) \cdot OL_0 = \square P_1P_3FG$。

我们认为，这种垄断利润当然是一种再分配和剥削，但在他们看来，这种剥削仅仅是由于专买或专卖的结果，是在流通和交换中产生的现象，这是十分肤浅的。因为垄断利润首先是由垄断资本主义的生产条件产生的，而不仅仅产生于流通领域。

四、亏损

微观经济学中的所谓亏损（loss），是指企业得不到正常利润。因为正常利润是成本的组成部分，得不到它就意味着不能收回成本。当然，如果除了正常利润不能取得外，还有其他成本因素，如利息、地租、工资等等任何一项不能收回，这也叫亏损，而且是更大程度的亏损。

由于对正常利润的内容的看法有分歧，因此，对亏损的含义也有不同理解。一种是：当把正常利润看作包括前述三部分内容，而且都认为是"企业家才能"的报酬时，厂商若完全不能获得正常利润或只能获得一部分正常利润，亏损的含义就在于："企业家才能"这个生产要素没有得到它应有的报酬；另一种是：当把正常利润看作只包括平均分摊收益和风险报酬两部分内容，并把企业管理人员的薪水引入工人工资时，厂商如果完全不能获得正常利润或只能获得一部分正常利润，那么亏损的含义在于：资本这个生产要素中的自有资本部分没有得到它应得的全部报酬。

在短期内，在完全竞争条件下或完全垄断条件下，亏损现象都可能发生。

在完全竞争条件下，在短期内，当边际收益曲线在边际成本低于平均成本时，与边际成本曲线相交，这时就会出现亏损，如图6-22所示。

此时，总成本为□AOQD，而总收益为□POQE，亏损为□APED。

在完全垄断条件下，短期内，在需求很低的情况下，厂商有可能出现亏损，如图6-23所示。

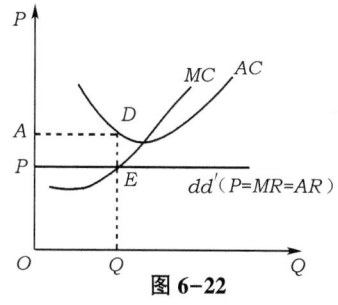

图6-22

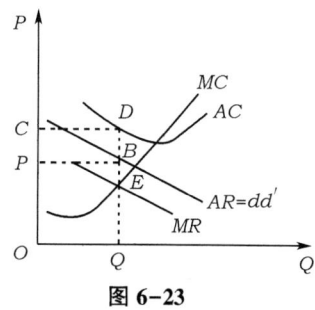

图6-23

此时，总成本为□COQD，总收益为□POQB，总收益与总成本之差额□PBDC为亏损部分。

从以上分析中我们可以看出，他们所讲的亏损并不是真正的亏损，只不过获得的利润没有达到他们期望的水平，而且还仅仅是从短期来看才会出现的现象。

第六节 洛伦茨曲线和基尼系数

以上分析了微观经济学收入分配的各个范畴。但整个社会收入分配的结果怎样，是倾向于平均呢，还是不平均，现代西方经济学家通常使用洛伦茨曲线和基尼系数来给予说明。

一、洛伦茨曲线

洛伦茨曲线（Lorenz curve）是反映社会收入分配平均程度的曲线。它的发明者是统计学家洛伦茨，因故得名。洛伦茨把社会居民依其收入的多少分成若干等级，再分别在横坐标和纵坐标上标明，连接每个等级的人口占总人口的百分比和每个等级人口的收入占社会总收入的百分比，连接各个等级的这两个百分比率之坐标点，所形成的一条曲线，就叫洛伦茨曲线。

例如，我们如果把全社会人口按家庭收入多少分为 5 个等级，每个等级的人口和收入各占总人口和总收入的比重如表 6-1 所示。表中数字用洛伦茨曲线表示，如图 6-24 所示。

表 6-1

人口等级（A）	各级人口占总人口的比重（%）（B）	各级累计人口占总人口的比重（%）（C）	各级收入占总收入的比重（%）（D）	各级累计收入占总收入的比重（%）（E）	各级累计收入绝对平均（F）	各级累计收入绝对不平均（G）
最低级	20	20	6	6	20	
第二级	20	40	12	18	40	0
第三级	20	60	17	35	60	0
第四级	20	80	24	59	80	0
第五级	20	100	41	100	100	100

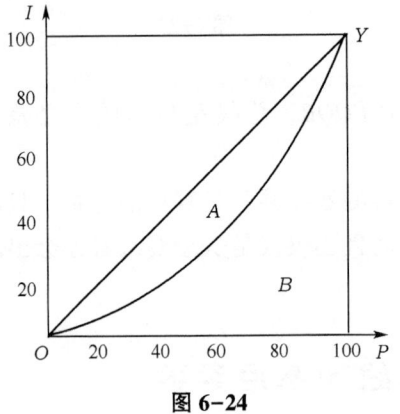

图 6-24

在图 6-24 中，横轴 OP 表示各级人口占总人口的百分比，纵轴 OI 表示各级人口收入占总收入的百分比。OY 为□$OIYP$ 正方形的对角线，在线上的任何一点都表示各级人口占总人口的百分比与各级人口的收入占总收入的百分比都相等，即表 6-1 中（F）栏的收入分配状况是绝对平均的。OPY 曲线表示除了最后一户家庭的收入占总收入 100% 外，其余所有家庭收入都为零，即表 6-1 中（G）栏的收入分配状况，是绝对不平均的。而 OAY 曲线便是洛伦茨曲线，它处于绝对平均曲线（OY）与绝对不平均曲线（OPY）之间，即表 6-1 中（D）和（E）栏的收入分配状况。西方经济学家认为，各国社会收入分配的状况都处于这两种极端之间的洛伦茨曲线上。洛伦茨曲线愈接近于 OY 曲线，表明社会收入分配愈平均。若愈接近 OPY 曲线，表明社会收入分配愈不平均。而这种平均程度的大小，可以用基尼系数来表示。

二、基尼系数

基尼系数（Gini coefficient）是由意大利统计学家基尼根据洛伦茨曲线提出的判别收入分配的平均程度的指标。设 OAY 曲线与 OY 曲线之间的面积为 A，

OAY 曲线与 OPY 曲线之间的面积为 B，则：

$$基尼系数 = \frac{A}{A+B}$$

当 A 等于零时，基尼系数为零，表明收入分配处于绝对平均状态；当 B 等于零时，基尼系数为1，表明收入分配处于绝对不平均状态。实际基尼系数总是在 $0 \sim 1$ 之间，其数值愈小，表明收入分配愈平均。

三、洛伦茨曲线与基尼系数的运用

西方经济学家通常用洛伦茨曲线和基尼系数，来分析和比较各个国家之间或一个国家各个时期之间的社会收入分配的平均程度，以及收入分配上各种政策的收入效应，并认为基尼系数愈小愈好，如图 6-25 所示。

在图 6-25 中，OAY，OBY，OCY 三条洛伦茨曲线分别代表收入分配的不同平均程度。如果这三条曲线分别表示的是 A，B，C 三个国家的收入分配状况，则 A 国的收入分配最平均，C 国最不平均，B 国介于二者之间。如果这三条曲线分别表示一国在不同时期的收入分配状况，例如，OAY 为最近时期的洛伦茨曲线，OCY 为最早时期的洛伦茨曲线，则该国收入分配呈现出愈益均等化的趋势。如果把这三条曲

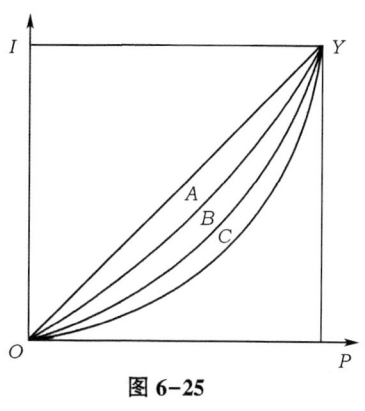

图 6-25

线中任意两条线看作是表示实行某项经济政策前后的收入分配状况，例如，OBY 为实行某项经济政策前的洛伦茨曲线，OAY 为实行该政策后的洛伦茨曲线，则说明该项政策的收入效应是趋向平均化的。

洛伦茨曲线和基尼系数作为一种统计分析工具，在用作表示一定社会的收入分配状况或政策的收入效应时，是有一定意义的。但在比较各国的收入分配状况时，则需作进一步的经济分析，而不能简单地认为基尼系数愈小愈好，当然，更不是愈大愈好。因为收入分配不过是生产条件本身分配的结果，而各国的经济制度和经济条件不一定相同。基尼系数过小或过大，都会对生产甚至对社会带来消极影响。

第七章　一般均衡与帕累托最适度

西方经济学家认为，依靠完全的自由竞争，实现了一般均衡（general e-quilibrium），也就实现了帕累托最适度状态（pareto optimum），使社会获得最大福利。

第一节　一般均衡论

一、一般均衡的特点

在微观经济学的分析中，有局部均衡（partial equilibrium）分析与一般均衡分析的区别。

局部均衡分析方法是由马歇尔（Alfred Marshall）所首创，以后又为美国经济学家张伯伦（F. H. Chamberlin）和英国经济学家罗宾逊夫人（Joan Robinson）所发展。这种分析方法的特点是，在假设其他条件不变的情况下，孤立地考察某一种商品、某一种资源、某一个消费者、某一个生产者的均衡状态。前几章就是运用这种局部均衡分析方法进行分析的。

一般均衡分析方法是由洛桑学派的法国经济学家瓦尔拉斯（A. A. Walras）所首创，以后又为英国经济学家希克斯（J. R. Hicks）所发展。这种分析方法的特点是，它从相互联系的角度来考察各种商品、各种资源、各个消费者、各个生产者都同时达到均衡的状态。瓦尔拉斯认为，由于在现实经济生活中，各个经济变量是相互依存和相互影响的，因此，各个消费者之间、各个厂商之间、各个消费者与各个厂商之间、各个市场之间以及各个市场与各个经济决策单位之间，都存在着密切联系。所以，一般商品或资源的价格和供求均衡，只有在所有商品与资源的价格和供求都同时达到均衡时才能决定。这也就是说，任何一种商品或资源的供求，不仅是该种商品或资源价格本身的函数，而且是所有其他商品和资源价格的函数。瓦尔拉斯的一般均衡理论就是以如何决定这种一般均衡状态的价格和供求作为研究对象的。

二、一般均衡模型的假设条件

瓦尔拉斯一般均衡分析的特点，具体表现在他的一般均衡模型之中。这个模型的建立，是以下列假设条件为前提的。

第一，所有的商品市场和要素市场都是完全竞争的。因此，商品或要素如果供过于求，价格就下降；如果供不应求，价格就上升，直到供求达到均衡状态时为止。所以，每种商品或要素的市场都可以出清。

第二，消费者偏好、技术状况和要素供给都是固定不变的，不存在技术进步，没有投资和负投资，也没有储蓄和负储蓄。因此，生产系数不变，即生产一个单位商品所需要的生产要素及其数量都不发生变化。

第三，生产规模收益不变。例如，假设生产 1 单位 X 商品需用 1 单位 Y_1 和 2 单位 Y_2 的要素，如果规模扩大 1 倍，即使用 2 单位 Y_1 和 4 单位 Y_2 的要素，就生产 2 单位的 X 商品。以此类推，如果规模扩大 n 倍，使用 n 单位 Y_1 和 $2n$ 单位 Y_2 的要素，就可生产 n 个单位的 X 商品。

三、一般均衡模型

以 x，y，p，w 分别表示商品的数量、要素的数量、商品的价格、要素的价格。社会经济生活中共有 n 种商品、m 种要素。于是：

x_1，x_2，$\cdots$，x_n 为 n 种商品的数量

y_1，y_2，$\cdots$，y_m 为 m 种要素的数量

p_1，p_2，$\cdots$，p_n 为 n 种商品的价格

w_1，w_2，$\cdots$，w_m 为 m 种要素的价格

瓦尔拉斯还假定在一般均衡模型中的商品交换是物物交换，但有一种商品需作为"一般等价物"，用它来表示其他一切商品和要素的价格。这作为"一般等价物"的商品可以是任意一种商品，例如以第一种商品 X_1 来充当，即令 $p_1 = 1$，所以，$p_1 x_1 = x_1$。

又以 a_{ij} 来表示生产系数，其中 $i = 1$，2，$\cdots$，m，表示使用的各种生产要素，$j = 1$，2，$\cdots$，n，表示生产的各种商品。例如，a_{12} 表示生产 1 单位第二种商品使用的第一种要素。

在上述假设和各种符号含义的情况下，瓦尔拉斯的一般均衡模型由以下四组方程构成：

（一）商品需求方程

商品（X）的需求者是个人（或家庭），他们是以提供要素（Y）的收入来购买商品的，在没有储蓄和负储蓄的假设条件下，一个人对商品需求的价

格总额与要素供给的价格总额是相等的，即：

$$y_1 w_1 + y_2 w_2 + \cdots + y_m w_m = x_1 p_1 + x_2 p_2 + \cdots + x_n p_n$$

此式表明，每个人对商品的需求量是受他提供要素所获得的收入限制的，因此，被称为一个人的预算限制方程。至于他对各种商品各购买多少，则需取决于他个人对各种商品的偏好和价格。在假定消费者偏好不变的前提下，则取决于商品的价格。而每种商品的价格又需取决于其他商品和要素的价格，从而一切价格变化都被认为可以影响一个人对某一种商品的需求量。于是，一个人对每一种商品的需求函数方程为：

$$x_2 = f_2 \ (p_2, \ p_3, \ \cdots, \ p_n; \ w_1, \ w_2, \ \cdots, \ w_m)$$
$$x_3 = f_3 \ (p_2, \ p_3, \ \cdots, \ p_n; \ w_1, \ w_2, \ \cdots, \ w_m) \qquad （Ⅰ）$$
$$\cdots$$
$$x_n = f_n \ (p_2, \ p_3, \ \cdots, \ p_n; \ w_1, \ w_2, \ \cdots, \ w_m)$$
$$x_1 = \ (y_1 w_1 + y_2 w_2 + \cdots + y_m w_m) \ - \ (x_2 p_2 + x_3 p_3 + \cdots + x_n p_n)$$

这就是瓦尔拉斯一般均衡模型的第一组方程，记做（Ⅰ）。在这组方程中，有 n 个方程，实际只有 $n-1$ 个独立方程。因最后一个方程是由一个人的预算限制方程转变来的，它只表明对 x_1 商品的需求量是个人收入总额与购买 $n-1$ 种商品支出总额的差数。

（二）资源需求方程

在假定生产系数 a_{ij} 不变，规模收益不变和每一种要素市场都可出清的情况下，每一种要素的市场需求量是该要素用于所有商品生产中的量的总和，即每一种要素的总供给等于它的总需求。于是，资源的需求函数方程为：

$$a_{11} x_1 + a_{12} x_2 + \cdots + a_{1n} x_n = y_1$$
$$a_{21} x_1 + a_{22} x_2 + \cdots + a_{2n} x_n = y_2 \qquad （Ⅱ）$$
$$\cdots$$
$$a_{m1} x_1 + a_{m2} x_2 + \cdots + a_{mn} x_n = y_m$$

这就是瓦尔拉斯一般均衡模型的第二组方程，记做（Ⅱ）。这里共有 m 个方程，它们表明在 m 种要素中，每一种要素的供求都是均衡的。因此，又称要素供求相等方程。

（三）商品供给方程

在假定完全竞争的市场条件下，每一个市场都可经过长期调整而达到长期均衡，因而商品价格等于生产成本。而某个商品的生产成本乃是生产 1 单位该种商品使用的要素量所支出的成本。例如，生产 1 个单位第一种商品 X_1 所使用的第一种、第二种、第三种……第 m 种要素量为 a_{11}，a_{21}，a_{31}，$\cdots$，a_{m1}。这些要素的价格分别为 w_1，w_2，w_3，$\cdots$，w_m，其生产成本则为 $a_{11} w_1 + a_{21}$

$w_2 + a_{31}w_3 + \cdots + a_{m1}w_m$。生产 1 单位的其他各种商品的生产成本，可依此类推求得。于是，商品的供给方程为：

$$a_{11}w_1 + a_{21}w_2 + \cdots + a_{m1}w_m = p_1 = 1$$

$$a_{12}w_1 + a_{22}w_2 + \cdots + a_{mn}w_m = p_2 \qquad (\text{Ⅲ})$$

$$\cdots$$

$$a_{1n}w_1 + a_{2n}w_2 + \cdots + a_{mn}w_m = p_n$$

这就是瓦尔拉斯一般均衡模型的第三组方程，记做（Ⅲ）。这里共有 n 个方程式，它们表明生产 1 单位的各种商品的生产成本与它的价格是相等的，因此又被称为生产成本与价格相等方程。

（四）资源供给方程

由于在一般均衡的情况下，假定任何一种要素的供给要取决于它本身的价格和其他所有要素与所有商品的价格。于是资源的供给方程为：

$$y_1 = f_1\,(p_1,\ p_2,\ \cdots,\ p_n;\ w_1,\ w_2,\ \cdots,\ w_m)$$

$$y_2 = f_2\,(p_1,\ p_2,\ \cdots,\ p_n;\ w_1,\ w_2,\ \cdots,\ w_m) \qquad (\text{Ⅳ})$$

$$\cdots$$

$$y_m = f_m\,(p_1,\ p_2,\ \cdots,\ p_n;\ w_1,\ w_2,\ \cdots,\ w_m)$$

这就是瓦尔拉斯一般均衡模型的第四组方程，记做（Ⅳ）。这里共有 m 个方程。

以上四组方程共同构成了瓦尔拉斯一般均衡模型体系。在这个体系里，共有 $2m+2n-1$ 个独立方程，其中，（Ⅰ）组有 $n-1$ 个，（Ⅲ）组有 n 个，（Ⅱ）（Ⅳ）组各有 m 个；同时又有 $2m+2n-1$ 个未知数（即有 n 个 x，n 个 p，m 个 y，m 个 w，但因其中 p_1 为已知，假定为 1，所以，实际只有 $2m+2n-1$ 个未知数）。因此，瓦尔拉斯认为，他的一般均衡模型体系有解。

瓦尔拉斯企图运用他的一般均衡模型体系，证明对于一个经济系统存在着一套一般均衡价格。在这套一般均衡价格体系下，生产者愿意生产的各种产品的数量，正好等于消费者愿意购买的数量；而且由完全自由竞争决定的要素的分配和价格具有最优性，能够保证资本主义经济经常处于供求均衡的正常状态，因而资本主义经济制度是"最理想""最合理"的制度。

然而，瓦尔拉斯的一般均衡论却是脱离现实的一种抽象理论。因为它是以一系列极其严格的假设条件为前提的。在资本主义社会，这些假设条件从根本上说是不具备的，特别是因私有制的存在，在自由竞争下不可避免地会出现社会经济的无政府状态和周期性危机，哪还谈得上经常处于一般均衡状态。从而所谓一般均衡价格也就无从谈起了。即使偶尔存在有所谓一般均衡价格，那也是以边际效用论和供求论为基础，排除了劳动价值论，因而并不能科学地说明它的价值及其基础。

当然，作为一种抽象分析的方法，一般均衡论仍有其存在的价值，因为它在一定意义上反映了社会经济各部门相互联系、相互影响这一客观事实。如投入产出法就是运用一般均衡分析法而得出的，具有一定实用价值的研究成果。

第二节　帕累托最适度

瓦尔拉斯的一般均衡论，虽然意欲说明资本主义经济在一般均衡状态下依靠完全自由竞争，可以实现资源最优配置，但并未加以具体分析。他的继承者，意大利经济学家维尔弗雷多·帕累托则补充和发展了这一思想，提出了资源配置最适度标准的概念，被称为"帕累托最适度"，或"帕累托标准"。帕累托认为，当一种资源的任何重新配置，已经不可能使任何一个人的处境变好，而不使另一个人的处境变坏；换言之，社会已经达到这样一种情况，即任何变革都不可能使任何人的福利有所增加，而不使其他人的福利减少。这就达到了最适度资源配置的境界。后来的所谓新福利经济学家们，便把这个"帕累托最适度"的概念作为从理论上制定或评价有关资源配置和收入分配等政策建议的准绳，并且在效用序数论和无差异曲线等产量曲线的基础上，运用埃奇沃思盒状图的方法来探求满足帕累托最适度的条件。

现代西方经济学家认为，资源最适度配置的必要条件有三条。现分三个问题介绍如下：

一、交换最适度的条件

交换最适度的条件是，任何两种商品之间的边际替代率对于这两种商品的任何两个消费者，都必须相等。

这个交换的最适度条件，是就各个消费者之间的关系来说的，即要探求各个消费者都能实现最大效用的满足条件是什么。如果在某种条件下的交换，使交换双方都得到最大的满足，这个条件就是最适度的交换条件。

过去我们在分析个别消费者的满足程度时，运用了无差异曲线的工具，现在又把这无差异曲线的分析方法扩展到分析各个消费者的消费状况，并运用盒状图的方法来分析说明。

假设有甲、乙两个消费者分别消费 X，Y 两种商品，如图 7-1 所示。

图 7-1 的（A）和（B）分别表示甲、乙两个消费者消费 X 和 Y 两种商品时的无差异曲线图。I_A，II_A，III_A 和 I_B，II_B，III_B 分别为（A）和（B）

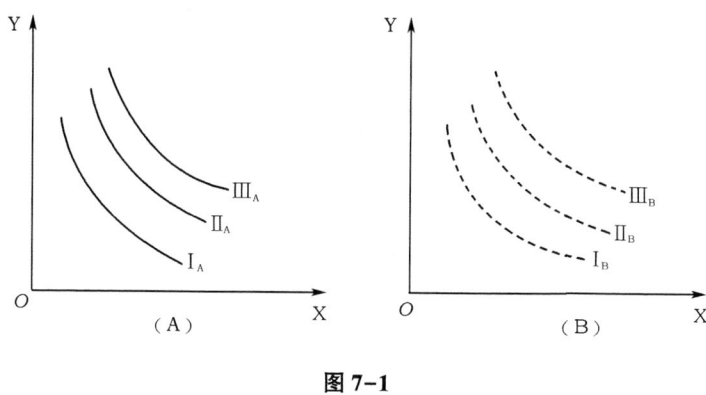

图 7-1

两图的 3 条无差异曲线。现将图（B）旋转 180 度并使之与图（A）相合并，就成为盒状图。如图 7-2 所示。

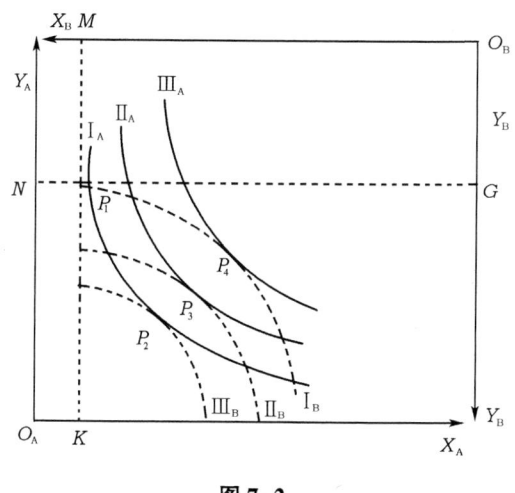

图 7-2

盒状图的高度 Y 表示甲、乙两个消费者消费 Y 商品的总量，宽度 X 表示甲、乙两个消费者消费 X 商品的总量。甲的无差异曲线 I_A 与乙的无差异曲线 I_B 相交于 P_1，与 III_B 相切于 P_2，同时 II_A 与 II_B 相切于 P_3，III_A 与 I_B 相切于 P_4，连接 P_2，P_3，P_4，…形成的一条曲线称为契约曲线（contract curve）上的任何一点都表明是甲、乙双方各自相应的无差异曲线相切之点，通过这一点的切线的斜率，便是双方相应的无差异曲线的边际替代率。现假设 P_1 点代表双方在进行交易前各自拥有的商品 X 和 Y 的数量的配置点，即甲拥有的 X 量为 $O_A K$，Y 量为 $O_A N$，乙拥有 X 量为 $O_B M$，Y 量为 $O_B G$。

这时甲所获得的消费满足程度为 I_A 无差异曲线所代表的满足水平，乙所获得的是 I_B 无差异曲线所代表的满足水平。从图 7-2 可以看出，过 P_1 的 I_A 的切线的斜率与 I_B 切线的斜率显然不相等，这就表明 X 和 Y 商品在甲、乙两人之间的分配还没有达到最适度的程度，如果通过交换重新配置就可能使一方或者双方增进福利。例如，甲用一定量 Y 去交换乙的 X，从另一方面说，就是乙用一定量的 X 去交换甲的 Y，从而使 P_1 移至 P_2，这时就会使乙的满足程度由无差异曲线 I_B 代表的水平提高到 III_B 代表的水平；而甲的满足程度不变。但如果越过 P_2 的任何一点的商品配置的结果，就会使一方或双方的满足程度减低。可见，P_2 便是资源配置的最大满足点和最适度的交换状态。过 P_2 的对于 I_A，III_B 的切线之斜率便是双方的边际替代率。可见，甲、乙两个消费者对于消费 X 和 Y 两种商品的边际替代率相等，便是双方交换最适度的条件。

现在再假设，双方通过交换使 P_1 移至 P_4，则甲的满足程度会由 I_A 提高到 III_A 无差异曲线代表的水平，而乙的满足水平仍保持在原来 I_B 的水平上不变。与上同理，这 P_4 便是资源配置和交换的最适度状态，最适度的交换条件就是双方的边际替代率相等。

再假设，双方通过交换，使 P_1 移至 P_2 与 P_4 之间契约曲线上的任何一点，双方都会提高满足程度，而其最适度的交换条件仍是双方的边际替代率相等。因此如前所说，过契约曲线上任何一点的无差异曲线上的斜率，便是双方相应的无差异曲线的边际替代率。

既然最适度的交换条件是双方的边际替代率相等，因此，在未实现这一点以前，比如当甲、乙双方对 X 和 Y 商品的配置在 P_1 点时，甲在 I_A 曲线上的边际替代率，显然要大于乙在 I_B 曲线上的边际替代率，这时双方进行交易对双方都会有好处，至少会使一方有好处，另一方也不致受损。这种交易直至进行到商品配置点移到契约曲线上为止，即达到双方的边际替代率相等为止。

二、生产最适度的条件

生产最适度的条件是：任何两种要素投入之间的边际技术替代率，对于使用这两种要素投入的任何两厂商或两生产者必须相等。

这个生产最适度条件是就生产资源如何在各生产者之间求得最适度的配置，使之获得最充分有效的利用来说的。这里我们可以用等产量曲线和盒状图的方法来分析说明。

假设甲、乙两厂商各自使用劳动、资本两个生产要素，各自的等产量曲线分别为：$Ⅰ_A$，$Ⅱ_A$，$Ⅲ_A$ 和 $Ⅰ_B$，$Ⅱ_B$，$Ⅲ_B$，现将乙的等产量曲线图旋转 180度，形成一盒状图。见图 7-3。

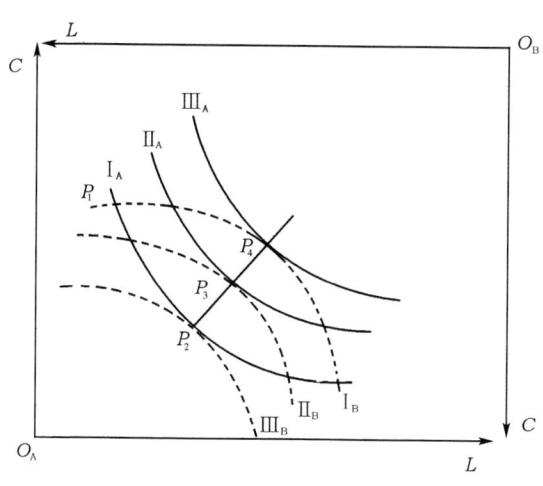

图 7-3

与上述交换最适度条件的盒状图相似，在这里，当甲、乙两厂商的生产要素投入的配置点在 P_1 时，双方的边际技术替代率不相等，若由 P_1 移至 P_2，或由 P_1 移至 P_4，双方的边际技术替代率就相等了。这时，就会有一方提高产量水平，而另一方仍保持原有产量水平，即社会总量水平提高了，资源获得最适度配置。当然，如果由 P_1 移到 P_2 与 P_4 之间契约曲线的任何一点，也会使双方的边际技术替代率相等，从而使生产资源得到最优配置，而且这时双方都会提高产量水平。

三、交换最适度条件和生产最适度条件的结合

交换最适度条件和生产最适度条件相结合的条件是：对于一个消费者任何两种商品之间的边际替代率与这两种商品对于任何一个生产者的边际产品转换率必须相等。

这个相互结合的最适度条件是就消费者和生产者之间的关系来说的，即要求在资源一定的条件下，生产出使消费者获得最大满足的产品。这就需要把生产可能性曲线与无差异曲线结合起来，用盒状图的方法来分析说明。

因为生产可能性曲线是指在资源一定的条件下，有可能生产两种产品的最大产量的边界线，如图 7-4 所示。

在图 7-4 中，横轴代表 X 产品的产量，纵轴代表 Y 产品的产量，MN 为生产可能性曲线，在这条线上任何一点都表示一定资源所可能生产的 X 和 Y

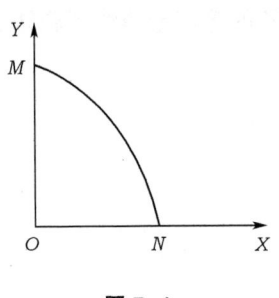

图 7-4

两种产品最大产量的不同组合点。但 X 和 Y 产品对于消费者来说，在怎样的组合比例下，才能达到最大满足，这就需要与无差异曲线结合起来说明。因为在无差异曲线上的任何一点，都表示两种产品对于一个消费者所能获得同等满足程度的不同组合，而无差异曲线离原点愈远，则满足水平愈高。因此，如果使一条尽可能高的无差异曲线与生产可能性曲线在某一点重合，那么这一点既是生产者在一定资源下所能获得最大产量的两种产品的组合点，也是消费者所能获得最大满足水平的两种产品的组合点，可见，在这一重合点上就实现了资源的最佳配置，社会获得了最大经济福利。很显然，这一重合点，就是生产可能性曲线与一条尽可能高的无差异曲线相切之点，如图 7-5 所示。

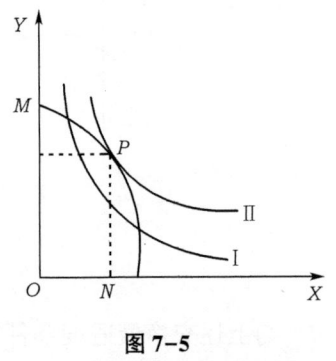

图 7-5

在图 7-5 中，MN 为生产可能性曲线，Ⅰ和Ⅱ为两条无差异曲线，Ⅱ表示比Ⅰ的满足水平较高，Ⅱ与 MN 相切于 P 点，在 P 点上，X 和 Y 的组合，既是生产者获得最大产量的组合，也是消费者获得最大满足程度的组合。所以，这点便是生产与消费，或者说生产与交换相结合的最佳点。通过 P 点与Ⅱ无差异曲线相切的切线，同时也就是过 P 点与 MN 生产可能性相切的切线。因此，这点上的边际替代率与边际转换率相等。可见，生产最适度的条件与交换最适度条件相结合的条件是：任何两种商品，对于消费者来说的边际替代率与对于生产者来说的边际转换率相等。

第三节　完全竞争与帕累托最适度条件的实现

西方经济学家认为，只有同时满足了上述三个帕累托最适度的条件，才能使社会资源获得最适度配置，从而使社会获得"最大"的经济福利。但他们又认为，要同时满足这三个条件，只有在完全竞争的条件下才有可能。

一、完全竞争是实现帕累托最适度的必要条件

西方经济学家认为，完全竞争的市场经济是实现帕累托最适度状态的必

要条件。这就是说，完全竞争是符合实现帕累托最适度条件要求的。具体地讲：

首先，它能有效地实现帕累托交换最适度的条件。因为在完全竞争的条件下，市场上的同一种商品价格是统一的，而每一项经济活动的参与者都从自身利益出发按照统一的价格行事。因此，每个消费者都必然要力图使自己所要选择的两种商品的边际替代率等于这两种商品的价格比率，从而使任何两种商品的边际替代率对任何两个消费者来说都相等，即实现了交换最适度的条件。

其次，它能有效地实现帕累托生产的最适度条件。因为在完全竞争的条件下，市场上同一种生产要素的价格是统一的，而每一个厂商都从获取最大利润的目的出发参与经济活动，因此，都力求使自己使用的任何两种要素投入之间的边际技术替代率等于这两种要素的价格比率，从而使任何两种要素投入之间的边际技术替代率，对于使用这两种要素投入的任何两个厂商来说都相等，即实现了生产最适度的条件。

最后，它能有效地实现帕累托交换和生产相结合的最适度条件。因为在完全竞争市场的条件下，一方面任何两种商品的边际产品转换率等于这两种商品的边际成本之比，从而等于这两种商品的价格比率；另一方面，任何两种商品的边际替代率也等于这两种商品的价格比率。这样，任何两种商品边际的产品转换率也就必然等于这两种商品的边际替代率，即实现了帕累托交换和生产相结合的最适度条件。

总之，西方经济学家认为，帕累托最适度的三个条件，在完全竞争市场机制的作用下都能得到满足，从而能实现社会资源的最适度配置。

二、完全竞争市场经济的局限

在微观经济学中，有的西方经济学家把完全竞争市场经济吹捧得上了天，认为依靠它就可实现帕累托最适度状态，提高经济效率。但也有一些西方经济学家认为，完全竞争市场由于是以严格的假定条件作为前提，在现实生活中并不存在，诸如经济外部性、公共物品、垄断和信息不完全等，都阻碍着帕累托最适度状态的实现，从而使完全竞争市场机制失灵，或市场失灵（market failures）。

（一）经济外部性的影响

这里所说的经济外部性（externalities），是指一种经济力量对于另一种经济力量的"非"市场性的附带影响。这种影响有积极的和消极的两种，积极的影响称为外部经济（external economies），消极的影响称为外部不经济（external diseconomies）。依据产生经济外部性的经济行为的特点又可把经济外部性区分为两种类型：一是生产的外部性，即生产的外部经济和外部不经济；二是消费的外部性，即消费的外部经济和外部不经济。

所谓生产的外部经济，是指某一生产者的经济活动给其他经济主体带来无须偿付的利益。例如，苹果园与养蜂场的关系，蜜蜂要到苹果园采蜜，苹果园要依靠蜜蜂授粉，因此，养蜂场与苹果园都互相产生了外部经济。所谓外部不经济是指某一生产者的经济活动，使其他经济主体的生产成本上升，而且无须承担赔偿的义务。例如，工厂烟囱排出的烟尘使邻近居民受到污染，便产生了外部不经济。

所谓消费的外部经济，是指消费者的消费活动，使其他人得到无须偿付的利益。例如，私人花园里散发出来的芳香，给邻居和过路人一种舒适的感觉。所谓消费的外部不经济，是指消费者的消费活动，给其他人造成无须承担赔偿义务的损害，例如，某人在家里放收音机声音过大，使邻居产生不愉快的感觉。

西方经济学家认为，这种经济的外部性，由于不是市场机制作用的结果，因此也就不可能通过市场机制的作用得到调整。例如，在发生生产外部不经济的情况下，按上例，即当工厂的烟尘污染了邻近居民时，工厂为了赚取利润，绝不可能自动减产或关闭以减少或消除给邻居造成的损害。这就意味着社会资源没有获得最适度配置，社会没有获得最大福利。一般说，在有外部经济的经济部门，其资源配置将低于社会最优水平，因为这种经济部门的生产成本高于社会成本；相反，在有外部不经济的经济部门，其资源配置将高于社会最优水平，因为这种经济部门的生产成本低于社会成本。很显然，这种状况是不能靠完全竞争的市场机制来把资源配置调整到最佳状态，以实现帕累托最适度的。可见，完全竞争的市场机制在经济外部性面前是无能为力的。

（二）公共物品的影响

所谓公共物品（public goods），是指由公共提供的，一般居民都能享用的产品与服务。例如，国防、卫生保健、文化教育、路灯等。因而，这种物品具有非分割性、非竞争性、非排他性的特点：所谓非分割性，是指这种物品只能在保持其完整性的前提下，由众多消费者共同享受，而不能将其分割为可以计价的单位供市场销售；所谓非竞争性，是指对某种公共物品来说的，消费者的增加，一般不会引起该种物品生产成本的增加，同时也就不会使消费者在其他方面消费减少；所谓非排他性，是指某个人消费某种公共物品，并不同时排除别人也能消费这种物品。所有这些特征，归结到一点，就是公共物品不受价格制度的影响。因此，依靠市场机制是无法调节公共物品的供给和消费的。

（三） 垄断的影响

第五章曾经分析过，垄断市场与完全竞争市场所面临的市场需求曲线（dd'）、平均收益曲线（AR）、边际收益曲线（MR）的最大区别在于，后者是完全重合为一条水平线，前者却是向右下方倾斜，而且 MR 线与 AR 线相分离并处于其下方。由此便决定了垄断厂商（无论是完全垄断、寡头垄断，还是垄断竞争的厂商都在内）处于长期均衡情况下的市场价格要高于边际成本（MC）和最低平均成本决定的价格。这就意味着消费者没有以较低的价格购买到自己所需要的商品，生产者也没有在平均成本最低点生产它的产品，即资源没有得到充分利用，总之，必然出现低效率，实现帕累托最适度的目标只能是一句空话。

（四） 信息不完全的影响

完全竞争市场机制的充分发挥是以市场信息的完全性为前提的，然而市场经济的本质却要求商业保密。在买卖双方信息不对称的情况下，往往会出现假冒伪劣商品充斥市场，或者劣货驱逐好货的消极现象，其结果必然是损害消费者的利益，当然最终也会损害生产者的利益。信息不完全还会使生产者不能选择最优的生产资源和最优的销售市场，从而不能获得预期的最大利润；从社会角度来看，这就意味着加剧生产的无政府状态，严重地阻碍社会资源的最优配置和社会福利的最大化。

因此，甚至连有的西方经济学家也认为，完全竞争市场机制并不是万能的，因而帕累托最适度状态只是一种抽象的理论，它从没有也不可能在人类社会经济生活中实现。完全竞争市场经济所面临的上述经济外部性等限制，乃是后来西方经济学家提出国家干预主张的一个重要理论依据。

微观经济学小结

微观经济学的研究对象是：研究个别企业、个别家庭、个别生产资源所有者、个别消费者的经济行为，以及个别行业和个别市场的经济活动。总之，它是以单个经济单位的经济行为作为考察对象。它所研究的目的，不外有两个方面：一是使单个厂商如何把有限的资源分配在各种商品生产上，以获得最大限度的利润；二是使单个家庭如何把有限的收入分配在各种商品的消费上，以获得最大的满足。很明显，它的对象和目的，都是为资本主义制度服务的。因为它避开了经济关系，即阶级关系，这就有利于把资本主义经济关系的剥削实质掩盖起来。从研究目的看，在厂商方面，已毫不隐讳地表明是为资本主义利润服务；在消费者方面，似乎是为广大群众的消费服务。然而，它所指的消费上的满足，却着眼于人们心理、感觉上的满足，而不是指人们实际物质生活水平的提高，如消费者剩余就是如此。

从微观经济学研究的内容看，大体上可以归结为价值理论和分配理论两大部分。这两部分从根本上来说都是辩护性的。很多地方不科学或自相矛盾。例如，它的价值理论实际上是价格理论，完全抛弃了科学的劳动价值论，而是以均衡价格论代替价值论。所谓均衡价格，就是需求价格和供给价格相一致的价格。需求价格方面是以边际效用价值论为基础的，在供给价格方面是以庸俗的生产费用论，乃至劳动者、资本家的牺牲或等待为基础的。总之，它的均衡价格论是以人们主观唯心主义的心理活动为依据的边际效用论和庸俗的生产费用论，再加上庸俗的供求论的混合物。这就使价值完全割断了与劳动的联系，从而彻底否定了劳动价值论。因此，它抹杀了价值所反映的真实的社会关系，否定了经济范畴与特定的生产方式的关系，否定了经济范畴的性质随着生产关系的变化而变化，这样就会把资本主义社会中某些特有的生产关系看作是一切社会所共有的生产关系，把资本主义制度视为永恒的制度。

至于它的分配理论，更是不科学和辩护性的理论。因为它以庸俗的生产"三要素论"和"三位一体"公式论为依据。它把工资看作是劳动者的全部劳动报酬，把利息、地租、利润看作是资本、土地、企业家管理企业才能创造的收入，从而完全掩盖了它们的真实来源和剥削实质。

从微观经济学研究的方法看，前六章大体运用的是局部均衡方法，第七章运用的是一般均衡方法。西方经济学家试图运用一般均衡的分析，来说明完全自由竞争是完全有可能使社会资源获得最合理的配置，从而实现社会福利最大化，或者说，依靠完全自由竞争就可实现一般均衡，达到帕累托最适度状态。然而，由于市场的完全自由竞争机制固有的局限性，必然会带来市场"失灵"，阻碍帕累托最适度状态的实现。因此，迷信市场机制万能是没有根据的。

当然，微观经济学除去它的辩护性和不科学性外，也有它一些合理因素。因为它是从考察现代社会化大生产的经济现象中，并且在某种程度上以实用作为目的（即有利于厂商获得最大利润、消费者获得最大满足）而提出来的理论。因此，它的某些具体的经济分析方法，特别是它对市场经济的分析，有许多方法对我国社会主义市场经济体制的建立和运行也有参考借鉴的意义。这主要包括：

第一，有关市场机制理论的某些内容。例如：需求函数、需求弹性、供给函数、供给弹性以及均衡价格的分析方法等。

第二，消费行为理论的某些分析方法。例如：无差异曲线、预算线、消费者均衡、收入消费曲线、恩格尔曲线、需求价格曲线等。

第三，生产行为理论的某些分析方法。例如：生产函数及其有一个可变投入的生产函数的分析，资源最佳配置理论（包括等产量线、等成本线、资源最佳配置和最适度配置的条件等），规模经济理论，生产可能性曲线，机会成本和厂商生产均衡原则等。

第四，边际分析的方法。例如：边际产品、边际成本、边际效用、边际收益的概念和递减规律，在一定意义和一定条件下是可以成立的。

此外，在微观经济学中广泛应用数学、坐标图解的分析方法，这些对我们也有一定的参考价值。

下 篇

宏 观 经 济 学

宏观经济学是与微观经济学相对而言的当代西方经济学一般理论的另一重要组成部分。它的基本内容是考察一个经济社会的经济生活的总体行为，即研究整个国民经济的各个总量及其相互关系与变化，而不是以单个的经济单位的经济行为作为研究对象。美国经济学家保罗·萨缪尔森（Paul A. Samuelson）说："宏观经济学是把经济作为一个整体而对其行为所进行的研究。它考察一个国家的产出、就业、物价以及对外贸易的总体水平。"[①] 这里说的产出的总体水平，就是指国民收入总量，它是凯恩斯主义宏观经济学最重要的总量指标和基础，所以，对宏观经济学的分析，一般都从对国民收入的分析开始。

[①]　保罗·A. 萨缪尔森、威廉·D. 诺德豪斯著，胡代光等译：《经济学》（下）第 14 版，北京经济学院出版社，1996 年版。

第八章　国民收入分析

第一节　收入的流量

一、什么是流量

在宏观经济学中，最先遇到的一个最基本的概念就是"流量"（flow）。西方经济学家认为，在经济理论中，几乎没有其他混乱的根源比"流量"所引起的混乱"更危险了"。[①] 因此，我们首先要把"流量"的概念弄清楚。

流量是与存量（stock）相对而言的一个概念。二者都是指某种经济数值的变量，即某一可以计量的可变的量值，如人口多少，产值多少等等。但二者又有严格的区别。存量是指在一定时点上存在的变量的数值，它的特点是，只就其在某一时点上来计量其多少，因而没有时间维度；而流量是指在一定时期内发生的变量的数值，它的特点是，就其某一时期内来计量其多少，因而必然具有时间维度。例如，我国人口总数为 139 538 万人，是一个存量，因为它表明在 2018 年末的数字，因而没有时间维度，而人口出生数则是一个流量，因为它是指比如一年新出生的人口数，有时间维度。同理，货币是存量，货币支出或交易则是流量；储蓄金是存量，储蓄则是流量；国民财富是存量，国民收入、国民生产总值、净产值等则都是流量。

还有一些比率变量，表面看来似乎是存量，实际上却是流量。例如价格，从表面上看，它并不需要时间维度，因而好像是个存量，实际是流量。因为在西方经济学家看来，价格是一定时期之内的现金流量和货物流量之间的比率，在这个比率中，时间单位出现在分子、分母两方面，以致被相互对消了，因而看起来就似乎没有时间维度。再如储蓄对收入之比，也是两个流量之间的比率，因而是流量。其他还有两个存量之间的比率，或一个存量与一个流量之间的比率，都可看作是流量，而不是存量。

应当注意，流量与存量既有区别，又有密切联系。因为一方面，流量来自存量，比如一定的国民收入（流量）来自一定的国民财富（存量）；另一

[①]　加德纳·阿克利著，陈彪如译：《宏观经济理论》，上海译文出版社，1981 年版。

方面，流量又归于存量之中，比如新创造的国民收入计入国民财富之中。因此，宏观经济学既可以从流量着手分析，也可以从存量着手分析。宏观的流量分析，是指对一定时期内有关经济总量的产出、投入（或收入、支出）的变动及其对于其他有关经济总量的影响进行分析；存量分析是指对一定时点上已有的经济总量的数值及其对于其他有关经济变量的影响进行分析。

我们知道，以凯恩斯的《通论》为代表的现代宏观经济学是以对国民收入这一流量的分析为基础的，就是要分析国民收入的变动及其与社会就业、财政、金融、通货膨胀、经济波动和经济增长等等之间的关系。因此，我们首先对国民收入流量进行分析。

二、国民收入的概念

西方经济学家认为，国民收入是一个概略的名词，它代表一个经济社会在一定时期（例如 1 年）的物品与劳务的流动总量，其大小以货币的多少来衡量。国民收入有广义和狭义之分，广义的国民收入包括：国民生产总值或称国民总产值（GNP）、国民生产净值或称国民净产值（NNP）、国民收入（NI）、个人收入（PI）和个人可支配的收入（PDI 或 DI）等 5 个总量，狭义的国民收入仅指这 5 个总量中的国民收入（NI）。

（一）国民生产总值

国民生产总值是指一个国家在一定时期内国民生产的商品和劳务总额的货币价值。使用这个经济指标在考察宏观经济时具有十分重要的意义。因为，比较各年的国民生产总值的变化，可以看出一国长期的经济增长的趋势和速度。

那么，如何计算国民生产总值呢？西方国家通常采用的计算方法，就是所谓最终产品法，即在估算国民生产总值时，不计算中间产品的价值，只计算最终产品的价值。所谓最终产品，包括最终能满足个人、集体和出口需要的物品和劳务，以及最终能满足投资需要的投资品或称资本品（capital goods），它包括工厂建筑物和机器设备。例如，矿工开采出铁矿石以后，矿业主将它卖给钢铁公司，钢铁公司将矿石炼成钢材卖给电冰箱厂，电冰箱厂将钢材制成电冰箱卖给消费者。在计算国民生产总值时，就只计算电冰箱的价值，而不计算矿石、钢材的价值。

西方国家采用这种最终产品法来估算国民生产总值，由于扣除了中间产品的价值，在相当程度上避免了重复计算，因而具有一定的科学性。但是，由于它从"服务论"出发，混淆了生产劳动和非生产劳动的界限，抹杀了国民收入的初次分配和再分配的区别，把属于非生产劳动者的各种收入和通过财政再分配的收入，诸如政府官员、军警的薪金收入，甚至把自有自用房屋的臆测租金收入，都包括到国民生产总值之中。所以，他们这种计算方法，虽然避免了中间产品价值的重复计算，却又包括了很多不应该计算的收入在内，从而夸大了国民生产总值的实际内容。不仅如此，由于这种计算方法把一年生产出来的资本品算作最终产品而将其价值计入国民生产总值之中，同时在计算其他最终产品的价值时，又包括了折旧费在内，于是，在国民生产总值中，便包含了对机器、设备、厂房等资本品价值的重复计算因素。以美国 1978 年为例，国民生产总值为 21 276 亿美元，若扣除重复计算和不应计算的非生产部门的收入后，实际的国民生产总值只有 10 855 亿美元，占 51%，即在官方公布的国民生产总值中，有近一半属于重复计算和虚假因素。

在计算国民生产总值时，还有实际国民生产总值和货币国民生产总值两个不同的概念应加以区分。由于国民生产总值是用货币来计算的，它的数额大小就不能不受商品和劳务的货币价格波动的影响，若按不变价格来估算各年的国民生产总值，称为实际国民生产总值；若按当年现行价格来估算各年的国民生产总值，称为货币国民生产总值。实际国民生产总值由于消除了价格波动的影响，能更好地比较各个时期国民生产总值的大小，从而便于考察一国国民经济长期发展的趋势和速度。所以，它是西方国家在研究宏观经济学时经常使用的指标。

（二）国内生产总值

国内生产总值（GDP）是与国民生产总值（GNP）相对应的一个国民产值的概念。它与后者唯一的区别是核算的范围有所不同，GNP 所核算的是本国国民在一定时期内在国内、国外所生产的最终产品和劳务总量的货币价值；GDP 是按国土原则计算本国境内的包括本国和外国居民所生产的最终产品和劳务总量的货币价值。因此，国内生产总值可用公式表示为：

$$GDP = GNP + 外国国民在本国境内生产的产值 -$$
$$本国国民在国外生产的产值$$

据此公式不难看出，一个国家如果对外直接投资与接纳外国直接投资的数额大体相等，则 GDP 与 GNP 的数值也大体相等。一般讲，发展中国家接纳的外国直接投资要大于本国的对外直接投资，因此，GDP 一般要大于 GNP。

把国民产值区分为 GNP 和 GDP，是为了适应一国发生对外经济关系情况下的需要。如果不考虑对外经济关系，仅仅研究封闭经济情况下的国民产值，就没有必要作 GNP 与 GDP 的区分，或者可以把 GNP 与 GDP 视为等值的同义语。下面的内容就是在这个意义下，从 GNP 演化出的其他几个国民收入的概念。

（三）国民生产净值

国民生产净值（NNP）是用来衡量一国在一定时期内生产总量的又一综合指标。它与国民生产总值不同的是，剔除了最终产品中包含的折旧因素。因此：

$$国民生产净值（NNP）=国民生产总值（GNP）-折旧$$

由于现行折旧的计算方法，并不是对厂房、机器、设备等的"损耗"的精确计量，而只是对"损耗"的一种任意的会计规定，所以，国民生产净值也多少是一个任意的数字。从实物形态上讲，NNP乃是社会总产品扣除已消耗掉的生产资料后的全部消费资料和用于扩大再生产及增加设备的那部分生产资料。

（四）国民收入

如果说 GNP 和 NNP 是从生产的角度，来表示一国在一定时期内所提供的，以货币来计算的产品和劳务的总量，那么，国民收入（NI）便是从分配的角度以货币来表示的，一国在一定时期内从这些产品和劳务中所得到的以要素成本计算的收入总和。现代西方经济学家从"生产三要素论"出发，认为国民生产净值应分别划归生产要素所有者工人、资本家和地主所有。同时由于社会经济活动是在政府管辖之下进行的，政府就需要通过征收间接税的形式获取一部分产品。这样，全部国民生产净值必然要分解成工资、利息、利润、地租和间接税等各个部分，形成各个收入的项目。资产阶级经济学家认为，在各个收入项目中，除去政府所得的间接税外，其余各部分便构成国民收入。因此：

$$国民收入=工资+利息+利润+地租$$
$$国民收入+间接税=国民生产净值$$

西方经济学家对国民收入的这种解释，显然掩盖了资本主义剥削的本质。因为国民收入全部都是劳动者所创造的，但西方经济学家却认为是由各个生产要素所共同创造的，因而应划归各个要素所有者所有，他们之间不存在剥削与被剥削的关系。

（五）个人收入

个人收入（PI）是指一个国家在一定时期内所有个人得到的收入的总和。在国民收入中，由于包括了全部公司的利润，而资本家个人又只能以股息的形式分得其中的一部分，因此个人收入必须是从国民收入中减去公司用利润支付的那部分，其中包括公司缴纳的所得税和用于再投资的积累。此外，个人得到的转移支付（社会保险、国债利息等），并不是本期创造的，因而未包括在本期的国民收入之内，却又是本期实际获得的个人收入。因此：

$$个人收入＝国民收入-（公司所得税+再投资费）+$$
$$个人转移支付收入$$

这种计算个人收入的方法，不仅混淆了工人和资本家个人收入的性质，而且掩盖了他们之间收入悬殊的真相。

（六）个人可支配收入

个人收入不一定都是个人实际可支配的收入，因为个人还需向政府缴纳所得税。因此：

$$个人可支配收入＝个人收入-个人所得税$$

总起来说，在宏观经济学中使用的国民收入 5 个总量的相互关系如下：

$$国民生产总值＝国民生产净值+折旧$$
$$国民生产净值＝国民收入+间接税$$
$$国民收入＝工资+利息+利润+地租$$
$$个人收入＝国民收入-（公司所得税+再投资费）+$$
$$个人转移支付收入$$
$$个人可支配收入＝个人收入-个人所得税$$

三、收入的流程模型

前面介绍了国民收入的概念，而凯恩斯宏观经济学所着重分析的是狭义的国民收入，他们认为，这一收入流量的变动是社会就业量发生变动的决定性的因素。

要分析狭义的国民收入流量，需要从最简单的国民收入流程模型入手，假定一国是封闭型的经济，对外贸易不占重要地位，因此，可以略而不计；又假定一国的政府在经济活动中不起重要作用，因此，也可以略而不计。这样，在整个经济活动过程中，就只剩下"企业"和"居民户"两个部门之间的关系，称之为"两个部门经济"。这两个经济部门之间的关系，可用如下收入流程模型来说明，见图 8-1。

在图 8-1 中，流程①表示由居民户向企业提供生产要素；流程②表示由企业运用居民户提供的生产要素生产出商品和劳务卖给居民；流程③表示企业根据居民户提供的各个生产要素而分别给予的各项报酬；流程④表示居民户用各自的收入向企业购买消费品和劳务的货币支出。在这个模型中，没有表现出中间产品和最终投资品的流程，这是因为狭义的国民收入是以最终产品价值来计算的，中间产品是在"企业"内部相互间转移，因而存在于"企业"框内；而最终投资品，为了避免折旧的重复计算，已把这部分价值剔除，所以在图中也没有表现出来。

图 8-1 还说明，流程①②都是实物或劳务的流向，流程③④都是货币价

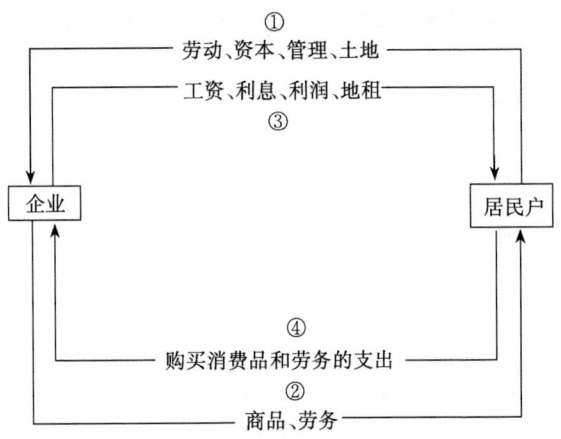

图 8-1

值的流向。应注意的是，由于国民收入是以货币来表示的一国在一定时期内所生产的并以要素成本来计算的收入总和，所以当我们进一步分析收入流量时，对于流程③④具有更加重要的意义。

图 8-1 所表示的收入流程，是假定既没有注入量，也没有漏出量，整个社会经济维持简单再生产规模。但资本主义的经济特点不是简单再生产，而是扩大再生产。因此，在收入流程中，实际上既有收入的注入量，也有收入的漏出量。

所谓收入注入量，是指企业除了直接从居民户向企业购买消费品和劳务而支付货币中获得货币收入外，还可以得到追加的投资量，这也是企业所得到的货币收入。所谓收入漏出量，是指居民户所得到的要素成本收入，并不全部用来购买企业所生产的消费品和劳务，而留下一部分作为储蓄，存入银行或购买企业的有价证券。企业的收入注入量，是从银行的贷款或发行有价证券中获得的。

这样，在假定收入流程已加进收入的注入量和漏出量的情况下，收入流程模型在图 8-1 的基础上变为图 8-2。

可以看出，图 8-2 不过是图 8-1 略去①和②两个实物和劳务流程后，再加上"银行或其他金融机构"和"企业发行的有价证券"两个环节的作用而构成的。这两个环节一方面吸收了居民的储蓄；另一方面则把吸收的储蓄贷放给企业，使企业用作追加投资。因此，如果居民户的全部储蓄与企业的追加投资相等，则社会经济活动的收入流程，就能正常均衡地继续循环下去。但是，居民户如果不把储蓄存入银行或其他金融机构，也不去购买企业有价证券；或者银行及其他金融机构不把这些储蓄贷给企业，那么，居民的储蓄

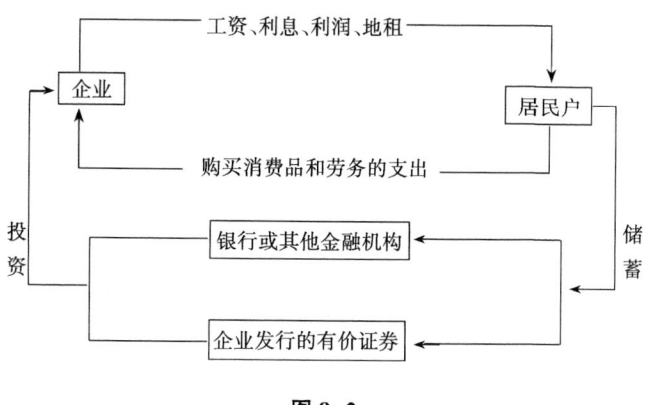

图 8-2

就找不到进入流程模型的回归之途，而企业也就缺乏足够的货币注入量去进行投资，以致形成对企业、产品的需求不足。凯恩斯认为，这就表现为社会经济的均衡状态遭到了破坏。

第二节　收入的构成和决定

收入流程的模型说明，社会经济活动可能处于正常均衡状态，也可能处于不均衡的状态。为了进一步阐明社会经济均衡的形成和意义，首先还需要分析收入的构成和收入的决定。

一、收入的构成

西方经济学家认为，国民收入的构成，可以从供给和需求两方面来说明：

就供给方面来说，从前面收入流程模型中可以看出，国民收入就是一国在一定时期内各个生产要素供给的总和，也就是劳动、资本、管理、土地等生产要素成本供给的总和。由于这些生产要素共同作用的结果，便创造了国民收入，因此，全部国民收入作为生产要素所有者的报酬收入为他们所有，而这些所谓报酬收入，就是工资、利息、利润、地租。于是：

国民收入 = 各个生产要素供给的总和

= 各个生产要素所得报酬收入的总和

= 工资 + 利息 + 利润 + 地租

这是收入流程模型图 8-1 的流程①和③所表明的。如果再从图 8-2 来看，居民户所得的收入（生产要素的报酬收入），一部分用于购买消费品和劳务的支出，余下的部分用于储蓄。因此，国民收入（工资、利息、利润、地租之总和）又可转化为消费与储蓄之和：

国民收入＝消费+储蓄

就需求方面来说，国民收入乃是一国在一定时期内用于消费支出和投资支出的总和。因为构成国民收入的最终产品，不外是消费品和投资品，所以，一国在一定时期内所生产的国民收入，从其价值形态上来看，如果能全部得到实现，就必然要在价值上与消费需求和投资需求的总和相等。所以：

国民收入＝用于消费的支出+用于投资的支出

＝消费+投资

如果分别用 Y, C, S, I 表示国民收入、消费、储蓄、投资，上述方程式可写作：

$$Y=C+S \text{（从供给方面看）}$$

$$Y=C+I \text{（从需求方面看）}$$

这就是国民收入构成的最简单的公式。

二、消费、储蓄和投资

从国民收入的构成可以看出，收入最终可转化为消费（consumption）、储蓄（saving）和投资（investment）三个要素。现对它们简要地做一分析。

从消费、储蓄来看，彼此存在着互为消长的关系。因为二者之和等于收入总量，在收入一定的情况下，储蓄的增加，乃是消费的减少。凯恩斯认为，人们在获得一定收入之后，由于种种原因，总是要延缓目前的消费而用于储蓄。这些储蓄的主观动机，从个人来说，主要有：为了防备不测的谨慎动机，为了将来自己养老、子女教育、抚养亲属的远虑动机，为了获取利息和投资收益的计算动机，为了日后生活逐渐得到改善的动机，为了维持个人的独立感和有所作为感的动机，为了积蓄本钱以进行投资或发展事业的动机，为了给后人留下遗产而自豪的动机，以及纯粹因吝啬的节俭习惯。

简言之，凯恩斯认为，促成个人储蓄的有谨慎、远虑、计算、改善、独立、事业、自豪与贪吝等动机，而相应地促成消费的动机，则有享受、短见、慷慨、失算、炫耀与奢侈等。

从一个企业来说，它之所以要储蓄，主要是由于：①为了减少借债而自力更生地增加投资，扩大企业经营；②为了应对经济萧条和企业的不测；③为了使企业逐步改善经营管理，增加收入；④为了保证及时清偿债务，使企业得以稳健发展。

个人与企业的储蓄动机虽然有所不同，但都是对现期消费的抑制。因此，储蓄与消费很明显是彼此对立、互为消长的两个概念。

但是，储蓄与投资则与此不同。从收入流程模型可以看出，投资是由储蓄转化而来的，二者有着密切联系。但投资与储蓄分别是由不同的主体，并出于不同的目的进行的。因此，二者在量上既不存在互为消长的关系，也不一定相等。在自给自足的自然经济条件下，储蓄与投资往往是结合在一起的。例如，一个自耕农民，当他把时间用于农田基本建设，而不用于种植和收获作物的时候，他既是在进行储蓄，也是在进行投资。因为就他把时间不用于现在的休闲和消费，而用于准备将来取得更多的消费来说，是在储蓄；就他在增加净资本的形成，以改进农场的生产能力来说，则是在进行投资。但是，在现代社会化生产条件下，储蓄与投资很明显并不完全是同一主体进行的行为。投资或净资本的形成，主要是由企业特别是由公司进行的。虽然企业也要进行储蓄，在很大程度上，它进行储蓄的直接动机是投资，但储蓄不仅限于企业，如前所说，个人也要进行储蓄。个人储蓄则出于另一些动机，它往往和社会与企业的投资机会没有什么关系。因为有利的投资机会取决于新的发现、新的产品、新的领土与边疆、新的资源、新的人口、较多的生产与收入，这些都不是个人储蓄所能左右和料及的。因此，从全社会来看，投资与储蓄既不存在互为消长的关系，也不一定相等。

三、消费函数和储蓄函数

消费与储蓄既然都是由收入分解出来的派生变量，因此，它们必然各自与收入存在某种函数关系。即在消费与收入之间存在消费函数（consumption function）关系，在储蓄与收入之间存在着储蓄函数（saving function）关系。

消费函数表示在其他情况不变的条件下，消费随收入的变动而呈同方向的变动，即收入增加，消费也增加，但增加的幅度不会相等。以 C 代表消费，Y 代表收入，则二者的函数关系可表示为：

$$C=f\,(Y)$$

储蓄函数表示在其他情况不变的条件下，储蓄随收入的变动而呈同方向的变动。但变动的幅度不会相等。以 S 代表储蓄，Y 代表收入，则二者的函数关系可表示为：

$$S=f\,(Y)$$

消费、储蓄同收入之间，不仅存在某种函数关系，而且存在一定的比例关系。消费同收入之间的比例关系被称为消费倾向（propensity to consume），储蓄同收入之间的比例关系被称为储蓄倾向（propensity to save），它们分别表示消费或储蓄在收入中所占比重的大小。

消费倾向可分为平均消费倾向和边际消费倾向两种。平均消费倾向指平均每个单位收入中消费所占的比重。以 APC 代表平均消费倾向，C 代表消费，

Y 代表收入，则 $APC = \dfrac{C}{Y}$。边际消费倾向是指每一收入增（减）量中消费增（减）量所占的比重。以 MPC 代表边际消费倾向，ΔC 代表消费增量，ΔY 代表收入增量，则 $MPC = \dfrac{\Delta C}{\Delta Y}$。

储蓄倾向也分为平均储蓄倾向和边际储蓄倾向两种。平均储蓄倾向是指平均每个单位收入中储蓄所占的比重。以 APS 代表平均储蓄倾向，S 代表储蓄，Y 代表收入，则 $APS = \dfrac{S}{Y}$。边际储蓄倾向指每一收入增（减）量中储蓄增（减）量所占的比重。以 MPS 代表边际储蓄倾向，ΔS 代表储蓄增量，ΔY 代表收入增量，则

$$MPS = \dfrac{\Delta S}{\Delta Y}$$

四、消费曲线和储蓄曲线

把消费函数 $[C = f(y)]$ 与储蓄函数 $[S = f(y)]$ 用几何坐标图形来表示，就分别形成一条消费曲线（consumption curve）或储蓄曲线（saving curve）。

消费曲线是用来表示消费随着收入之变动而变动的函数关系的曲线。如图 8-3，横轴表示收入，纵轴表示消费，CC' 为消费曲线。由于人们每天都不能没有消费，因此，从短期来看，即使一时完全没有收入，消费也不能等于零；而且一般讲，随着收入的增加，消费也会

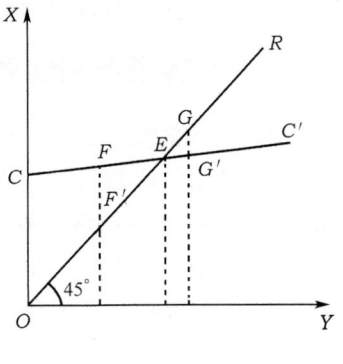

图 8-3

增加。所以，消费曲线 CC' 可设想为从纵轴的某一点向右上方倾斜。又假设 OR 为 45°线，线上的任何一点都表示收入与消费相等，即储蓄等于零。因此，CC' 与 OR 的交叉点 E 表示收入相等，谓之收支平衡点。在 E 点左边 CC' 线上的任何一点，都表示有负的储蓄，如 FF' 为负储蓄；E 点右边 CC' 线上的任何一点，都表示有正的储蓄，如 GG' 为正储蓄。

西方经济学家认为，消费虽然会随着收入的增加而增加，但从短期来看，由于人们有爱好储蓄的天性和消费习惯的相对稳定性，消费增加的幅度要慢于收入增加的幅度，即边际消费倾向有递减的趋势。以表 8-1 为例。

表 8-1 说明，第二年与第一年比较，收入增加 1 000，消费增加 890，因

表 8-1 边际消费倾向例表

年 份	收 入	消费开支	边际消费倾向 (MPC)
第一年	7 000	7 110	$\dfrac{890}{1\ 000}=0.89$
第二年	8 000	8 000	$\dfrac{850}{1\ 000}=0.85$
第三年	9 000	8 850	$\dfrac{750}{1\ 000}=0.75$
第四年	10 000	9 600	$\dfrac{640}{1\ 000}=0.64$
第五年	11 000	10 240	

此，边际消费倾向（$MPC=\dfrac{\Delta C}{\Delta Y}$）为 0.89；第三年与第二年比较，收入增加 1 000，消费只增加 850，边际消费倾向则下降为 0.85，以后历年下降为 0.75，0.64。这样消费函数的关系的数列，用几何坐标图形来表示，就形成一条边际消费倾向递减的消费倾向曲线，如图 8-4 所示。

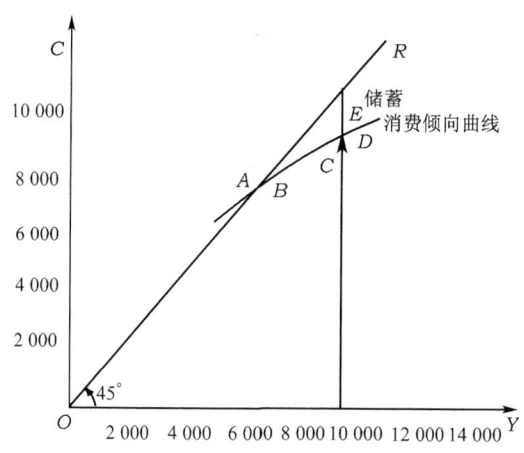

图 8-4

在边际消费倾向曲线与 45°线相交的 B 点表示收入和消费支出都为 8 000，储蓄为零；在 B 点左边曲线上 A 点表示消费大于收入；B 点右边曲线上的 C，D，E 点分别表示当收入为 9 000，10 000，11 000 时，消费支出相应的为 8 850，9 600，10 240，即收入大于消费，因此都有储蓄，而且储蓄在收入中所占比重愈来愈大，消费在收入中所占比重愈来愈小，即边际消费倾向递减。

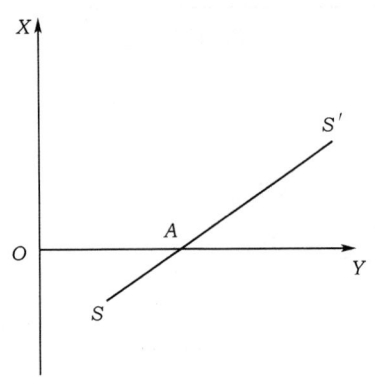

图 8-5

与消费曲线相对应的是储蓄曲线，它是用来表示储蓄随着收入之变动而变动的函数关系的曲线。如图 8-5，横轴表示收入，纵轴表示储蓄，SS′为储蓄曲线。由于储蓄会随着收入增加而增加，因此，SS′是向右上方倾斜的。但人们总是要进行消费的，不可能把全部收入都用于储蓄，而只有当收入达到一定水平时才有储蓄。

在图 8-5 中，A 表示储蓄等于零，即收入和消费支出相等。在 A 点左边的 SS′线上的任何一点表示负储蓄，A 点右边的 SS′线上的任何一点表示正储蓄。

从理论上讲，既然消费与储蓄之和等于收入，则消费倾向与储蓄倾向之和必然等于 1。（因为 $APC = \dfrac{C}{Y}$，$APS = \dfrac{S}{Y}$，所以 $APC + APS = \dfrac{C+S}{Y} = 1$）。因而在某一收入水平的限度内，储蓄曲线（SS′）必然是较消费曲线（CC′）位置低而与之相称的曲线。

同理，边际消费倾向与边际储蓄倾向之和也必然等于 1。因此，边际储蓄倾向递增的曲线，必然是较边际消费倾向递减的曲线的位置为低并与之相称。但凸向相反的一条曲线，如图 8-6 所示。

图 8-6 的边际储蓄倾向递增曲线，与图 8-4 边际消费倾向递减曲线是在相同收入水平下彼此相称而凸向相反的两条曲线（边际消费倾向曲线凸向上方，边际储蓄倾向曲线凸向下方）。因此，它们被称为是面貌相反的"孪生兄弟"。

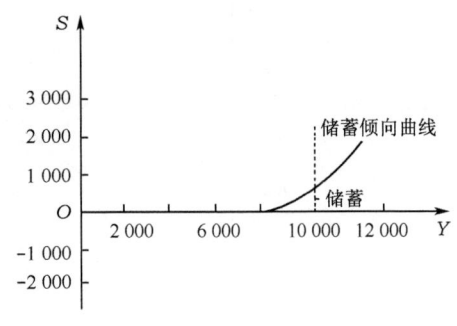

图 8-6

五、收入的决定

我们在前面已介绍了宏观经济学中由收入所分解的各个因素及其相互关系。那么，收入水平的本身又是怎样决定的呢？西方经济学家认为，收入水平，或者说国民收入的规模取决于收入的均衡状态，因而可以用储蓄与投资，或者用消费与投资两种方法来决定。

第一，储蓄与投资决定收入水平的方法。前面说过，收入的构成可以从供给与需求两方面来分析，而使供给与需求相等的关键是投资必须等于储蓄。

因为：$\qquad\qquad Y=C+S, \ Y=C+I$

所以：$\qquad\qquad\qquad\quad I=S$

式中，I 代表投资，S 代表储蓄，二者相等就意味着需求与供给相等，国民收入和国民经济处于均衡状态。如图 8-7，纵轴表示储蓄与投资，横轴表示收入，SS' 为储蓄曲线，II' 为投资曲线，SS' 与 II' 的交点 E 表示 $I=S$。因此，在 E 点上国民收入处于均衡状态，从而 E 点便决定国民收入水平或规模为 OH。如果收入大于 OH，例如为 OM，$OM>OH$。这时储蓄量为 MM'。大于投资量 MG，即 $S>I$。这就意味着供给过多，产品不能全部实现，迫使企业不得不

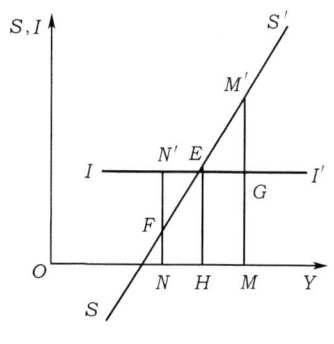

图 8-7

缩小生产规模。如果收入小于 OH，例如为 ON，这时储蓄量为 NF，小于投资量 NN'，即 $S<I$。这就意味着产品供不应求。产品价格会升高，企业就必然要扩大生产规模，提高国民收入水平。可见，只有 E 点是收入均衡点，即当 $S=I$ 时决定了国民收入水平，这时国民经济处于既不扩大也不缩小的均衡状态。

第二，消费与投资决定收入水平的方法。前面说过，从需求方面来看，收入由消费与投资两个因素构成，因此，当消费与投资之和等于收入时，就是供给与需求相等，从而使收入达到均衡状态，决定了国民收入水平，如图 8-8，以横轴表示收入（Y），纵轴表示投资、消费（I，C）。OR 为 45°线，因此 OR 线上任何一点都表示供给和需求相等。C 为消费线，$I+C$ 为投资加消费曲线，$I+C$ 曲线与 OR 线相交的 E 点，便是收入的均衡点，供给与需求相等，这时收入水平为 OH。如果收入水平大于 OH，则必然形成收入大于投资加消费［$Y>(I+C)$］，或者说供给大于需求，从而迫使企业缩小生产，降低收入（供给）水平；如果收入小于 OH，则必然形成收入小于投资加消费，企业就会扩大生产规模，提高收入（供给）水平。可见，只有当 $I+C=Y$，即 E 点才是收入均衡点，它决定了国民收入水平。

应当看到，上述两种决定收入水平的方法，其结果是一致的，即由投资与储蓄相等（$I=S$）决定的收入水平，与由同一投资水平加上相应的消费水平决定的收入水平必然相等。试把图 8-7、图 8-8 合并为图 8-9 即可看出，当投资曲线（I）与储蓄曲线（S）的交点 E_1 所决定的收入水平为 OH，则

$HE_1 = S = I$（图 8-7 的内容）。现将 HE_1 线延长，如果与同一投资水平相应的消费曲线（C）相交于 E_2，与 45°线相交于 E_3，则 HE_2 为在同一收入水平（OH）下的消费部分（C），而 $E_2E_3 = HE_1 = S$，因此，$HE_3 = C + I = OH$。这就是说，由 $C+I$ 曲线与 45°线相交于 E_3 所决定的收入水平（OH），与由投资曲线（I）与储蓄曲线（S）相交于 E_1 点所决定的收入水平（OH）相等。简言之，上述两种决定收入水平的方法是一致的。

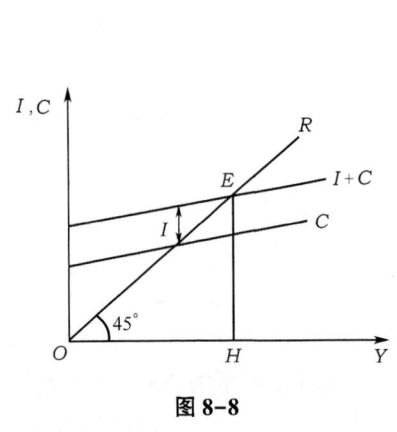

图 8-8

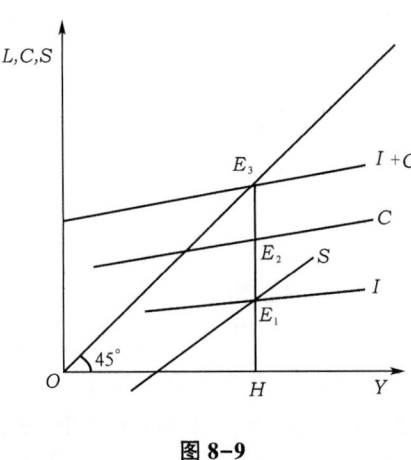

图 8-9

上述两种决定收入水平的方法及其相互一致性，可以用表8-2为例来具体说明。

表 8-2 收入的决定例表　　　　　　单位：亿元

年份	(A)国民收入 A	(B)消费 B	(C)储蓄 C=A-B	(D)投资 D	(E)总供给 E=A	(F)总需求 F=B+D	收入变动趋势
第一年	2 200	1 800	400	200	2 200	2 000	收缩 收缩
第二年	1 900	1 600	300	200	1 900	1 800	
第三年	1 600	1 400	200	200	1 600	1 600	均衡
第四年	1 300	1 200	100	200	1 300	1 400	扩大 扩大
第五年	1 000	1 000	0	200	1 000	1 200	

表 8-2 说明，第一年、第二年都是总供给大于总需求，因而迫使企业收缩生产规模，从而降低国民收入水平。第四年、第五年都是总供给小于总需

求，因此企业必然要扩大生产规模，从而提高国民收入水平。只有第三年总供给与总需求相等，以致生产规模既不会扩大，也不会缩小，整个国民经济处于稳定均衡状态，实现了收入均衡。这种均衡状态就是在投资（200）与储蓄（200）相等，同时也就是在消费（1 400）加投资（200）与收入（1 600）相等的情况下实现的。

以上我们扼要地介绍了宏观经济学国民收入分析的基本原理。应当看到，它虽然在一定程度上揭示了资本主义社会国民收入流程的表面现象，及其各个分解因素相互间的某些表面联系，但整个说来，它的理论分析是不科学的，并具有替资本主义剥削辩护的性质。因为它的收入概念，把生产者、非生产者的收入，被剥削者、剥削者的收入，原始收入和派生的再分配收入等统统混为一谈。这就混淆了各种不同收入的来源和性质，从而不仅使相当一部分收入被重复计算，夸大了国民收入的数额，而且为掩盖资产阶级的剥削本质打开了方便之门。由收入所分解出来的消费、储蓄的概念，同样也具有掩盖剥削者与劳动者本质区别的辩护性质。因为它把工人的消费与资本家的消费混为一谈，把个人储蓄与公司储蓄混淆在一起了。这样，它的所谓消费倾向、消费曲线、储蓄倾向、储蓄曲线，便缺乏充分的科学根据。至于它的收入决定理论，由于没有深入到国民经济内部本质的联系上去进行分析，也没有把价值形态与物质形态联系起来对社会再生产作统一的考察，因此，也是片面的。

第九章　宏观的就业理论和经济均衡

当代西方宏观经济学的一个基本目标就是要实现社会的充分就业，而这又被认为是与宏观经济均衡的实现分不开的。因此，宏观的就业理论和经济均衡便构成了西方宏观经济学的主要内容和理论基础。

第一节　社会就业量决定的一般理论

一、凯恩斯充分就业的含义

就业与失业是两个相对称的概念。什么叫就业，什么叫失业，西方经济学家各有不同的解释。凯恩斯的充分就业概念，也有其特殊含义。

凯恩斯将工人的失业分为三类：第一，摩擦性失业（frictional unemployment）。这是指生产过程中，由于短时的或局部的难以避免的摩擦所导致的失业。他说："例如：由于估计错误，或时断时续的需求，专业化的资源比例暂时失调可以导致失业；或者，由于未预见到的变动而导致的时间的拖延；或者，从一种工作转移到另一种工作所必须有的时间；由于这些原因，在一个非静态的社会中，总会存在着'在不同工作中转移'中而失业的资源。"[1] 第二，自愿失业（voluntary unemployment）。这是指在客观上有工作，但劳动者由于种种原因自己不愿去工作而造成的失业。第三，非自愿的失业（involuntary unemployment）。这是指由于社会对商品的需求不足，以致不足以使生产吸收愿意工作的人去工作而造成的失业，因此，又称为需求不足的失业。

凯恩斯认为，尽管有摩擦性失业和自愿失业存在，只要非自愿失业被消灭了，充分就业就实现了。他说："'摩擦'和'自愿'失业并不与'充分'就业发生矛盾。"[2] 所以，充分就业就是指没有非自愿的失业。

不难看出，凯恩斯的"充分就业"概念完全是在掩盖资本主义矛盾，为

---

[1] 凯恩斯著，高鸿业译：《就业、利息和货币通论》，商务印书馆，1999 年版。
[2] 凯恩斯著，高鸿业译：《就业、利息和货币通论》，商务印书馆，1999 年版。

加强资本主义剥削和统治服务。因为他把实际由资本主义基本矛盾引起的所谓"摩擦"失业、"自愿"失业，统统排除在真正失业之外；而且他的"自愿"失业之说，还会被用作破坏工人阶级内部团结的工具。

当然，我们还应看到，凯恩斯毕竟比过去传统的经济学家如庇古等人前进了一步。后者只承认有摩擦性失业和自愿失业，而凯恩斯却进一步提出了非自愿失业的概念，并认为这是真正的失业，说明他已承认了资本主义不可避免地存在大批失业的事实。

二、收入均衡决定社会就业的原理

西方经济学家认为，从全社会来看，社会的就业量是由国民收入的均衡状态来决定的。上一章的分析说明，在国民收入的各个分解因素中，当投资等于储蓄（$I=S$）时，或者当消费加上投资等于收入（$C+I=Y$）时，便使收入处于均衡状态。这时，社会的总需求价格与总供给价格相等，从而使工人的就业量处于相对稳定状态。

因为，所谓总供给价格，是指全体资本家雇用一定量工人时所需要得到的产品总量的最低卖价，总需求价格，是指全体资本家雇用一定量工人时预期社会对产品愿意支付的总价格。总之，无论是总供给价格，还是总需求价格，都是与雇用一定的工人相联系的。如果总需求价格小于总供给价格，资本家或者不能按自己要求的卖价出售商品，或者有一部分商品卖不出去，这样，资本家就会减雇工人，收缩生产；如果总需求价格大于总供给价格，社会对商品的需求超过商品的供给，资本家就会增雇工人，扩大生产，只有当总供给价格等于总需求价格，也就是当投资等于储蓄的收入均衡状态时，资本家才既不缩小生产，减雇工人，也不扩大生产，增雇工人。西方经济学家由此便得出结论：社会就业量是由收入均衡状态决定的。图 9-1 可以说明他们的收入均衡决定就业量的思想。

在图 9-1 中，纵轴代表总供给价格（S）和总需求价格（D），横轴代表就业量（N），S 曲线为供给曲线，D 线为需求曲线。当就业量为 N_1 时，全体资本家预期社会对产品愿意支付的需求价格为 d_1，而总供给价格为 S_1，即总需求价格大于总供给价格（$d_1>S_1$）。于是，资本家增雇工人，以增加产品供给；如果就业量由 N_1 增至 N_2，则 $d_2<S_2$，即总需求价格小于总供给价格。于是，资本家就会减

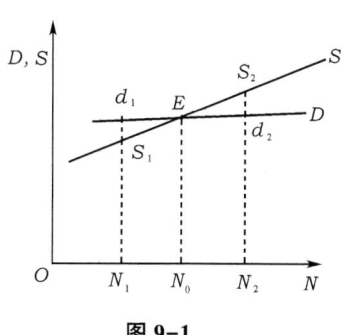

图 9-1

雇工人，以减少产品供给，这样，反复地一增一减，最后便使就业量确定在 N_0 上。当就业量为 N_0 时，总供给价格和总需求价格相等为 N_0E。这 E 点就是供给曲线（S）与需求曲线（D）的交叉点，亦即收入均衡点，由均衡点决定的就业量，称为一般均衡就业量。

但是，凯恩斯认为，由收入均衡（即总供给价格与总需求价格相等）决定的一般均衡就业量，并不一定就是充分就业量，充分就业均衡只是一种例外情况。至于在资本主义制度下，能否实现和如何实现充分就业均衡，凯恩斯与其以前的西方经济学家看法是不尽相同的。

三、传统的收入自动均衡论

凯恩斯以前的所谓传统庸俗经济学认为，资本主义经济在完全自由竞争的条件下，通过市场机制的作用，会自动实现国民收入的均衡，而不会出现大规模生产过剩的经济危机和失业，即可以实现充分就业均衡。

19 世纪初，资产阶级庸俗经济学的创始人萨伊（J. B. Say），提出了一个所谓萨伊定律（Say's law），认为商品的供给会自己创造需求，从而全社会商品的总供给和总需求是相等的。虽然他承认个别商品生产过剩是可能发生的，但又认为，一种商品生产过剩，是因为另一种商品生产过少，没有为前者提供足够的需求，而在自由竞争条件下，资本会自动地从前一生产部门转向后一生产部门，最后趋于均衡。所以，从全社会来看，不会有长期的、全面的生产过剩危机发生。萨伊定律，后来经过马歇尔（A. Marshall）、庇古（A. C. Pigou）等人又不断得到补充和发展，他们企图进一步说明，在劳动市场机制作用和利息率的自动调节下，资本主义经济会自动实现充分就业均衡，因而断言资本主义经济是最理想的经济制度。

第一，劳动市场机制的作用与充分就业的论点。传统庸俗经济学认为，在完全自由竞争的劳动市场上，通过工资率的自动调节，劳动自然会为企业所完全雇用，即能实现充分就业。如果劳动的供给大于需求，工资就会下跌，从而使企业会增雇工人；当工资下降，工人生活困难，劳动的供给势必减少。如果劳动的供给小于需求，工资就会上升，从而使劳动的供给增加；当工资上升到某一点，以致使劳动的供给与需求平衡时便稳定下来，这样便实现了劳动的充分就业。劳动市场机制的作用可用图 9-2 说明。

在图 9-2 中，纵轴表示工资，横轴表示劳动量，S 为劳动的供给曲线，D 为劳动的需求曲线。当工资为 W_1 时，劳动的供给为 N_1，劳动的需求为 N_2，$N_1>N_2$，即劳动的供给大于劳动的需求（$S>D$）。这时有 $ON_1-ON_2=N_2N_1$ 的工人失业。由于大批失业工人的压力，工资便下降了，假定工资下降到 W_2，则

劳动的供给 N_2 小于劳动的需求 N_1。这时由于各企业争雇工人，便使工资提高。假定工资提高到 W_0，劳动的供给与需求恰好相等为 N_0，这 N_0 便是由劳动的供给曲线与需求曲线的交叉点 E（均衡点）所决定的均衡就业量，它表明全部工人都得到就业。

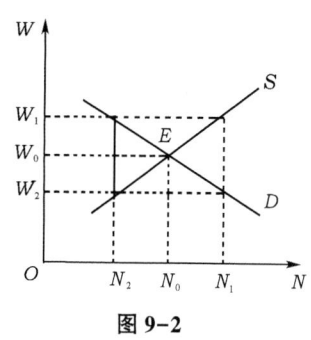

图 9-2

图 9-2 的另一个实际含义是，如果在劳动市场上有大量失业存在，其原因就是由于有某种垄断力量限制了自由竞争，使工资高于 W_0。西方经济学家认为，垄断力量就是工会。可见，他们这种所谓自动实现充分就业之说的实质在于反对工人阶级为提高工资而进行的斗争。其实，资本家是否增减工人，其根本原因，并不在于工资的高低，而在于产品是否有销路，能否赚取更多的剩余价值。

第二，利息率的自动调节作用与国民经济的均衡发展。马歇尔认为，资本主义经济在完全自由竞争的条件下，个别商品的供给与需求会自动达到均衡状态；从全社会来看，由于利息率自动调节储蓄与投资之间的关系，也会使二者相等，从而使资本主义经济获得均衡发展。

他们认为，储蓄代表货币资本的供给，投资代表对货币资本的需求。人们之所以要储蓄，目的在于获取利息，之所以要投资，目的在于赚取利润。如果利息率等于或接近于利润率，人们自然就愿储蓄，不愿投资；相反，如果利息率小于利润率，人们自然就愿投资，不愿储蓄。因此，利息率的高低会自动调节储蓄与投资之间的关系，或者说，会自动调节货币资本的供给与需求之间的关系，使之达到均衡状态。

那么，利息率的高低又是怎样确定的呢？假定利润率为已定，利息率就取决于货币资本的供给，即储蓄的多少。储蓄得多，利息率就下降；储蓄得少，利息率就上升。

反过来说，利息率的高低，又调节着储蓄与投资的关系，如图 9-3 所示。

在图 9-3 中，横轴 r 表示利率，纵轴 I，S 分别表示投资、储蓄，SS' 为储蓄曲线，II' 为投资曲线，当利率为 r_1 时，$I<S$，即资本供过于求，利息率就会下降，于是人们会把储

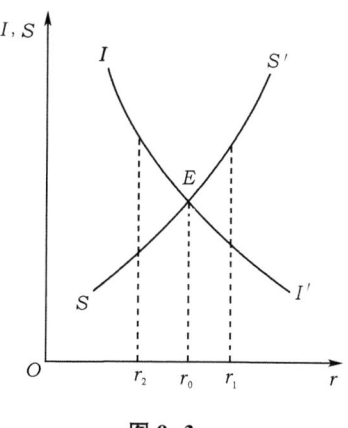

图 9-3

蓄转向投资；当利息率下降到 r_2，$I>S$，即资本供不应求，利息率又会上升，于是人们又会把投资转向储蓄。这样，在利息率的自动调节下，投资与储蓄自然会最终趋向平衡，从而使资本主义经济得到均衡发展。

总之，传统庸俗经济学根据萨伊定律认为，在资本主义完全自由竞争的条件下，既不会有大规模失业，也不会有全面的生产过剩，能自动实现充分就业的均衡。很明显，这是十足的为掩盖资本主义基本矛盾的辩护理论。它不仅在理论上是错误的、庸俗的，而且在实践上已为 20 世纪 30 年代严重的经济危机所彻底粉碎。

第二节　凯恩斯的有效需求理论

凯恩斯在 20 世纪 30 年代面对资本主义存在经济危机的现实，以及传统庸俗经济学的自动实现充分就业均衡的理论已不能自圆其说的情况下，发表了他的主要著作《就业利息和货币通论》，宣称在资本主义的自由竞争下，由于有效需求不足，并不能保证自动实现充分就业的均衡，因此国家必须执行干预经济的政策，以便解决失业问题。在他看来，社会就业量就是由有效需求决定的。凯恩斯的这种有效需求论被西方经济学家吹捧为"凯恩斯革命"。凯恩斯的信徒，美国经济学家克莱因（L. R. Klein）就说："凯恩斯的革命的贡献是什么？……凯恩斯的革命发展了有效需求的理论。"[①]

一、凯恩斯的有效需求决定就业原理

什么是有效需求？凯恩斯认为，有效需求是指商品的总供给价格和总需求价格达到均衡状态时的社会总需求。由于总供给价格与总需求价格处于均衡状态时，资本家既不会扩大生产增雇工人，也不会缩小生产减雇工人，因此，社会就业量就被认为是由均衡状态决定的，即由社会总需求或有效需求决定的。

但是，凯恩斯又认为，由均衡状态或有效需求决定的就业量，不一定是充分就业量。如图 9-4 所示：纵轴表示总供给价格（S）和总需求价格（D），横轴表示社会就业

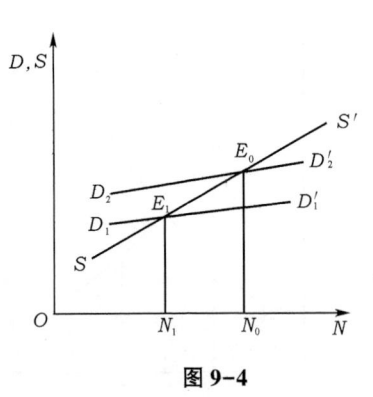

图 9-4

---

① 克莱因著，薛蕃康译：《凯恩斯的革命》，商务印书馆，1980 年版。

量（N）。由供给曲线（SS'）与需求曲线（$D_1D'_1$）相交于 E_1 的均衡点所决定的就业量为 N_1。如果充分就业量为 N_0，它大于 N_1（$ON_0 > ON_1$），这时就会有 $ON_0 - ON_1 = N_1N_0$ 的工人失业。可见，E_1 均衡点所决定的就业量不是充分就业量，要能实现充分就业，就必须使均衡点由 E_1 移至 E_0，而这时的需求曲线就需由 $D_1D'_1$ 移至 $D_2D'_2$。很明显，$D_2D'_2$ 高于 $D_1D'_1$，意味着有效需求不足。

简言之，凯恩斯认为，社会就业量决定于社会总需求或有效需求。但由有效需求决定的就业量不一定是充分就业量，如果有效需求不足，就不能实现充分就业的均衡。同时凯恩斯还认为，在资本主义自由竞争下，通常会出现有效需求不足，因而实现充分就业的均衡只是一种例外。凯恩斯为什么会认为资本主义社会通常会出现有效需求不足呢？首先明确他的有效需求不足，是相对于为满足充分就业所需的总供给而言的，但他根据自己短期的总量分析方法，认为在短期之内供给是不变的，也就是假定在短期之内，诸如劳动的技术和数量、资本设备的素质和数量、竞争程度、消费者的偏好和习惯、社会结构等等，都不发生变化，因而他没有去考究供给方面的变化，而着重考察需求方面究竟有哪些因素引起了有效需求不足。他认为，在资本主义自由竞争条件下，由于边际消费倾向递减、资本边际效率递减和流动偏好三个基本心理因素，就必然会引起有效需求不足。

二、边际消费倾向递减

在上一章分析国民收入时，我们已说明，边际消费倾向是指每一收入增（减）量中，消费增（减）量所占的比重，即 $MPC = \dfrac{\Delta C}{\Delta Y}$。式中 MPC 代表边际消费倾向，ΔC 代表消费变动量，ΔY 代表收入变动量。凯恩斯认为，人们天生就有爱好储蓄的心理倾向，而消费习惯在短期之内是相对稳定的，因此，当收入增加时，通常都倾向于把更多的钱储蓄起来，从而在整个收入中用于消费的份额趋于减少，即边际消费倾向递减。他认为这是人们的基本心理法则之一，由此，就必然引起对消费品需求不足。

凯恩斯的这个边际消费倾向递减规律（the law of diminishing marginal propensity to consume），是唯心主义的，因为他用总量分析方法，抹杀了资本主义社会中消费居民的阶级差别，从而把实际上只适用于占居民中少数的一般资产阶级的消费心理倾向，混同为全社会普遍的消费倾向规律。既然这个规律实际是不存在的，他把对消费品需求不足的原因归结为这个规律的作用，也就没有根据了。事实上，广大工人群众消费不足的根本原因，是由于遭受了资本家的剥削，但凯恩斯对此却讳莫如深，根本不去提及。

三、资本边际效率递减

由于有效需求或社会总需求是由消费和投资两个因素构成的，而消费需求又因边际消费倾向递减规律的作用显得不足，于是凯恩斯把解决就业问题的希望寄托在增加投资上。他说："设社会在既定地被我们称为消费倾向的条件下，就业的均衡水平（即对全部企业家说来没有动机促使他们扩大或减少就业量的水平）取决于现期的投资数量。"[①]

但是，能否使投资增加到足以实现充分就业的均衡呢？凯恩斯认为，这首先要受到资本边际效率递减的基本心理规律的限制。

所谓资本边际效率（marginal efficiency of capital）是指资本预期利润率，即增加一笔投资预期可以得到的利润率。凯恩斯说："我把资本边际效率定义为一种贴现率，而根据这种贴现率，在资本资产的寿命期间所提供的预期收益的现值能等于该资本资产的供给价格。"[②]

通俗地讲，资本边际效率的实质，就是资本的利润率，但又与利润率稍有区别，主要是它加进了两个因素：一是心理因素，即它是以资本家对资本未来的预期收益所作的心理上的估计为基础的范畴；二是时间因素，即它不仅是决定于资本现在的收益，也决定于资本"未来"的收益。总之，资本边际效率既是指利润率，又不仅仅是指现实的资本利润率，而是指资本家主观上预期的未来的利润率。至于他之所以用"效率"而不用"利润率"是由于他们把利润看作是由资本创造的庸俗用语。

既然资本边际效率是指预期的未来的利润率，所以它取决于一种资产未来的收益与其供给价格的关系，而供给价格，也就是把资本未来的收益按其边际效率折成的现值。

现设有一固定资产，其供给价格为 K，寿命期为 1 年，如果预期的收益为 Q_1，资本边际效率为 r_m，则 K，Q_1，r_m 之间的关系如下：

$$Q_1 = K \ (1+r_m)$$

或：

$$K = \frac{Q_1}{1+r_m}$$

又设一固定资产，其供给价格为 K，寿命期为 2 年，如果第一年的预期收益为 Q_1，第二年的预期收益为 Q_2，资本的边际效率为 r_m，则它们之间的关系如下（与上同理）：

$$Q_2 = \left[K \ (1+r_m) \ -Q_1 \right] \ (1+r_m)$$

---

①② 凯恩斯著，高鸿业译：《就业、利息和货币通论》，商务印书馆，1999 年版。

或：

$$K = \frac{Q_1}{(1+r_m)^1} + \frac{Q_2}{(1+r_m)^2}$$

例如，假定有一固定资产的供给价格为 3 000 元，其寿命为 2 年，预期第一年的收益为 1 100 元，第二年的收益为 2 420 元，那么它的边际效率为 10%，把这些数据代入上述公式便是：

$$供给价格（K）3 000 = \frac{1\,100}{1+10\%} + \frac{2\,420}{(1+10\%)^2}$$

现在把上述公式推而广之，便可得出一般的资本边际效率公式：

$$K = \frac{Q_1}{(1+r_m)^1} + \frac{Q_2}{(1+r_m)^2} + \cdots + \frac{Q_n}{(1+r_m)^n}$$

式中：K——固定资产的供给价格；

Q_1，Q_2，$\cdots$，Q_n——分别代表第一年、第二年、第三年……第 n 年的收益；

r_m——资本边际效率。

公式表明，一固定资产的供给价格等于未来一系列预期收益按资本边际效率折成现值之和。反过来说，资本边际效率则取决于一定资产的预期的未来收益与其供给价格之间的一定关系，在未来的预期收益不变的情况下，供给价格增加，资本边际效率就会下降，而供给价格会随着投资增加而增加。因此，投资增加，资本边际效率有下降趋势。

简言之，在投资增加，未来预期收益不变的情况下，资本边际效率就会递减。然而凯恩斯认为，在其他条件不变的情况下，投资增加，生产增多，资本家预期的未来收益，不仅不是上升，也不是不变，而是减少。这是由于他预期生产增多，产品售价下跌，加之资本家的情绪不佳，对未来收益也会作出悲观估计。因此，资本边际效率随着投资的增加必将下降。这样，凯恩斯便认为，资本边际效率递减乃是一条不可移易的心理规律。可用图 9-5 表明。

在图 9-5 中，横轴表示投资，纵轴表示资本的边际效率，当投资为 OG，资本的边际效率为 OD；投资为 OH，资本边际效率为 OE；投资为 OI，资本边际效率为 OF。因此，把 A，B，C 各点连接起来就形成一条向右下方倾斜的曲线。可见，资本边际效率递减。

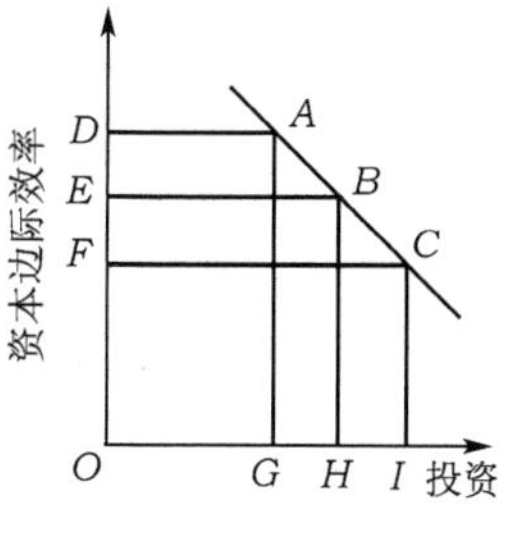

图 9-5

这里须注意一点，绝不能把凯恩斯的资本边际效率递减的心理规律与马克思的平均利润下降趋势的规律混为一谈。因为后者是以资本有机构成提高为依据所揭示出来的，存在于资本主义生产方式中的客观规律；而前者却是以资本家的预期为基础的主观心理范畴。凯恩斯甚至把资本家的什么"自发的乐观情绪"，甚至"消化是否良好和对气候的反应如何等等影响一人之情绪"① 等，都视为决定资本家预期的资本边际效率高低的因素。

凯恩斯之所以强调资本边际效率递减，是为了借以说明投资不足的原因所在。他本来希望通过增加投资来填补消费倾向递减所造成的有效需求不足，现在又看到，增加投资的希望要受资本边际效率递减规律的限制，因而仍不能解决有效需求不足的问题。

必须指出，凯恩斯在这里虽然看到了资本主义社会投资不足的问题，但是，他用资本边际效率递减这个心理规律去解释其原因却是不正确的。因为资本主义社会投资不足，乃是垄断资本统治、资本主义基本矛盾尖锐化和市场缩小的必然结果，而不是他的"心理规律"所致。

四、流动偏好

凯恩斯认为，资本家投资引诱，除受资本边际效率的影响外，还要受利息率的影响。当资本边际效率下降时，如果利息率不降低，甚至上升，以致在资本的边际效率中减去利息率后所形成的差额为零或负数时，资本家就不会再增加投资，甚至减少投资；只有当资本边际效率下降，资本利息率也下降，以致从资本预期的总利润中减去利息后，还有一个纯利润的差额存在，资本家才会增加投资。但利息率的高低，取决于对货币的需求，货币的需求则取决于人们的流动偏好程度。

流动偏好（liquidity preference）又称灵活偏好（nimble preference），是指人们总想保存一定量的灵活的现钱，以便应付日常开支、意外开支、投机活动。凯恩斯说，灵活偏好是起因于："（1）交易动机，即由于个人或业务上的交易而引起的对现金的需要；（2）谨慎动机，即为了安全起见，把全部资产的一部分以现金的形式保存起来；（3）投机动机，即相信自己比一般人对将来的行情具有较精确的估计并企图从中谋利。"② 凯恩斯认为，这三种动机是人们不易变更的心理因素，它们决定了人们的流动偏好的程度，从而决定了对货币需求量的大小；利息则是人们在一定时期内放弃这种流动偏好的报酬，利息率的高低，首先决定于人们流动偏好程度的大小，流动偏好愈强，对货

---

① 凯恩斯著，高鸿业译：《就业、利息和货币通论》，商务印书馆，1999年版。
② 凯恩斯著，高鸿业译：《就业、利息和货币通论》，商务印书馆，1999年版。

币需求量愈大，利息率愈高；反之，则相反。

凯恩斯认为，利息率的高低，除取决于流动偏好程度这个心理因素之外，还决定于货币的供给状况如何。如果流动偏好程度一定，货币的供给量愈大，利息率则愈低；反之，则相反。

总之，在凯恩斯看来，利息率是由流动偏好与货币供给两个因素决定的，利息率的高低与流动偏好的强度成正比，与货币（包括现金、信用货币）供给量成反比。

现假设流动偏好为 L，由交易动机、谨慎动机引起的流动偏好为 L_1，由投机动机引起的流动偏好为 L_2。又假设货币供给量为 M，满足 L_1 的货币供给量为 M_1，满足 L_2 的货币供给量为 M_2，利息率为 r。则：

$$L = L_1 + L_2$$
$$M = M_1 + M_2$$

L 随 r 下降而增大，r 随 M 增大而减小。

这就是说，当 M 增大时，r 会下降，从而 L 会增加。但若 M 增大到使 r 不能再降低时，即 M_1 已达到饱和时，货币就会从 M_1 流向 M_2，去满足投机的需要，而不会增加投资的引诱。这被称为"灵活陷阱"（nimble trap）或"凯恩斯陷阱"（Keynesian trap）。图 9-6 可以说明这一点。

在图 9-6 中，横轴表示货币供给量（M）和需求量（L），纵轴表示利息率（r），L 表示流动偏好曲线，或称货币需求曲线。当货币供给量为 M_0，即尚不能满足流动偏好 L_1 的需求时，利息率为 r_1；当货币供给量增加到 M_1，即能满足 L_1 的需求时，利息率下降为 r_2；但若货币供给量继续增加到 M_2 甚至更多时，即货币在满足 L_1 以后，就被用去满足投机的需求，即便满足了投机的需求仍然还有很多时，由于受到人们流动偏好心理规律的制约，利息率也不再下降，而仍保持在 r_2 的水平。

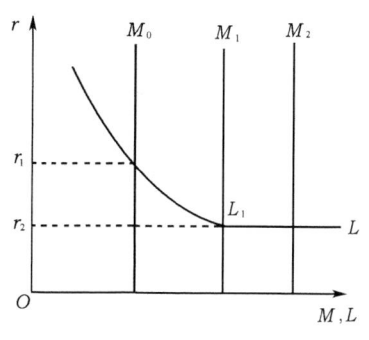

图 9-6

凯恩斯企图以此说明，投资引诱虽然会随着利息率的降低而增加，但利息率的降低要受到流动偏好这个心理规律的制约，具有一定限度。因此，资本家依然缺乏投资引诱，以致使投资需求不足，从而使社会有效需求不足。

必须指出，凯恩斯的这套利息率决定理论是不科学的，是辩护性的。首先，他把利息视为放弃流动偏好的报酬，这种观点在实质上不过是庸俗的

"节欲"论的翻版。其次，从所谓决定利息率的流动偏好和货币供给两个因素来看，前者完全是主观心理因素，根本不能说明客观经济规律究竟是怎样决定的问题；后者又把一般的货币供给与借贷资本混为一谈，因而也不能真正揭示决定利息率的原因。实际上，利息率是在平均利润率与零之间由借贷资本的供求关系来决定的。

综上说明，凯恩斯认为，在资本主义自由竞争条件下，社会经济的发展，由于边际消费倾向递减、资本边际效率递减和流动偏好三个基本心理规律的作用，必然会形成有效需求不足，以致必然会出现经济危机和大量失业。这样，他便否定了传统庸俗经济学的资本主义自动实现充分就业均衡，主张放任自由，反对国家干预经济的论点，而实现了所谓凯恩斯革命。

我们认为，传统庸俗经济学的自动均衡说，固然是错误的，但凯恩斯对它的否定，并不能说明凯恩斯就正确。因为凯恩斯对它的否定，是以自己不科学的有效需求不足论为基础的。问题是，资本主义经济之所以不能实现充分就业均衡的关键，在于资本主义存在固有的基本矛盾，而凯恩斯却完全回避了这一要害问题。凯恩斯对传统经济学的否定，不过是在资本主义的不同发展阶段上，资产阶级经济学家各个流派内部之间的分歧，其共同的目的都是要替资本主义制度辩护。传统经济学要为自由资本主义制度辩护，凯恩斯主义要为国家干预经济的国家垄断资本主义寻找理论根据。因此，所谓凯恩斯革命，不过是凯恩斯在新形势下，对传统经济学进行某些修改和补充，以适应国家垄断资本主义的需要，而并未改变其替资本主义辩护的本质。

第三节　两种市场的均衡

当代西方经济学家认为，在宏观经济均衡分析中，有商品市场的均衡和货币市场的均衡两个方面，只有同时实现了这两个市场的均衡，才能既有充分就业，又有物价稳定，从而使整个国民经济获得稳定均衡发展。在前面所述凯恩斯的宏观理论中，事实上只考虑了商品市场的均衡，而未涉及货币市场的均衡。继凯恩斯之后，英国的经济学家希克斯和美国的经济学家汉森，则对后一方面做了补充，他们指出了商品市场均衡与货币市场均衡的重要性，并提出了 *IS-LM* 公式，这通常被称为希克斯—汉森模型（model of Hicks-Hansen）。

一、商品市场的均衡

所谓商品市场均衡（equilibrium of commodity market），实际是指国民收入

的均衡，因为后者要求产品的供给和需求相等。前面已指出，实现收入均衡的关键在于投资等于储蓄（$I=S$）。这就是说，实现商品市场均衡的必要条件是：$I=S$。现用图9-7说明。

在图9-7中，横轴 y 表示国民收入量，纵轴 I，S 表示投资和储蓄的量。I_1，I_2，I_3 分别表示三种不同水平的投资曲线，S_1，S_2，S_3 分别表示三种不同水平的储蓄曲线。这各种不同水平的投资曲线和储蓄曲线的交叉点，分别为 E_1，E_2，E_3，都表明 $I=S$。因此，把这 E_1，E_2，E_3 三点连接起来便形成一条 IS 曲线（投资储蓄曲线）。在这条曲线上的任一点都表明 $I=S$。这就是商品市场均衡的条件。换言之，商品市场的均衡点只能出现在 IS 曲线上。

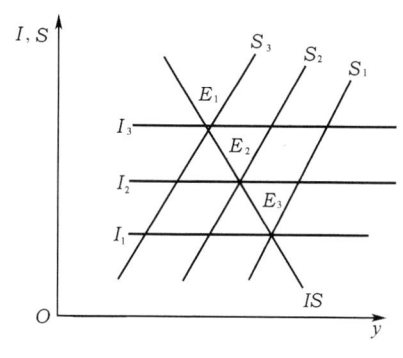

图 9-7

但是，凯恩斯认为，投资（I）的多少会随利率（r）的变化而变化，即 I 是 r 的递减函数。利率上升，投资下降；利率下降，投资上升。同时，储蓄（S）会随收入（y）的变化而变化，即 S 是 y 的递增函数。收入增加，储蓄也增加；收入下降，储蓄也下降。而收入与投资之间也存在一定依存关系，即收入是投资的递增函数，于是在 r，I，y，S 之间存在如下序列的关系：

$$r\downarrow \rightarrow I\uparrow \rightarrow y\uparrow \rightarrow S\uparrow$$

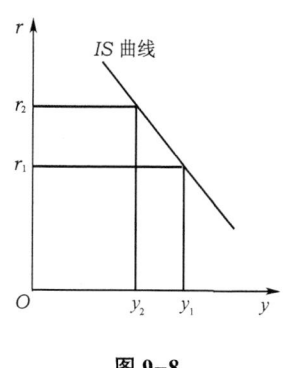

图 9-8

因此，前面表现 IS 曲线的图9-7，当考虑到利率（r）和收入（y）两个因素的影响时，就可改造为图9-8。

图9-8的 IS 曲线与图9-7的 IS 曲线的意义一样，在曲线上的任一点都表明投资与储蓄相等。当利率为 r_2 时，由一定投资而取得的国民收入为 y_2；当利率由 r_2 下降到 r_1 时，便会引起投资变动，以致国民收入由 y_2 增加为 y_1。因此，IS 曲线表明，在保持投资与储蓄相等的条件下，投资与储蓄水平的任何变动，都必须有相应的利率变动和收入变动相配合。但是，图9-8虽已表明它们之间相互配合的关系，却没有把相互配合关系的变化过程充分表现出来。因此，为了进一步说明 r，I，y，S 四个因素相互配合关系的变化过程，完整地表现商品市

场的均衡状态，可用图 9-9 来说明。

图 9-9 右横轴表示国民收入 y，左横轴表示投资 I，上方纵轴表示利率 r，下方纵轴表示储蓄 S；r，I，y，S 四个因素相互配合关系变化的过程如下：

先从第 II 象限来看，投资曲线（II 曲线）的走向表明，投资（I）是利率（r）的递减函数，当利率为 r_2 时，投资为 I_2，当利率下降到 r_1 时，投资增加到 I_1。

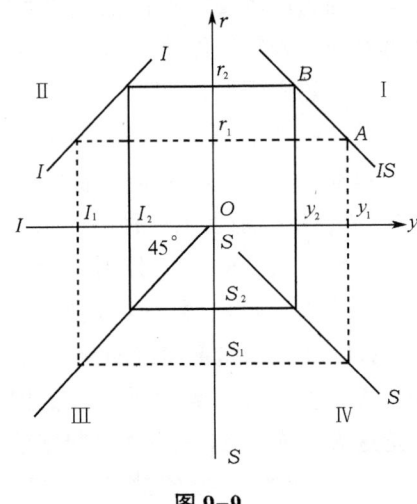

图 9-9

再从第 III 象限来看，45°线上的任何一点都表明投资与储蓄相等。因此，当投资为 I_2 时，储蓄为 S_2，当投资为 I_1 时，储蓄为 S_1。

再从第 IV 象限来看，储蓄曲线（SS 曲线）的走向表明，储蓄（S）是收入（y）的递增函数，当储蓄为 S_2 时，收入就必须为 y_2，当储蓄为 S_1 时，收入必须为 y_1。

最后，从第 I 象限来看，此象限是图 9-8 全图形的移位，它表明由利率变化开始，引起投资、收入、储蓄的变化，并使投资与储蓄达于均衡，IS 曲线的任何一点都是投资与储蓄的均衡点。因此，B 点是利率为 r_2、收入为 y_2 时的投资与储蓄的均衡点；A 点是当利率下降为 r_1，收入增加为 y_1 时的投资与储蓄的均衡点。

这就是商品市场均衡图形。它表明，IS 曲线就是 r，I，y，S 四个因素得到了恰到好处的配合，从而使投资与储蓄达于均衡的线。

二、货币市场的均衡

所谓货币市场的均衡（equilibrium of money market），是指货币的供给与需求达到均衡状态，以 L 代表货币的需求，M 代表货币的供给，则货币市场均衡的条件是 $L=M$。用图 9-10 说明如下。

在图 9-10 中，纵轴表示利率（r）；横轴表示货币的供给（M）和需求（L）；L_1，L_2，L_3 分别表示与三种不同收入水平相适应的三种不同水平的货币需求曲线。曲线离原点愈远，需求水平愈高；其中每一条需求曲线都表示包括交易动机、谨慎动机和投机动机在内的对货币总需求的变动轨迹；这些货

币需求曲线向右下方倾斜，表示在各种既定收
入水平下对货币的需求量是利率（r）的递减
函数。M_1，M_2，M_3 表示各种不同水平的货币
供给曲线。由于货币供给额由中央银行所控
制，所以这些货币供给曲线是与横轴相垂直的
直线，愈往右的直线，表示货币的供给量愈
大。这些货币的需求曲线与供给曲线分别相交
于 E_1，E_2，E_3 点。这三点便是货币需求（L）
与货币供给（M）的均衡点，连接此三点即形
成 LM 曲线。这就是货币市场均衡的条件。换
言之，货币市场的均衡，只能出现在 LM 曲
线上。

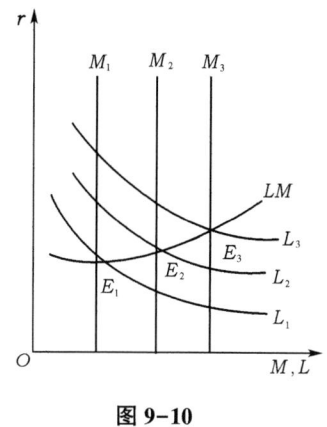

图 9-10

但是，西方经济学家认为，货币的需求（L），既与利息率（r）有关，也
与国民收入（y）有关。即当货币的供给（M）为已定时，L_1 是 y 的递增函
数：y 愈大，L_1 愈大；y 愈小，L_1 愈小。而 L_2 则是 r 的递减函数：r 愈高，L_2
愈小；r 愈低，L_2 愈大。

由于在 LM 曲线上的任一点都表示 $L=M$，或者 $M=L_1+L_2$，因此，当 L_1 随
着 y 的增加而增加时，要使 M 不变，就只有使 L_2 相应下降，为此，就需要使
r 上升，所以，为了满足 $L=M$ 的条件，相应于 LM 曲线上任一点的 r 与 y 之
间，必须有按同方向、同比例变化的关系，即当 y 上升时，r 亦上升；y 下降
时，r 亦下降，可用图 9-11 表示。

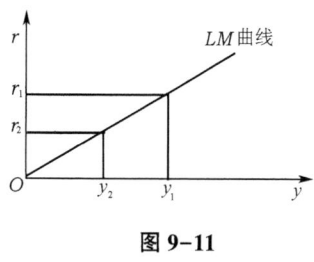

图 9-11

在图 9-11 中，横轴表示收入，纵轴表示
利率，在 LM 曲线上的任一点都表明货币的需
求与供给相等。当利率为 r_1 时，国民收入为
y_1；当利率为 r_2 时，国民收入为 y_2。这就是
说，要使货币的需求与供给平衡，这种平衡水
平的任何变动，都必须有相应的利率变动与收
入变动相配合。但是，图 9-11 虽已表明它们

之间相互配合的关系，却并没有把相互配合关系的变化过程充分表现出来。
因此，为了进一步说明 r，L，M，y 四个因素相互关系的变化过程，完整地表
现出货币市场的均衡状态，可用图 9-12 表示。

在图 9-12 中，右横轴表示收入 y，左横轴表示对货币的需求 L_2，上方
纵轴表示利率 r，下方纵轴表示对货币的需求 L_1；OM，OM' 均表示货币的供
给量为已定。这样，在货币市场的均衡中，r，L，M，y 四个因素的相互配

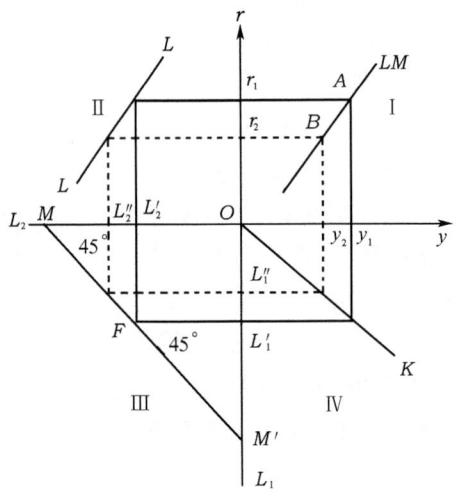

图 9—12

合关系的变化过程就可以表现出来了。

先看第 II 象限。货币需求曲线（LL 曲线）的走向表明，L_2 是 r 的递减函数，当利率为 r_1 时，L_2 为 OL'_2；当利率降为 r_2 时，L_2 增为 OL''_2。

再看第 III 象限。假定 $\angle OMM'$ 为 45°，于是 OM 与 OM' 相等，而 OM 与 OM' 乃是已定的货币供给量。又假定 L'_1F 与 OM 平行，即 □$OL'_1FL'_2$ 为平行四边形。于是：

$$OL'_2 = L'_1F = L'_1M'$$

因为： $$OM' = L'_1M' + OL'_1$$

所以： $$OM' = OL'_1 + OL'_2$$

同理， $$OL'_1 = L'_2F = L'_2M$$

因为： $$OM = OL'_2 + L'_2M$$

所以： $$OM = OL'_2 + OL'_1$$

这就是说，货币需求 L_1 加上货币需求 L_2 之和，与已定的货币供给量 OM 是相等的。应当说明，这个结论是当利率为 r_1 时，货币需求 L_2 为 OL'_2，相应的货币需求是在 L_1 为 OL'_1 的情况下得出的。但不难看出，根据同样道理，当利率为 r_2 时，货币需求 L_2 为 OL''_2，相应地货币需求 L_1 为 OL''_1 的情况下，也同样会得出这个结论。

接着看第 IV 象限。OK 线的走向表示，货币需求 L_1 是 y 的递增函数，当 L_1 为 OL''_1 时，y 必须为 y_1；当 L_1 为 OL''_1 时，y 必须为 y_2。

最后看第 I 象限。此象限是图 9—11 的移位，它表明由利率（r）的变动开始，引起对货币需求 L_2 的变动，在货币供给量（M）为已定的情况下，便引起 L_1 的变动，从而引起 y 的变动。从图 9-12 看出，当利率为 r_1 时，收入为 y_1；当利率为 r_2 时，收入为 y_2。可见，在 LM 线上的任何一点，即在满足 $L=M$ 的条件下，都必须有 r 与 y 的适当配合。A 点便是 r 为 r_1，y 为 y_1 时的货币的供给与需求的均衡点；B 点是 r 为 r_2，y 为 y_2 时的货币的供给与需求的均衡点。

这就是货币市场均衡图形，它表明 LM 线是 r，L，M，y 四个因素得到了恰到好处的配合，从而使货币的供给与需求达到均衡的线。

三、两种市场的均衡

西方经济学家认为，整个国民经济的稳定均衡发展，必须是既有商品市场的均衡，又有货币市场的均衡。因此，还需要把这两种市场的均衡结合起来考察。现把上述两种市场均衡的图形（图9-8和图 9-11）合并在一起，得图 9-13。

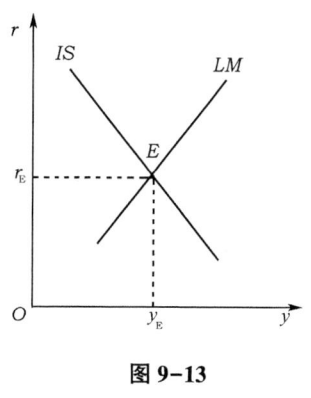

图 9-13

在图 9-13 中，横轴表示国民收入，纵轴表示利率，LM 为货币市场均衡线。IS 为商品市场均衡线。两线交叉点 E 乃是两种市场同时处于均衡状态的均衡点，在坐标区的其他任何一点都不能实现这种均衡的要求。例如，在 IS 线上，除 E 点以外的任何一点，都只满足了 $I=S$ 的要求，而不能满足 $L=M$ 的要求；在 LM 线上，除 E 点以外的任何一点，也只能满足 $L=M$ 的要求，而不能满足 $I=S$ 的要求。至于不在这两条线上的其他各点，则更是连 $I=S$ 或 $L=M$ 这样的条件也没有。所以，只有 E 点才是两种市场同时达到均衡的点。

这时与之相适应的利息率为 r_E，叫作均衡利息率；同样与之相适应的国民收入为 y_E，叫作均衡国民收入水平。可见，整个国民经济全面均衡的实现，与利息率和国民收入两个因素有密切关系，只有当这两个因素有着恰当的配合时，才能实现全面均衡，使国民经济获得稳定均衡的发展。

但是，根据凯恩斯的理论，利息率和国民收入这两个因素都要受所谓基本心理规律的影响，因此，靠资本主义自由竞争和自发的市场调节，是不能使这两个因素给予恰当配合的。这样，当代西方经济学家就提出了政府必须干预经济的问题，要求政府通过一定措施来调节利息率和国民收入水平，以达到实现两种市场均衡的要求。

四、我们对两种市场均衡分析的看法

首先，两种市场均衡分析的主题是企图寻求使资本主义经济获得稳定均衡发展的条件，进而说明资本主义终究是可以依靠自身力量实现均衡发展，永世长存的。因此，这种理论从本质上说，就是一种替资本主义制度辩护，否认它必然要被社会主义代替的理论。

其次，就它所要寻求的资本主义经济稳定均衡发展的条件来说，由于它是运用总量分析的方法，没有把社会产品按价值形态划分成三个部分，按实物形态划分成两大部类，这就完全堵死了正确分析社会再生产的道路。同时，由于它是以假设资本设备、劳动人口等生产要素不变为前提的短期的总量分析，就更不能说明社会扩大再生产是如何进行的了，因为扩大再生产一般总是需要有增加的生产要素作为物质前提的。

最后，两种市场均衡的宏观经济分析，完全撇开了对微观经济的考察，而现实生产中的宏观经济与微观经济是有密切关系和相互影响的。例如，社会就业问题，就不仅仅是劳动力总数、失业者总数、国民收入与对劳动力需求之间的关系问题，它还涉及一系列微观经济的问题，其中包括劳动者在什么情况下愿意就业，什么情况下不愿意就业，以及企业需要什么样的劳动力，不需要什么样的劳动力的问题，资本和劳动的不同结合程度以及各种组合比例如何影响社会的就业水平问题，等等。因此，他们这种宏观经济分析更加不能解决现实经济问题。对于这种缺陷，甚至连凯恩斯的后继者有的也觉察到了，因而主张把凯恩斯的宏观经济分析与传统经济学的微观经济分析结合起来。

当然，我们应当看到，两种市场均衡的分析，作为一种分析方法，在某些方面也有可供参考之处。例如，它从货币价值的数量方面，指明了整个国民经济发展的均衡条件，必须是商品市场和货币市场同时实现均衡，即要求在价值形态上，应使商品的供求、货币的供求都能保持平衡。马克思的社会资本再生产理论，事实上也是以价值形态的平衡作为顺利实现社会再生产的条件的。再如，它还注意到在实现国民经济均衡发展中各个经济变量之间的关系，即 r，y 与 I，S 的关系，以及 r，y 与 L，M 的相互关系，这些关系在一定程度上也是客观存在的。

第四节　在政府、对外贸易作用和
汇率变动下的收入均衡

上述两种市场均衡的宏观经济分析，是在撇开政府和对外贸易对经济发生影响的情况下进行的。作为一种抽象分析的方法，这样处理是可以的。现在为了更切合实际，有必要再把宏观经济学关于政府和对外贸易的作用引进到经济均衡分析中来。如果说两种市场的均衡分析只涉及企业和居民户两个部门之间的关系，因而称为两个部门经济，那么，在引进政府、外贸作用的情况下，就涉及三个部门或四个部门之间的关系，因而可称为三个部门经济或四个部门经济了。

一、在政府起作用下的收入均衡

在资本主义国家，政府对经济的干预，主要是在 20 世纪 30 年代以来，随着国家垄断资本主义的发展而日益加强的。政府的经济活动，主要表现在如下两个方面：一是政府收入，主要是取自企业和居民户的税金；二是政府支出，包括政府对商品和劳务的购买，以及政府给居民户的转移支付，如津贴费、救济金、雇员薪金、利息等。

因此，当考察到政府经济活动时，整个社会的收入流量的流程模型，就会使图 8-2 变为如图 9-14 的形式。

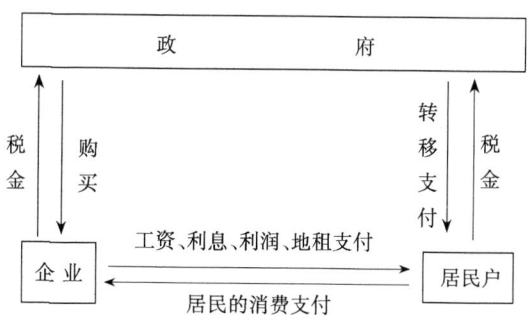

图 9-14

在上一章里已说明，国民收入构成的最简单的公式是：

$$y = C + S \text{（从供给方面看）}$$
$$y = C + I \text{（从需求方面看）}$$

所以，收入均衡的条件是：$I = S$

式中：y——国民收入；

　　　C——消费；

　　　S——储蓄；

　　　I——投资。

现加进政府的经济活动，其支出以 G 代表，收入以 G_t 代表，于是国民收入的构成和均衡的公式，就改变为：

$$y = C + S + G_t \text{（从供给方面看）}$$
$$y = C + I + G \text{（从需求方面看）}$$
$$C + I + G = C + S + G_t \text{（收入均衡条件）}$$

因此，如果出现：$C + I + G > C + S + G_t$，即当总需求大于总供给时，政府就可以使 G 减少，或者使 G_t 增加的办法，或者同时采取减少 G、增加 G_t 的办法来达到总需求与总供给相均衡的目的；反之，如果出现：$C + I + G < C + S + G_t$，政府就可采取增加 G，或减少 G_t 的办法，或者同时采取增加 G、减少 G_t 的办法来使总需求与总供给达到均衡。

政府这种调节收入均衡的作用，可用图 9–15 说明。

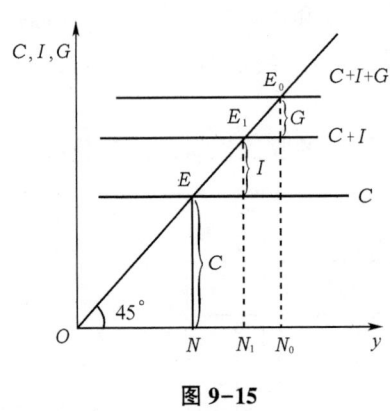

图 9–15

在图 9–15 中，横轴表示国民收入，实际是表示国民收入从总供给方面去看的量；纵轴表示 C，I，G，实际表示国民收入从总需求方面去看的量。在 45°线上的任一点都表示总需求与总供给相等。N_0 表示充分就业时的国民收入量。$C + I$ 线是在没有政府作用加入情况下的总需求线，当它与45°线相交于 E_1 时，总需求与总供给的均衡点为 E_1，实际社会就业量所提供的国民收入为 N_1，但因若实现充分就业所能提供的收入量为 N_0，所以，当均衡点为 E_1 时就意味着尚有一部分工人失业，他们所可能提供的国民收入为 N_1N_0。这就是说，如果能实现充分就业，国民收入总量，或者说供给总量为 ON_0。然而现在实际总需求量只有 ON_1（$N_1E_1 = ON_1$），即出现了总需求小于充分就业总供给的情况。这时就需加进政府支出的作用，即加上 G，从而使总需求线 $C + I$ 线移到 $C + I + G$ 线，使之与45°线相交于 E_0，E_0N_0 是与横轴垂直的线，因此，E_0 是总需求与充分就业的总供给相均衡之点。可见，通过政府的经济活动（这里表现为政府的支出），就能使原来的有效需求不足小于充分就业的均衡，转变成充分就业的均衡。

二、政府起作用下的两种市场均衡

政府通过收入和支出的经济活动，不仅可以调节收入的均衡，还可对两种市场的均衡进行调节。现根据图 9–13 所表示的两种市场均衡，我们可以设想有图 9–16。

在图 9-16 中，横轴表示国民收入 y，纵轴表示利息率 r，LM 为货币市场均衡线，IS_0 为实现充分就业时收入均衡线，因此，y_0 为充分就业时的国民收入，IS_1 为在现有的实际就业水平下的国民收入的均衡线，因此 y_1 为实际就业情况下的国民收入。若 IS_1 与 LM 相交于 E_1，E_1 点便是实际就业水平下的两种市场的均衡点。但这时还没有达到充分就业水平，为了要达到充分就业，又要实现两种市场的均衡，势必把均衡点由 E_1 推到 E_0，从而把 IS_1 推到 IS_0。为此，依据图 9-7 所揭示的道理，可通过增加

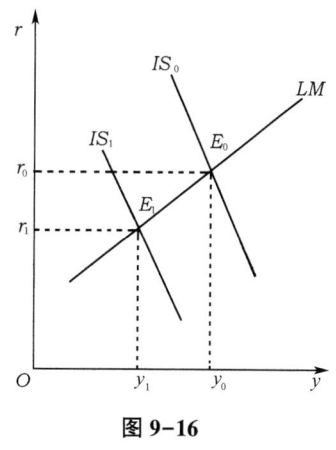

图 9-16

投资，提高投资水平；或者降低储蓄水平，提高消费水平；或者双管齐下，以便把 IS 线向右上方平行推移，直到使之与 LM 相交于 E_0 为止。这就是说，当两种市场均衡，尚未达到充分就业水平时，就需增加有效需求（投资需求，或者消费需求，或者二者兼之）。这时，政府即可采取一定措施来刺激增加有效需求，使 IS_1 移到 IS_0。

以上是在假定货币市场均衡（LM）不变的情况下，政府只刺激有效需求以调节满足充分就业的商品市场均衡。但实际上，当政府刺激有效需求的变化时，LM 线是不可能不变的。因为如图 9-16 所示，当政府刺激需求，使 IS_1 移至 IS_0 时，国民收入水平也由 y_1 移至 y_0，而依据前面所述及的 L_1 是 y 的递增函数的原理，当 y 增加时，L_1 就会增加，这时如果要保持货币市场的供求平衡，只有两个办法：一是货币供给的总量（M）不变，那就必须使 L_2 减小，为此，必须使 r 上升（因为 L_2 是 r 的递减函数），即政府可通过提高利息率 r 来达到目的。但是提高利率对投资不利，因此，一般不宜采取这种办法。二是增加货币供给量。这就是说，当一方面增加了货币需求 L_1 时，另一方面就采取增加货币供给量 M 的措施，从而使货币市场重新实现平衡。但这势必使 LM 线向右下方移动（依据图9-10所揭示的原理）。现将整个变动过程用图 9-17 表示出来。

在图 9-17 中，横轴表示国民收入 y，纵轴表示利息率 r，y_1 为实际就业水平下的国民收入量，因此，LM_1 与 IS_1 之交叉点 E_1 为实际就业水平下的两种市场的均衡点。设充分就业水平的国民收入为 y_0。为要实现充分就业的两种市场的均衡，依据图 9-16 所揭示的原理，首先需由政府通过一定措施刺激需求，把 IS_1 线（收入均衡线）移至 IS_0，而与此同时，则需由政府增加货币供给量，使 LM_1 线（货币市场均衡线）向右下方移至 LM_0，使 LM_0 线与 IS_0

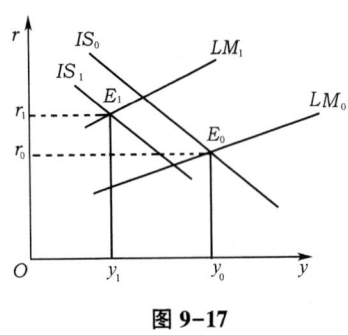

图 9-17

线相交于 E_0，并使 E_0y_0 垂直于横轴。这 E_0 便是充分就业的两种市场的均衡点。总之，当两种市场均衡的实际就业水平（这时的国民收入量为 y_1）低于充分就业水平时，为要实现充分就业的两种市场均衡，政府可通过增加需求和增加货币供给这样双管齐下的办法。于是，凯恩斯主义便为政府干预经济，扩大政府开支和实行通货膨胀政策找到了一个"理论根据"。

这里必须强调一点，根据以上分析，可以看出宏观经济均衡分析的目的之一，就是在借口实现充分就业均衡的幌子下，来扩大政府开支，实行通货膨胀，以降低工人实际生活水平，加强对劳动人民的剥削。由于它是以牺牲劳动人民利益为代价的，因此，即使政府的调节措施暂时能起某些作用，但最终必将加深资本主义固有矛盾，隐藏着更深刻的经济危机。何况如前指出的，这种均衡理论本身并不科学，因而根本不可能依此理论而制定出正确的从根本上解决资本主义社会再生产均衡发展的方案。

从这里我们还可以看出，凯恩斯主义企图通过政府干预来增加社会需求和增加货币供给以达到实现充分就业的办法，在实质上与传统庸俗经济学主张用降低工资的办法来解决失业问题，并没有什么不同，即二者都是以牺牲劳动人民利益、降低其生活水平为代价的，只不过后者主张降低货币工资；前者反对直接降低货币工资，而主张通过通货膨胀来降低实际工资而已。

三、存在对外贸易条件下的均衡

以上是在假定没有对外贸易关系的封闭经济条件下的宏观经济分析。从凯恩斯理论来看，他在 20 世纪 30 年代，由于所面临的主要任务是如何为资本主义严重的经济危机与失业进行辩解和诊断，因此，他要阐明的主要问题，就是萧条、失业来自有效需求不足，只要政府增加支出就可以弥补需求不足，实现充分就业均衡，因而便把对外贸易问题抽去不谈了。

然而，资本主义经济是社会化大生产高度发达的市场经济，离开对外贸易是不可能存在的。特别像今天，对西欧、日本和美国来说，"贸易就是生命线"。据 1987 年的统计表明，美国供出口的产品，工业品中占 20%，农产品中占 42%。所以，凯恩斯的后继者，在全面考察如何实现收入均衡时，就不能不考虑对外贸易的因素。

当他们把对外贸易引进到收入流量的流程模型中来以后，原来的三个部门经济（企业、居民户、政府）就变为四个部门经济（加上国外企业）了。

同时，为了使问题简化，还可假设居民户不同国外企业直接联系；居民户不直接得到来自国外支付的工资、利息、地租、利润；居民户不直接向国外企业购买商品和劳务。这就是说，国外企业只同本国政府和本国企业发生经济联系。

这样，三个部门的收入流量流程模型图 9-14 可改变为四个部门的收入流量流程模型，如图 9-18。

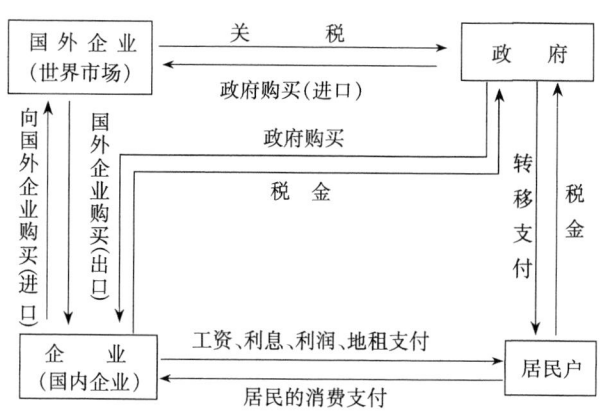

图 9-18

从图 9-18 看出，国外企业对一国收入流量的流程有以下三种作用：

第一，作为商品和劳动的供给者，向国内企业和政府提供商品和劳务，以取得货币收入（对本国来说，意味着进口和国际收支逆差的增加）。

第二，作为商品和劳务的需求者，向国内企业购买商品和劳务（对本国来说，意味着商品出口和国际收支顺差的增加）。

第三，支付关税（对本国来说，意味着政府收入的增加）。

前面讲过，当考虑到政府起作用下的国民收入构成为：

$$y=C+S+G_t \text{（从供给方面看）}$$
$$y=C+I+G \text{（从需求方面看）}$$

现设 M 代表进口，X 代表出口。因此，在对外贸易起作用下的国民收入构成为：

$$y=C+S+G_t+M$$
$$y=C+I+G+X$$

因此，国民收入均衡的公式为：

$$C+I+G+X=C+S+G_t+M$$

在这种情况下，对外贸易对国民收入均衡能起到如下调节作用：

如果 $C+I+G+X > C+S+G_t+M$（总需求>总供给）（通货膨胀），可采取如下对外贸易措施，使收入达到均衡：

第一，$C+I+G+X\downarrow = C+S+G_t+M$（减少出口）；

第二，$C+I+G+X = C+S+G_t+M\uparrow$（增加进口）；

第三，$C+I+G+X\downarrow = C+S+G_t+M\uparrow$（同时减少出口，增加进口）；

如果 $C+I+G+X < C+S+G_t+M$（总需求<总供给）（萧条、失业），可采取如下对外贸易措施，使收入达于均衡：

第一，$C+I+G+X\uparrow = C+S+G_t+M$（增加出口）；

第二，$C+I+G+X = C+S+G_t+M\downarrow$（减少进口）；

第三，$C+I+G+X\uparrow = C+S+G_t+M\downarrow$（同时增加出口、减少进口）。

以上我们分别介绍了两个部门（居民户、企业）、三个部门（居民户、企业、政府）、四个部门（居民户、企业、政府、国外企业）的收入构成和收入均衡，以及政府和外贸在调节收入均衡中的作用。现在，我们再把这四个部门综合起来考察如何实现收入流量的均衡问题：

现将四个部门的收入公式：

$$C+I+G+X = C+S+G_t+M$$

移项合并：

$$S-I = (G-G_t) + (X-M)$$

这里表明，储蓄与投资的差额（$S-I$）等于政府的支出与收入的差额（$G-G_t$）加上出口与进口的差额（$X-M$）。因此，这三个差额中，任何一个差额出现以后，都有可能通过调整另外两个差额来使收入达于均衡。

例如，假定一国出现了储蓄大于投资（$S>I$）的情况，即就两个部门经济来说，出现了总供给大于总需求的情况，这时就可采取增加出口，减少进口，或者增加政府支出，减少政府收入；或者这两种办法同时采取，就可实现收入均衡。究竟采取哪一种办法，则需视当时具体情况而定。如果政府收支难于变动，可通过调整进出口差额来解决；如果进出口难于变动，可通过调整政府收支来解决。

四、汇率变动对收入均衡的影响

对外贸易是以外汇作为结算工具的。因此，汇率的高低对进出口贸易，从而对整个国民收入均衡的关系很大。所以，为了更好地了解如何实现收入均衡的问题，还须进一步考察汇率的变动及其对进出口贸易和收入均衡的影响。

所谓汇率（exchange rate），又称汇价，是指两国货币兑换的比率。某一

个国家的货币汇率，就是用另一个国家的货币来表现的该国货币的价格。如 1
美元可兑换人民币 6.30 元，则表明美元对人民币的汇率为 6.30 或者说 1 美元
的汇价为 6.30 元人民币。因此，一国货币汇率上升，就表现为该国 1 单位货
币折算为另一国货币数额的增加；反之，汇率下降，就表现为该国 1 单位货
币折算为另一国货币数额的减少。

西方经济学家认为，影响汇率高低的因素很多，主要是：①两国间相对
物价水平变动的差别，如果一国物价水平上升较多，则该国货币汇率下浮；
②两国间相对货币供应量增长率的差别，如果一国货币供应量增长较快，则
该国货币汇率下浮；③两国间相对生产增长率的差别，如果一国生产增长较
快，则该国货币汇率上浮；④两国间相对的实际国民收入水平变动的差别，
如果一国的实际国民收入水平提高较快，则该国的货币汇率上浮；⑤两国间
相互利息率水平变动的差别，如果一国利息率水平上升较多，则该国货币汇
率下浮①；⑥两国国际收支变动的差别，如果一国国际收支的顺差较大，则该
国的货币汇率上浮。

一国货币汇率的变动，实际上是一国货币币值的变动在外汇市场上的反
应。汇率上浮意味着币值上升，汇率下浮意味着币值下降。因此，如果汇率
上浮，则会使进口货物的价格相对下降，出口货物的价格相对上升，因而用
同量本国的货币可以换回更多的外国商品，或者用同量本国的货物可换回更
多的外汇。这不利于本国货物在国际市场上竞争，必然会使出口减少，进口
增加；反之，如果汇率下浮，则情况恰好相反，即必然会有利于出口增加，
进口减少。

可见，一国货币汇率的升降，对进出口贸易的关系很大。如果在既定的
汇率水平下，进出口贸易水平尚能维持总的国民收入均衡状态，而当汇率变
动，这种均衡状态就很难继续维持了，要恢复收入均衡，则可采取调整汇率
的手段来促其实现。即为了实现收入均衡，在需要增加进口、减少出口时，
可采取提高汇率的办法；在需要增加出口、减少进口时，可采取降低汇率的
办法。

不过，如上所说，汇率的升降，要受本国和其他国家各个相对经济变量
变动的制约，而不能由本国单方面人为地任意决定。所以，国家在调整汇率
时，既要考虑有利于促使进出口贸易朝着平衡收入的方向发展，又要使汇率
的变动符合于两国客观的各种相对经济变量变动的要求。如果违反这种客观

---

① 利息率的变动对汇率产生的影响，货币学派与凯恩斯学派有不同的看法。在一国利率水平上
升较多的情况下，货币学派认为该国货币汇率会下浮，凯恩斯学派则认为会上浮。

要求，而人为地任意规定某种汇率水平，就可能出现外汇黑市，造成外汇市场的混乱。

五、国际收支平衡下的收入均衡

在四个部门经济条件下，从对外经济关系方面看，影响国民收入均衡的因素，不仅有进出口及其相关的汇率变动，而且还有其他国际收支项目。根据各国的经验，一国的国际收支平衡乃是实现或有助于实现国民收入均衡的重要条件，因而成为各国宏观经济政策的重要目标之一。

国际收支（balance of payment）是指货币在国际间的流动。它是根源于世界各国之间在经济、政治、军事、文化等方面的交往，如商品买卖、资本进出、对外援助、战争赔款等方面引起的国际贸易、国际借贷和转移支付的结果。在国际收支平衡表（balance of international payment）上，国际收支项目一般分为经常项目、资本项目、平衡项目三大部分。前两部分为流量项目，后一部分为存量项目。

（一）经常项目

经常项目是国际收支平衡表中的基本内容，主要包括三个方面：

第一，有形贸易收支。它是由对外进出口商品贸易所引起的货币流动，主要是出口流入货币和进口流出货币。有形贸易收支在平衡国民收入中的作用已在本节"三、存在对外贸易条件下的均衡"中做过论述，需再说明一点的是，所谓进出口商品贸易，并不包括那些过境、转口，以及在本国没有进行实质性加工的产品。

第二，无形贸易收支。它是由对外提供或接受劳务所引起的货币流动，主要是提供劳务流入货币和接受劳务流出货币。无形贸易收支包括：因有形贸易而产生的从属费的收支，如运输费、保险费、金融业务费等；与服务业相联系的收支，如旅游、宾馆、通信、广告、信息等费用；与劳务输出、输入相联系的收支，如出国劳工的服务收入、支付外国劳工入境服务的费用；与文教相联系的收支，如文教、体育、技术交流费用；与投资活动相联系的收支，如利息、股息、利润等等。

第三，转移收支。它是货币和价值在国际间单方面的转移，因而不产生债权、债务关系的一种收支活动，如政府对外提供的经济、军事援助和战争赔款、国外侨民向国内汇款、捐赠等等。

（二）资本项目

资本项目是指资本在国际间的流动。它反映了以货币来表示的国际间债权、债务关系的变动。一国的资本流出表示该国的债权增加，债务减少；一国的资本流入表示该国的债务增加，债权减少。资本项目按投资方式之不同可分为如下两种：

第一，直接投资。这是资本输出的一种形式，其特征是，一国对外直接投资以营利为目的创办企业，投资者拥有所建企业的所有权和经营权，并且自担风险；资本的接受国没有保证归还这些投资的义务，也没有保证投资一定获利的义务。

第二，国际信贷。这是资本输出国将资本借给外国，资本输入国则按约定的时间和条件还本付息。从信贷形式看，有单纯贷款、出口贷款、补偿贸易。从信贷主体看，有政府贷款、国际经济组织贷款、商业银行贷款、企业贷款等。通常是商业银行或企业的贷款来源最充裕，但利率较高，因而借款成本较大；国际经济组织的贷款利率较低，但数量有限；政府贷款的利率最低，但不仅是数量有限，而且往往附加某些政治条件。

资本项目按投资时间长短之不同，又可分为两种：一种是长期资本，即投资期限在1年以上或未规定期限（如股票）的资本，包括政府间贷款、国际机构贷款和私人直接投资等等。另一种是短期资本，即投资在1年以内的资本，如各国银行间的资本调拨和拆放；国际贸易的短资金融通及清算、结算；套汇、套利和抵补保值等外汇买卖、外汇投机；短期资本外逃等等。

（三）平衡项目

平衡项目是指为调整经常项目、资本项目之间的收支差额而进行的国际收支项目。当经常项目、资本项目因种种原因而出现收支不平衡时，政府就需要出面进行调整，使之实现平衡。平衡项目按政府调整方式的不同，可分为两种：

第一种：政府债务。这是指政府通过中央银行的支付来弥补国际收支逆差的一种形式。当一国国际收支出现逆差时，一般需要用国际硬通货支付。但如果两国事先有约，也可通过中央银行的资金融通来平衡，而不必立即支付硬通货，于是便形成政府对中央银行的债务。

第二种：政府储备。这是政府所持有的外汇资产和对外债权，包括外汇、黄金、特别提款和国际货币基金组织的储备头寸（普通提款权）。动用政府储备是一个国家的政府平衡其国际收支差额的最后手段。一般当国际收支出现顺差时，就结存外汇，从而使政府储备增长；当国际收支出现逆差时，就需用储备来弥补，从而使政府储备下降。

（四）平衡国际收支

以上分别介绍了国际收支的各个主要项目的内容。在宏观经济学中，国际收支平衡乃是国民收入均衡的重要条件。根据四个部门经济的国民收入均衡公式：$C+I+G+X=C+S+G_t+M$（式中 X 代表出口，从而流入货币，M 代表进口，从而流出货币），若 $X=M$，则表示进出口贸易中的国际收支平衡。从各项国际收支项目的划分来看，要求得整个国际收支平衡，可以将国际收支平衡的目标分解成四个层次来进行调整：

第一个层次是商品进出口平衡，亦即有形贸易的国际收支平衡。这是整个国际收支平衡的基础，用公式表示：

$$X_g=M_g$$

如果 $X_g>M_g$，表示商品贸易顺差；$X_g<M_g$，表示商品贸易逆差。这时，国家的经济政策应从积极调整进出口产品规模和结构方面，争取消除差额。

第二个层次是经常项目的收支平衡。当出现有形贸易的顺差或逆差，而又不能从调整进出口商品本身求得平衡时，可以通过调整其他经常项目的收支来实现国际收支平衡。例如，当 $X_g<M_g$ 时出现逆差，如果劳务进口（M_L）、劳务出口（X_L）项目有盈余，即出现 $X_L>M_L$，或者转移收入（M_t）、转移支出（X_t）项目有盈余，即在出现 $M_t>X_t$ 的情况下，便有可能弥补商品进出口贸易项目中国际收支逆差，从而使经常项目实现收支平衡，用公式表示：

$$M_g+M_L+M_t=X_g+X_L+X_t$$

第三个层次是国际收支的总体平衡。当经常项目出现顺差或逆差时，还可以通过资本项目进行调整：鼓励资本流出（X_K），可以带走经常项目的顺差；鼓励资本流入（M_K），可以消除经常项目的逆差，从而实现国际收支的总体平衡，用公式表示：

$$M_g+M_L+M_t+M_K=X_g+X_L+X_t+X_k$$

第四个层次是国际收支平衡的最后调整。当通过经常项目、资本项目的调整仍不能实现国际收支总体平衡时，就需要采取平衡项目的手段来最后实现国际收支平衡。首先是调整国家债务，最后是动用政府储备。当出现顺差时，增加政府储备；当出现逆差时，动用政府的外汇、黄金来弥补国际收支赤字。很显然，动用外汇、黄金储备的最后手段是不能轻易使用的。因此，一国外汇、黄金储备的多少，也就成了国家经济实力强弱的重要基础和标志。

对国际收支平衡的最后调整，在实际操作上不能忽视"误差与遗漏"（errors and omission）的调整作用。在国际收支平衡表上，经常项目、资本项目如果出现差额，经过政府债务和政府储备的调整，一般已可实现平衡，但由于统计误差、资料不全，以及国际走私等原因，也可能使国际收支账户中的借贷方总额出现差额。为了保证国际收支账户账面上的平衡，这时就只好采用"误差与遗漏"项目来进行平衡。所以，"误差与遗漏"乃是专门为平衡这一差额而设置的项目。

六、蒙德尔—弗莱明模型——在资本自由流动条件下的汇率制度选择效应

美国经济学家罗伯特·蒙德尔（Robert Mundell）与英国经济学家马库斯·弗莱明（Marcus Fleming）于 20 世纪 60 年代前期，几乎同时提出了在资本完全自由流动条件下，财政、货币政策在何种汇率制度（固定汇率制或浮动汇率制）下才最为有效的问题，并建立起相应的经济理论模型，被称为蒙德尔—弗莱明模型（简称为 M-F 模型）。这个模型是把封闭型的 IS-LM 模型扩展为开放型的 M-F 模型以分析国际经济对国内经济的影响，探索一国国民收入同时实现内部与外部均衡条件的经济模型。

M-F 模型是以如下四个基本假定为前提的。

第一，假定资本在国际间能完全自由流动，因此国内利率（r）与国外利率（r^0）完全相等。

第二，假定经济中存在失业，但规模报酬和货币工资不变，进出口贸易余额仅仅取决于收入和汇率，投资取决于利率。

第三，假定货币政策采取"公开市场活动"形式，财政政策采取举债支出的形式，即用发行国债来为政府支出的增加融资。

第四，假设在分析开始时，国内产品市场、货币市场和国际收支都处于均衡状态。

在这些条件下，可作出图 9-19。

在图 9-19 中，纵轴代表利息率，横轴代表收入，在规模报酬和货币工资不变的条件下也代表就业量，IS 为投资与储蓄均衡曲线，LM 为货币供给与货币需求均衡曲线。

在图 9-19 中，IS 和 LM 两线交叉于 E 点，表明产品市场与货币市场同时处于均衡状态；BP 线表示国际收支

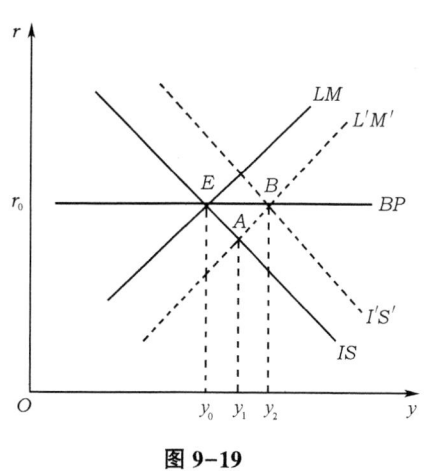

图 9-19

处于均衡状态，即资本项目收支差额与经常项目收支差额之和等于零。由于这个均衡是以假定资本自由流动为前提的，因此，$r=r^0$，所以，BP 为一条水平线。此线通过 E 点与 IS 和 LM 线相交，在 E 点表明国际收支和国内收入都同时处于均衡状态，即国际收支差额为零，国内均衡的收入水平为 y_0，利率水平为 r_0。这时由于假定存在失业，即 y_0 并非充分就业的均衡收入水平，所

以还需实行一定收入政策，以增加产量和就业。假定实行扩张性货币政策，增加货币供给，于是 LM 线右移至 $L'M'$。$L'M'$ 与 IS 相交于 A 点。A 点表示由于货币供给增加，利率由 y_0E 降至 y_1A，同时收入水平由 y_0 增至 y_1。然而，这时由于利率下降引起资本外流，以至本币汇率下降。如果实行固定汇率制，货币当局就需抛出外汇储备，回笼本币，结果又使利率上升，汇率也上升，于是 $L'M'$ 线又回到 LM 的位置，收入水平也下降，由 y_1 减至 y_0。这时收入水平之所以下降，一方面是因利率上升使投资减少，另一方面是因汇率上升，使出口减少、进口增加，出现外贸逆差阻碍了国内投资增加。但外贸逆差却可为汇率上升资本流入所抵消，所以，国际收支仍能保持平衡，结果是恢复到原来的均衡点 E。可见，在固定汇率制下，货币政策无效。

如果实行浮动汇率制，情况就不同了。图 9-19 表明，当实行扩张性货币政策，增加货币供给，使 LM 移至 $L'M'$。随着利率下降，资本外流，虽然会出现资本项目逆差，但由于汇率下降，会被外贸顺差所抵消，因而仍能保持国际收支平衡；同时由于利率下降，投资增加，以及由于外贸顺差的双重作用，使收入增加，即由 y_0 增至 y_2；从而对货币需求增加，利率又会随之上升。这些变化在图 9-19 中就表现为 IS 向右方移至 $I'S'$。$I'S'$，$L'M'$ 与 BP 的交叉点 B 则表示宏观经济在新的高产量、高就业水平下的内部与外部同时均衡。这就表明在浮动汇率制下，货币政策有效。

以上讲的是货币政策效应。下面再分析财政政策效应。

如图 9-20 所示。假定在固定汇率制下，如果实行扩张性财政政策，就会使 IS 线向右移至 $I'S'$，而与 LM 相交于 C 点。C 点表示，由于实行扩张性财政政策，增加了投资，这投资由于是通过举债支出的方式进行的，一方面使利息率上升到 C 点，另一方面又使收入由 y_0 增至 y_1。与此同时，由于利率上升，外国资本流入，使本币汇率上升。货币当局为了固定汇率，不得不投放本币收购外币，从而使 LM 向右移至 $L'M'$。利率又恢复到 r_0 的水平。在这个汇率变动过程中，外国资本流入所形成资本项目的顺差为汇率上升所形成的贸易逆差所抵消，所以，国际收支仍能保持平衡。由于扩张性财政政策，以及由于投放货币使收入由 y_1 增到 y_2。$I'S'$，$L'M'$ 与 BP 便在 B 点形成了新的均衡点，即在更高的产量和就业量水平上形成了内部、外部收入的同时均衡。可见，在固定汇率制下，财政政策是有效的。

假定在浮动汇率制下，国家实行扩张性财政政策，暂时能使投资增加，IS 在移至 $I'S'$，并与 LM 线相交于 C 点，从而使收入增加，由 y_0 增至 y_1，利率随之由 y_0E 提高到 y_1C。但这时由于利率提高使外国资本流入，出现资本项目顺差，汇率上升，从而使出口减少，进口增加，出现外贸逆差。这一方面

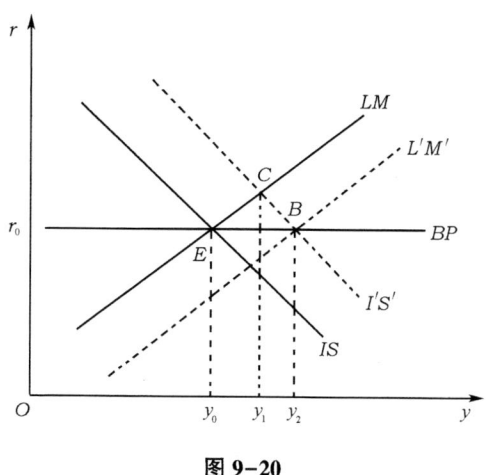

图 9-20

使国际收支持平，另一方面却因外贸逆差降低了国内投资，从而降低国内收入和就业水平，即会使 $I'S'$ 恢复到 IS 线的位置而在 E 点与 BP 线相交，即 E 点成为唯一的内部、外部同时实现均衡之点。可见，在浮动汇率制度下，由于允许资本自由流动，财政政策无效。

　　以上分析说明，在资本完全自由流动的条件下，为使一国国民收入同时实现内部与外部的均衡，如果实行固定汇率制，财政政策有效，而货币政策无效；如果实行浮动汇率制，则货币政策有效，而财政政策无效。因此，在资本完全自由流动的条件下，为有效地发挥宏观经济政策调节国民收入均衡的作用，就需要在固定汇率制与浮动汇率制之间作出相应的配套选择。由此还可进一步推论，如果在实行资本管制或资本不能完全自由流动的条件下，自然需要相应地实行固定汇率制或有管理的浮动汇率制，货币政策才能发挥应有的作用。这就是蒙德尔—弗莱明模型所阐明的实现内外收入均衡的条件和政策含义。

第十章　宏观经济政策

在现代西方经济学中，宏观经济政策是指资本主义国家的政府如何加强宏观经济管理，以实现充分就业均衡的政策主张。在本书第九章，有关宏观经济均衡的分析已经说明，为了实现充分就业的均衡，政府对经济的干预和调节必不可少。当收入处于不均衡状态时，政府既可从需求方面调节，也可从供给方面调节。但是，按照凯恩斯短期分析的方法，假定供给方面是不变的，因此他们便把政府宏观经济管理的研究重点放在调节需求方面，并且认为，这种调节一般可以通过财政手段和货币金融手段来实现。所以，进一步讲，凯恩斯主义宏观经济政策，就是指政府对宏观经济进行需求管理的财政政策和货币政策。

第一节　宏观财政政策

宏观财政政策（fiscal policy）是指政府通过增减税收和增减预算支出来调节社会总需求，使之与社会总供给相均衡，从而使经济既不会发生萧条、增加失业，又不会发生通货膨胀；即使在已经发生萧条、失业或通货膨胀的情况下，也能使之迅速消除，实现国民经济稳定地均衡发展。

前面已经说明，所谓总需求，包括消费需求和投资需求。前者取决于消费倾向，后者取决于资本边际效率和利息率。因此，宏观财政政策的具体目的，就是通过政府增减税收和支出，或者是刺激消费和投资，从而使需求增加；或者是限制消费和投资，从而使需求减少。但究竟是需要增加需求还是减少需求，须视具体情况而定。

一、在萧条时期的财政政策

按照凯恩斯理论，经济萧条（depression），是指在社会总需求小于总供给的情况下，必然会出现收缩生产、解雇工人的现象。这时，为了消除经济萧条和实现充分就业，凯恩斯认为，政府可实行减税政策（包括免税、退税、减税在内）；也可实行增加财政支出政策（包括增加公共工程开支、政府购买、政府转移支付等）；也可双管齐下，同时采取这两种措施。这些，统称为扩张性的财政政策。

从减税来看，如果企业的所得税减少，企业就乐于投资；如果居民户的所得税减少，居民户可支配的收入增加，从而消费增加。这样，就可使总需求增加，以致使总供给与总需求趋向均衡。

从增加财政支出来看，如果是增加公共工程开支，就意味着政府直接投资增加；如果是增加政府购买和转移支付，就意味着消费支出增加。这样，由于政府支出的增加，同样可以达到社会总需求增加，从而使总供给与总需求趋向于均衡的目的。

我们认为，在萧条时期，凯恩斯主义扩张性财政政策的实质，无非是为国家垄断资本主义加强对劳动人民剥削提供的一种手段。因为减税的对象表面上虽然包括资本家和工人在内，但广大工人群众收入较少，真正从减税中得到好处的主要是资产阶级，后者不仅可因减税而大大增加个人可支配的收入，而且还可以把因减税而多得的那部分利润再转化为投资，进一步加强对工人的剥削。再从增加政府支出来看，它的实质也主要是国家运用财政手段，对国民收入进行有利于垄断资本的再分配。

二、财政赤字的弥补政策

在经济萧条时期，政府由于采取减税和增支的扩张性财政政策，势必引起财政赤字（deficit budget）。因此，战后特别是 20 世纪 60 年代以来，财政赤字已成为西方发达资本主义国家较普遍的现象。例如，从表 10-1 看出，在 20 世纪 80 年代，除日本外，其他几个主要资本主义国家几乎年年都有赤字。在 20 世纪 90 年代除个别国家在很少年份有盈余外，其余各国也是年年有赤字。凯恩斯主义者甚至还从理论上给以辩解。他们认为，出现财政赤字并不可怕，而且认为只有用财政赤字政策才能克服经济萧条，实现充分就业，因而它对整个社会经济的发展是有利的。这样，传统经济学主张保持国家预算平衡的财政观点便被否定了。

表 10-1　20 世纪 80 年代各国财政赤字（-）或盈余（+）表

单位：10 亿美元

国别	1980 年	1985 年	1986 年	1987 年	1988 年	1989 年
美国	-76.2	-212.1	-212.6	-147.5	-155.5	141.9
日本	-2.1	28.0	46.3	81.3	114.0	110.7
联邦德国	-14.8	-6.8	-7.6	-11.8	-18.5	
法国	-0.2	-14.2	-24.0	-12.2	21.5	
英国	-25.2	-14.5	-10.6	-5.2		
意大利	-43.2	-64.2	-73.9	-88.2	-96.3	-97.4

资料来源：国际货币基金组织《国际金融统计月报》1988 年 2 月，1989 年 9 月，1990 年 5 月。
《日本统计月报》1988 年 2 月，1989 年 11 月，1990 年 7 月。

表 10-1（续 1）　　　　20 世纪 90 年代各国财政赤字（-）或盈余（+）表

国别	货币单位	1990 年	1991 年	1992 年	1993 年	1994 年	1995 年
美国	10 亿美元	-208.1	-272.5	-289.3	-254.0	-201.5	-155.9
日本	10 亿日元	-6 781	7 759	1 473	-7 318		
德国	10 亿马克	-39.6	-62.3	-73.1	-75.6	-44.0	-64.0
法国	10 亿法郎	-136.5	-84.6	-273.3	-402.2	-412.0	-494.2
英国	百万英镑	4 000	-5 689	-29 995.0	-41 298.0	-34 458.0	-37 146.0
意大利	万亿里拉	-145.5	-152.3				

资料来源：《世界经济年鉴》，经济科学出版社，1997 年版。

　　赤字是必须弥补的。如何弥补赤字呢？凯恩斯认为，撇开外债不谈，可以采取多发钞票和发行公债两种办法。就多发钞票来说，他们又感到这办法太露骨，很容易引起在野党和选民的反对，不利于政局稳定，所以，最稳妥的办法就是发行公债。那么，公债卖给谁呢？凯恩斯认为，最主要而又简便的办法是出售给中央银行。中央银行把财政部出售给自己的公债券而应支付的金额作为存款，在自己的银行里给它开立存款户头，然后用银行支票付给财政部，财政部将此支票用作政府支出，或者用作向企业购买商品、劳务；或者用作转移支付，付给居民户。这种政府举债支出的循环过程，可用图 10-1 表示。

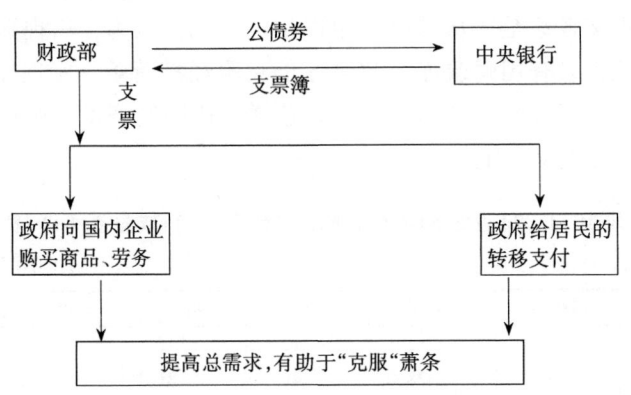

图 10-1

　　凯恩斯主义者认为，政府的公债当然也可以卖给居民户、企业和私人商业银行，但是，如果卖给他们，实际上是把他们对商品的需求转移到政府手中。因此，并不能使社会有效需求有多大增加，即使居民户和企业用暂时闲

表 10—1(续 2) 1996~2004 年各国财政赤字(一)或盈余(+)表

国别	货币单位	1996	1997	1998	1999	2000	2001	2002	2003	2004
美国	10 亿美元	-107.431	-21.884	69.27	125.61	236.241	128.236	-157.758	-337.585	-412.727
德国	10 亿马克或亿欧元	-76.3（10 亿马克）	-49.6（10 亿马克）	-34.4（10 亿马克）	-306.00（亿欧元）	239.00（亿欧元）	-589.00（亿欧元）	-743.00（亿欧元）	-392.00（亿欧元）	-398.00（亿欧元）
法国	10 亿法郎或亿欧元	-426.8（10 亿法郎）	-284.4（10 亿法郎）	-261.7（10 亿法郎）	-215.3（10 亿法郎）	-192.00（亿欧元）	-476.00（亿欧元）	-476.00（亿欧元）	-653.00（亿欧元）	-585.9（亿欧元）
英国	100 万英镑或亿英镑	-27 440（100 万英镑）	-16 136（100 万英镑）	4876（百万英镑）	0.295（亿英镑）	221①（亿英镑）	114①（亿英镑）	40①（亿英镑）	-258（亿英镑）	-233（亿英镑）
意大利	万亿里拉或 10 亿欧元	-136.1（万亿里拉）	-31.13（万亿里拉）	-90.0（万亿里拉）	0.34（10 亿里拉）	-14.64（10 亿里拉）	-32.229（10 亿欧元）	-29.059（10 亿欧元）	-41.755（10 亿欧元）	-43.652（10 亿欧元）

资料来源：由康汉真同志根据历年《国际金融统计年鉴》《世界经济年鉴》公布的材料，德、法、英各国财政部网站披露的材料，以及 IMF 北京办事处资料中心提供的资料整理核实。
①为预计数。

表 10—1(续 3) 2005—2018 年各国财政赤字(一)或盈余(+)表

		2005 年	2006 年	2007 年	2008 年	2009 年	2010 年	2011 年	2012 年	2013 年	2014 年	2015 年	2016 年	2017 年	2018 年
美国	10 亿美元	-318.346	-248.181	-160.701	-458.553	-1412.69	-1294.37	-1299.6	-1076.57	-679.78	-484.79	-441.96	-584.651	-665.446	-779.138
德国	亿欧元	-580.47	-347.88	-130.7	-144.32	-567.85	-879.23	-171.93	-2.49	-69.75	57.54	72.51	88.44	—	—
法国	亿欧元	-500.6	-387.3	-411.79	-531.29	-1283.68	-1279.97	-1031.88	-957.12	-788.44	-803.43	-800.15	-794.52	—	—
英国	亿英镑	-224.81	-295.05	-291.6	-612.96	-1297.11	-1307.28	-1063.59	-1325.87	-818.21	-879.97	-664.48	-373.01	—	—
意大利	10 亿欧元	-58.26	-49.721	-30.232	-46.384	-86.623	-69.981	-64.101	-59.121	-58.468	-63.454	-66.385	-62.527	—	—

资料来源：CEIC 数据库。

置不用的现金去购买公债，从而增加了社会有效需求，那也是很有限的。所以，他们认为，把公债卖给中央银行是最简便而又有效的办法。

同时，他们还认为，用这种举债支出来弥补赤字的办法，既不会加重社会负担，也不会加剧国民收入分配不均的程度，而且有助于克服经济萧条，刺激经济发展，使 GNP 这块"蛋糕"愈来愈大，最终结果是大家受益，公债也不致无限增加，并将适时地中止发行。

我们认为，凯恩斯主义的这种用举债支出来弥补赤字的办法，无异于变相通货膨胀政策。因为中央银行用支票来购买公债，实际是动用银行闲置不用的资金，即把退出流通领域的现金投入流通领域，增加市场通货，而且西方国家的支票本身也可当作通货在市场上流通。例如，在美国市场上流通的纸币与支票的比例，大致为 1：9，由于市场通货增加，物价必然上涨，工人实际生活水平下降。因此，凯恩斯主义在萧条时期的宏观财政政策，用举债支出弥补赤字的办法，即使暂时能"克服"萧条，增加就业，但最终必将进一步加深资本主义矛盾和经济危机爆发的可能性。

至于他们断言，公债将随着 GNP 的增长而最后终止发行，更与现实相去甚远。因为现代资本主义国家不仅在萧条时期实行扩张性财政政策而必然出现财政赤字，而且为了维持正常、庞大的军费开支和转移支付，也往往使赤字有增无减。因此，政府必然出现债台高筑的局面，如表 10-2 所示。

表 10-2　美国联邦公债及其利息变动情况表

年份	公债额		公债利息额	
	总额（亿美元）	美国人均额（美元）	总额（亿美元）	占联邦开支比重（%）
1955	2 728	1 651	64	9.3
1960	2 841	1 572	92	10.0
1965	3 138	1 613	113	9.5
1970	3 701	1 814	193	9.8
1975	5 332	2 475	327	10.1
1980	9 077	3 985	729	12.9
1982	11 420	4 919	1 117	16.1

资料来源：《美国统计摘要》，1984 年。

表 10-2 说明，美国的公债额 1955 年为 2 728 亿美元，到 1982 年已增至 11 420 亿美元，即增加 3 倍多。1982 年后，在里根等美国历届政府实行实力对外扩张政策下，随着财政赤字的增加，公债额更加迅猛增长，如表 10-3 所示。

表 10-3 美国联邦公债及其占 GDP 的百分比

年　份	公债额（百万美元）	公债额占 GDP 的百分比（%）
1987	2 345 956	50.44
1988	2 601 104	51.93
1989	2 867 800	53.11
1990	3 206 290	55.91
1991	3 598 178	60.67
1992	4 001 787	64.11
1993	4 351 044	66.05
1994	4 643 307	66.56
1995	4 920 586	67.03
1996	5 181 465	67.13
1997	5 369 206	65.38
1998	5 478 189	63.24
1999	5 605 523	60.87
2000	5 628 700	57.31
2001	5 769 881	56.43
2002	6 198 401	58.79
2003	6 760 014	61.57
2004	7 354 657	62.94
2005	7 905 300	63.52
2006	8 451 350	63.90
2007	8 950 744	64.43
2008	9 986 082	69.38
2009	11 875 851	84.24
2010	13 528 807	93.25
2011	14 764 222	96.0
2012	16 050 921	100.1
2013	16 719 434	101.2
2014	17 794 483	103.2
2015	18 120 106	100.8
2016	19 539 450	105.8
2017	20 205 705	105.4
2018（估计）	21 478 237	107.2

资料来源：http://www.whitehouse.gov/omb/budget/Historicals.

表10-3说明，美国的公债额到1987年已由1982年的11 420亿美元迅速增加到2万亿美元以上，达2 345 956亿美元；2009年突破10万亿美元，到2010年已达13.53万亿美元，按美国人口约3亿人计算，该年人均公债竟达4.5万多美元。从债务总额所占GDP的比重（债务率）来看，到2010年高达93.25%，大大超过了60%公认的警戒线，足见其负债程度之严重。而且从表10-2还可看出，政府发行公债是要支付巨额利息的，这自然又会增加财政赤字。由此可得出结论：实行赤字财政政策必然要增发公债，增发公债会促使通货膨胀，通货膨胀最终又将加剧经济萧条和财政赤字，形成难以摆脱的恶性循环。正因为如此，美国从1985年开始也曾不断调整政策，力求压低财政赤字和公债数额。但实践的结果表明，美国由于经济的虚弱性，从总的趋势来看，除个别年份外，既没有降低财政赤字，也没减少公债，特别是公债历年都在不断增加，这意味着美国政府一直在过着寅吃卯粮的日子。

三、通货膨胀时期的财政政策

按照凯恩斯的理论，当出现总需求>总供给时，就形成过度需求，从而引起通货膨胀，物价上涨。为了平衡供求，稳定物价，则可采取增税，或减少财政支出，或双管齐下，同时采取这两种办法的政策，这些被统称为紧缩性的财政政策。

从增税来看，企业由于多交税，就要减少投资的支出；居民户由于多交税，就要减少消费支出。总之，政府增加税收，就可抑制社会总需求，有助于消除通货膨胀。

从减少财政支出看，如果是减少公共工程开支和政府购买，就会压缩政府的直接投资和消费；如果是减少政府的转移支付，就会压缩居民户的消费。结果都会使社会总需求减少，因而同样有助于消除通货膨胀。

总之，凯恩斯主义宏观财政政策的特点，就是要"逆经济风向行事"，在经济萧条、工人失业时期实行扩张性的财政政策；在经济繁荣、通货膨胀时期实行紧缩性的财政政策。他们认为，这既可消除失业，又可抑制通货膨胀，从而实现经济长期稳定的发展。

四、补偿性财政政策和平衡预算政策

凯恩斯宏观财政政策的基调是实行扩张性的赤字政策，这是与他出版《通论》时所面临的20世纪30年代经济危机的形势相适应的。但战后在50年代资本主义经济现实的发展，并非一直处于危机状态，而是周期性地有起有伏。于是，他的后继者便提出了补偿性财政政策，随后又提出了充分就业

政策和平衡预算政策，从而补充和发展了凯恩斯的宏观经济政策思想。

美国凯恩斯主义者阿尔文·汉森认为，资本主义经济发展是由繁荣到萧条的周期性上下波动过程。经济萧条时期，政府实行扩张性财政政策，财政出现赤字；在经济繁荣、需求过度、通货膨胀时期，政府实行紧缩性财政政策，财政出现盈余。这时，政府如果把财政盈余用作财政支出，或者用作偿还公债，结果都会增加社会总需求，因而无助于消除通货膨胀，所以，应把财政盈余冻结起来，以作补偿经济萧条时期的财政赤字之用。这样，在政府实行补偿性财政政策的条件下，从经济长期发展过程来看，财政收支便会趋于平衡。

美国在 20 世纪 50 年代实行补偿性财政政策的结果，虽然没有出现严重的财政赤字和通货膨胀，但经济增长却很缓慢。从 1953 年到 1960 年之间，实际国民生产总值，年平均只增长了 2.5%，远远落后于联邦德国、日本和苏联，甚至还不如法国和意大利。

20 世纪 60 年代，美国凯恩斯主义者詹姆斯·托宾和华尔特·海勒根据美国 20 世纪 50 年代经济发展的经验和所谓"混合经济"论，提出了以充分就业为核心的新的宏观经济政策，即以 4% 的失业率为充分就业的标准，把达到这一标准时的国民生产总值增长率作为潜在的国民生产总值增长率，政府则应争取把这一潜在的增长率变为现实。具体地讲，他们认为，美国政府应以失业率为 4% 的 1955 年的国民生产总值增长率 3.5% 作为宏观经济政策目标，如果连续两年的实际国民生产总值增长率小于 3.5%，即使经济处于上升时期，仍应实行扩张性的财政政策和货币政策，以刺激需求，促进经济增长和实现充分就业。这样，过去所谓"逆经济风向行事"的政策便有所改变，即在经济繁荣时期也不实行紧缩政策，而要实行扩张性政策。

美国在 20 世纪 60 年代以后，由于基本上实行扩张性财政政策，不可避免地使财政赤字不仅大大超过 20 世纪 50 年代，而且愈来愈严重，详见表 10-4。

表 10-4 美国联邦政府财政收支表

单位：亿美元

年　份	收　入	支　出	盈余或赤字
1945	452	927	−476
1946	393	552	−159
1947	385	345	40
1948	416	298	118
1949	394	388	5.8

年　份	收　入	支　出	盈余或赤字
1950	394	426	−31
1951	516	455	61
1952	662	677	−15
1953	696	761	−65
1954	697	709	−12
1955	655	684	−30
1956	746	706	39
1957	800	766	34
1958	796	824	−28
1959	792	921	−128
1960	925	922	3.01
1961	944	977	−33
1962	997	1 068	−71
1963	1 066	1 113	−48
1964	1 126	1 185	−59
1965	1 168	1 182	−14
1966	1 308	1 345	−37
1967	1 488	1 575	−86
1968	1 530	1 781	−252
1969	1 869	1 836	32
1970	1 928	1 956	−28
1971	1 871	2 102	−230
1972	2 073	2 307	−234
1973	2 308	2 457	−149
1974	2 632	2 694	−61
1975	2 791	3 323	−532
1976	2 981	3 718	−737
1977	3 556	4 092	−537
1978	3 996	4 587	−592
1979	4 633	5 040	−407

续表

年　份	收　入	支　出	盈余或赤字
1980	5 171	5 909	−738
1981	5 993	6 782	−790
1982	6 178	7 457	−1 280
1983	6 006	8 084	−2 078
1984	6 664	8 518	−1 854
1985	7 340	9 463	−2 123
1986	7 692	9 904	−2 212
1987	8 543	10 040	−1 497
1988	9 092	10 644	−1 552
1989	9 911	11 437	−1 526
1990	10 320	12 530	−2 210
1991	10 550	13 242	−2 692
1992	10 912	13 815	−2 903
1993	11 543	14 094	−2 551
1994	12 586	14 618	−2 032
1995	13 518	15 157	−1 640
1996	14 531	15 605	−1 074
1997	15 792	16 011	−219
1998	17 217	16 525	693
1999	18 275	17 018	1 256
2000	20 252	17 890	2 362
2001	19 911	18 628	1 282
2002	18 531	20 109	−1 578
2003	17 823	21 599	−3 776
2004	18 801	22 928	−4 127
2005	21 536	24 720	−3 183
2006	24 069	26 551	−2 482
2007	25 680	27 287	−1 607
2008	25 240	29 825	−4 586
2009	21 050	35 177	−14 127

年 份	收 入	支 出	盈余或赤字
2010	21 627	34 562	−12 935
2011	23 035	36 031	−12 996
2012	24 500	35 369	−10 870
2013	27 751	34 546	−6 795
2014	30 215	35 061	−4 846
2015	32 499	36 884	−4 385
2016	32 680	38 526	−5 847
2017	33 162	39 816	−6 654
2018	33 404	41 730	−7790
2019（估计）	34 223	44 067	−9 844

资料来源：http：//www. whitehouse. gov/omb/budget/Historicals.

从表 10-4 可以看出，美国战后财政预算除很少年份略有盈余外，都是赤字，而且呈明显的上升趋势。美国在 20 世纪 50 年代的赤字一般不超过 100 亿美元；进入 20 世纪 60 年代，最高的 1968 年为 252 亿美元；进入 20 世纪 70 年代，最高的 1976 年为 737 亿美元；进入 20 世纪 80 年代，里根政府为加紧军备竞赛，实行减税增支（增加军费支出），财政赤字更是急剧上升，到 1983 年已突破两千亿美元大关。1985 年，赤字又进一步增加到 2 123 亿美元，成了美国朝野极为关注的严重经济问题，当年 12 月 12 日，美国总统即签署公布了"格拉姆—拉德曼—霍林斯"平衡预算法案，要求到 1991 年实现预算平衡。这个预算平衡法案，标志着美国财政政策已由过去的扩张转向紧缩。不过起初几年，紧缩的效果并不理想，实际在 1991 年，赤字不仅没有消除，反而增加到 2 692 亿美元，1992 年又进一步增加到 2 903 亿美元，直到克林顿总统上台的 1993 年，还有 2 551 亿美元。克林顿上台后，由于赶上了"冷战"刚结束和高新技术迅猛发展的有利时机，军费减少，同时又厉行增收节支的紧缩政策，以"重振美国经济"，才使财政赤字逐渐减少，以致出现有 1998—2001 年连续 4 年的盈余。但好景不长，2001 年小布什上台，美国网络经济泡沫破灭，经济衰退，特别是遭受"9.11"打击，小布什又推行霸权主义的单边政策，对外借口"反恐"，疯狂发动侵阿、侵伊战争，军费剧增；对内为摆脱衰退，刺激经济又两次大幅减税；特别是为应对国际金融危机，支出上万亿美元的巨资救市。2009 年奥巴马上台后，仍继续实行增支减税的扩张政策，致使财政赤字在 2002 年以后至 2010 年约 8 年时间节节攀升，即由 2002 年赤字 1 578 亿美元，到 2010 年升至 12 935 亿美元，共增长 7.2 倍，年均增长 30%。值得注意的是，奥巴马政府在 2011 年以后，尽管力图降低财政赤字，但收效并不理想，直到 2013 年才开始把赤字降到 1 万亿美元以下，而且从 2016 年又开始回升，到 2019 年即特朗普执政的第 3 年时，已接近再度突破万亿大关，估计将达 9 844 亿美元。这说明 21 世纪以来，美国财政基本上一直处于恶化状态之中。

第二次世界大战后，美国的财政由于多数年份都是赤字，而且呈上升趋势，因此，累积的国债日益上升，如图 10-2 所示。进入 21 世纪以来，美国国债竟是天文数字般的增加。尽管法律规定了上限，实际形同虚设，国债上限照样年年随着国债额的增加而增加，到 2011 年 7 月底，美国国债达 14.34 万亿美元，相当于上年 GDP 的 98%，大大超过了 60% 的警戒线，也超过了法律规定的债务上限的 14.29 万亿美元。按照规定，如果在 2011 年 8 月 2 日以前上限不提高，财政部就无权增发国债，债务违约的危机就会立即爆发。为此，美国两党、国会两院争论得不可开交，直到法定最后时刻，即 8 月 2 日才一致同意把国债上限提高 2.4 万亿美元，即由 14.29 万亿美元，提高到 16.69 万亿美元，使一场险些引爆全球二次金融海啸、二次经济衰退的危机暂时平息了下来。美国政府的债务与债务限额的水涨船高的关系，如图 10-2 所示。

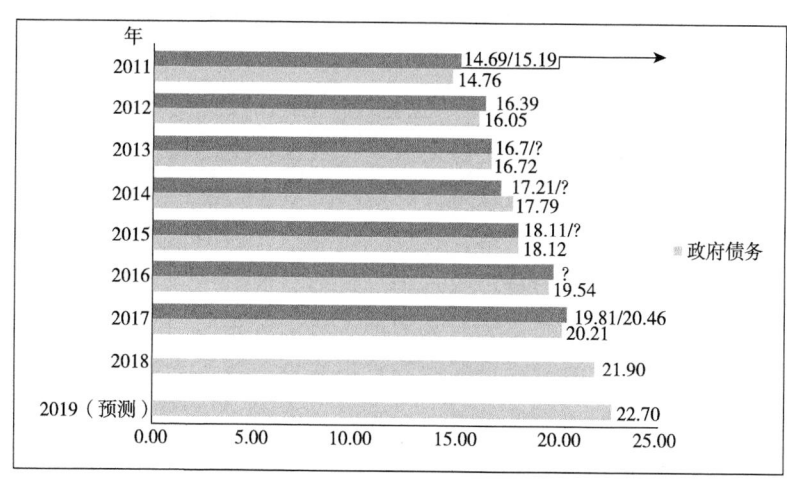

图 10-2　10 年来美国联邦政府负债

资料来源：http://www.whitehouse.gov/0mb/histortcal.

注："?"代表的是该年度中一段时间暂停了当时的债务上限，并预期某一时间会增加限额，来适应未偿债务的增加。例如：2013 年度的"?"含义为，从 2013 年 10 月 17 日起至 2014 年 2 月 7 日暂停现有债务上限，并预期增加限额以适应截至 2014 年 2 月 8 日的未偿还债务增加。

从图 10-2 可以看出，美国政府累积的债额连年增加，债务限额随之也不断提高。二者在 2001 年到 2017 年，分别从 5.77 万亿美元提高到 20.21 万亿美元和从 5.9 万亿美元提高到 20.46 万亿美元，即分别提高了 2.5 倍和 2.46 倍，基本持平。从目前情况来看，由特朗普积极推动的美国 30 年以来最大规模税改法案，从 2018 年 1 月起正式实施，已造成当年债额进一步提高到 21.9 万亿美元，而债务限额仍滞留在 2017 年的 20.46 万亿美元的水平上。这就意味着存在巨大债务违约隐患。从美国历史来看看，此类违约隐患确曾常有，如上述 2011 年 8 月险些爆发的债务违约危机，就是一例。可见，号称富有的美国，实际其财政基础却是脆弱的。

第二节　投资乘数的作用

凯恩斯认为，宏观财政政策的应用，还不能不考虑到投资乘数（investment multiplier）的作用。

一、投资乘数原理

乘数概念是英国经济学家卡恩于 1931 年在《经济学杂志》（6 月号）上发表的《国内投资和失业的关系》一文中首先提出来的。随后，凯恩斯在他的《通论》中利用这一概念，提出了所谓的投资乘数原理。

所谓投资乘数原理，是指在一定消费倾向下，投资的增加可导致国民收入和就业若干倍数的增加。在凯恩斯看来，当投资支出增加的时候，资本家对投资品的需求就增加了；随着投资品需求的增加，生产生产资料部门的资本家们就增雇工人来增产投资品；这样，该部门工人的货币收入就增加，即投资转化成收入；当工人的货币收入增加之后，他们用收入的一部分，按一定的消费倾向去购买消费品，从而又增加了对消费品的需求；随着市场对消费品需求的增加，生产消费资料部门的资本家就增雇工人来增产消费品，于是该部门工人的货币收入也增加了；当这个部门工人的货币收入增加之后，他们用这收入的一部分，按一定消费倾向去购买消费品，从而又引起了另一些生产消费品部门的资本家增雇工人，增加他们的收入。依此类推，以至无穷，最后使增加的收入总量大大超过投资数量，即由投资所直接、间接地引起的收入增加总量为投资增量的若干倍数。这就是投资乘数的作用。

例如，有一笔投资增量为 100 万美元，这就会使生产生产资料部门工人的收入增加 100 万美元。假设工人的消费倾向为 2/3，他们就会从增加的 100 万美元收入中拿出 66.66 万美元（100×2/3＝66.66）去购买消费品，于是又会使生产消费资料部门的工人收入增加 66.66 万美元，这个部门又用

44.44 万美元（66.66×2/3＝44.44）去购买消费品……结果是，投资增加 100 万美元，收入增加额为：

$$100+66.66+44.44+29.63+19.75+\cdots=300（万美元）$$

现为简便计算，设投资量为 1，消费倾向为 r，并假设 $r<1$，收入之总和为 k，按上述理由可知：

$$k=1+r+r^2+\cdots+r^{n-1} \tag{1}$$

$$rk=r+r^2+r^3+r^4+\cdots+r^n \tag{2}$$

（1）－（2）并调整：

$$k=\frac{1-r^n}{1-r}$$

因为 $r<1$，即 r^n 之值极微，可略而不计，所以 $k=\frac{1}{1-r}$。

这是投资乘数的一般公式，也就是在一定投资增量的条件下，求收入增加总量的一般公式。由于假设投资的增量为 1，k 便是投资增量的倍数。

现将上例中的消费倾向为 2/3 的数据代入乘数一般公式，可知增加的收入总量为投资量的倍数（k）：

$$k=\frac{1}{1-\dfrac{2}{3}}=3$$

即投资量为 100 万美元，增加的收入总量便是它的 3 倍：300 万美元。

我们知道，消费倾向与储蓄倾向存在互补关系，即 $1-r$＝储蓄倾向。因此，投资乘数的一般公式又可表述为投资乘数等于边际储蓄倾向的倒数。

按照投资乘数原理，既然投资增加，会直接、间接地引起收入量若干倍于投资增量的增加，那么投资减少，自然也会引起收入若干倍于投资减量的减少。因为当投资量减少时，市场对投资产品的需求就减少，从而生产生产资料部门的资本家就会减雇工人，以减少投资品的供应。这样，该部门工人的货币收入便减少了，其减少的量也恰好等于减少的投资量。生产生产资料部门的工人由于收入减少，自然会按一定消费倾向减少对消费品的需求量，从而又引起另一些部门收入的减少。以此类推地减少下去，以至国民收入由投资减少而直接或间接地引起的减少数，也若干倍于投资减量。其减少乘数公式仍为：

$$k=\frac{1}{1-r}$$

或

$$k=\frac{1}{边际储蓄倾向}$$

凯恩斯认为，投资乘数的重要意义在于说明：政府在运用财政政策来调节需求时，还必须考虑到乘数的作用。当政府支出增加时，便会直接、间接地引起国民收入若干倍于支出增量的增加；反之，政府支出的减少，也会直接、间接地引起国民收入若干倍于支出减量的减少。例如，当总需求小于总供给 500 万美元时，如果边际消费倾向为 4/5，则政府在考虑到乘数作用时，只需增加投资 100 万美元，即可使总需求增加 500 万美元，从而使总需求与总供给达到均衡。投资乘数的意义还在于说明，高消费就会带来高收入。因为投资乘数是以边际消费倾向为基础的，消费倾向愈大，投资乘数也就愈大。

二、就业乘数原理

就业乘数与一定的投资增量会直接、间接地引起若干倍收入的增加一样，是指当一定投资增量引起一定就业量增加之后，它也会直接、间接地引起若干倍就业量的增加。

按照凯恩斯的就业理论，就业量是随着有效需求的增加而与国民收入按一定比例一同增加的。如前所述，投资乘数的作用，是当投资增加从而使有效需求增加时，会直接、间接地引起就业量增加，最终使投资转化为收入的增加。因此，如果增加的收入量与就业量的比例固定不变（按照凯恩斯短期分析的方法，假定生产技术和劳动者的熟练程度不变，从而劳动力价值不变，所以，增加的收入量与就业量的比例是固定不变的），那么由一定投资增量所直接、间接引起的就业量，也会按照由该项投资直接、间接引起的收入增加的同一倍数增加。这个投资增量所直接、间接引起的就业量，与该项投资量所直接引起的就业量之比，便称为就业乘数。可见，就业乘数与投资乘数有着密切关系，二者在量上相等，在质上则可以说前者是后者的重要组成部分。即所谓投资乘数，从广义上讲，它不仅指一定投资增量会导致若干倍的收入增加，也指该项投资会导致同一倍数的就业增加。

因此，就业乘数的意义在于说明，当政府增加支出，以致直接引起就业量增加时，就会连锁地引起一系列就业量增加，从而能实现所谓"以就业维持就业、以就业扩大就业"的方针。

例如，假定每增加 1 万元收入，可以增加 1 人就业。当投资增量为 100 万元时，它所直接引起的收入增量为 100 万元，就业增量为 100 人。在消费倾向为 2/3 的情况下，投资乘数和就业乘数为：

$$k = \frac{1}{1-r} = \frac{1}{1-\frac{2}{3}} = 3$$

因此，增加的就业总量为 300 人，即 100 人的 3 倍。

就业乘数与投资乘数作用一样，可以是积极的也可以是消极的。当政府增加支出时，会使就业量成倍增加，起着积极作用；反之，若政府支出减少，便会使就业量成倍减少，起着消极作用。

三、如何评价投资乘数原理

首先应当了解，凯恩斯的投资乘数原理，是他在假定生产要素供给不变的前提下，如何充分发挥政府对社会有效需求的调节作用而提出来的一种理论。因此，投资乘数原理的作用必然要受到下列若干条件的限制：①增加的收入必须是用于购买消费品，如果在投资品生产部门中增加的收入是用来偿还债务，乘数就将缩小；②增加的收入必须是用于购买新增加的消费品，如果增加的收入是用来购买消费品存货，乘数亦将缩小；③现有的生产要素供给必须是充裕的，以致有闲置的设备、资源和人力，如果增加的收入虽然是用来购买消费品，但因生产条件的限制，消费品生产不出来，此时货币的国民收入虽有增加，但实际的国民收入却不能有同比例的增加，乘数的作用就将缩小；④增加的收入必须是用于购买本国的消费品，如果增加的收入是用来购买外国消费品，乘数亦将缩小。当然，如果有外国人购买本国物品，乘数则会相应地增加。

我们认为，凯恩斯投资乘数原理发挥作用的这些假设前提，从他当时所面临的任务是为了如何刺激需求，以解决开工不足和大批失业的问题来看，是可以理解的。从投资乘数和就业乘数原理本身来看，由于他抽象地揭示了各个经济部门之间的经济活动的连锁反应，因而在一定程度上揭示了各个经济部门之间的某些表面联系，这种联系在社会再生产过程中是客观存在的，因此，对于我们研究社会主义再生产问题，具有一定参考价值。

但是，投资乘数原理却具有非科学性和替资本主义辩护的性质。因为：

第一，凯恩斯企图通过投资乘数作用来强调说明，扩大政府开支就能消除失业，克服危机，这不过是主观幻想。因为危机和失业的根源在于资本主义制度本身，不消灭资本主义制度就不能消除经济危机，也不能实现充分就业；即使政府扩大开支，加上投资乘数作用，暂时能刺激需求，缓和危机，但最终只能使资本主义的各种矛盾进一步发展，危机加深，失业增加。20 世纪 70 年代出现的"滞胀"局面就是一个证明。

第二，凯恩斯对乘数作用的分析，完全脱离了资本主义生产关系的实际。他的投资乘数作用是以各个经济部门之间的联系在十分理想、畅通无阻的前提下实现的。实际上，在资本主义无政府生产和激烈竞争的情况下，这个前提根本不存在，因此，他的乘数公式并不完全符合资本主义经济运行的客观实际。

第三，他的乘数原理本身也是不完全合理的。因为它是以所谓边际消费倾向这个主观的心理规律为依据，而且是以投资全部转化成收入作为前提的。事实上，新增加的投资，不仅有一部分要转化为可变资本，即工人的收入，而且有更大的一部分要转化为不变资本，因此，投资乘数并不能像凯恩斯所想象的那么大。同时它还抹杀了一个基本事实：投资的增加，既会增加社会有效需求，更会相对地增加社会生产能力，从而会进一步加深生产能力和社会有效需求之间的矛盾。

第四，投资乘数原理是为鼓励消费，替资本家追求豪华奢侈生活，大肆挥霍浪费进行辩护的工具。因为投资乘数是以边际消费倾向为依据的，消费倾向愈大，乘数愈大，从而会有更多的收入和就业量的增加。由此，凯恩斯便认为，社会愈是挥霍浪费，愈有利于克服危机，消除失业。他公开鼓吹"豪华之家"，生时修建大厦作住宅，死后建造金字塔作坟墓，甚至以"蜜蜂的寓言"作为浪费有理的根据，认为"浪费"固然在道德上是"劣行"，对社会却大有好处；"节约"固然是一种美德，对社会却很不利。这种从刺激有效需求到浪费有理之说，乃是今天西方发达国家鼓励浪费的"高消费"政策的重要理论基础。

我们知道，真正能过豪华奢侈的"高消费"生活的是资产阶级。所谓高消费政策，实际上不过是为富人的挥霍浪费行为进行辩护，而给工人的生活负担施加压力，借以刺激消费，缓和生产过剩的矛盾，最终又为维护资本主义剥削的利益服务而已。

其实，凯恩斯的浪费有理之说并不是什么新鲜货色，它与马尔萨斯的有效需求论一脉相承。他们的共同点都是认为消费决定生产，因而与马克思的生产决定消费的原理是格格不入的；主要的不同点只在于，马尔萨斯的谬论是为地主阶级的寄生性消费和挥霍浪费服务，凯恩斯的谬论则主要是为垄断资产阶级的挥霍浪费服务。

第三节　政府其他财政收支的乘数作用

西方经济学家认为，在国民经济活动中，当政府部门加入而形成居民、企业、政府三个部门经济的情况下，除了政府投资支出会引起乘数效应外，政府其他的财政收入、支出活动也会引起乘数效应，即会导致国民收入成倍变动。所谓政府的其他财政收入、支出，主要是指政府的购买支出、税收、转移支付、平衡预算的收支等。由于这些收支变动与投资变动一样，也会引起消费的变动和相关的各个国民经济部门之间的连锁反应，因而必将引起国民收入若干倍数的增加或减少。

从三个部门经济的国民收入均衡模型可推导出政府收支乘数的一般公式。推导程序如下：

依据第九章的内容，三个部门经济的国民收入均衡模型是：

$$C+I+G=C+S+G_t$$

所谓政府收支的变动，是在假定消费 C 和投资 I 不变的情况下，只是政府支出 G 或政府收入 G_t 的变动。为简便起见，现从政府支出的变动方面来看，国民收入 y 总支出的模型应为：

$$y=C+I+G$$

因为：

$$C=a+r\ (y-t)$$

式中：C——消费；

a——常数；

r——边际消费倾向；

t——税收；

y——国民收入。

所以：

$$y=a+r\ (y-t)\ +I+G \tag{1}$$

$$y=\frac{a+I+G-rt}{1-r} \tag{2}$$

（2）式即是政府收支乘数的一般公式。分母 $1-r$ 为边际储蓄倾向，其含义与本章第二节投资乘数公式的分母相同；分子为政府收支变动所引起的最初消费量，因而与投资乘数公式中分子的含义也基本相同。由此便可推导出政府支出乘数、税收乘数、转移支付乘数和平衡预算乘数。

一、政府购买支出乘数

政府购买支出乘数是指政府购买的支出变动可引起国民收入若干倍数的变动。因为政府购买商品，增加了企业商品的销路，从而导致企业增雇工人，扩大生产。企业增雇的工人得到工资收入后，会进一步增加商品需求，如此连锁反应，以至无穷，使整个国民收入总量增加。如果政府减少购买，则会引起相反的连锁反应，致使整个国民收入总量减少。

在（2）式 $y=\frac{a+I+G-rt}{1-r}$ 中，若只有政府支出 G 发生变动，例如，由 G_0 增

至 G_1，则国民收入就由 y_0 增至 y_1，即：

$$y_0 = \frac{a_0 + I_0 + G_0 - rt_0}{1-r} \tag{3}$$

$$y_1 = \frac{a_0 + I_0 + G_1 - rt_0}{1-r} \tag{4}$$

（4）－（3）：$y_1 - y_0 = \Delta y = \frac{G_1 - G_0}{1-r} = \frac{\Delta G}{1-r}$

$$\frac{\Delta y}{\Delta G} = \frac{1}{1-r} = Kg$$

Kg 即为政府购买支出的乘数（倍数），它表明国民收入的变动为政府购买支出变动的倍数是 $1-r$（其中 r 为边际消费倾向）的倒数，或边际储蓄倾向的倒数。例如，当政府购买支出增加 100 万美元，边际消费倾向为 2/3，则倍数为 3（$Kg = \frac{1}{1-2/3} = 3$），国民收入增加 300 万美元（$\frac{\Delta y}{100\,万} = \frac{1}{1-2/3}$）；反之，若购买支出减少 100 万美元，国民收入也会减少 300 万美元。

二、税收乘数

税收乘数是指税收的变动会引起国民收入若干倍数的变动。因为税收增加，意味着企业和居民可支配收入减少，从而消费支出、商品需求、就业和工资，以至整个国民收入都会相应减少；反之，税收减少，则会引起相反的连锁反应，以至整个国民收入会增加，可见，税收变动与国民收入变动的方向相反。因此，税收的乘数是负值。

在（2）式 $y = \frac{a + I + G - rt}{1-r}$ 中，若只有税收 t 变动，例如，由 t_0 增至 t_1，则国民收入变动由 y_0 减至 y_1。即：

$$y_0 = \frac{a_0 + I_0 + G_0 - rt_0}{1-r} \tag{5}$$

$$y_1 = \frac{a_0 + I_0 + G_0 - rt_1}{1-r} \tag{6}$$

（6）－（5）：$y_1 - y_0 = \Delta y = \frac{-r\Delta t}{1-r}$

$$\frac{\Delta y}{\Delta t} = \frac{-r}{1-r} = -Kt$$

$-Kt$ 即为税收乘数（tax multiplier），而且是负值。它表示国民收入变动为税收变动的倍数是 r（r 为边际消费倾向）与 $1-r$（其中 r 为边际消费倾向）的比率，而变动的方向相反。例如，当边际消费倾向为 2/3，税收增加或减少

100万美元时，税收乘数为-2（$Kt=\dfrac{-\dfrac{2}{3}}{1-\dfrac{2}{3}}=-2$），因此，国民收入会减少或增

加200万美元（$\dfrac{\Delta y}{100万}=\dfrac{-\dfrac{2}{3}}{1-\dfrac{2}{3}}$）。

三、政府转移支付乘数

所谓政府转移支付（transfer payment），是指政府给予个人的、不以换取产品与劳务为目的支出，其中包括政府给予失业者的失业救济金、给予贫困者的各种福利补助，以及其他赠予或社会保障支出。它们构成政府支出的一个重要组成部分。由于这种支出会直接或间接地增加人们的消费支出，因而也会导致国民收入成倍地增加。

在（1）式 $y=a+r(y-t)+I+G$ 中，由于个人可支配收入（y_d）部分 $[r(y-t)]$ 增加了政府转移支付（t_r）的因素，使 $y_d=r(y-t+t_r)$，因此：

$$y=a+r(y-t+t_r)+I+G$$

$$y=\frac{a+I+G+rt_r-rt}{1-r} \tag{7}$$

在（7）式中，如果只有政府转移支付 t_r 变动，例如由 t_{r0} 变到 t_{r1}，即：

$$y_0=\frac{a_0+I_0+G_0+rt_{r0}-rt_0}{1-r} \tag{8}$$

$$y_1=\frac{a_0+I_0+G_0+rt_{r1}-rt_0}{1-r} \tag{9}$$

（9）－（8）：$y_1-y_0=\Delta y=\dfrac{r\Delta t_r}{1-r}$

$$\frac{\Delta y}{\Delta t_r}=\frac{r}{1-r}=Kt_r$$

Kt_r 即为政府转移支付乘数（multiplier of transfer payment），它表明国民收入变动为政府转移支付变动的倍数是边际消费倾向与 $1-r$（其中 r 为边际消费倾向）的比率，而变动的方向相同。例如，当边际消费倾向为 2/3，政府的转

移支付增加或减少100万美元，则转移支付乘数为2（$K_{tr}=\dfrac{\dfrac{2}{3}}{1-\dfrac{2}{3}}=2$），国民收

入会增加或减少 200 万美元（ $\dfrac{\Delta y}{100\text{万}} = \dfrac{\dfrac{2}{3}}{1-\dfrac{2}{3}}$ ）。

四、平衡预算乘数

平衡预算乘数是指政府的收支按同方向等量变动的情况下，国民收入变动为政府收入或支出变动的若干倍数。在政府收支按同方向等量变动的情况下，即使政府收支变动的部分是平衡的，但由于收入（税收）的乘数（ $K_t = \dfrac{-r}{1-r}$ ）与支出的乘数（ $K_g = \dfrac{r}{1-r}$ ）不同，所以，政府收支平衡变动的乘数，即平衡预算乘数仍有其特殊性。

设国民收入的变动量为 Δy ，它是收入（税收）变动（ Δt ）和支出变动（ ΔG ）的双重影响的结果。即：

$$\Delta y = K_t \Delta t + K_g \Delta G$$

$$= \frac{-r}{1-r}\Delta t + \frac{1}{1-r}\Delta G$$

因为： $$\Delta t = \Delta G$$

所以： $$\Delta y = \frac{-r}{1-r}\Delta G + \frac{1}{1-r}\Delta G$$

$$\Delta y = \Delta G$$

或 $$\Delta y = \Delta t$$

可见： $$\frac{\Delta y}{\Delta t} = \frac{\Delta y}{\Delta G} = 1 = K_b$$

K_b 即为平衡预算乘数（multilier of balanced budget），其值为 1。例如，当政府收入和支出都增加 100 万美元，则国民收入也增加 100 万美元。

以上说明，政府财政的收入和支出都会引起国民收入成倍地变动。这就是财政的乘数效应（multiplier effect），包括政府购买的支出乘数效应、税收乘数效应、转移支付乘数效应和平衡预算乘数效应。它们各具不同的特点，因此，政府在施行收支政策变动时是不能不予以充分地重视和估计的。

第四节　宏观货币政策

宏观货币政策对需求的管理，是指中央银行增加或减少货币供应量以影响利息率，然后通过利息率的升降来促使减少或增加投资，使总需求与总供给趋于一致。因此，它与宏观财政政策对需求的管理有所不同：后者直接影响总需求的增减，是直接发生作用的；前者通过利息率的变化间接地影响需求，是间接发生作用的。因此，一般说来财政政策见效快，而货币政策见效慢。

一、货币金融制度

为了了解宏观货币政策（monetary policy），需要先了解一下资本主义国家的货币金融制度。

关于货币（money）。按照马克思主义观点，货币是充当一般等价物的特殊商品，它最终是由金属材料来充当的，谓之金属货币。但是，现代各资本主义国家，在 20 世纪 30 年代大危机以后，都纷纷宣布放弃金本位制。自此以后，资本主义各国实际上都是以作为货币符号的纸币或钞票当作货币在市场流通。它是由各国中央银行发行，靠国家权力强制流通，同时，在发达的资本主义国家中，凡是批发贸易，甚至一部分零售贸易，都是利用从商业银行活期存款账户所开出的支票来支付的。因此，支票等同于纸币，可以作为货币在市场流通。此外，还有临时需要或零星支付用的辅币（硬币），也是在市面流通的一种货币。所以，现代资本主义国家中的货币，一般包括市面流通的纸币、活期存款和作为辅币用的硬币。这统称为狭义货币，以 M_1 表示。另外，有的西方经济学家把银行的定期存款也看作是货币，因为，定期存款随时都可转为活期存款。于是，这部分货币加上 M_1 称为广义货币，以 M_2 表示。更广泛的货币概念还包括银行系统以外的各种"近似货币"，如储蓄银行、储蓄和贷款协会、建筑协会等存款，以及其他信用组合、信托金融机构等存款，以 M_3 表示。因此：

$$M_1 = 纸币 + 活期存款 + 硬币$$
$$M_2 = M_1 + 银行定期存款$$
$$M_3 = M_2 + 近似货币$$

关于银行制度。银行是经营管理货币的企业，资本主义国家的银行制度是以中央银行为核心，由中央银行与商业银行共同组成的银行体系。

中央银行在一国银行体系中担负着特殊的职能，主要表现在：①它是发行银行，拥有发行纸币的特权，对破损的钞票依法销毁；同时，根据市场需要，调节货币供应量。②它是银行的银行，即它与一般商业银行不同，其主要往来客户不是工商企业，而是商业银行。它执行票据清算所的作用，为其他商业银行办理支票清算，同时对商业银行办理存款、放款和再贴现业务，并且通过这些业务活动对商业银行实行监督，调节货币流通。③它是国家银行，接收国库存款，代理国库收付款，代理国家发行公债券，并对国家提供贷款。此外，它还负责全面巩固准备金制度。资本主义国家法律规定，商业银行在吸收的存款中，必须留出一定比例的金额作为准备金存入中央银行，以便中央银行随时动用，保证国内任何地区的银行偿付其债务，而不致停止现金支付。这种由法律规定提留的准备金所占存款的比率，称为法定准备率。中央银行对法定准备率的高低有权调整，以控制商业银行活动。

商业银行的基本职能是：吸收存款和发放贷款。银行存款分定期、活期两种。发放贷款的形式有三种：一是商业性的信用贷款，这是用于企业的生产性贷款。二是票据贴现和抵押贷款。抵押贷款是用于购买房屋、土地等，银行需以房屋或土地作担保进行抵押贷款。三是消费信贷，这是用以购买耐用消费品等的贷款。此外，商业银行还对各种有价证券进行投资，以控制企业或谋取股利，以及办理现款汇兑、票据承兑、票据代收、代客买卖等中间业务，从中收取手续费。

二、货币乘数的作用

为了了解宏观货币政策，还需要了解货币乘数（monetary multilier）的作用，即了解乘数原理在银行存款和贷款活动中是如何体现的。

现假定银行的法定准备率为20%，又假定某家银行吸收存款1 000万美元，则应留存的准备金为200万美元，可以贷放的款额为800万美元。得到这笔800万美元贷款的企业把它作为活期存款存入另一家银行。这后一银行得800万美元存款后，也按20%的法定准备率，除留下160万美元作准备金外，又可贷放出640万美元，依此类推，各个银行所得到的存款总和为：

$$1\ 000+800+640+512+\cdots=5\ 000$$

现假设最初存款额为R，法定准备率为g，各个银行存款额之和为K_m，则求各银行存款额之和的一般公式为：

$$K_m=\frac{R}{g}$$

如果最初存款额R为1，则上式可改写为：

$$K_m=\frac{1}{g}$$

这就是货币乘数的一般公式。式中K_m表示存款总额为已定的最初存款的若干倍数，其倍数的大小与法定准备率成反比。

续上例：在银行最初款额为1 000万美元的情况下，因法定准备率为20%，则各银行的贷款额之和为：

$$800+640+512+\cdots=4\ 000$$

设最初贷款额为R'，法定准备率为g，各银行贷款总额为K'_m，则：

$$K'_m = \frac{R'}{g}$$

如果最初贷款额 R' 已定，假设为 1，则上式可改写为：

$$K'_m = \frac{1}{g}$$

存款倍数公式（$K_m = \frac{1}{g}$）中的 g 既然与贷款倍数公式（$K'_m = \frac{1}{g}$）中的 g 相同（例中为 20%），因此，K_m（存款倍数）与 K'_m（贷款倍数）则必然相等。也就是说，在一定的法定准备率下，某家银行在最初得到一笔存款之后，由于各银行之间的连锁反应，会使银行存款总额和贷款总额按同一倍数增长。这就是货币乘数的作用。在上例中，货币乘数（K_m）为：

$$K_m = \frac{1}{g} = \frac{1}{20\%} = 5$$

这就是说，存款总额为最初存款额 1 000 万美元的 5 倍，即 5 000 万美元；同时贷款总额也为最初贷款总额 800 万美元的 5 倍，4 000 万美元。

因此，简单地讲，所谓货币乘数的作用，是指一定的存款额能因各银行的连锁反应，而使银行存款总额与贷款总额按同一倍数增长。其倍数大小与法定准备率成反比，法定准备率愈高，倍数愈小；法定准备率愈低，倍数愈大。有的西方经济学家据此认为，货币创造货币。因此，货币乘数又称货币创造乘数。

三、关于货币和债券之间进行选择的假定

为了理解货币宏观政策的作用，还要了解人们保存自己资产所采取的形式。这种形式本来是多种多样的，但凯恩斯主义却假定只在货币和债券这两种形式之间进行选择。宏观货币政策的作用，主要是通过增减货币供应量来影响利息率和投资的。如果允许人们在货币、债券、商品、土地、珍宝、房屋等各种形式之间选择自己资产的保存形式，则当货币供应量增加时，所有那些可供选择的资产形式的价格都会受到影响（上升），而不一定只表现为债券价格的上升，或只有很小比例的上升。这样，货币供应量的增加，不一定会降低利息率，甚至还会提高利息率（因为货币供应量增加，人们预期通货膨胀率上升，这时购买房屋、土地、商品等比购买债券更加有利，于是债券价格下跌，利息率上升），从而便不能达到刺激投资增加的目的。

因此，凯恩斯宏观经济学在分析货币供应量与利息率之间的关系时，是假定人们只在货币和债券两种形式之间进行选择，货币成了债券唯一替代物。应当指出，凯恩斯在这里说的货币，实际指的是借贷资本。从这个意义上讲，

他做那样的假定是有一定道理的。

在这种假定下，当货币供应量增加时，人们不是去购买商品、土地、房屋、珍宝，而是去购买债券，于是债券价格上升，而债券价格上升就意味着利息率下降。因为人们购买债券就等于存款，其目的是为了获取利息，因此，对于债券所愿意支付的价格，至多等于他按一定利息率计算的利息派生的存款；从债券的售卖者来说，他所愿意接受的价格，至少要等于他取出的因按一定利息率计算的利息所派生的存款。这就是说，债券的买卖双方都把债券价格看作一笔存入或取出的存款，而债券的收益则相当于这笔存款的利息。

因为：
$$存款 = \frac{利息}{利息率}$$

所以：
$$债券价格 = \frac{债券收益}{利息率}$$

公式表明，债券价格与债券收益成正比，与利息率成反比。因此，在债券收益不变的情况下，债券价格上升，就意味着利息率下降。可见，货币供应量增加，就会导致利息率下降，而利息率下降，自然会刺激投资增加，从而增加社会有效需求；反之，当货币供应量减少，利息率就会上升，这自然会使投资减少，从而减少社会有效需求。

四、宏观货币政策的运用

宏观货币政策的基本内容，是通过增减货币供应量，以促使利息率变动，从而影响投资，最后达到增加或缩小有效需求，使总需求与总供给趋于均衡。

那么，怎样才能增加或减少货币的供应量呢？主要可以采取如下三种措施：

第一，调整法定准备率。由于货币乘数的作用，在最初存款额已定的情况下，法定准备率的变动，会引起银行存款和贷款按反比例大幅度地（若干倍数）变动。因此，政府就可在萧条时期（这时有效需求不足）降低法定准备率，使货币供应量增加，利息率降低，从而达到刺激投资，增加社会有效需求的目的；在通货膨胀时期（这时需求过度），政府就可提高法定准备率，使货币供应量减少，利息率上升，从而促使资本家减少投资，缩小社会有效需求。这个调节过程如图10-3所示。

由于法定准备率的变动会引起货币供应量的大幅度变动，所以政府只在少数场合才使用这种手段。在资产阶级经济学家看来，这种手段乃是政府的货币政策武器库中一件威力最大而又不常用的武器。

第二，调整中央银行对商业银行的贴现率。调整中央银行的贴现率，也就是调整中央银行的利息率政策，或称再贴现政策。具体做法是：当萧条时

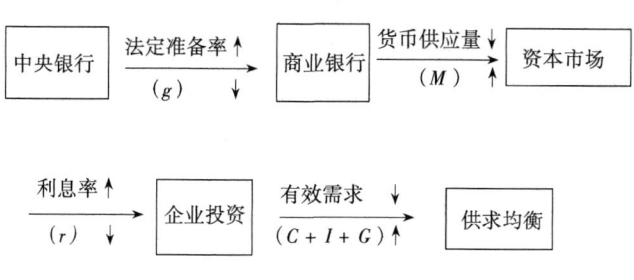

图 10-3

期，有效需求不足，中央银行就降低再贴现率，刺激商业银行向中央银行增加再贴现金额，以增加准备金，从而增加向企业放款的资金；同时，商业银行的放款利息随着中央银行再贴现率的降低也会下降，这就刺激企业增加借款，扩大投资，最后达到增加社会有效需求的目的。当通货膨胀时期，需求过度，中央银行就提高再贴现率，促使商业银行减少向中央银行的再贴现金额，以减少准备金，从而紧缩向企业放款，甚至收回放款；同时，商业银行的放款利息率随着中央银行再贴现率的提高也会提高，这就促使企业减少借款，缩小投资，最后达到减少社会有效需求的目的。这个调节过程可用图 10-4 表示。

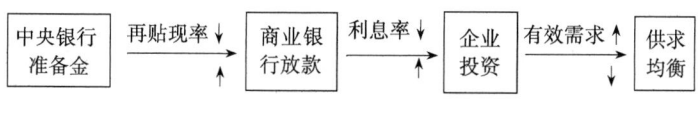

图 10-4

运用调整中央银行的贴现率来调节货币供应量，是宏观货币政策中常用的一种方法。例如，美国经济在经过 20 世纪 90 年代末一段高涨之后，从 2001 年 3 月开始陷入第 10 次衰退期，美联储为了迅速扭转衰退局面，刺激经济增长，在这一年之内，连续 11 次降低利息，将基金利率从年初的 6.5% 降到年末的 1.75%，即使如此，这次衰退只延续 8 个月到 11 个月即基本结束。随后两年又连续两次降息，到 2003 年 6 月已降到 1%，为促进经济恢复起了重要作用。据美国经济分析局提供的资料，美国 2003 年第 3 季度 GDP 增长率按年率计算高达 8.2%，从而打开了新一轮经济扩张的大门。为防止经济过热和通货膨胀，美联储从 2004 年 6 月底到 2006 年 6 月底的两年之间又连续 17 次加息，从 1% 增到 5.25%，并表示今后是否再加息，将取决于经济发展状况。这些就是美国近些年来成功地利用货币利率调控宏观经济的范例，它说明调整利息率是宏观货币政策中常用的有效工具。

第三，公开市场业务。公开市场业务是指在公开市场上，通过中央银行买进或卖出政府债券，以调节货币供应量的一种措施。在萧条时期，有效需求不足，中央银行就在公开市场上向公众（包括个人和企业）买进政府债券，从而把货币投入市场。中央银行买进政府债券时，是用支票支付的。这些出售债券的个人或企业便将获得的支票存入商业银行，于是商业银行的存款增加，然后商业银行按照法定准备率，将存款的一部分用作放款。这样，在货币乘数作用下，各商业银行的存款、放款总额都将成倍增加，货币供应量大幅度上升，从而引起利息率下降，投资增加，总需求扩大。在通货膨胀时期，需求过度，中央银行便卖出政府债券，使货币回笼。当中央银行出售债券时，购买者是个人或企业，他们是用银行存款来购买的，这就使商业银行的存款减少，中央银行的现金增加。商业银行存款减少后，因货币乘数的作用，使得各银行的存款、放款总额都急剧缩减，货币供应量大幅度下降，从而利息率上升，投资减少，总需求缩小。

宏观货币政策对需求管理，除采取以上三种主要措施外，还可采取其他一些辅助性措施。这些措施有：

第一，道义上的说服（"打招呼"），即中央银行官员通过私人接触的机会，对商业银行的存、放业务予以指导、暗示或劝告，以符合政府宏观货币政策的要求。例如，美国1971年实行"新经济政策"，要求商业银行"自愿"限制利息率。这项措施是由利息和红利委员会执行的，他们企图"通过谈判压低利息率"。起初，当市场利息率下跌时，大家还乐意接受利息率限制；到1972年市场利息率上升时，许多银行提高了放款利息率。这时，利息和红利委员会便提出警告说，如果银行提高放款利息率，就可能由官方管理利息率。不过，这种道义上的说服方法在法律上没有约束力。

第二，调整法定保证金限额。资本主义国家的证券交易所，对有价证券交易，是可以凭信用买空卖空的，政府为了稳定金融市场和物价，规定购买证券必须支付一定比例的现款，谓之法定保证金。很明显，法定保证金限额愈高，所需现款愈多，就会压低证券价格，提高利息率，从而促使投资减少，缩小有效需求；反之，如果保证金限额降低，所需现款减少，就会促使证券价格上升，利息率下降，从而刺激投资增加，扩大有效需求。因此，政府可用调整法定保证金限额的办法来调节需求。

第三，规定抵押贷款利息率的上限或下限。抵押贷款是用于购买房屋、土地等不动产的。这种贷款利息率提高，就会限制对房屋等不动产的购买，从而引起建筑业投资减少，压低社会有效需求；反之，这种贷款利息率降低，就会刺激对房屋的购买，引起建筑业投资增加，提高社会有效需求。因此，政府规定抵押贷款利息率的上限或下限，在一定程度上也有助于对需求的管理。

第四，规定消费信贷的条件。消费信贷的条件愈宽，愈有利于扩大消费品市场，增加有效需求；反之，消费信贷条件愈严，愈会缩小销路，减少有效需求。因此，政府又可以通过对消费信贷条件的适当限制和调整，来加强市场有效需求的管理。

五、宏观货币政策和宏观财政政策的结合运用

以上所述宏观货币政策中的各种措施，可分为两大类：一是促使货币供应量增加，从而增加社会有效需求的各种措施，如降低法定准备率、再贴现率和买进政府债券等，这些称为松弛的货币政策；二是促使货币供应量减少，从而减少社会有效需求的各种措施，如提高法定准备率、再贴现率和卖出政府债券等，这些称为紧缩的货币政策。

应当看到，这些宏观货币政策措施对需求的管理是有一定局限性的。因为它与宏观财政政策比较起来，对需求的调节，基本上是通过货币供应量对利息率的影响间接地起作用，因而效应较慢；同时，它的效应还会受到一些相反因素的影响而大为削弱。如在萧条时期，因放款风险较大，尽管政府采取措施来促使商业银行放款，商业银行仍要考虑放款风险而不愿放出；另一方面，这时企业因预期利润较低，尽管政府采取降低利息率，也不一定就愿意增加借款。再如通货膨胀时期，因企业见到需求过度，增加商品供应有利可图，尽管政府采取措施来提高利息率，限制借款和投资，仍愿意增加借款以扩大投资。

由于宏观货币政策的作用有限，所以，凯恩斯主义者认为，宏观的货币政策应与宏观的财政政策结合起来，才能充分发挥对需求管理的作用。这就是说，在萧条时期，要同时实行松弛性的宏观财政政策和松弛的宏观货币政策；在通货膨胀时期，要同时实行紧缩的宏观财政政策和紧缩的宏观货币政策。凯恩斯强调宏观财政政策的作用，后凯恩斯主义者则强调把宏观财政政策与宏观货币政策结合起来。

但是，在实行紧缩或松弛的（或者说扩张性的）宏观政策时，究竟应实行哪一种或哪几种措施才更有效，并无一定成规，而须视当时具体情况而定，即进行所谓的相机决策。在萧条时期恰当地选择某一种或某几种松弛的宏观财政政策和宏观货币政策；在通货膨胀时期，恰当地选择某一种或某几种紧缩的宏观财政政策和宏观货币政策。他们认为，这样就能收到宏观经济政策

的最大效果。

战后，西方发达资本主义国家在一个长时期内基本上都奉行上述凯恩斯主义的宏观经济政策。但在 20 世纪 70 年代后，随着"滞胀"局面的出现，情况逐渐发生了一些变化。1979 年以后，美国政府面对"滞胀"的形势，一方面，从企图增加供应出发，强调减税，实行松弛的财政政策；另一方面，又从企图压低通货膨胀率出发，实行紧缩的货币政策。这实际是含有某些凯恩斯主义的成分，却并非完全实行了凯恩斯主义政策，或者说是更多地实行了保守主义的政策。从 1983 年春开始，美国经济在摆脱了 1981—1982 年危机之后，开始转向复苏。这时，通货膨胀的势头虽然得到控制，但又面临财政赤字急剧增长的难题，以致在 1985 年 12 月，美国总统不得不签署公布平衡预算法案。从此，美国宏观经济政策又发生了新的变化，一方面实行紧缩的财政政策，另一方面又随着通货膨胀的缓解而实行放松货币供应的政策。总之，在 20 世纪 70 年代以后，美国的宏观经济政策，是实行松紧搭配的政策。看来这种政策在今后一个时期还可能延续下去。

六、宏观经济政策与经济变量关系的实证研究模型

2011 年，美国经济学家纽约大学教授萨金特（Thomas J. Sargent）和普林斯顿大学教授西姆斯（Chistopher A. Sims）因"对宏观经济中因果的实证研究"做出了突出贡献而获得该年度诺贝尔经济学奖。因篇幅所限，下面只着重介绍萨金特关于宏观经济政策与经济变量关系之间的实证研究模型。

临时性加息或减税是如何影响 GDP 和通胀的？如果央行永久性改变通胀目标，或者政府调整预算平衡目标，经济将发生什么呢？理解经济运行的困难之一在于经济变量和经济本身之间的影响经常是相互的，究竟是政策影响经济发展，还是经济影响政策的制定？实际上，它们之间的关系通常是双向的，政策会影响经济，而经济也会影响政策，这一切源于私人部门和公共部门对未来的预期。私人部门对未来经济活动和政策的预期决定了它们现今在薪酬、储蓄和投资方面的决定；而公共部门对政策的制定取决于它们对私人部门发展的预期。

体现这种相互影响的典型例子是 20 世纪 80 年代初的世界经济现象。当时，世界石油价格大幅上涨，许多国家的产出增速放缓，通胀严重。这些国家为了抑制通胀调整了经济政策，人们很难判断随后的经济变化是因为政策调整，还是因为一些潜在的不受经济政策影响的因素所致。这些因素可能反

过来影响政策的实施。研究经济政策效果的方法之一是进行控制实验，但经济学毕竟不同于物理学等自然科学，进行经济实验不可行。萨金特的贡献恰恰在于证明了可以运用历史数据分析宏观经济中的因果关系，即其中存在着相互影响的关系。萨金特通过建立结构性宏观经济模型，运用历史数据证明随着时间的推移，经济政策的系统性调整如何影响经济运行。下面我们通过一个简化的例子①来阐述萨金特在理性预期条件下分析因果关系的基本思路。

萨金特指出，在分析宏观经济因果关系时要完成三个步骤：

首先，构建一个理性预期宏观经济结构模型。考虑一个只包含私人部门和中央银行的简单的经济结构模型，该模型采用数理方法刻画经济系统的特征，并引入相关的参数描述不同经济变量之间的关系。为了简化问题，模型中的参数不受经济政策变动的影响。该模型包括三个组成部分：

第一，名义物价变动的决定。它由决定通货膨胀路径的方程给出：

$$\pi_t = a_{E\pi} E_t \pi_{t+1} + a_\pi \pi_{t-1} + a_y y_t + \varepsilon_{\pi,t} \tag{1}$$

方程（1）右边的第一项描述了私人部门对价格的前瞻性估计，$E_t \pi_{t+1}$ 表示私人部门在 t 时刻对 π_{t+1} 的价格预期。第二项描述了通货膨胀的惯性。例如，由于存在通货膨胀指数化合同，过去的通货膨胀会对当前的通货膨胀产生影响。第三项描述了产出缺口 y 对通货膨胀的影响。对应的是更高的产出缺口与更高的生产边际成本相联系，产出缺口越大，产出的边际成本增长就越快，从而导致通货膨胀。最后一项 $\varepsilon_{\pi,t}$ 刻画了外生（通常称为成本推动）随机变量冲击的影响。

第二，当前产出缺口的决定的方程：

$$y_r = (1-b_y) E_t y_{t+1} + b_y y_{t-1} + b_r (i_t - E_t \pi_{t+1}) + \varepsilon_{y,t} \tag{2}$$

方程第一项刻画了预期产出缺口的效应，如私人部门的平滑消费。方程的第二项表明由于成本或者消费者偏好、习惯等问题导致的产出惯性（$b_y > 0$）。方程的第三项表明产出与更高的实际利率成反比（$b_r < 0$），反映了私人部门的决策受到实际利率的影响。i 代表名义利率，那么 $i_t - E_t \pi_{t+1}$ 则代表实际利率。这里的假定反映了实际利率的提高会导致私人部门在当前减少消费以便换取更多的未来消费。方程的最后一项描述了产出同时也受随机因素 $\varepsilon_{y,t}$ 的冲击，比如私人部门储蓄态度的变动。

第三，在规范政策下运行，假定中央银行根据"泰勒规则"的方式决定名义利率：

$$i_t = c_\pi \pi_t + c_y y_t + c_i i_{t-1} + \varepsilon_{i,t} \tag{3}$$

① 该例子改编自瑞典皇家科学院的新闻公告，略做简化和调整，以方便理解。

这里的 $\varepsilon_{i,t}$ 代表货币政策冲击。方程（3）中货币政策规则的三个参数都是正的：$c_\pi>0$ 意味着随通货膨胀的上升，中央银行提高利率以应对通货膨胀；$c_y>0$ 表示当产出增加时，中央银行提高利率以抑制经济过热；$c_i>0$ 意味着中央银行偏好利率的平稳变动。

为了描述宏观经济的波动，假设模型中的所有参数，参数向量 a、b、c 都已经给定。随机冲击 ε 随着时间变化，从而引起产出和通货膨胀、货币政策的波动。在这个模型中，c 是政策参数，同时，参数 a 和 b 反映了微观个体的偏好、决策、技术和经济环境中不随政策变化的其他因素。假定向量 ε 是不可预期的。

其次，在理性预期的条件下对上述结构模型求解。求解该模型的一个前提假设，是私人部门对未来通货膨胀的预期等于模型本身所预测的通货膨胀。

为了说明方程的求解方法和交叉方程约束，假设方程（1）（2）（3）的解对任何 t 都有形式：

$$\begin{bmatrix} \pi_t \\ y_t \\ i_t \end{bmatrix} = F \begin{bmatrix} \pi_{t-1} \\ y_{t-1} \\ i_{t-1} \end{bmatrix} + G \begin{bmatrix} \varepsilon_{\pi,t} \\ \varepsilon_{y,t} \\ \varepsilon_{i,t} \end{bmatrix} \tag{4}$$

这里的 F 和 G 都是 3×3 的矩阵。由前所述，矩阵 F 和残差 $G\varepsilon$ 的随机特性可以根据标准回归方法估计得到。基本参数向量 a，b 和 c 之间的映像如下：

$$x_t = \begin{bmatrix} y_t \\ \pi_t \\ i_t \end{bmatrix} \qquad \varepsilon_t = \begin{bmatrix} \varepsilon_{y,t} \\ \varepsilon_{\pi,t} \\ \varepsilon_{i,t} \end{bmatrix}$$

方程（4）可表示为：

$$x_t = Fx_{t-1} + G\varepsilon_t \tag{5}$$

而且，结构方程（1）（2）（3）可写为：

$$x_t = Ax_t + BE_t x_{t+1} + Cx_{t-1} + \varepsilon_t \tag{6}$$

其中，

$$A = \begin{bmatrix} 0 & a_y & 0 \\ 0 & 0 & b_r \\ c_\pi & c_y & 0 \end{bmatrix} \quad B = \begin{bmatrix} aE_\pi & 0 & 0 \\ -b_r & 1 & 0 \\ 0 & 0 & 0 \end{bmatrix} \quad C = \begin{bmatrix} a_\pi & 0 & 0 \\ 0 & b_y & 0 \\ 0 & 0 & c_i \end{bmatrix}$$

按照预期理论，假设私人部门可以根据当前的信息线性地对未来进行准确的预测，则有：

$$E_t x_{t+1} = Fx_t \tag{7}$$

将（7）式代入（6）式，因为随机冲击向量 ε_t 是不可预期的，这暗含了：

$$x_t = Ax_t + BFx_t + Cx_{t-1} + \varepsilon_t \tag{8}$$

假设 $I-A-BF$ 是可逆的，那么必有：

$$x_t = [I-A-BF]^{-1}Cx_{t-1} + [I-A-BF]^{-1}\varepsilon_t \tag{9}$$

这样，方程的解被 $[I-A-BF]^{-1}C=F$ 所验证，其中 I 是单位矩阵。这就是所谓的交叉方程约束，其中，A 和 B 中的基本参数暗含了对矩阵 F 中参数的约束。

（9）式是（6）式的简约形式，本身可以被看作过去的信息 x_{t+1} 给定条件下对当前 x_t 的一种预期。通过给定当前信息 x_t，私人部门可以对未来进行预测并得到 $E_t x_{t+1}$，这就是模型本身所预测的 x_{t+1} 的值。根据以上的分析，理性预期就意味着：

$$[I-A-BF]^{-1}C=F \tag{10}$$

（10）式就是所谓的交叉方程约束，也即理性预期对宏观计量经济分析所施加的约束条件。

最后，用历史数据对基本参数进行估计或者校准，目的在于得到矩阵 A、B 和 C 中的参数，使模型尽可能与数据吻合。

可见，萨金特的理性预期结构宏观计量经济分析的典型模式可分成三个步骤：首先构建一个理性预期宏观经济结构模型；然后对该结构模型求解计算所谓的交叉方程约束；最后采用计量经济技术对相关参数进行估计和检验，并用于经济政策变动效应分析。

宏观经济政策与经济变量之间关系是很复杂的，一般说难以通过实验方法予以检验。萨金特的模型由于是以历史数据为依托的实证分析，因而对于预测经济变化可能更有参考价值。

第五节　内在稳定器

西方经济学家认为，在宏观经济中对需求的管理，除了上述人为的宏观经济政策外，还有一些属于政策措施上的或经济上的因素，由于其本身的特点，在不同情况下，可以自动进行调节，以符合于对有效需求管理的要求。这些因素便被称为自动稳定因素，或称为内在稳定器。

一、在财政政策中的内在稳定器

在宏观财政政策中，具有内在稳定器作用的因素，主要有：

第一，个人所得税的征收。萧条时期，政府应采取减税政策。实际上，这时由于经济萧条，个人收入减少（工人失业、工资减少、企业倒闭、股息减少）了，个人所得税的征收额也就跟着自动减少。在通货膨胀时期，政府应采取增税政策。实际上，这时由于经济繁荣，个人收入增加，个人所得税的征收额也随之会自动增加。

第二，公司所得税的征收。与个人所得税的征收有自动调节的作用一样，公司所得税的征收，在萧条时期，由于公司利润减少，会自动减少；在通货膨胀时期，由于经济繁荣，利润增加，会自动增加。总之，它会自动减少或增加，以符合宏观财政政策的减税或增税的要求。

第三，失业救济金的发放。这是政府转移支付的一个项目。在萧条时期，政府应采取增加转移支付的政策。实际上，这时由于企业倒闭、失业增多，随之失业救济金也自动增加，自动符合政府增加转移支付的要求。在通货膨胀时期，政府应采取缩减转移支付的政策，实际上，这时由于经济繁荣就业增加，失业减少，随之，失业救济金也就自动减少，自动符合政府缩减转移支付的要求。

第四，各种福利费的支出。这里指社会保险费用（如人寿保险、失业保险等）以外的其他福利费用支出，如企业亏损补助、医疗卫生补助、教育补助、住宅补助等。这些费用与经济形势有密切关系。如萧条时期，企业亏损增加，失业队伍扩大，群众生活困难加重，随之，政府在这些方面的社会福利费用增加，这也就自动地符合了政府这时应扩大支出的要求。相反，在经济繁荣时期，就业增多，群众生活有所改善，政府在这些方面的社会福利支出，自动地就会减少，符合政府这时应减少支出的要求。

第五，农产品维持价格。美国政府为了维持农场主利益，实行农产品维持价格的政策，当农产品市场价格低于维持价格时，政府即按维持价格予以收购。因此，这等于是对农场主进行农业亏损补贴。在农业危机时期，剩余农产品增多，需求不足，政府的维持价格支出就会增加，因而自动地符合了这时政府应增加购买支出，以扩大有效需求的意图；反之，在农业繁荣时期，剩余农产品减少或者消除，政府的维持价格支出就会减少或者完全消除，这也自动地符合了政府这时应减少购买支出，以缩减有效需求的意图。

二、在货币政策与收入分配中的内在稳定器

有的西方经济学家认为，在货币政策与分配收入中，有一些与货币供应量有关的经济因素，对通货膨胀也有自动调节作用，符合宏观经济政策的要求。这些因素是：

第一，利息率效应，又称凯恩斯效应。这里是指由于利息率的变动有刺激或抑制投资积极性的作用，因而在货币供应量（M）不变的情况下，利息

率有自动调节通货膨胀、稳定物价的功能。因为在 M 不变的情况下，如果产品的供给减少，就会出现通货膨胀、物价上涨。由于物价上涨，L_1（对货币的日常需要和防止意外的临时需要）则会上升，相应地 L_2（对货币的投机需要）要下降，而 L_2 是利率 r 的递减函数，所以，当 L_2 下降时，r 应上升，r 上升就阻碍投资增加，甚至减少投资，从而缩小有效需求，自动地抑制通货膨胀，有利于使物价趋向稳定。当然，如果在供给增多，物价下跌的情况下，利息率效应也会表现为相反的作用，会自动地促使物价上升。

第二，实际货币余额效应，又称庇古效应。这是指在人们手中持有的货币数额一定的情况下，他的实际购买力（实际的货币余额）与物价涨落成反比，因而人们持有的货币数额本身就有自动调节通货膨胀、稳定物价的作用。即当通货膨胀、物价上涨时，人们持有的货币量不变，所能购买的消费品减少，他自动地就会减少消费，缩小需求，从而自动地抑制通货膨胀加剧。相反，当物价下跌时，人们持有的货币量虽然不变，但能买到更多的消费品，于是他自动地就会增加消费，扩大需求，从而自动阻碍物价继续下跌。

第三，收入再分配效应。这是指由于边际消费倾向递减规律的作用，当发生通货膨胀时，因引起国民收入再分配的变化而对通货膨胀有自动抑制作用。有些西方经济学家认为，在假定国民收入被简单区分为工资和利润两部分的情况下，通货膨胀就意味着在国民收入的分配中，工资所占的比例下降，利润所占的比例上升；而利润收入者资本家的边际消费倾向要小于工资收入者工人的边际消费倾向。于是，在边际消费倾向递减规律的作用下，由通货膨胀而引起收入增大的资本家的消费支出相对减少，以至整个社会的消费支出相对减少，自动抑制了通货膨胀的发展。有的还认为，社会上还有一些"被动收入者"，即靠租金、退休金、养老金生活的人的收入，他们比起"主动收入者"，即工资、利润收入者来说，在通货膨胀的情况下，在国民收入中所占的比例也在下降，而"主动收入者"的收入所占比例上升，于是，后者在边际消费倾向递减规律的作用下，消费支出也相对减少，从而对通货膨胀有抑制的作用。

不难看出，上述这些"内在稳定器"，对于平衡需求、稳定物价虽有一定作用，但毕竟是很有限，仅仅靠其自动调节，远不能使经济实现稳定、均衡增长。因此，凯恩斯主义者认为，依靠政府的宏观货币政策和财政政策的调节，进行国家干预是至关重要的，而"内在稳定器"只不过起辅助作用而已。

其实，破坏资本主义经济的稳定、均衡增长的根本原因是它内在的基本矛盾。如果这个矛盾不消除，即使进行国家干预，又加上"内在稳定器"，也不能从根本上解决问题。

第十一章 通货膨胀与失业

当代西方经济学家认为，宏观经济学所要研究解决的最主要的问题，就是现代资本主义经济所面临的通货膨胀（inflation）与失业（unemployment）。在他们看来，一个国家在一定时期内的失业率和通货膨胀率的综合水平，乃构成该国宏观经济的"痛苦指数"或"不安指数"，并认为这个指数可以作为监测宏观经济活动的重要指标。

第一节 通货膨胀及其原因的分析

一、通货膨胀的含义与测量标准

当代西方经济学家认为，所谓通货膨胀（inflation），通常是指一般物价水平持续的相当大的上涨。如果一部分物价水平上升，另一部分物价水平下跌，则可能会使一般物价水平稳定，甚至下降，因而不能称为通货膨胀；如果这个季度物价上升，下个季度物价下降，从全年来看，一般物价水平可能稳定，甚至下降，因此，也不能称为通货膨胀；如果物价水平只轻微上涨，比如年物价上涨幅度低于2.5%，那就不必为资本主义经济制度的稳固性担心，因此，也被排除在通货膨胀的概念之外。他们还认为，如果已发生一般物价水平上升，货币购买力必然下降，因此，通货膨胀总是同货币购买力联系在一起的。

有的西方经济学家又认为，由于政府当局实施人为控制，例如对物价实行冻结或管制，使物价上涨受到阻碍，这便出现了所谓压制性通货膨胀（suppressed inflation）。不过，在他们的通货膨胀理论中，一般不涉及"压制性通货膨胀"问题，即一般是以市场机制自由地起作用为前提来论述通货膨胀的。因此，所谓通货膨胀，是就"物价实际在上涨"而言的。

物价实际是否在上涨，西方各国通常是用批发物价指数和零售物价指数，而主要是用零售物价指数来作为衡量标准的。

批发物价指数是指批发企业购买各种商品的价格加总后的平均价格变动幅度，它反映了批发商品所支付的价格变动情况。在美国，列入编制批发物价指数的商品大约有 2 400 种，如化学制品、农产品、燃料、皮革、木材、机器、纺织品，等等。设这些商品在基期的平均价格为 100，再算出报告期的物价指数，即可看出其价格变动情况，是否发生了通货膨胀。例如，基期的平均价格为 100，报告期的物价指数为 120，则表明物价上涨了 20%。

零售物价指数又称消费物价指数或生活费用指数，这是指消费者购买各种消费品和劳务的价格加总后的平均价格变动幅度，它反映了消费者所支付的价格变动情况。在美国，列入编制消费物价指数的商品和劳务有 382 种，包括了具有代表性的家庭各种消费品，如食品、衣着、娱乐、房租、交通运输等。西方各国由于生活条件环境各有不同，被列入编制消费物价指数的商品可能稍有差异，但通常都是以这种物价指数来判断是否发生了通货膨胀。拿美国消费物价指数为例，以 1967 年为 100，则 1950 年为 72.1，1958 年为 86.6，1960 年为 88.7，1964 年为 92.9，1965 年为 94.5，1970 年为 116.3，1971 年为 121.3，1979 年为 217.4。这说明，美国在 1950—1970 年已有通货膨胀，但膨胀的幅度还不算太大，而 20 世纪 70 年代则通货膨胀加剧，物价指数上升了一倍多。

我们认为，西方经济学家对通货膨胀的含义的说明，只谈到了它的表面现象，而未涉及其实质。马克思曾指出："随着价格符号的总数的增加，每一符号所代表的金量就按同一比例减少。价格的上涨不过是流通过程强制价值符号去等于它们代替流通的金量而产生的反应。"[①] 这就是说，当代表货币的黄金进行流通的纸币的流通量超过了商品流通所需要的金量时，就会使纸币贬值，物价上涨，这就是通货膨胀。因此，所谓通货膨胀的实质就是通货过多了，由此而必然引起纸币贬值，物价上涨。这三个方面是密切联系在一起的，我们绝不能孤立地把其中一个或两个表现视为通货膨胀。此外，西方经济学家把轻微的物价上涨，统统排除在通货膨胀的概念之外，也是不妥的，因为这是在掩盖通货膨胀已经产生的事实。

那么，什么原因引起通货膨胀呢？在西方经济学中有各种不同说法，下面介绍四种主要的通货膨胀理论。

二、需求拉上通货膨胀论

需求拉上通货膨胀论是从需求方面来解释通货膨胀原因的一种理论。有些西方经济学家认为，由于总需求超过了总供给，拉开了"膨胀性缺口"（inflationary gap），以致造成物价上升，通货膨胀。他们通常把这种说法称为

---

① 马克思：《政治经济学批判》，《马克思恩格斯全集》第 13 卷，人民出版社，1962 年版。

"需求拉上通货膨胀论"（demandpull inflation）。

所谓需求，是指人们持有的货币对商品和劳务所形成的有支付能力的需求。因此，在谈到总需求的增加而形成通货膨胀时，自然涉及货币供应量增加的问题。而在进一步分析货币供应量的增加如何引起总需求增加时，又有种种的观点，但基本上可分为两大派。

一是凯恩斯主义学派的观点。他们根据凯恩斯的有效需求原理和流动偏好理论认为，货币数量的增加不会直接影响物价，而是首先使利息率降低，从而投资增加；投资增加通过乘数作用，又使消费增加；随着投资与消费增加，社会总需求便增加。

凯恩斯学派还认为，社会总需求增加，是否会引起物价上升和通货膨胀，还需视供给方面的情况而定。这里会出现三种情况：①如果社会上存在着丰富的还没有被利用的资源和大量失业，总供给弹性很大，这时，即使货币量增加使总需求提高，但生产可以扩大，因而物价不会上涨。②在经济扩张到了一定阶段，以致有些资源和技术变得稀少的情况下，这时，生产扩大会使工资和边际成本增加，物价水平将上升。但由于这时生产仍然有所扩大，致使物价上涨幅度将小于货币数量增加的幅度。这时货币数量的增加，部分引起生产和就业的增加，部分地引起物价上涨，这被称为"半通货膨胀"（semi-inflation），或"爬行的通货膨胀"（creeping inflation）。③在达到充分就业的条件下，由货币供应量的增加而引起的需求增长，遇到了没有弹性的供给，物价将随着货币数量的增加而成比例地上涨，这时便出现了所谓真正的通货膨胀，其轨迹可用图 11-1 表示如下。

在图 11-1 中，纵轴表示物价水平，横轴表示产量水平。D_1，D_2，D_3，D_4，D_5 分别为在各种不同货币供应量下所引起的不同水平的社会总需求曲线。Q_1 为存在大量的资源和失业工人未得到利用情况下的产品供给量，Q_2 为生产虽有扩大，但尚未得到充分利用的产品供给量，Q_3 为现有资源已得到充分利用，即已实现充分就业条件下的产品供给量。现假设 D_1 为货币量虽有增加，但尚存在大量的资源和失业工人情况下的需求曲线，它与 Q_1 产量线的交叉点 A 所决定的均衡价格为 P_1，这乃表明上述第一种情况：货币量增加使总需求有了提高，但物价并未上涨。依次，随着货币量再逐步增加而引起社会总需求逐步增加物价水平也逐渐上升，即由 P_1 上升到 P_2，P_3，P_4，P_5。但在上升到 P_2，P_3 时，其上升幅度都小于相应的需求曲线的位置上升的幅度，即小于由 D_1 上升到 D_2，D_3 的幅度。这就表明处于"半通货膨胀"状态。它们各自相应的需求曲线与产量交叉点所决定的均衡点为 A，B，C，连接 A，B，C 形成的线，便是"半通货膨胀"的轨迹。当物价由 P_3 上升到 P_4，P_5 时，其上升幅度与相应的需求曲线的位置上升的幅度，即由 D_3 上升到 D_4，D_5 的幅度相等，如图 11-1 所示：$P_3P_4 = CD$；$P_4P_5 = DE$。这就表明已处于"真正通货膨胀"状态。CD 和 DE 都是"真正通货膨胀"的轨迹。

二是货币主义学派的观点。现代货币主义者根据现代货币数量论，强调货币供应量的增加会直接引起物价上涨。因为他们认为，货币供应量的变动，并不像凯恩斯主义者所断言的那样，首先会引起利率的变动，然后才引起社会总需求的变动。他们以

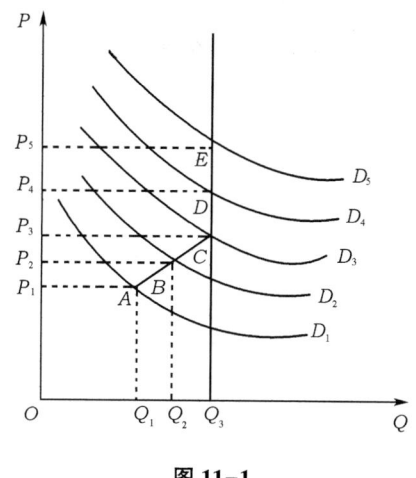

图 11-1

现代货币数量论为根据，从人们对货币的需求出发来论述货币数量的变化对货币收入与物价的影响，认为在一定时期内，人们对货币的需求是相对稳定的，而货币的供给却是可变的，因而，货币数量的变动会直接影响物价。在他们看来，资本主义经济的运行存在如下序列：

$$M \rightarrow MV = GNP$$

在式中，M 代表货币供应量，V 代表货币流通速度，GNP 代表国民生产总值，它等于产量与产品价格之积，而 V 又被视为一个稳定的函数。因此，货币供应量的变动会直接影响 GNP，在产量不变或与货币供应量不成比例地变动时，都会直接引起物价的变动。即货币供应量增加，会直接引起物价上涨；货币供应量减少，会直接引起物价下跌。

当然，现代货币主义者并不像旧货币主义者那样，简单地认为，在货币供应量增加的情况下，人们手里钱多了，就会多花钱，从而引起物价上涨，而是转弯抹角地应用"资产调整理论"来加以说明的。即认为人们对于保存资产的形式，不仅限于债券和货币，而且包括房屋、耐用消费品、机器设备等等；同时，各种形式的资产各应分别持有多少，都自然会形成一个适当比例，使所谓资产分配处于均衡状态；一旦货币供应量增加，人们发现自己手头持有的货币过多，破坏了资产分配的均衡状态，就会进行调整，把过多的货币转移去购买其他资产，其他资产的价格便上涨。从长期看，物价上涨率大致相当于货币增长率的扩大部分。于是他们断言，货币供应量的增加，通过人们持有的各种资产之间的比例调整，便使物价上升，通货膨胀。

那么，货币供应量为什么增加呢？弗里德曼认为这主要是由于：①政府

开支的迅速增长，而这又主要是靠印发通货或建立银行存款（如向中央银行出售公债）以取得资金来偿付的，这就引起货币供应量增加；②政府推行充分就业政策，不惜增加政府支出，从而必然增加货币供应量；③中央银行错误的货币政策，它不是力所能及地在控制通货量上下功夫，而是毫无能力地去控制利息率。其结果是这两个方面都遭到失败，通货和利息率都增长了。

我们知道，凯恩斯主义的宏观经济政策，是企图通过松弛的财政政策和货币政策来实现充分就业目标的，而货币学派对上述通货膨胀原因的分析，实际上恰恰就是把凯恩斯主义的宏观经济政策看为引起通货膨胀的原因。可见，凯恩斯主义学派和货币主义学派之间，在如何看待通货膨胀的问题上存在很大分歧，但他们却都没有揭示出通货膨胀的根本原因在于资本主义的基本矛盾，只不过是在一些表面现象上"兜圈子"。

三、成本推进通货膨胀论

需求拉上通货膨胀论是西方国家在 20 世纪 50 年代以前比较流行的一种说法，但在 20 世纪 50 年代末期以后，由于这种理论本身破绽百出，以及依此而制定出来的反通货膨胀政策措施失灵，特别是由于凯恩斯主义的破产，而日益失去了人心。于是，所谓成本推进通货膨胀论（cost-push inflation）便乘势兴起和传播开来。

"成本推进论"是以生产费用论为基础，把通货膨胀的原因归结为生产商品和劳务的成本增加，也就是从供给方面去解释通货膨胀原因的一种理论。在具体解释什么成本要素"推进"物价上涨时，又有两种说法：

一是"工资推进"的通货膨胀论（wage-push inflation）。这种理论认为，由于工资提高，便引起成本增加，从而导致物价上涨；物价上涨后，工人又要求提高工资，从而再度引起物价上涨。如此循环往复，形成所谓工资—物价的螺旋上升，或称"通货膨胀势头"。他们还进一步认为，工人之所以能迫使工资提高，是由于有了工会组织的垄断作用。这样，他们就把通货膨胀的原因最后归咎于工人和工会了。例如，美国经济学家哈伯勒说："有组织的劳工要求提高工资的……经常威胁，这就助成了一种趋势，要走向长期的、断续的或不断的、迂回的或急促的通货膨胀。"[1]

很显然，这是一种污蔑工人阶级的庸俗理论。因为这是以庸俗的"生产费用决定商品价值"论为基础的。事实是，商品价值决定于社会必要劳动，工资和利润都是商品价值中所包含的由工人新创造的价值的分解部分。因此，

---

[1] 哈伯勒著，朱应庚、王锟、袁缋藩译：《繁荣与萧条》，商务印书馆，1980 年版。

从全社会来看，工资的提高，就意味着利润的减少，而绝不会引起物价上涨。马克思早就指出："工资的普遍提高会引起一般利润的降低，但却不会影响到商品的平均价格，也不会影响到商品的价值。"① 相反，正由于通货膨胀，物价上升，工人阶级为了阻止实际工资下降，才不得不要求提高工资。但西方经济学家却恰恰把这种因果关系颠倒过来，硬把造成通货膨胀的责任推到工人和工会组织的身上。

二是"利润推进"的通货膨胀论（profit-push inflation）。这种理论认为，正像工会因垄断了劳动市场而能迫使资本家提高工资一样，垄断企业为了追求更大利润，也可通过"操纵价格"使商品价格快于成本增加的幅度上升。在他们看来，利润也是成本的一个组成部分，因此，这种因追求更大利润而使商品价格上升，也属于成本推进型的通货膨胀论。他们还认为，垄断企业之所以提高商品价格，赚取更多利润，是由于工会要求提高工资引起的，当工会要求提高工资时，有"操纵价格"的企业自然就会立即与工资提高的形势相呼应，要求提高利润，从而把商品价格提高到补偿工资提高的水平以上。必须指出，这种"利润推进"论，把工人阶级团结斗争的工会组织与垄断企业相提并论，并认为二者都在搞"操纵价格"，这完全是一种蛊惑人心、混淆视听的说法。

四、供求混合推进通货膨胀论

前面分别介绍了需求拉上和成本推进两种通货膨胀理论，另一些西方经济学家则认为，通货膨胀既不是单纯由"需求"方面引起的，也不是单纯由"供给"方面引起的，而是双方共同起作用的结果。这被称为"供求混合推进通货膨胀论"。

例如，美国经济学家温特拉勃就认为，那种把通货膨胀单纯地说成是由于"需求拉上"或"成本推进"是错误的。因为工资的提高，既提高了成本，也增加了需求，他指出，工资的上升马上对物价增加了成本的压力，同时产生了较高的收入使需求上升，正是这种双重作用的影响说明了收入政策的合理性，即对货币工资率按劳动生产率的提高进行调整，就可以避免收入膨胀和利润膨胀。

有的经济学家还认为，如果单纯是"成本推进"，而没有"需求拉上"，也不可能使物价上升长期维持下去。因为在没有需求和货币收入水平增加的情况下，工资上升引起物价上涨，就势必使大量商品卖不出去，从而迫使企

---

① 马克思：《工资、价格和利润》，《马克思恩格斯选集》第 2 卷，人民出版社，1972 年版。

业紧缩生产、解雇工人，最后将使成本推进的通货膨胀中止。

还有一些经济学家从时间上来区分"需求拉上"与"成本推进"对决定通货膨胀的作用。如保罗·萨缪尔森在分析战后一个时期美国的通货膨胀时说，越南战争引起的庞大政府开支造成了1965—1968年的日益严重的物价上涨，这主要是"需求拉上"。但连续3年的"需求拉上"通货膨胀，不可避免地引起了1969—1971年的"成本推进"通货膨胀。

我们认为，这个"混合共同推进论"貌似全面，实际上依然没有触及资本主义基本矛盾这个造成通货膨胀的根本原因，而且它最终依然把通货膨胀的原因归结为工资的提高。因为按照他们的逻辑，首先是由于工资提高，然后才有需求的增加，从而引起长期的物价上升，通货膨胀。可见，这种理论与工资推进论一样，实际是把矛头指向工会，是为了对抗工人阶级争取提高工资而斗争的一种辩护理论。

五、结构性通货膨胀论

有的西方经济学家认为，在资本主义社会，由于经济结构因素的变动，也会引起一般物价水平持续上涨，这就是所谓结构性通货膨胀（structural inflation）。

这里说的结构性因素，是指社会经济各部门具有不同的经济特点，这些经济特点的变动，就可能引起物价上升。例如，工业部门与服务部门的生产增长速度存在差别，一般工业部门的生产增长速度较快，服务部门的生产增长速度较慢。但这两个部门的名义工资有一致增长的趋势，而名义工资的增长速度却是以生产增长较快的部门来决定的。于是，生产增长速度较慢的部门的工人则要求向生产增长速度较快的部门看齐，即通过所谓赶上过程，使工资增加，从而使物价普遍上升。

至于为什么存在名义工资一致增长的趋势，又有种种说法。有的认为是由所谓工资决定的"公平原则"引起的，即认为工资收入者所得工资多少，既要同自己过去历史上工资收入水平比较，也要同别人的工资收入水平比较，以求得工资的"公平待遇"。这样，当有的部门工资增长之后，其他部门的工会就会提出增加工资的要求。有的又认为，即使工会不积极追求工资均等化，竞争性的劳工市场的作用也会引起工资一致增长，因为工资增长快的部门相对工资上升，会吸引生产增长慢的部门的工人，这样就势必迫使后一部门增加工资。

我们认为，这种结构性通货膨胀论，实质上不过是成本推进论或工资推进论的变种。它与前述工资推进论所不同的是，进一步分析了引起工资增长的原因在于部门结构性因素的变动。因此，我们前面对工资推进论的批评也适用于此。至于它用所谓工资决定的"公平原则"来解释工资一致增长的趋势，则是对工资实质的一种歪曲，因为资本主义工资不过是劳动力价值的转化形式，工人要求提高工资主要是为了维持劳动力再生产，而绝不是要求什么"公平待遇"。事实上，在资本主义制度下，也从来没有过什么"公平待遇"。当然，他们有的用劳动市场的竞争来说明工资一致增长的趋势，还是有一定道理的。

第二节　通货膨胀的后果及对策

一、通货膨胀的后果

在当代西方经济学家中，与对通货膨胀产生原因的看法不同相联系，对通货膨胀所造成的后果的看法也有分歧。凯恩斯主义者和货币主义者就有不同看法。

凯恩斯主义者从有效需求论出发，认为通货膨胀对生产、分配将会产生什么后果，须视通货膨胀的程度而定。他们把通货膨胀依其严重程度分为三类。

第一类，所谓野马奔腾式的通货膨胀。如德国在 1920—1923 年和中国在新中国成立前夕国民党统治区的恶性通货膨胀，就属于这一类。他们认为，这种通货膨胀使整个社会经济秩序遭到破坏，货币成了废纸，除少数投机者得利外，大部分人民受害，以致可能"毁坏一个社会"。

第二类，所谓长期的快步式或小跑式的通货膨胀。像 20 世纪 80 年代拉美的一些国家年物价上涨率达 20%～100%，甚至更多。他们认为，这种通货膨胀使大家经常处于担心货币贬值的不安情绪之中，以致尽可能贮存实物，借贷利息和工资都不得不经常调整，经济秩序动荡，经济发展停滞。

第三类，所谓爬行的或温和的通货膨胀。这是指一般物价水平年上升率略高于 2.5% 的情况，如战后各主要资本主义国家在 20 世纪 60 年代以前的情况就是如此。他们认为，这种爬行或温和的通货膨胀对经济发展是有利的。因为按照凯恩斯的"半通货膨胀"论，这种爬行的通货膨胀虽然使物价有些上升，却增加了社会需求，促进了资源的利用和就业的增加，以致物价上涨小于生产的增加，对整个社会经济发展是有利的。凯恩斯主义者萨缪尔森明白地说道："价格上升通常可以带来高度就业，处于轻微的通货膨胀中，工业之轮开始得到良好的润滑油，产量接近于最高水平。私人投资活跃，就业机会多"。①

货币主义者与凯恩斯主义者的看法相反，认为不仅野马奔腾式的、小跑式的通货膨胀是坏事，即使所谓爬行式的通货膨胀，对社会经济也是不利的。因为按照他们的货币数量论的逻辑，货币流通量的增减，直接影响国民生产总值（GNP），如果货币增多，物价上涨，则商品和劳务就不会增加。因此，通货膨胀不可能促进生产和就业，甚至在日益加剧的通货膨胀率下，还可能造成更高的失业率。

进一步讲，他们对下述观点持不同看法。例如，有人认为，如果物价上涨，工资落后，通货膨胀可以使工资收入者的收入（全部用于消费）的一部分转移到利润者手中（一部分用于扩大再生产）；如果物价上涨而利息率落后，又可以使贷款人的一部分收入转移到借款人手中（用于生产），因此，通货膨胀会对生产从而对就业有促进作用。货币学派则认为，这是不可能的。因为当人们预料到通货膨胀时，就要让工资和利息随着物价上升而上升，因此，雇用工人的和借款的资本家并不会得到好处，这不仅对生产和就业没有刺激作用，反而会促使物价进一步上涨。所以，在他们看来，即使爬行的或温和的通货膨胀，也会像酗酒一样，愈喝愈想喝，愈喝愈难受。

我们认为，通货膨胀既然是指通货发行过多，以致货币贬值，物价上涨，它就必将有损于社会经济的正常运行，对生产、生活，特别是对广大劳动群众的生活产生有害的影响。"爬行的通货膨胀"即使在短期内可以起到某些刺激生产的作用，但从长期来看，由于实际的社会需求并没有增加，因而不能促进生产；相反，却会扰乱正常的经济运行，从而会使生产萎缩，失业增加。新中国成立前夕恶性通货膨胀给人民带来的痛苦更是大家记忆犹新的。战后，西方各主要资本主义国家在一个相当长的时期内，虽然在出现所谓爬行的通货膨胀的同时，经济也得到相对稳定的发展，但这种发展是由多种因素造成的，而不能归功于通货膨胀的作用。大量事实证明，只有币值稳定才能更好地促进社会经济顺利发展。因此，凯恩斯主义者的所谓爬行通货膨胀会促进生产、就业的说法，很明显是在替资本主义的通货膨胀进行辩护，而且也是在为凯恩斯主义的宏观经济政策带来的不良后果进行辩护。从这点上讲，货币学派对通货膨胀后果的看法，似乎比凯恩斯学派稍合理一些。但它却是以错误的货币数量论为基础的，也未揭示出通货膨胀后果的要害在于降低工人群众的实际生活水平，加强了资本主义

---

① 萨缪尔森著，高鸿业译：《经济学》上册，商务印书馆，1979年版。

的剥削，甚至还在为这种加强剥削的事实进行掩饰，认为工资会因预期到物价上升而上升。实际上，一般总是工资追物价，而又落后于物价。因此，在通货膨胀中，工人必然遭受更深的剥削。

二、反通货膨胀的政策

西方经济学家对通货膨胀后果的看法，虽然有所不同，但也有一些相同之处，即都认为，严重的通货膨胀对资本主义的统治和经济发展是有害的，以致他们的当政者有时也把它当作"头号公敌"来加以反对。那么，他们反通货膨胀的政策是什么呢？

西方经济学家提出的反通货膨胀的政策主张，往往与他们对产生通货膨胀原因的分析密切相关。前面介绍的对通货膨胀原因的分析，基本上是需求拉上与成本推进两种，因此，政策主张也基本上可分为两种：

第一种，是与需求拉上的通货膨胀论相适应的凯恩斯主义者和货币主义者的政策主张。凯恩斯主义者主张通过紧缩性的财政政策和货币政策来解决通货膨胀问题，即一方面在财政政策上采取增收、节支的措施，以压缩需求；另一方面又辅之以抽紧银根的措施，如提高商业银行的法定准备率、提高中央银行的贴现率、出售政府债券等等，借以减少货币流通量和投资需求。而货币主义者则主张采取降低货币供应量增长率的单一规则，建议货币当局把年货币供应增长率固定在 4%~5% 的水平上，借以压缩货币供给，抑制通货膨胀。同时，坚决反对依靠财政政策来反通货膨胀的主张，因为在货币主义者看来，通货膨胀仅仅是由于货币供应量过多而引起的一个"货币现象"，因而采取财政政策是无济于事的。他们指出，例如 1945—1946 年美国联邦预算是平衡的，但由于货币供应量过多，仍发生了较严重的通货膨胀。再如 1968 年，虽然美国国会通过了征收 10% 的所得税附加税，但因货币供应量迅速扩大，结果 1969 年的物价还是急剧上升。

我们认为，上述这些反通货膨胀的政策措施，虽然有可能奏效一时，但绝不能从根本上消除资本主义通货膨胀的痼疾。例如，战后西方各资本主义国家在一个相当长的时期内，基本上都是实行凯恩斯主义一松一紧的财政政策和货币政策，形成所谓爬行的通货膨胀。至 20 世纪 70 年代，更普遍上升到两位数字的年通货膨胀率，就是有力的证明。到 20 世纪 70 年代末、80 年代初，英国撒切尔夫人保守党政府和美国里根共和党政府，先后采取货币主义的紧缩货币政策，控制货币供应量的增长，使通货膨胀率从原来的两位数降到 4% 左右。从这一点看，货币主义政策确实起了一定的积极作用。但在英国却带来了严重失业的消极后果，以致保守党的前首相希思也说撒切尔夫人把"保守党"变成"失业党"了。在美国，不仅失业依然大量地存在，而且陷入了财政上高赤字和外贸上高逆差的新困境。

第二种，是与成本推进论相适应的实行收入政策的主张。有些西方经济学家认为，既然通货膨胀是由于工资、利润这些成本要素的增加所引起的，而利润增加又是由垄断企业通过"操纵价格"来实现的，因此，遏制通货膨胀就需要制定适当的收入政策，限制工资和物价的增长，特别是要限制工资的增长。他们说："对工资物价不实行管制，你就无法截断工资物价螺旋式上升。没有管制，我们就要用大量悲惨的失业与极其严重的经济衰退去战胜通货膨胀。"

西方经济学家认为，这种以限制工资为主要内容的收入政策，可以是强制性的，由政府颁布法令强制执行；也可以是指导性的，由政府推行"指导线"或"指路灯"来"说服"企业、工人，把工资限制到一定限度之内。这种"指导线"是由政府当局根据估计的平均生产能力的增长，估算出货币收入的最大限度增长幅度，然后按照每个部门的工资增长率应等于全社会劳动生产率增长趋势的原则制定出来的。

很明显，这种所谓收入政策，不过是在所谓反通货膨胀的借口下，对抗工人提高工资的斗争，以加强对工人的剥削。他们的"收入政策"，限制物价是假，限制工资是真。例如，美国尼克松政府在1971年曾实行冻结物价、工资政策，但结果是工资冻结，而物价依然上升，消费物价指数由1971年的121.3上升到1972年的125.3，1973年更上升到133.1（1967年为100），以致最后只好取消冻结政策，物价又进一步上升。

第三节　通货膨胀与失业的交替关系

一、通货的紧缩缺口和膨胀缺口

根据凯恩斯的有效需求原理，通货膨胀与失业有相互交替关系。他认为在有效需求不足时，因不能实现充分就业均衡，便存在大量失业；当实现充分就业均衡以后，因供给弹性等于零，如果有效需求继续增长，需求过度，便会出现物价上升和真正的通货膨胀。如果说在前一种情况下，通货处于紧缩状态，那么，在后一种情况下，通货便处于膨胀状态。用图形来表示，就出现所谓通货的紧缩缺口和膨胀缺口，如图11-2所示。

在图11-2中，横轴表示总供给水平或产量水平，纵轴表示总需求水平或价格水平。45°线上的任何一点都表示总需求与总供给是相等的，或者说价格水平与产量水平是相适应的。过 Q_0 与横轴的垂直线是最大产量线，即已实现充分就业情况下的产量线。$C+I$ 是实现充分就业均衡所要求的总需求曲线，它与 Q_0 线相交于 E，E 便是充分就业均衡点，即在这点上表示既无失业又无通货膨胀。而 C_1+I_1 为实际的需求曲线，它与 45° 线相交于 F，与 Q_0 线相交于 E_1。这时，实际的总需求（Q_0E_1）低于充分就业的总需求（Q_0E），实际的产量（OQ_1）低

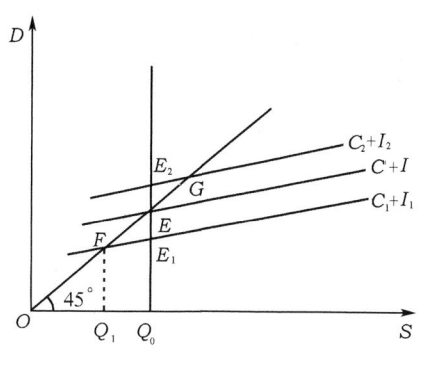

图 11-2

于充分就业的产量（OQ_0）。因此，这便存在失业，它相当于能供给 Q_1Q_0 产量的工人数量；同时存在有效需求不足，E_1E 便是不足的有效需求量，被称为紧缩缺口（deflationary gap）。C_2+I_2 是另一条实际有效需求曲线，它与 45° 线相交于 G，与 Q_0 线相交于 E_2。这时，实际总需求（Q_0E_2）高于充分就业的总需求（Q_0E）。但实际产量仍为 Q_0，即出现了需求过度，于是价格上升，通货膨胀，EE_2 便是通货膨胀缺口（inflationary gap）。

可见，通货膨胀缺口和紧缩缺口表明，随着有效需求的增加和减少，通货膨胀与失业存在此消彼长的相互交替关系。

二、临界点

凯恩斯主义的政策目标，是要使资本主义经济保持充分就业和物价稳定的均衡状态，要实现既无通货膨胀，又无失业的理想境界。但是，在垄断资本统治下，失业和通货膨胀都不可避免地不同程度地存在着。于是，西方经济学家便又无可奈何地把充分就业和物价稳定解释为可以容许有一定限度的失业率和通货膨胀率。在就业方面，凯恩斯主义者原来把失业率不超过 3% 称为高度充分就业，失业率不超过 4% 称为低度充分就业。20 世纪 70 年代以来，当西方国家的失业率趋于严重时，凯恩斯主义者又越来越多地倾向于接受货币主义和理性预期学派的自然失业率概念，把失业率为 6% 的就业水平看作是实现充分就业的宏观政策目标。在稳定物价方面，凯恩斯主义者把通货膨胀率不超过 2.5% 或 3% 时，看作是已实现物价稳定。在他们看来，在上述失业率和通货膨胀率的限度内，既然已经实现了充分就业和物价稳定，所以，这样的失业率和通货膨胀率也就必然是能为社会所接受的界限。这个界限便被称为"临界点"（critical point）。

因此，所谓临界点是指西方经济学家和政府认为"社会可以接受"的失业率和通货膨胀率的数量界限。他们认为，在这个界限之内，可以听其存在，不加干预；如果超过了这个界限，就必须立即运用宏观的财政政策和货币政策予以调节。例如，假定3%的失业率和3%的通货膨胀率是临界点，当失业率为5%，便被认为是出现了社会不能接受的过多的失业和经济萧条状态，因而需要立即实行松弛的财政政策和货币政策，以扩大需求，增加就业；当通货膨胀率为5%，又被认为是出现了社会不能接受的过高的通货膨胀和经济扩张状态，因而需要立即实行紧缩的财政政策和货币政策。

西方经济学家认为，所谓宏观经济政策，实际上就是运用财政金融手段，以临界点为中心去调节需求，或者以提高失业率去换取通货膨胀率的降低，或者以提高通货膨胀率去换取失业率的降低。因为失业率与通货膨胀率之间是存在互为消长的交替关系。

西方经济学家还认为，在宏观经济政策中，为了更有效地进行对失业率和通货膨胀率相互交替的需求管理，利用菲利普斯曲线是十分简便而必要的一个工具。

三、菲利普斯曲线

所谓菲利普斯曲线（Phillips curve），是指西方经济学家运用坐标图来表示资本主义国家的物价上涨率（或通货膨胀率）同工人失业率之间的"交替换位"关系的曲线。由于这条曲线是英国经济学家菲利普斯（A. W. H. Phillips）最先提出来的，因故而得名。

菲利普斯在1958年发表了一篇《1861—1957年英国失业和货币工资变动之间的关系》的论文。他在这篇论文中认为，失业率和货币工资变动率之间，必然存在某种函数关系。他说道："当对劳动的需求很高而失业率很低时，雇主们会非常迅速地提高工资水平，每家厂商和工业部门都会不断地被诱使把工资增加到现行水平之上，以便从其他厂商和部门中吸引最合意的劳动力。另一方面，当劳动的需求很低而失业率很高时，工人们显得不情愿在现行工资水平之下提供劳务，这使得工资水平只能很缓和地下降。因此，失业与工资变动率的关系就可能是高度非线性的。"[①] 这就是说，当失业率较低时，劳动需求的增加，必将推动工资迅速增长；失业率较高时，劳动需求的减少，本应促使工资呈比例地下降，但由于工人不愿接受低工资，使工资下降较慢，

---

① 菲利普斯：《1861—1957年英国失业和货币工资变动之间的关系》，载于英国《经济学》杂志，1958年11月号。

于是表现失业与工资变动率关系的轨迹，便是一条凸向原点的曲线。

菲利普斯从上述想象出发，并根据英国在 1861~1957 年间有关统计资料，制作出数学模型：

$$y+a=bx^c$$

式中：y——工资变动率；

x——工人失业率；

a，b，c——参数。

这表明工资变动率是失业变动率的函数。用图 11-3 表示。

图 11-3 表明，货币工资变动率和失业率之间，存在"交替换位"关系：当失业率上升时，工资就降低；失业率下降时，工资就上升。当失业率为 4.5% 时，工资保持不变；当失业率超过 4.5% 时，工资变动率就下降到 0 以下。但工资的下降总是有一定限度的，因为工人要靠工资来维持起码的生活。所以，当失业率上升到 6%~7% 以后，工资又保持在一个

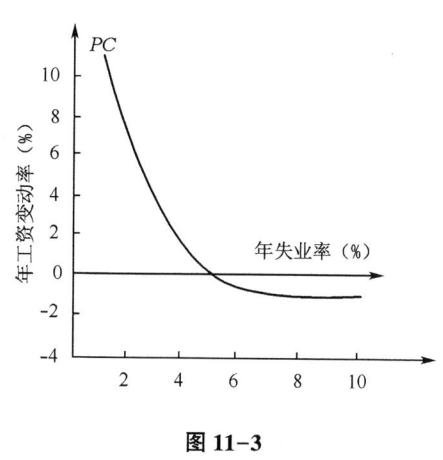

图 11-3

同一的尽管是较低的水平线上。这就是菲利普斯曲线的最初形式。

后来，在 20 世纪 60 年代以后，一些"工资推进"通货膨胀论者，又把"工资推进论"与菲利普斯曲线联系起来，并认为，当工人失业率下降，工资变动率上升到超过劳动生产率的增长幅度时，便会引起物价上升，通货膨胀。这样，上述菲利普斯曲线经过修改，便被用来表示通货膨胀率（物价上升率）与失业率之间的函数关系，如图 11-4 所示。

图 11-4 便是目前西方通常所讲的典型的菲利普斯曲线。这里假定劳动生产率每年递增 2%，因此，当工资增加 2% 时，不会使产品成本增加，从而不致使物价上涨，即年物价变动率为 0。但当工资变动率超过 2% 以后，就会引起物价相应地上涨。即工资增加 3%，物价上涨 1%，工资增加 4%，物价上涨 2%，以此类推。而工资上涨，就意味着对劳动力需求的增加，失业率减少。因此物价的变动率与失业率之间有着此消彼长的"交替换位"的关系。当失业率为 7% 时，物价和工资都处于稳定状态，当失业率继续增加时，物价和工资也都下降了。总之，曲线表明，在资本主义国家，物价变动率与失业率之间互呈反方向变动。要减少失业率，就会出现较高的物价上涨率；反之，要

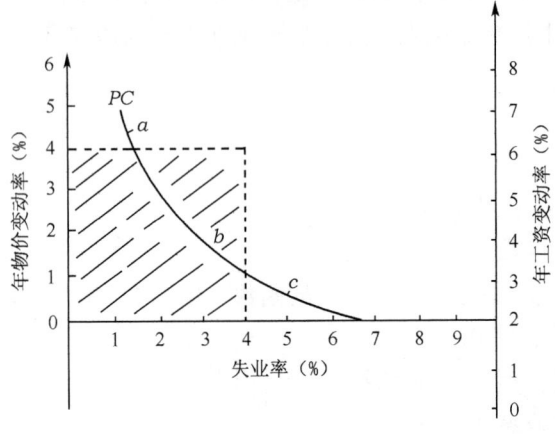

图 11-4

降低物价，就必须以提高失业率为代价。

现假定失业率和物价上涨率临界点都是 4%，即如图 11-4 中的阴影部分中的任何一点，例如由 b 点所表示的失业率（3%）和物价上涨率（2%），都被认为是社会可以接受的、合理的，政府便可以不必去进行调节。但若越出临界点，即在阴影之外的任何一点，例如在 a 点或 c 点上，都被认为有运用宏观经济政策进行调节的必要了。即在 a 点时实行紧缩的财政政策和货币政策，以降低物价上涨率；在 c 点时实行松弛的财政政策和货币政策，以降低失业率。

因此，西方经济学家把菲利普斯曲线吹嘘为替政府提供了一张所谓"政策选择的菜单"。

其实，菲利普斯曲线并没有什么科学根据。首先，它是以工资推进物价上涨为依据的，因而它与"工资推进通货膨胀论"一样是不科学的；其次，它把通货膨胀的变动率与失业率看成互为因果关系的现象，也是缺乏根据的。因为二者都是根源于资本主义的基本矛盾，并由各自不同的具体原因所引起的现象，但它们彼此之间却并无内在的必然联系，而只是在某种情况下存在某些表面暂时的联系而已。因此，资本主义经济的现实并非总是像曲线所表示的那样，失业率和通货膨胀率之间存在交替换位的关系。所以，有的西方经济学家对菲利普斯曲线也持否定态度。例如，货币学派的主要代表人物米尔顿·弗里德曼就说："如果政府不断地采取刺激需求的货币政策，将失业率压制在自然失业率以下，长期的结果就只能加速通货膨胀，而失业率本身并没有变化，即得到垂直的菲利普斯曲线。"最后，菲利普斯曲线还带有明显的辩护性质，因为它一方面掩盖了失业和通货膨胀决定于资本主义制度这个真实原因；另一方面又为政府实行通货膨胀政策，降低工人实际生活水平提供了一个借口，似乎通货膨胀是为增加就业所必需的。

四、菲利普斯曲线交替关系的恶化

西方经济学家认为，菲利普斯曲线既然表示失业率和通货膨胀率存在交替换位关系，而凯恩斯的宏观经济政策也是以承认通货膨胀与失业互为消长作为前提，因此，菲利普斯曲线便被认为与凯恩斯主义对宏观经济需求管理的要求相吻合。尽管二者在理论上仍有一些差别，菲利普斯曲线仍被认为是西方国家政府推行凯恩斯主义宏观经济政策的一个很方便的工具。但是，由于它本身不科学，西方国家政府在运用这种工具时，便不可避免地要遭到挫折和失败。这主要表现在，随着资本主义经济矛盾的日益深化，菲利普斯曲线所表现出来的交替关系恶化了，有时甚至根本不存在那种交替关系。

通货膨胀率和失业率的临界点，是由各国政府根据本国具体情况确定的。例如，在 20 世纪 60 年代的美国，一般认为 3%~4% 的通货膨胀率和 3%~4% 的失业率是"临界点"。图 11-4 的阴影部分就大体表现了这时期美国的"临界点"范围。在 70 年代，这个"临界点"一般认为又提高到 5%~6%。"临界点"的提高，被认为是菲利普斯曲线的交替关系已经恶化，曲线的位置在向右上方移动，如图 11-5 所示。

在图 11-5 中，L，M，N 是逐渐由左下方向右上方移动的 3 条菲利普斯曲线，表明通货膨胀率与失业率相互交替换位的程度愈来愈高，阴影部分表示通货膨胀率和失业率的"临界点"都为 4% 时的安全范围，这被认为大体相当于美国 20 世纪 60 年代的情况。L 曲线通过这安全范围，表明以 L 曲线为工具进行宏观需求管理，尚可用提高通货膨胀率的办法来换得社会可以接受的失业率；或者用提高失业率的办法来换得社会可以接受的通货膨胀率。但 M 曲线却没有通过阴影部分，因此，当以 M 曲线为工具来进行宏观需求管理，无论怎样也不能使通货膨胀率和失业率降到"社会可以接受

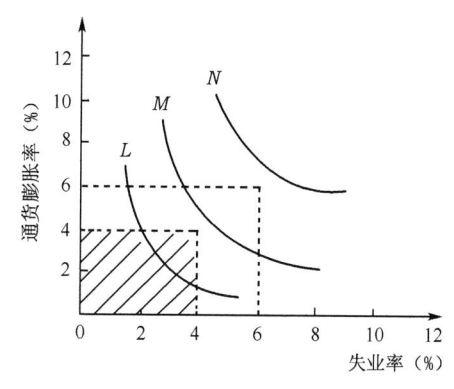

图 11-5

的程度"，除非这时把"临界点"提高到 6% 的水平。就 N 曲线来说，连 6% 的"临界点"的范围也没有通过。因此，若要使通货膨胀率与失业率符

合"社会可以接受的程度"，就必须再进一步把"临界点"提高。这表明，资本主义经济已陷入"滞胀"局面，菲利普斯曲线恶化了，政府运用凯恩斯主义宏观需求管理政策破产了。

随着资本主义矛盾的发展，菲利普斯曲线不仅会恶化，在某种特殊情况下，还会完全失灵，即曲线并不是向右上方移动，而是与横轴垂直，谓之菲利普斯垂直线，如图 11-6 所示。

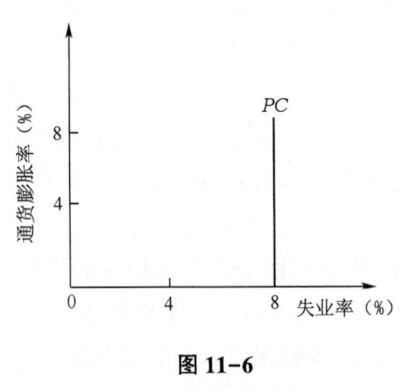

图 11-6

图 11-6 表明，无论通货膨胀率提高到什么程度，失业率也无变化，例如始终停留在 8%的水平上，这种失业状态被认为是经济中存在的"硬核"，是无法消化掉的。例如，由于所谓"结构性失业"，即由于年龄过大，缺乏技术和文化，不适应产业结构变化造成的失业；再如，由于在"高福利"政策下，失业成本较低，有些工人宁愿停工一个时期，不愿长期就业而造成的失业。西方经济学家认为，这种失业是不可能以通货膨胀率为代价来解决的，无论通货膨胀率怎样上升，失业率依然不变，故菲利普斯曲线呈一垂直线。

他们在这里说的失业"硬核"（hard core unemployment），实际上不过是凯恩斯的"摩擦性失业"和"自愿失业"，或者弗里德曼所说的"自然失业率"（natural rate of umemployment）的另一种说法。他们都把失业看成似乎是与资本主义剥削制度无关的现象，甚至把失业说成是工人"自愿"造成的。因此，所谓"硬核"说，依然是一种辩护性的理论，但它毕竟承认了依靠扩张性的宏观经济政策来提高通货膨胀率，不可能完全解决失业问题这一现实，却是正确的。

第四节　经济增长与失业的相互变动关系——奥肯定律

一、失业的影响和危害

失业（unemployment）是相对于就业（get employment）而言的经济范畴。具有一定劳动能力而又在相当时期内有了能获得一定收入的工作岗位的人则可称为就业。与此相反，凡在劳动年龄范围之内并具有一定劳动能力想要工作而没有得到工作，或正在寻找工作的人就是失业。失业既是一个经济问题，也是一个社会问题。说它是经济问题，对个人来说，是因为涉及本人及其家庭收入有无或多少的根本性的经济生活问题；对社会来说，则意味着社会资源的浪费，从而直接造成社会经济（GNP）增长或多或少的损失。说它是社会问题，就因为它涉及失业者本人及其家庭根本性的生活问题，并由此而带来对身心健康的伤害。因此，失业者为谋生和过有尊严的生活，当不能通过合法渠道就业时，就不惜采取种种越轨行为，甚至集体抗议的斗争，从而失业越多就越不利于社会稳定。

例如，2008 年国际金融经济危机以来，全球失业率大幅增加。据国际劳工组织报告，全球 2011 年有 7 480 万 14～24 岁的年轻人失业，比 2007 年增加 400 多万人。尤其是美欧失业率一直居高不下，美国在 2009 年 7～11 月间失业率都在 9% 以上，最高的 10 月份达 10.2%，从那以后，直到 2011 年底，也没有低过 8.5%；再如欧洲在 2009 年 6 月以后失业率也一直居高不下，到 2011 年 10 月欧盟各国平均失业率高达 9.8%，欧元区更高达 10.3%。其中奥地利、卢森堡最低，分别为 4.1%、4.7%；西班牙最高为 23.8%，其中青年失业率更高达 45.7%；经济状况最好的德国也有 7%。美欧如此严重的失业状况就必然埋下社会动荡的深层隐患。2011 年 9 月 17 日从纽约开始爆发的"占领华尔街"运动，以及欧洲近两年来此起彼伏不下几百万人次的罢工、游行示威抗议活动，都绝不是偶然的。

近些年来，随着经济缓慢复苏，各发达国家严重的失业率也逐渐有所缓解或下降。如美国经济从 2009 年 6 月开始止跌回升后，到 2016 年的 8 年间，GDP 年均增长 2%，2017 年、2018 两年稍高一点，分别增长 2.6% 和 2.9%，2019 年第 1 季度更上升到 3.2%。随之失业率也由 2009 年约 10%，逐渐下降到 2018 年的 3.9%，2019 年 3 月更下降到 3.8%。这进一步表明经济与失业率之间存在负相关的变动关系。西方经济学认为，奥肯定律可较准确地测量这种变动关系的走势。

二、奥肯定律

失业意味着社会资源的浪费，从而直接造成社会经济（GNP）增长的损失。因此，在经济周期中，失业与产出之间必然存在着反向变动的关系。这种变动关系最先是由美国经济学家阿瑟·奥肯（Arthur Okun）提出来的，故称奥肯定律（Okun's Law）。

奥肯的方法是，先用实证方法测算出失业率与 GNP 变化率之间的关系系数。他在《可能的 GNP：它的测量方法与意义》一文中，使用美国 1947 年第二季度到 1960 年第四季度共 55 个季度失业率与实际 GNP 变化率的资料，通过简单回归方程估算出失业率与实际 GNP 变化率的关系。当失业率超过 4%（这被认为是充分就业状态下的失业率，大体相当于货币学派的自然失业率）时，失业率每增长 1%，GNP 就减少 3.3%。概略地说，失业率与 GNP 变动率之比为 1∶3。设此系数 α，则 $\alpha = 3$。这一系数意味着失业率在充分就业的失业率或自然失业率（按上例为 4%）以上者，失业率每增加 1%，GNP 就减少 3%。

现假设自然失业率为 U'，实际失业率为 U，超过自然失业率的实际失业率所给 GNP 带来的损失为 g，则：

$$g = \alpha\,(U - U')$$
$$= 3\,(U - U')$$

公式中的 g 实际也就是可能的产出额或潜在的产出额（设为 y_p）与实际产出额（设为 y）之间的差额除以潜在产出额的百分比，即：

$$g = \frac{Y_p - y}{y_p} = \alpha\,(U - U')$$

或

$$\frac{Y_p - y}{y_p} = 3\,(U - U')$$

公式表明，在自然失业率（U'）为已定的情况下，上一时期与本期相比，实际失业率每增加 1%，就会使潜在的产出率减少 3%。因此，若要使失业率保持不变，就必须使实际产出率与潜在产出率按同比例增长；若政府要降低失业率，更要使实际产出率快于潜在产出率的速度增长。

这里需要说明的是，公式中的系数 $\alpha = 3$ 的数值，是奥肯根据 1947—1960 年间 55 个季度的相关统计数据估算出来的，在不同时期或不同国家的情况不同，α 自然不一定为 3，有的把它估算为 2[1]，也不是完全没有根据的。所以 α 的大小不是关键，重要的是它表明了，失业率与产出率之间存在反向变动关系是无可置疑的。

总的讲来，奥肯定律所描述的失业率与经济增长率之间变动的具体数量关系只是从美国一个时期的经济现象中总结出来的经验数据，而且没有经过严格的检验，因而并不一定准确；同时此规律中所涉及的自然失业率或充分就业时的失业率的概念是有一定辩护性的。但尽管如此，由于他所描述的失业与增长之间反向变动关系和趋势，基本上不涉及意识形态因素，因而对我们在宏观经济的研究和决策中具有一定的参考价值和现实意义。

---

① 保罗·A. 萨缪尔森、威廉·诺德豪斯著，高鸿业等译：《经济学》第 12 版上册，中国发展出版社，1992 年版，第 305 页。

第十二章　经济的波动与增长

我们在前面讲的凯恩斯宏观经济均衡理论，只是一种短期的、比较静态的均衡分析。它只能说明资本主义经济在短期之内如何均衡，而不能说明在长期之内如何达到均衡；只说明了当投资等于储蓄时，经济便处于不再变动的状态，而没有说明在经济达到均衡状态以后又如何变化。很显然，这种均衡分析方法，远不能适应必须对资本主义经济的长期运动过程进行考察的要求。为此，继凯恩斯之后的一些西方经济学家，便把凯恩斯的比较静态的均衡分析动态化，提出了经济波动与增长的理论，有的还对经济增长的因素和结局进行了分析。进入 20 世纪 80 年代以后，随着高新技术的发展，又逐渐形成了新经济增长理论和诺德豪斯增长理论。

第一节　哈罗德—多马经济增长理论及对经济波动的分析

英国经济学家罗伊·伏布斯·哈罗德（Roy Forbes Harrod）与美国经济学家埃夫赛·多马（Evesy D. Domar）于 20 世纪 40 年代几乎是同时各自独立提出了内容基本相同的经济增长理论和模型，因此，一般都称之为哈罗德—多马经济增长模型。

一、哈罗德—多马经济增长模型

哈罗德—多马经济增长模型，是企图用以说明资本主义经济稳定增长的条件，以及资本主义经济短期波动和长期波动及其原因。为此，它沿袭凯恩斯的储蓄—投资的均衡分析方法，集中考察了社会资本再生产过程中的三个变量及其相互关系。这三个变量是：

第一，资本系数（capital coefficient），以 C_r 来代表。这是指假定技术不变和其他条件不变的情况下，资本家预期的资本量对产量的比例，即"资本—产量的比率"，又称加速系数。设一年产值增量（ΔY）为 10 美元，所需投资增量（设为 ΔI）为 40 美元，则：

$$C_r = \frac{\Delta I}{\Delta Y} = \frac{40}{10} = 4$$

这表明每增加 1 个单位的产品产量，需要增加 4 个单位的资本投资。

第二，储蓄率（saving rate），以 S 来代表。这是指在本期收入中不用于个人消费的部分所占的比例，又称储蓄倾向。设本期收入（Y）为 200 美元，其中用于个人消费部分为 160 美元，余下的 40 美元便是储蓄（X），则：

$$S = \frac{X}{Y} = \frac{40}{200} = 20\%$$

这表明在本期收入中，有 20% 用于储蓄。

第三，有保证的增长率（warranted rate of growth），以 G_W 来代表。这是指资本家感到满意的并准备继续维持下去的产量（收入）增长率。在这个产量增长率下，资本家预期的投资需求，恰好等于本期的储蓄供给，因而这时资本主义经济能处于均衡状态。所以，有保证的增长率，也就是能实现均衡状态的增长率，又称均衡增长率（rate of equilibrium growth）。设：

$$G_W = \frac{\Delta Y}{Y}$$

式中：Y——本期收入；

ΔY——预期的收入增量。

为了实现收入增量 ΔY，就需有与 C_r 相应的追加投资 ΔI，即 $\Delta I = \Delta Y \cdot C_r$。同时，为实现均衡状态，还必须使追加投资与本期的储蓄相等，即：

$$\Delta I = X$$

因此：

$$\Delta Y \cdot C_r = X$$

或

$$\frac{\Delta Y \cdot C_r}{Y} = \frac{X}{Y}$$

简化得：

$$G_W \cdot C_r = S$$

或

$$G_W = \frac{S}{C_r}$$

这就是哈罗德的经济均衡增长模型。它表明在资本系数为已定的情况下，有保证的增长率取决于储蓄倾向，而不是取决于储蓄或收入的绝对水平。按前例，当资本系数（C_r）为 4，储蓄率（S）为 20%，则：

$$(\text{有保证的增长率}) \quad G_W = \frac{S}{C_r} = \frac{20\%}{4} = 5\%$$

多马的经济增长模型与哈罗德的模型基本相同，只不过是用投资的增加率来代替哈罗德模型中的产量增加率。其公式为：

$$G_W = \frac{\Delta I}{I} = \delta S$$

式中，I 和 ΔI 分别代表投资和投资增量，S 代表储蓄率，δ 为资本生产率，或称投资效率，即哈罗德模型中 C_r 的倒数：

$$\delta = \frac{1}{C_r}$$

因此，多马的公式可改写为：

$$\frac{\Delta I}{I} = \frac{S}{C_r} = G_W$$

可见，多马模型与哈罗德模型实质上相同，甚至在形式上也几乎一样。

我们认为，首先，哈罗德—多马模型只表明在资本主义再生产过程中少数几个经济变量之间的数量关系，因而只描述了资本主义经济发展中的某些表面现象之间的联系，丝毫未涉及决定这一发展过程的本质和社会生产关系，也回避了这一过程中所固有的阶级矛盾和经济冲突；而且它的"有保证的增长率"是建立在资本家的"预期"这个主观心理因素的基础之上的。因此，这个模型并没有真正揭示出资本主义经济发展的客观规律。实际上，资本主义经济发展的速度，既要取决于资本系数、储蓄率等经济变量之间的数量关系，也要受生产关系和生产力的矛盾状况及上层建筑和经济基础的矛盾状况所制约。因而，资本主义再生产过程必然是充满着社会矛盾和冲突的过程，而绝不是依靠几个经济变量的协调就能够均衡发展的。所以，就连某些西方经济学家也认为，哈罗德模型所描绘的资本主义再生产过程"是不真实的"，而"是一个没有历史的世界……也是一个没有政治的世界。在这个社会中没有利益的冲突……"[①]

其次，哈罗德—多马模型不过是凯恩斯的投资等于储蓄即可实现均衡状态的教条的变形。从哈罗德模型 $G_W \cdot C_r = S$ 来看，等号左边是表示投资数量在国民收入中所占的比例，可以写为：

$\frac{\Delta Y}{Y} \cdot \frac{\Delta I}{\Delta Y}$ 或 $\frac{\Delta I}{Y}$；等号右边表示储蓄量在国民收入中的比例，可写为：$\frac{X}{Y}$。式中符号与上述含义相同，为此，哈罗德模型可改写为：$\frac{\Delta I}{Y} = \frac{X}{Y}$，简化得 $\Delta I = X$，即凯恩斯的投资等于储蓄的原理。哈罗德模型不同于凯恩斯原理的地方只在于，后者所分析的是短期的均衡，即在短期之内，只要投资等于储蓄，资本

---

① 罗宾逊：《哈罗德的动态经济论》，《经济学杂志》，1949 年 3 月号。

主义经济就处于均衡状态，再生产就能在一定规模上顺利进行；前者进一步做了补充，认为从长期来看，只要每一时期的投资都等于储蓄，资本主义扩大再生产就能顺利进行，每一个时期的产量都能得到实现。

不难看出，投资等于储蓄的教条，既掩盖了资本主义扩大再生产的阶级本质，又没有真正揭示出资本主义扩大再生产的条件究竟是什么。因为资本主义扩大再生产的投资，实际上并不取决于各阶级在本期收入中暂不消费的、留作储蓄的部分，而是取决于所获得的剩余价值中不用于个人消费部分的积累，而积累额的大小，又取决于资本家对工人的剥削程度；同时，科学的社会再生产理论，必须首先把社会产品按价值形态划分为三个部分，按实物形态划分为两大类。马克思指出，社会资本扩大再生产的条件是 I（V+m）＞II C。但哈罗德却用所谓"总量分析法"，把顺利实现社会资本扩大再生产的条件归结为投资等于储蓄，这就抹杀了社会产品的价值构成和实物构成，从而完全堵死了正确分析资本主义扩大再生产的条件问题的道路。

最后，我们应当承认，哈罗德—多马模型既然描述了资本主义再生产过程中某几个经济变量之间的数量关系，特别是它对"乘数"和"加速数"作用的数量分析，在一定程度上反映了与机器大生产相联系的某些技术特点，因而，如果撇开它上述非科学的、庸俗的方面不谈，单就物质资料的生产和再生产过程来看，其分析方法对我们制定经济计划、加强管理工作也还有可供参考之处。因为从抽象的一般劳动过程来看，社会主义大生产与资本主义大生产是相似的。马克思说："劳动过程，……它不以人类生产的任何形式为转移，倒不如说，它是人类生活的一切社会形式所共有的。"[①]

因此，假定我们根据现有技术水平已测得资本—产出率 C_r，比如为 4，当局在制定计划时，就可以在国民收入增长率 G_w 与积累率 S 之间加以适当调整，同时，如果物质产品的分配也能作相应的调整的话，国民经济就可获得正常协调的发展。例如，当我们要使明年国民收入增长 5%，就势必要使今年有相应的物资储备相伴随的国民收入积累率 S 达到 20%的水平（因为 $S=G_w \cdot C_r = \frac{5}{100} \times 4 = 20\%$）；反之，当我们已知今年的积累率 S 为 20%，并有相应足够的物资准备，则可以计划明年的国民收入增长率为 5%（因为 $G_w = \frac{S}{C_r} = \frac{20}{100} \times \frac{1}{4} = 5\%$）。此外，从 $G_w = \frac{S}{C_r}$ 公式中可以看出，国民收入增长率 G_w 与资本—产

---

① 马克思：《资本论》第一卷，《马克思恩格斯全集》，第 23 卷，人民出版社，1972 年版。

出率 C_r 是成反比例的，即当积累率为已定时，资本—产出率愈小，国民收入增长率愈大；反之，资本—产出率愈大，国民收入增长率愈小。因此，为了加快经济建设速度，就要设法降低资本—产出率，提高每一块钱的投资效果。例如，在基本建设中，积极改进技术，努力缩短工期，降低造价，提高工程质量，就是实现这一目标的一种有效方法。

二、哈罗德对经济波动的分析

在资本主义再生产过程中，必然要周期性地发生经济危机，哈罗德称之为经济波动，并且认为，资本主义再生产有"短期波动"和"长期波动"两种情况。他以自己的上述经济增长理论和模型为基础，对这两种情况分别进行了考察。

（一）对资本主义经济"短期波动"的分析

哈罗德在分析"短期波动"时，在上述经济增长模型的基础上，又提出了实际增长率（real rate of growth）的概念。所谓实际增长率，是指一个国家在一定时期内实际增加的产量与上一时期的实际产量之间的比例。这与预期、有保证的增长率是不同的。它的一般公式是：

$$G = \frac{I'}{C_r}$$

式中：G——实际增长率；

$\qquad$ C_r——资本—产出的比率；

$\qquad$ I'——实际投资率，即实际投资额占国民收入的比例。

哈罗德认为，为要实现经济均衡增长，就必须使实际增长率与有保证的增长率一致，即要满足 $G = \frac{I'}{C_r} = \frac{S}{C_r} = G_W$ 的要求。但他又认为，这个要求只在偶然巧合的情况下才能满足，所以，实现经济均衡增长的道路，就像刀刃那样的狭窄，即所谓"刃锋"式的均衡增长。如果实际增长率低于有保证的增长率（$G < G_W$），就意味着实际的投资率低于储蓄率（$I' < S$），以致会形成"积累性"投资缩减和经济收缩；反之，如果实际增长率大于有保证的增长率（$G > G_W$），就意味着实际投资率大于储蓄率（$I' > S$），以致会形成"积累性"经济扩张。哈罗德认为，这就是资本主义经济短期的波动及其原因，可见，哈罗德经济增长理论，既是他关于资本主义扩大再生产的理论，也是他关于资本主义经济危机的理论。

很明显，哈罗德的这种经济危机理论是非常肤浅、庸俗的。因为他把经济危机的根源归结为实际增长率低于有保证的增长率，就等于用结果来说明结果，即把已经出现的经济萧条的事实看成是危机存在的原因，完全不了解危机的根源在于资本主义的基本矛盾；而且按他的这种理论，解决危机的办法是要提高实际增长率，这就必然会进一步形成生产过剩，使危机加深；不仅如此，哈罗德实际还是用资本家预期的产量（收入）增长速度这样一种心理因素来解释危机的原因，因而是主观唯心主义的观点。

（二）对资本主义经济"长期波动"的分析

哈罗德对经济"长期波动"的分析，是他在经济均衡增长模型的基础上，引进劳动力增长和技术进步两个因素后，来考察资本主义长期的发展趋势及其原因。为此，他又提出了自然增长率（natural rate of growth）的概念。他的所谓自然增长率，就是劳动人口增长和技术进步所容许的长期的产量增长率。其公式是：

$$G_n = \frac{S_0}{C_r} \text{或} G_n \neq \frac{S_0}{C_r}$$
$$\text{或} G_n \cdot C_r = \text{或} \neq S_0$$

式中：G_n——自然增长率；

C_r——预期的资本—产量比率；

S_0——在一定制度安排下最适宜的储蓄—收入比例。[1]

哈罗德的这个自然增长率 G_n 与他的均衡增长率 G_W 的区别主要在于，前者是依据劳动人口的增长和技术的进步两个因素来确定的；而后者是以这两个因素不变为前提的。哈罗德说："让我们用 G_n 来表示社会最适宜的增长率。G_n 的值有两个决定因素，即劳动人口的增长率以及可以得到的用以生产货物的服务的技术的改进率。"[2]

现假设，由于劳动力的增加而使产量增加 1.5%，由于技术进步而使产量增加 3.5%，则自然增长率 $G_n = 1.5\% + 3.5\% = 5\%$。哈罗德认为，这个自然增长率就是一个社会最适宜的产量增长率，也是一个社会所能实现的最大的产量增长率。这就是说，实际增长率 G，不能大于自然增长率 G_n，只能等于或小于 G_n。于是，在 G_n 与 G_W 之间可能存在如下三种关系：

一是 $G_W > G_n$。这表明储蓄和投资的增长率超过了劳动力的增长率和技术进步所能容许的程度，资本家见无利可图，就会压缩投资，以致 $G < G_W$，于是社会经济将出现长期停滞和萧条的趋势。

二是 $G_W < G_n$。这表明劳动力的增加和技术进步对储蓄和投资需求的供应

---

[1] 见哈罗德：《动态经济学导论》，1956 年英文本，后来哈罗德在他的《动态经济学》一书中，对该公式的符号略有修改，把原来的 S 改为 S_0。

[2] 哈罗德著，黄范章译：《动态经济学》，商务印书馆，1981 年版。

有余，资本家见有利可图，就进一步扩大投资，以致 $G > G_W$，于是社会经济将出现长期扩张和高涨的趋势。

三是 $G_W = G_n$。这表明社会增长的全部劳动力和生产技术都可能得到充分利用。如果实际增长率 G 也与 G_W 相等，全社会既实现了经济均衡增长，又保证了劳动人口充分就业。哈罗德把这种情况称为充分就业的均衡增长，是所谓最理想的均衡增长。因此，在他看来，实现最理想的、充分就业的均衡增长的条件是：

$$G_n = G = G_W = \frac{S}{C_r}$$

化简为：

$$G_n = \frac{S}{C_r}$$

哈罗德认为，从上述三种关系的情况看，由于 G_n，G 以及 S，C_r 都是由不同的因素决定的，因而实现理想、充分的就业均衡增长（$G_n = \frac{S}{C_r}$），比实际一般的均衡增长（$G = \frac{S}{C_r}$）更困难。在资本主义现实生活中，往往是：

$$G_W = \frac{S}{C_r} > G_n \ \text{或} \ G_W = \frac{S}{C_r} < G_n$$

因而往往会出现长期停滞、萧条或长期扩张、高涨的趋势，即出现所谓长期的波动。

必须指出，哈罗德对资本主义经济"长期波动"的分析，完全是替垄断资本进行辩护的理论。因为他把有可能出现长期停滞和萧条的原因归结为 $G_W > G_n$，完全掩盖了垄断资本统治这个症结所在。

哈罗德所说的有可能出现充分就业的均衡增长，也是带有辩护性的说法。因为他所说的实现这种均衡增长的条件：$G_n = G = G_W = \frac{S}{C_r}$ 或 $G_n = \frac{S}{C_r}$，在垄断资本统治下是根本不可能满足的，相反，却必然会出现企业经常开工不足和经常的大批失业。但在哈罗德看来，这并不是垄断资本主义制度的必然产物，而仅由于上述条件不具备；同时又认为，实现上述条件的关键是资本家的投资需求，从而实际增长率是否恰好与自然增长率和有保证的增长率相适应，而投资需求的大小决定于资本家对投资收益的预期。所以，他认为，能否实现充分就业均衡增长，归根到底是由资本家心理因素决定的，只要资本家心情好，抱乐观态度，就既可出现均衡增长，又可保证工人充分就业。毋庸多言，这完全是一种主观唯心主义的观点。

第二节 新古典经济增长模型和 剑桥经济增长模型

一、新古典经济增长模型

我们在前面已经指出，在哈罗德的模型中，要实现充分就业的均衡增长的条件（$G_n = \dfrac{S}{C_r}$）是非常困难的。因此，另一些西方经济学家便企图通过对$G_n = \dfrac{S}{C_r}$模型的各个有关变量的变动，使之能满足这个条件的要求。于是又出现了其他各式各样的经济增长模型，其中首先是新古典经济增长模型。

新古典经济增长模型是美国经济学家索洛（Robert M. Solow）于 1956 年发表的《经济增长理论》一文中提出来的。随后，英国的斯旺、米德（James E. Meade）和美国的萨缪尔森等也相继提出了与索洛基本相同的论点，因此，可归入同一类型的经济增长模型。

新古典经济增长模型是在哈罗德增长模型的基础上提出来的。这个模型以如下 3 个假设为前提：①经济处于完全竞争条件之下，生产中使用的劳动和资本可以互相替代，可以按不同比例组合；②在完全竞争条件下，劳动和资本都可以得到充分利用，劳动和资本的边际生产力递减；③劳动和资本各自根据自己的边际生产力获得报酬。在这些假设条件下，新古典增长模型是按下列程序建立起来的：

在假设技术条件不变和规模收益不变的条件下，国民收入（y）是劳动（L）和资本（k）的函数为：$y = f(L, k)$。如果以 Δy，Δk，ΔL，分别代表国民收入增量、资本增量、劳动增量，MPP_k，MPP_L 分别代表资本与劳动的边际产量，则有：

$$\Delta y = MPP_k \cdot \Delta k + MPP_L \cdot \Delta L \tag{1}$$

（1）式等号两边同除以 y，可得：

$$\frac{\Delta y}{y} = \frac{MPP_k \cdot k}{y} \cdot \frac{\Delta k}{k} + \frac{MPP_L \cdot L}{y} \cdot \frac{\Delta L}{L} \tag{2}$$

因资本与劳动按各自边际生产力取得报酬，所以，全部国民收入等于资本与劳动的收入之和。即：

$$y = MPP_k \cdot k + MPP_L \cdot L$$

又因

$$\frac{y}{y} = \frac{MPP_k \cdot k + MPP_L \cdot L}{y} = 1$$

设

$$\frac{MPP_k \cdot k}{y} = a, \qquad \frac{MPP_L \cdot L}{y} = 1 - a = b$$

则（2）式可改写为：

$$\frac{\Delta y}{y} = a\left(\frac{\Delta k}{k}\right) + b\left(\frac{\Delta L}{L}\right) \tag{3}$$

（3）式中，$\dfrac{\Delta y}{y}$ 是国民收入增长率，a，b 分别表示资本与劳动对产量增长的相对作用或权数，即柯布—道格拉斯生产函数中的系数。

（3）式说明，在资本与劳动可以相互替代以实现充分就业的条件下，产量增长率要取决于资本增长率 $\left(\dfrac{\Delta k}{k}\right)$、劳动率长率 $\left(\dfrac{\Delta L}{L}\right)$，以及在产量增长中资本和劳动各自所起作用的权数（$a$，$b$），或者说要取决于资本与劳动的配合比例，或资本—产出比率（C_r）。因此，当资本与劳动的配合比例不协调，例如，当 $\dfrac{\Delta k}{k} \gtrless \dfrac{\Delta L}{L}$ 时，就可通过市场机制的自发调节，来改变它们的配合比例，使之相互协调，从而改变资本—产出比率以实现充分就业的均衡增长。即当 $\dfrac{\Delta k}{k} > \dfrac{\Delta L}{L}$ 时，因利息率低，工资率高，企业自然会多使用资本、少使用劳动，从而提高资本—产出比率（C_r）；当 $\dfrac{\Delta k}{k} < \dfrac{\Delta L}{L}$ 时，因利息率高，工资率低，企业自然会多使用劳动，少使用资本，从而降低资本—产出比率（C_r）。总之，在索洛等人看来，哈罗德的实现充分就业均衡增长模型（$G_n = \dfrac{S}{C_r}$）中的 C_r 的数值是可以通过市场机制的自发调节来加以改变的。这就是说，新古典经济增长模型与哈罗德的经济增长模型一样，认为充分就业均衡增长的条件是：$G_n = \dfrac{S}{C_r}$。二者的区别只在于，哈罗德假定生产技术是不变的，因而式中的 C_r 是不变的；索洛则假定资本家依靠市场机制的作用可以通过改变生产方法和生产技术，调整 C_r 的数值，从而使 $G_n = \dfrac{S}{C_r}$ 的条件得到满足。

现假设 $G_n = 5\%$，$C_r = 4$，如果要能满足 $G_n = \dfrac{S}{C_r}$ 的要求，S 应为：

$$S = G_n \cdot C_r = 5\% \times 4 = 20\%$$

但是现实的情况，如果 $S = 24\%$，则：

$$G_W = \frac{S}{C_r} = \frac{24\%}{4} = 6\%$$

因为：
$$G_n = 5\%$$

所以：
$$G_W > G_n$$

按照哈罗德对经济"长期波动"的分析，这时就会出现经济长期停滞、萧条的趋势。

索洛则认为，这时既然是 $G_W > G_n$，就意味着资本的供给超过了资本的需求，利息率将会下降，资本家便有可能通过借款等方式增加投资，从而提高资本密集程度。改变生产方法和生产技术，提高 C_r 的数值，如果 C_r 由4提高到4.8则：

$$G_W = \frac{24\%}{4.8} = 5\%$$

即：
$$G_n = G_W = 5\%$$

这样便满足了实现充分就业均衡增长的条件：

$$G_n = \frac{S}{C_r}$$

现再假设 G_n 与 C_r 同上例一样，仍分别为5%和4，但 S 为16%，这时有保证的增长率 G_W 为4%（$\frac{S}{C_r} = \frac{16\%}{4} = 4\%$），要小于自然增长率 G_n（5%），即 $G_W < G_n$。按照哈罗德的分析，这时就会出现经济长期高涨的趋势。

索洛则认为，这时既然是 $G_W < G_n$，就意味着劳动力增长和技术进步超过了资本的供给，即资本的供给相对不足，于是利息率会上升，资本家就会感到采用资本密集程度较低的生产方式，减少投资更为有利。如果资本家由于改变生产方式，降低资本密集程度，以致使 C_r 的数值由4降低到3.2，则：

$$G_W = \frac{S}{C_r} = \frac{16\%}{3.2} = 5\%$$

即：
$$G_n = G_W = 5\%$$

这时同样满足了实现充分就业的均衡增长的条件：

$$G_n = \frac{S}{C_r}$$

我们知道，按照哈罗德增长模型，当 $G_n \neq \frac{S}{C_r}$ 时，由于假定 C_r 为已定，只有通过国家干预改变 S 的数值才能达到 $G_n = \frac{S}{C_r}$ 的要求。因此，在索洛看来，要满足哈罗德增长模型的条件，以实现充分就业均衡增长，既可通过国家干预以改变 S 的数值来实现，也可通过市场机制的自发调节以改变 C_r 的数值来实现。可见，新古典经济增长模型体现了用微观经济学来补充宏观经济学，用市场调节来补充国家调节的特点。

二、剑桥经济增长模型

剑桥经济增长模型（cambridge-model of economic growth）是由新剑桥学派的经济学家们提出来的。他们的主要代表人物和著作有：英国的琼·罗宾逊（Joan Robinson）于 1956 年出版的《资本积累》和卡尔多（N. Kaldor）于 1956 年发表的《收入分配可互为代替的理论》一文，以及意大利的帕西内蒂（Luigi L. Pasinetti）于 1962 年在英国《经济研究评论》上发表的《利润率和收入分配与经济增长率的关系》一文。

剑桥经济增长模型与新古典经济增长模型一样，都是以哈罗德—多马经济增长模型作为基础，都认为充分就业均衡增长的条件是：$G_n = S/C_r$。[①] 二者的区别在于：新古典经济增长模型是通过改变 C_r 的数值为满足 $G_n = \dfrac{S}{C_r}$ 的要求，从而实现充分就业的均衡增长；而剑桥经济增长模型则是通过改变 S 的数值来满足 $G_n = \dfrac{S}{C_r}$ 的要求，以达到充分就业的经济均衡增长。

S 的数值如何能改变呢？因为 S 是储蓄与收入的比例关系，储蓄又是由收入减去消费后余下的部分，而在收入为一定的情况下储蓄与消费之间如何分割，要取决于工人和资本家在国民收入中各自所得的份额大小。因为一般地说，工人的储蓄倾向较小，资本家的储蓄倾向较大，因此，通过改变国民收入在工人与资本家之间的分配比例关系，就可以达到改变国民收入中用于储蓄的总量，从而达到改变 S 数值的目的。但在具体考察工人的储蓄倾向时，可以有不同的假设，又可分为不同的经济增长模型：一是古典储蓄函数增长模型，二是剑桥增长模型。

（一）古典储蓄函数增长模型

古典储蓄函数增长模型的特点是，假设工人所得的国民收入即工资（以 W 代表）中用于储蓄的部分为零（即假设工人的全部工资都用于消费），则工人的储蓄倾向（以 S_w 代表）为零（$S_w = 0$）。我们知道，古典学派李嘉图就曾假定资本主义扩大再生产的资金全部来源于利润，即假定工

---

① 式中符号的含义与前面完全相同：G_n 代表自然增长率，S 代表储蓄率，C_r 代表资本系数。

人是无任何储蓄的。因此，这种假设 $S_W=0$ 的增长模型便被称为古典储蓄函数增长模型。

设全社会的储蓄率为 S，利润为 P，资本家的储蓄倾向为 S_P，国民收入为 Y，资本为 K，利润率为 P'，在 $S_W=0$ 的情况下，则有如下关系：

$$S=\frac{P}{Y} \cdot S_P, \quad C_r=\frac{K}{Y}, \quad P'=\frac{P}{K}$$

因此，实现充分就业的均衡增长条件：$G_n=\dfrac{S}{C_r}$ 可写作：

$$G_n=\frac{\dfrac{P}{Y} \cdot S_P}{\dfrac{K}{Y}}=\frac{P}{K} \cdot S_P=P'S_P$$

这就是古典储蓄函数增长模型。它表明在技术不变，因而资本系数（C_r）不变，以及工人储蓄倾向为零（$S_W=0$）的情况下，可以把哈罗德的模型 $G_n=\dfrac{S}{C_r}$ 改变为 $G_n=P'S_P$。这就是说，在新剑桥学派的经济学家看来，这时实现充分就业的均衡增长条件将取决于利润率（P'）和资本家的储蓄倾向（S_P）两个因素。而就 S_P 来说，他们又认为是可能比较稳定的。因此，当自然增长率（G_n）与有保证的增长率（G_W）不相一致（$G_n \neq G_W$）时，即在充分就业的均衡增长遭到破坏的情况下，就可以通过改变利润与工资在国民收入中的份额，以改变利润率，从而改变社会储蓄率，来达到实现充分就业的均衡增长（$G_n=G_W$）的目的。

例如，在假定全部国民收入（Y）只分解为工资（W）和利润（P）两部分，而 $S_W=0$ 的情况下，社会全部储蓄就来源于 P。现假设 P 在 Y 中所占的比重 $\dfrac{P}{Y}$ 为 30%，W 在 Y 中所占的比重（$\dfrac{W}{Y}$）为 70%，再假设资本家的储蓄倾向（S_P）为 50%，则全社会储蓄率（以 S 代表）为：

$$S=\frac{P}{Y} \cdot S_P=30\% \times 50\%=15\%$$

又假设

$$G_n=5\%, \quad C_r=4$$

因为：

$$G_W=\frac{S}{C_r}=\frac{15\%}{4}=3.75\%$$

所以：

$$G_n>G_W \quad (5\%>3.75\%)$$

按照哈罗德的说法，在 $G_n>G_W$ 的情况下，会破坏社会的经济均衡增长（出现长期高涨的趋势）。古典储蓄函数增长模型认为，这时可以通过改变利润（P）在国民收入（Y）分配中所占的比重，例如，使 $\dfrac{P}{Y}$ 由 30% 提高到

40%，从而使社会储蓄率（S）由原来的15%提高到20%，就可以实现充分就业的增长，满足 $G_n = \dfrac{S}{C_P}$ 的要求。

因为：

$$S = \frac{P}{Y} \cdot S_P$$

又因：

$$S_P = 50\%, \quad C_r = 4$$

则：

$$G_W = \frac{S}{C_r} = \frac{40\% \times 50\%}{4} = 5\%$$

所以：

$$G_n = G_W = 5\%$$

这个例子说明，古典储蓄函数增长模型认为，当 $G_n > G_W$，即在经济出现长期高涨趋势的情况下，为了实现经济均衡增长，就必须提高资本家的利润在国民收入分配中的比重，如上面的例子，就需由30%提高到40%。

（二）剑桥增长模型

剑桥增长模型与古典储蓄函数增长模型的区别只在于：后者假设 $S_W = 0$；前者假设 $S_W > 0$，即假设工人的工资也有一部分用于储蓄。因此，剑桥增长模型认为，社会储蓄总量（X）应为资本家的储蓄额（$P \cdot S_P$）与工人的储蓄额（$W \cdot S_W$）之和，即：

$$X = P \cdot S_P + W \cdot S_W$$

于是：

$$S = \frac{P \cdot S_P + W \cdot S_W}{Y} = \frac{P}{Y}(S_P - S_W) + S_W$$

因为：
$$G_n = \frac{S}{C_r}, \quad C_r = \frac{K}{Y}$$

或

$$\frac{1}{C_r} = \frac{Y}{K}, \quad P' = \frac{P}{K}$$

所以：

$$G_n = \frac{\dfrac{P}{Y}(S_P - S_W) + S_W}{C_r}$$

$$= \frac{P}{Y}(S_P - S_W)\frac{Y}{K} + \frac{S_W}{C_r}$$

$$= \frac{P}{K}(S_P - S_W) + \frac{S_W}{C_r}$$

$$= P'(S_P - S_W) + \frac{S_W}{C_r}$$

这就是剑桥增长模型。若假设这个模型中的 $S_W = 0$，则其与古典储蓄函数增长模型完全一样：$G_n = P'S_P$。可见，剑桥增长模型与古典储蓄函数增长模型的区别仅仅在于，是 $S_W > 0$ 还是 $S_W = 0$。

剑桥增长模型表明，在技术不变，因而资本系数（C_r）不变的前提下，实现充分就业均衡增长的条件，取决于利润率的高低和资本家与工人两个阶级的不同储蓄倾向。如果资本家和工人的储蓄倾向已定，则可以通过改变利润与工资在国民收入中的份额，以改变利润率，从而改变社会储蓄率（S），来达到实现充分就业的均衡增长（$C_n = G_W$）的目的。

例如：现假设 $G_n = 6\frac{2}{3}\%$，$C_r = 3$；又假设利润（P）在国民收入 Y 中的比重（$\frac{P}{Y}$）为 40%，则工资所占国民收入中的比重为 $1 - \frac{P}{Y} = 60\%$，再假定 $S_P = 30\%$，$S_W = 5\%$，则资本家的储蓄量在国民收入中的比重为 $\frac{P}{Y} \cdot S_P = 40\% \times 30\% = 12\%$，工人的储蓄量在国民收入中的比重为 $(1 - \frac{P}{Y})S_W = 60\% \times 5\% = 3\%$。

在上述假定的情况下，全社会储蓄率 S 应为：

$$S = 12\% + 3\% = 15\%$$

因为：

$$G_W = \frac{S}{C_r} = \frac{15\%}{3} = 5\%$$

所以：

$$G_n > G_W \quad \text{或} \quad 6\frac{2}{3}\% > 5\%$$

剑桥增长模型认为，在 $G_n > G_W$ 不能实现充分就业均衡增长的情况下，如果通过改变国民收入分配中的工人和资本家各自所得的份额，从而改变 S 的数值，就可以使 G_n 与 G_W 一致（$G_n = G_W$）。例如，假设把利润所占国民收入的比重由 40% 提高到 60%，相应的工资所占国民收入的比重由 60% 下降到 40%，则全社会的储蓄率 S 就变为：

$$S = \frac{P}{Y} \cdot S_P + (1 - \frac{P}{Y})S_W$$

$$60\% \times 30\% + 40\% \times 5\% = 20\%$$

于是：

$$G_W = \frac{S}{C_r} = \frac{20\%}{3} = 6\frac{2}{3}\% = G_n$$

这样就满足了充分就业的经济均衡增长的条件 $G_n = G_W$ 的要求。

从这个例子可以看出，剑桥增长模型与古典储蓄函数增长模型都认为在 $G_n > G_W$ 的情况下，亦即哈罗德所认为的，在资本主义经济出现长期高涨的不均衡增长的情况下，就要通过提高资本家在国民收入中所得利润份额的办法，来使经济实现充分就业均衡增长。

这就是说，新剑桥学派的经济增长理论，无论是古典储蓄函数增长模型，还是剑桥增长模型，都认为在 $G_n > G_W$ 的情况下，随着充分就业均衡增长的实现，在国民收入分配中，利润所占份额愈来愈多，工资所占份额愈来愈少。因此，他们进一步认为，资本主义随着经济增长，国民收入的分配，必然愈益有利于资本家，不利于工人，使工人的处境愈益相对恶化，带来了"富裕中的贫困"，并且认为，这种收入分配的失调乃是资本主义社会的"病症"所在。所以，在他们看来，要消除资本主义的种种弊病，就应把改进收入分配的制度放在首位。

可见，新剑桥学派的经济增长理论和模型（包括古典储蓄函数增长模型和剑桥增长模型），与他们的收入分配理论和政策主张是密切联系在一起的。我们认为，他们的增长模型既然与新古典经济增长模型一样，是以标准凯恩斯主义的哈罗德—多马经济增长模型为基础的，因而也与新古典经济增长模型一样，是一种只停滞于表面经济现象分析的、脱离实际的、也不可能真正解决资本主义经济充分就业均衡增长问题的资产阶级理论。当然，在分配理论上，他们从利润与工资在国民收入分配中处于此消彼长的对立状态的观点出发，进一步看出，随着经济的增长，这种对立状态还有扩大的趋势，工人处境将愈益相对恶化，甚至认为，资本主义社会是阶级冲突的社会，则是符合事实的。

第三节　经济增长因素分析论和经济增长有限论

以登尼森（Edward F. Denison）为代表的经济增长因素分析论和以麦多斯为代表的经济增长有限论，是与上述各种经济增长论不同的另一种类型的经济增长论。

一、以登尼森为代表的经济增长因素分析

20 世纪六七十年代，美国经济学家登尼森在西蒙·库兹涅茨的国民收入核算和分析的基础上，对发达的资本主义国家的经济增长因素进行了分析，

他与上述热衷于建立抽象的经济增长模型的经济理论不同，着重从整理和分析资本主义各国经济发展的统计资料出发，运用经济计量的方法，具体估计导致经济增长的各个因素对经济增长率所起作用大小的数值进行现实的分析，然后在此基础上提出自己的政策主张。

登尼森认为，促使现代经济增长的因素，主要是生产要素投入量的增加和生产要素生产率的提高。所谓生产要素投入量的增加，包括生产中投入的劳动在数量上的增加和质量上的提高，以及资本、土地在数量上的增加。所谓生产要素生产率的提高，包括资源配置的改善，规模的节约，知识的进展及其在生产中的应用，登尼森还具体分析了在 1929—1969 年间，生产要素投入量对国民收入增长所起的作用占 54.4%，生产要素生产率所起的作用占 45.6%，而在此生产要素生产率所起作用的百分点中，有 27.6 个百分点都是知识进步的结果，即生产要素生产率的提高，有 60% 以上都要归因于知识进步的作用。登尼森还把这一时期划分为 1929—1948 年和 1948—1969 年两个阶段分别进行考察。他发现在各个经济增长因素对国民收入增长起的作用中，知识进展所占的比重，在前一阶段为 22.5%，后一阶段为 30.9%。这说明知识进展的作用在战后比战前大大提高。由此，他便认为，知识进展是长时期真实的生产率提高的基本因素。

我们认为，登尼森对经济增长因素的分析，在一定程度上分析了资本主义经济发展的一些事实，因而为我们研究西方经济提供了某些可供参考的资料；他利用现代科学知识和技术，对社会经济问题采取综合分析的方法，对我们也有一定启示；特别是他强调了知识进展在经济增长中的作用，反映了当前世界上正在经历着一场科学技术的伟大革命，因而对于我们认识现代化生产的特点是有帮助的。但从总的方面来看，登尼森对经济增长因素的分析，在相当程度上带有为资本主义剥削制度辩护的性质；特别是他抛开了资本主义的经济关系和上层建筑对经济增长的影响，就不可能真正完全反映资本主义经济增长的实际；同时，定量的分析是凭着某些现象进行估算的，因而对各种增长因素作用大小的计算，只有一个大体参考的意义，而不能作为确定的依据。

二、以麦多斯等人为代表的经济增长有限论

20 世纪 70 年代初，美国经济学家麦多斯提出了经济增长有极限的世界模型，即所谓经济增长有限论。他与以上各派经济增长论对经济增长持乐观态度不同，竭力宣扬经济继续增长的结果，将会发生突然和无法控制的崩溃的悲观论调。他说："如果目前世界人口、工业化、污染、粮食生产以及资源消

耗按现在的增长趋势继续不变，这个星球上的经济增长就会在今后一百年内某一个时候达到极限，最可能的结果是人口和工业生产能力这两方面发生颇为突然的，无法控制的衰退或下降。"[①] 又说："根据目前人们关于地球的物质限制的知识，我们猜想，增长状态不能再继续一百年。"[②]他认为，为了避免世界经济崩溃局面的发生，唯一的办法就是在 15 年内停止人口和生产的增长，以达到"零度增长"的"全球性均衡"。

我们认为，麦多斯对经济增长的悲观论实质上是资产阶级对资本主义前途已失去信心及恐惧情绪的思想反映。固然帝国主义是资本主义的最高阶段，它最终是要崩溃的，但资本主义生产方式的崩溃，不等于整个人类社会经济的崩溃。马克思主义理论早就指明，人类社会必将由社会主义、共产主义代替资本主义，前途无限美好，而绝无"世界末日"的悲观结局。还应指出，麦多斯的分析方法也是十分错误的，他只以过去已有的人口增长，资源消耗的指数为依据来推论未来，而没有考虑到人类科学技术的进步对这些因素增长的变化将会发生怎样的影响。这实质上是马尔萨斯人口论的翻版。因此，他的悲观论是没有根据的，所谓"零度增长"的主张也是荒唐的，甚至连许多西方经济学家也公开批评他的这种错误观点，认为零度经济增长是不可能实现的。

当然，麦多斯在经济分析中，把资源、污染、人口和经济增长之间的关系，从量的方面联系起来进行综合分析的方法，仍值得我们注意。因为它在分析中所提出的问题，在一定程度上反映了资本主义经济发展中所遇到的实际问题，而这些问题可能是一切社会经济发展在某个时期都将面临的问题。因此，我们在进行现代化建设和制定经济、社会长期发展规划，以实现社会经济的持续增长时，考虑这些问题并处理好它们之间的均衡关系，是很必要的。

西方经济学家米香（Egra Mishan）还从另一个角度提出了增长的悲观论点。米香认为，经济增长是不可取的。因为在他看来，物质福利并非人类快乐的唯一源泉，经济继续增长，虽然可以增加物质福利，却使人们失去了美好的生活：非常多的节假日被取消了，广泛的空间感、缓慢的时间感消失了，宁静的田园生活成为过去，甚至在同一旅游胜地或国家公园里，要想避开成千上万的乘着汽车、带着照相机和半导体收音机的人群也很费劲。总之，他认为一切美好的东西的丢失，现在都成了经济继续增长的代价。

---

①② 麦多斯著，于树生译：《增长的极限》，商务印书馆，1984 年版。

诚然，人类幸福的源泉，不只局限于物质福利的增加，但是也不能因此而否定经济增长的必要，因为人类社会经济总是要向前发展和进步的。所以，米香的这种悲观论点，很显然与客观的社会经济发展的历史趋势相悖。

第四节　新经济增长论

新经济增长论（theory of neo-economic growth）是 20 世纪 80 年代以来逐渐形成的一种新的增长理论。

20 世纪六七十年代以前，在西方占据主流地位的增长理论是以索洛为代表的新古典经济增长理论（theory of neo-classical economic growth）。该理论承认技术进步在经济增长中的重要作用，但认为技术进步只是促进经济增长的一个外生变量，而且是体现在一定的物质资本之中，因而仍然是以强调生产过程中物的因素为特征，但对生产过程中人的因素却有所忽视。同时，就物的因素来说，按西方经济学分析的方法，随着资本或劳动要素的增长，边际效益会递减，即使在索洛模型中的技术进步会使收益递增，但在资本、劳动增加的情况下，又会被其边际收益递减所抵消，以致可能规模收益不变。然而，在 20 世纪七八十年代以来，随着高新技术的发展，技术进步在经济增长中的作用日益明显，而且技术进步不仅体现于物质资本之中，更蕴藏于人的智力资源的高度发展之上。因为高新技术发展的重要特征之一，就是它最大限度地开发人的智力资源，而人的智力资源发展又是无限的、累积式的，这就有可能使它带来的边际收益不是递减，而是递增。一些西方经济学家在这种新的形势下，便纷纷提出了不同于以往经济增长理论的新的经济增长理论。

新经济增长论认为，如果说过去的经济增长曾经历过主要取决于劳动资源和物资资源两大阶段，现在则已开始进入主要取决于人的智力资源的新阶段，并把知识技术进步视为经济系统的内生变量，而非外在的、仅对经济增长起促进作用的因素。

新经济增长论的主要代表人物有美国经济学家保罗·罗默（Paul Romer）和罗伯特·卢卡斯（Robert Lucas）等。他们在刘易斯（William Arthur Lewis）的知识积累论的启发下，特别是在舒尔茨（Theodore William Schultz）的所谓人力资本论的基础上，提出了以强调知识技术起决定作用为特征的新经济增长模型（neo-economic growth model）。

一、罗默的经济增长模型

1986 年，罗默在《政治经济学杂志》（美）发表的著名论文《收益增长与长期增长》中，提出一个与收益递减的传统增长模型不同的收益递增型的增长模型。他首先把技术进步视为经济的内生变量和知识积累的结果，认为知识积累才是经济增长的原动力，特别强调特殊的知识和专业化的人力资本是经济增长的主要因素，知识和人力资本不仅使其自身的收益递增，而且能使资本和劳动等要素投入的收益递增，从而使整个经济规模的收益递增。他还认为，对知识投资具有自然的外部性。因为知识不可能完全保密，知识又可无限增长，每个人都能运用知识存量直接参与新知识的生产，即使采取专利法保护，一种新知识可以被暂时垄断，但迟早会公开化，普遍化。不过，他还认为，对科研部门的资本投入，新知识的产生仍是递减的，因而会减弱经济增长的速度。

罗默基于对知识的这些认识和假设，建立了如下两个增长模型：

（一）简单的两时期增长模型

罗默首先假定存在一个两时期的效用函数 U（C_1，C_2）。在式中，C_1 与 C_2 分别表示前后两个时期消费的同一产品。在第一时期中，假定消费者最初拥有一定量的产品；第二时期消费品的生产是知识存量和物质资本、劳动等投入的函数，则现期消费品生产函数如下：

$$Q_i = F\ (K_i,\ K,\ X_i)$$

式中：Q_i——厂商的产出水平；

　　　　F——一切厂商的连续微分的生产函数；

　　　　K_i——厂商生产某产品的专业化知识。

$K = \sum\limits_{i=1}^{N} K_i$ 表示社会既定的知识总水平，N 为企业数目，因此，K 实际表示一切厂商可使用的一般知识；X_i 为厂商的物质资本和劳动等生产要素追加投入的总和。

模型表明，罗默把知识作为主要的独立因子纳入生产函数之中，使之成为增长模型的内生变量。同时又把知识分解为一般知识与专业知识。一般知识会产生经济外部性，使所有企业都能获得规模收益；专业知识会产生经济内部效应，给个别企业带来垄断利润，从而为个别企业提供研究与开发（R&D）基金和内在动力。因此，在罗默看来，知识作为一种内生的独立因素，从一个企业来看，不仅可以使知识本身产生递增收益，而且可能使资本、劳动等其他投入要素的收益递增；从全社会来看，知识既可以使个别企业的收益递增，也可以使全社会的收益递增，从而为经济的长期增长提供了保证。所以，知识乃是现代经济增长的主要源泉。

（二）简单的两部门模型

这两部门模型是在两时期模型的基础上建立起来的。罗默把产出划分为消费品生产部门和企业知识积累部门，即研究与开发部门，其模型如下：

$$Y = F_1 (A, K_1, L_1, H_1)$$
$$A' = F_2 (K_2, L_2, H_2)$$

式中：Y，A'——分别表示消费品产出水平和技术产出水平（技术进步率）；

$\quad\quad\quad$ A——既定的技术水平；

$\quad\quad\quad$ K_1，K_2——分别表示两部门物质资本的投入；

$\quad\quad\quad$ L_1，L_2——分别表示两部门物质劳动的投入；

$\quad\quad\quad$ H_1，H_2——分别表示两部门训练有素的人力资本的投入。

在这个模型中，罗默把投入的人力区分为物质劳动（L）和具有专业化知识的人力资本（H）两种形式。在这里，物质劳动也称原始劳动（raw labor）。罗默认为，只有人力资本才能促进经济增长。

模型表明，经济增长的主要源泉来自知识积累，而不是物质资本积累。因而一个企业，乃至一个国家，用于 R 和 D 部门资源多少决定着其经济增长率和收入水平的高低。由此而来的必然结论是：要提高经济增长率，就必须增加 R 和 D 部门的投入，以提高知识积累率。

二、卢卡斯的经济增长模型

1988 年，卢卡斯在《货币经济学杂志》（美）上发表的著名论文《论经济发展的机制》，系统地论述了自己的经济增长理论，提出了自己的两个经济增长模型：

（一）两资本模型

两资本模型是把舒尔茨的人力资本理论和索洛的技术决定论的增长模型结合起来并加以发展形成的一个专业化的人力资本积累增长模型。舒尔茨的人力资本概念是比较一般化的，也没有提出一个以人力资本为核心的增长模式，虽然他已认识到人力资本对促进经济增长的重要作用。卢卡斯则将舒尔茨的人力资本概念进一步具体化为"每个人的""专业化的"人力资本，认为只有这种特殊的、专业化的人力资本积累才是产出增长的真正源泉。为了表明这种思想，卢卡斯首先把资本区分为有形资本和无形资本两种形式；同时又把劳动力区分为纯体力的原始劳动（raw labor）和表现为劳动技能的人力资本两种类型，并认为只有人力资本才能促进产出增长。人力资本增长的模型是：

$$h'(t) = h(t) \delta [1 - u(t)]$$

式中：$h'(t)$——人力资本的增量；

$h(t)$——劳动技能的人力资本；

δ——人力资本的产出弹性；

u——全部生产时间；

$[1-u(t)]$——脱离生产的在校学习时间。

公式表明，如果 $u=1$，则 $h'(t)=0$，即无人力资本积累；如果 $u(t)=0$，则 $h(t)$ 按 δ 的速度增长，即 $h'(t)$ 达到最大值。可见，卢卡斯在模型中强调了劳动者脱离生产、从学校正规或非正规的教育中所积累的人力资本对产出与经济增长的作用。

（二）两商品模型

两商品模型是在阿罗人力资本积累模型基础上建立起来的，是在假定存在两种消费品 C_1，C_2 生产情况下的人力资本积累的增长模型。

美国经济学家阿罗（Kenneth Joseph Arrow）在 1962 年发表的《边干边学的经济含义》一文中提出了"边干边学"的著名原理。他认为，不脱离生产岗位，不通过学校教育，只要在工作中训练与积累经验，也能够形成人力资本。卢卡斯则运用这一原理，并进一步认为，这种通过边干边学而形成的人力资本所产生的是人力资本的外部效应（external effect）。而前述舒尔茨所说的通过学校教育而获得的人力资本所产生的是人力资本的内部效应（internal effect）。外部效应的人力资本积累模型则是一个两商品模型。

卢卡斯假定有两种消费品 C_1 和 C_2，并假定没有物质资本，而且人口数量不变。在这种情况下，C_i 商品生产函数如下：

$$C_i = h_i(t) U_i(t) N(t), \qquad i=1, 2$$

式中：C_i——厂商生产第 i 种消费品的产出；

$h_i(t)$——专业生产 i 商品的人力资本，它通过边干边学获得；

$U_i(t)$——用于生产 i 商品的劳动系数，$U_i \geq 0$，且 $U_1+U_2=1$；

$N(t)$——劳动投入量。

由于 $h_i(t)$ 是边干边学的结果，因此，$h_i(t)$ 就随着生产 i 商品的数量增加而上升。于是 $h'_i(t)$ 的变动方程式为：

$$h'_i(t) = h_i(t) \delta_i U_i(t)$$

式中：δ——产出弹性。

如果 $\delta_1 > \delta_2$，则相对于 C_2 来说，C_1 乃是高技术产品。

卢卡斯的两商品模型与两资本模型都是用以表示人力资本积累的增长模型，所不同的是两资本模型有 $[1-u(t)]$ 的因子，即强调人力资本的积累是通过劳动者用脱离生产过程到学校去学习形成的，它所产生的是内部效应；两商品模型有 $U_i(t)$ 的因子，即强调劳动者的时间全部用于商品生产，表明人力资本是通过边干边学形成的，它所产生的是外部效应。

卢卡斯的两个经济增长模型说明，他是十分重视特殊专业化知识的人力资本在经济增长中的作用的。而这种人力资本积累的途径，既可通过脱离生产过程的学校学习获得，也可通过在生产过程中边干边学获得，因而大大拓宽了人力资本形成的途径。很显然，这种边干边学的办法特别适合于那些教育经费缺乏的发展中国家。

以上说明，20 世纪 80 年代以来，与新技术革命的迅猛发展相适应，新经济增长论沿袭知识积累论和人力资本论的思路，建立起以知识为推动经济增长主要源泉的各种增长模型，从而把经济增长论发展到一个新阶段。

应当看到，新经济增长论由于强调知识和"人力资本"对经济增长的决定性作用，便突破了传统经济增长论中要素收益递减和收益不变的假定，提出了要素收益可以递增的新观点，从而不仅为经济增长论拓开了一条崭新的思路，也为经济持续、永恒地增长找到了可靠的源泉和动力。但同时也应当看到，新经济增长论现尚处于形成时期，总体上还不够成熟；对知识与"人力资本"在经济增长中的作用也有过分夸大之处，如有的模型完全排除了物质资本的作用。特别是他们沿袭了"人力资本"的庸俗观点，把实际是作为劳动力组成因素的劳动者的技能和知识，视为与能带来剩余价值的物质资本等量齐观的"人力资本"；把实际是劳动力所创造的大于其本身价值的价值，视为"资本"递增的收益，从而混淆了剥削与被剥削的界限，混淆了资本家与雇佣劳动者的界限。

第五节　诺德豪斯增长理论

瑞典皇家科学院将 2018 年度的诺贝尔经济学奖授予保罗·罗默和威廉·诺德豪斯，以表彰他们把技术创新和气候变化纳入宏观经济学分析框架，从而对经济增长理论发展所做出的杰出贡献。本节主要阐述诺德豪斯的经济增长理论。

传统的索洛模型不考虑自然资源对经济增长的影响。但是，在现实经济发展过程中，自然资源对经济的持续增长有着很大的束缚作用。特别是近些年大量的化石能源的使用一方面带来了经济的快速增长，另一方面导致大量二氧化碳等温室气体排放而造成全球变暖。诺德豪斯将气候变化纳入经济增长框架之中，即把经济系统与生态系统整合在一个模型框架中，探讨了气候变化与经济增长之间的相互作用。

一、第一代气候变化综合评估模型

1994 年，诺德豪斯在《管理全球公共事物》一书中，构建了"气候—经济动态整合模型"（dynamic integrated model of climate and the economy，DICE）。该模型试图解决化石等燃料消耗导致的二氧化碳排放不断增加进而引起全球变暖与气候变化的问题，全球变暖和气候变化造成经济损失的问题；经济增长与气候变化之间的相互作用机制问题。为此，诺德豪斯将二氧化碳排放、二氧化碳浓度变化、气候变化、损害、排放控制包括在一个闭环系统中，将气候和经济的主要因素融合到一个最优化的框架之中，其中包含了三个相互作用的模块：

模块 1：碳循环模块。该模块用以描绘全球二氧化碳排放影响大气二氧化碳浓度的过程。它刻画了二氧化碳排放在三个不同的碳库——大气、海洋表面和生物圈、深海之间的循环。其输出变量是大气二氧化碳浓度的时间路径。

模块 2：气候模块。该模块描绘大气中的二氧化碳浓度是如何影响地球接受和释放能量的。它刻画的是地球能量预算随时间变化的情况，其输出变量是全球气温的时间路径，该变量是气候变化的关键指标。

模块 3：经济增长模块。该模块研究诸如碳税和碳排放额度等不同的气候政策如何影响经济产出和二氧化碳排放，经济产出的投入包括资本、劳动和能源，其中的一部分能源来自化石燃料，其输出变量是 GDP、福利和二氧化碳排放以及气候变化引致的损失的时间路径。

由上述三个简单但却是动态相互作用的模块所构成的模型是诺德豪斯的第一代气候变化综合评估模型（integrated assessment models，IAMs）。该模型不仅使人们可以模拟在自然和经济运行的不同假设条件下的经济和气候未来如何共同演化的情形，而且还可以用于评估碳税等气候政策干预措施的后果。

诺德豪斯最新版本的 DICE-2016R21 演示了整合评估模型如何用于政策分析，他模拟了四种政策措施的情形。这四种情形分别是：①基准情形——假设 2015 年之后没有新的气候政策变化；②最优情形——选择碳税最大化全球福利，提出关于未来世代福利重要性的传统贴现率假设；③斯特恩报告情形——选择碳税最大化全球福利，其中关于未来世代福利重要性采纳斯特恩报告中的贴现率；④气温上升不超过 2.5℃的情形。诺德豪斯通过模拟上述四种情形下二氧化碳排放的时间路径，表明不同的碳税路径意味着排放对气候变化的影响程度不同：在情形②中，碳税从每吨 30 美元开始，并且与以全球 GDP 增长速度相同的速度上升。情形③和④中，要使二氧化碳排放迅速下降，碳税要高 6~8 倍。

二、第二代气候变化综合评估模型

在第一代整合评估模型基础上，诺德豪斯又构建了第二代整合评估模型，即气候—经济区域整合模型（regional dynamic integrated model of climate and the economy，RICE）。在该模型中，诺德豪斯将世界经济分成 8 个独立的区域，探讨了纯市场解、有效合作博弈解、非合作博弈解三种情况下气候变化政策的差异，研究发现，有效合作博弈情形下二氧化碳减排水平要比非合作博弈解高得多；在合作博弈和非合作博弈情形下，不同国家之间在减排控制水平上有很大的差异；高收入国家是合作博弈解中最大的输家。

不仅如此，诺德豪斯在整合评估模型中考虑了天气突变对经济的影响。他假设气候的敏感度为 10，损害的阈值是 3°C，超过该温度将使得经济增长模块中损失函数对温度变化的敏感性从 2 增加到 6。诺德豪斯将这些参数组合加入整合评估模型模拟了气候变化与经济增长的共同演化过程，发现如果没有政策干预，天气突变的后果将是灾难性的，损失将上升到全球 GDP 的 96%，世界经济将陷于崩溃状态。

总之，诺德豪斯对气候变化与经济增长的分析表明，经济有持续负增长的可能性，特别是他对气候突变与经济增长之间关系的研究可以清楚地看到经济增长出现突然崩溃的可能性。诺德豪斯的研究奠定了将索洛模型扩展用于刻画经济与气候变化长期相互作用的基础，极大地提高了我们对自然资源特别是气候变化对经济增长影响的理解；同时对呼应 2015 年世界各国签订的防止地球变暖的《巴黎协定》也有积极意义，尽管特朗普政府 2017 年上台后退出了该协定，但在学术理论上深入分析气候环境变化与经济增长的关系，总是可取的。

第十三章 经济周期理论

当代西方经济学家一般都承认，资本主义经济运动是处于不断周期性地出现繁荣与萧条的波动之中。他们把这种波动称为经济周期（business cycle）或商业循环。他们还根据一次波动时间的长短把经济周期分为短周期、长周期和中周期几种类型，并因对产生经济周期的原因有各种不同的解释而有各种不同的经济周期理论。

第一节　经济周期的阶段性和类型

一、经济周期的阶段性

资本主义经济周期具体表现为国民生产总值（GNP）或国内生产总值（GDP）、工业生产、物价水平、就业与失业等经济变量的起伏变动。这种起伏变动的过程大体可分为四个阶段，即依次经过繁荣、衰退、萧条和复苏阶段，每个阶段都有其不同的特点，其中繁荣与萧条为一个经济周期的主要阶段。

（一）繁荣

繁荣（flourishing），又称扩张（expansion），是"萧条"的对称。在繁荣阶段，经济活动高于一个经济周期的正常水平，它的基本特征是：生产迅速增加，投资增加，信用扩张，价格上升，就业增加，企业家与消费者对经济前景都持有乐观态度。扩张时期持续的长短取决于多种因素，以稳定经济为目标的宏观经济政策，则需注意消除由于过度扩张而引起通货膨胀和经济过热的问题。经济扩张达到最高点时称为"顶峰"（peak）。顶峰时期一般只一两个月。这个时期的特点是：产量和就业量达到最高水平，股票和商品价格开始下降，存货高于一般水平，企业家的乐观情绪开始转为悲观，随之而来的很可能是经济衰退，因此，顶峰是由繁荣转向衰退的转折点。

（二）衰退

衰退（decline）是一个经济周期由繁荣走向萧条的过渡阶段，也是一个经济周期开始向下变动的阶段。其基本特征是：需求出现疲软甚至下降，以致生产、就业水平下降，家庭收入减少，进而消费需求进一步减少，企业经营困难，利润亦随之下降。衰退到最严重时，生产力都将受到破坏，表现为开工不足，设备闲置，磨损或报废的设备也无须再添补、重置。判断经济周期是否进入衰退阶段，时间是一个重要因素，西方经济学家一般认为，一国的国内生产总值（GDP）如果出现连续两个季度的下降，便进入衰退期。

（三）萧条

萧条（depression）又称危机（crisis），是繁荣的对称。经济衰退达到相当严重程度便进入萧条阶段。萧条或危机阶段的基本特征是：商品大量积压，资本周转困难，利润率急剧下降，这就迫使资本家缩小生产规模，从而使大批工人失业或半失业。这一方面使工人因失业而失去了工资收入，另一方面又压迫在业工人不得不接受降低工资的苛刻条件，结果是社会消费需求大大降低，各企业间为争销产品，竞争加剧，商品价格急剧下降，以致大批工商企业，特别是中小企业纷纷破产，从而又进一步加剧工人失业。可见，萧条阶段的基本特征是：生产急剧缩减，物价下跌，失业严重，企业大批破产。萧条期的经济最低点称为"谷底"（trough）。谷底是"顶峰"的对称，它是由萧条阶段转向复苏阶段的转折点。这个转折点或谷底时期，一般有一两个月。其特点是，产量和就业量处于最低水平，股票和商品价格开始回升，存货低于一般水平，企业界的悲观情绪开始转向乐观。

（四）复苏

复苏（recovery）是由萧条恢复到繁荣的过渡阶段，萧条阶段的谷底终结之日，也就是复苏开始之时。经济周期进入谷底以后，由于机器设备多年失修报废，需要更新；存货逐渐减少以至短缺，需要补充。随着生产的逐渐恢复、扩大，产量、就业量、居民收入和社会消费支出都会缓慢增加，随之利润也会有所回升。这些是复苏阶段的基本表现。在这个阶段，由于人们对经济的前景看好，企业家的悲观情绪便为乐观情绪所替代。由于利润明显增加，企业家们的乐观情绪进一步增长，则更加积极大量投资，复苏阶段便转入繁荣或扩张阶段，开始了新一轮经济周期的过程。其"开始"的标志就是GDP超过上一轮经济周期"顶峰"时期的水平。

经济周期四个阶段的上述区分，只是一般而论，大体上说，比较适合于第二次世界大战前的情况，若遇战争、自然灾害等外在因素的干扰，四个阶段就可能出现某些变形。第二次世界大战后，西方各国由于推行凯恩斯主义，政府加强了反危机的措施，尽管周期频繁出现，如美国至今已经历了战后十次经济衰退，但周期的四阶段却表现不明显、不典型，即出现了某些经济周期的变形。在理论上，有的西方经济学家还提出了所谓经济衰退与经济高涨交替更迭的简化周期说。

二、经济周期的类型

西方经济学家按一次经济周期经历的时间长短，把经济周期分为长周期、短周期和中周期三种类型。这种划分是由美籍奥地利经济学家约瑟夫·熊彼特（Joseph Schumpeter）于20世纪30年代中期提出来的，现分别简述如下。

（一）长周期

经济"长周期"或称"长波"，又称"康德拉季耶夫周期"，是由俄国经济学家尼古拉·D.康德拉季耶夫（Nikolai Dmitrievich Kondratieff）于1926年首先提出的。康氏认为，每一个经济周期要经历50年或还稍长一点。熊彼特即沿袭康氏的这一说法，把百余年来资本主义经济发展过程进一步划分为3个"长波"，并用自己的"创新"理论为基础，以各个时期的主要技术发明及其应用，以及生产技术的突出发展，作为各个"长波"的标志。他认为，第一次"长波"大约是从1783年到1842年，是所谓产业革命时期；第二次"长波"大约是从1842年到1897年，是所谓蒸汽和钢铁时代；第三次"长波"大约是从1897年到20世纪20年代末（到熊氏提出这个论点时尚未结束这次"长波"），是所谓电气、化学和汽车时代。

（二）短周期

经济"短周期"或称"短波"，又称"基钦周期"，是由美国经济学家约瑟夫·基钦（Joseph Kitchin）于1923年提出来的。基钦认为，一个经济周期大约经历40个月，即有近3年半的时间，故称短周期。这种短周期被认为是与财产更替相联系的。

（三）中周期

中周期，或称"短波"，又称"尤格拉周期"（juglar cycle），是由法国经济学家克利蒙特·尤格拉（Clement Juglar）于1860年提出来的。这种周期大约需9~10年。熊彼特认为，形成这种周期的原因是由于一些零星"创新"的结果，如新纺织机、发电机、电动机、收音机、冷冻机等的采用就是如此。历史的事实是，1825年英国发生第一次普遍性的生产过剩危机以后，每隔8~10年就要发生一次经济危机，到第一次世界大战前共发生了10次中周期的经济危机，平均约八九年爆发一次；到1929年更爆发了世界性的空前大危机、大萧条。

熊彼特认为，以上三种周期是同时并存，相互交织的，较长周期中包容着较短周期。较短周期中的繁荣与萧条的程度如何，要依其所处较长周期的何种阶段而定。如果处在较长周期的上升阶段，较短周期的繁荣程度就比较强；萧条或衰退的程度就相对较弱。1929年爆发的经济危机之所以特别严重，正是由于那时三种周期都处在最低点上。

第二次世界大战后，西方国家由于推行凯恩斯主义国家干预政策的结果，中周期与短周期的界限已变得比较模糊，过去每 8~10 年一次周期，现已缩短为 4~6 年一次。例如，美国从第二次世界大战后到 2001 年的 56 年间已经历 10 次衰退，平均每 5 年半就出现一次衰退。如果除去 20 世纪 90 年代持续近 10 年的相对稳定发展时期，平均 5 年就经历一次周期，与短周期所需的时间已比较接近了。就长周期而论，有的学者认为，从 20 世纪 70 年代开始，以信息技术为基础的高新技术发展而引起的新一轮长周期，现在处于上升阶段，美国 20 世纪 90 年代经济较长时间的持续发展，或许就与它处于这上升阶段有关。

第二节　乘数—加速数的经济周期理论

乘数—加速数的经济周期理论，是以凯恩斯理论为基础建立起来的用以解释经济周期产生原因的一种周期理论。凯恩斯提出了乘数原理，新古典综合派理论家则补充了加速原理，并把二者结合起来说明经济周期或波动产生的原因，即认为经济波动是由这两个原理共同作用的结果。

一、加速原理的作用

我们在本书第十章曾指出，凯恩斯关于投资与收入（产量）关系的分析，已注意到增加投资对增加收入（产量）的刺激作用，提出了"乘数原理"。但他却忽视了收入的增长将"引致"投资更迅猛地增长的方面，没有分析"加速原理"的问题。

所谓加速原理（acceleration principle），是用来说明收入的变动将怎样引起投资变动的一种经济理论，也就是说明引致投资的理论。这里说的引致投资（induced investment）是与自发投资（autonomous investment）相对而言的一个概念。所谓自发投资，是指这样一种投资，即它被当作一个独立的因素，是否投放和投放多少，全凭资本家决定，而不受国民收入或消费变动的制约。引致投资则相反，它并不是当作一个独立因素，而是因国民收入或消费的变动所引起的投资，或者说，这种投资是由收入增加诱发出来的，故又称诱发投资（inducing investment）。

为什么收入变动会引起投资的变动呢？因为收入（或产量）的增加或减少，与投放的资本设备有密切的关系。比如，在技术不变的情况下，产量增加就需要增加厂房、设备等，因而必须相应地增加投资。不难看出，在这种情况下，投资的增加与收入的增加并不是按同一比例进行的，即由于现代化机器大生产必须使用大量固定资本这一技术特点，因此投资的增加是按快于收入增加的若干倍的速度进行的，或者说是加速增加的。

例如，假定技术条件不变，生产100万美元的产品需要300万美元的资本设备，于是资本与收入（产量）之比为3∶1。这就是说，如果收入增加100万美元，就需要投资300万美元。在此，投资增量与收入增量（或产品增量）之比，称为加速系数（accelerator coefficient）或资本系数，也叫资本产量比率。

设 a 为加速系数，ΔI 为投资增量，Δy 为收入增量，则：

$$a = \frac{\Delta I}{\Delta y}$$

这就说明，加速系数（a）等于投资增量与收入增量之比。但必须明确，这里说的投资增量，是指引致投资，或称净投资，而非投资总量。在社会再生产过程中，除新增的净投资外，还有为补偿磨损的固定资本部分的投资，称为重置投资，也叫自发投资。重置投资的大小，主要取决于资本设备的数量、构成、使用年限等。这样，在社会再生产中，总投资便划分为净投资和重置投资两个部分。同时，这两种投资在实际的再生产过程中是结合在一起的，很难把它们分开，所以，在研究投资变动时，必须同时考察这两种投资的变动。

西方经济学家由此便得出一个重要结论：根据现代化机器大生产的特点，投资变动的幅度往往大于收入变动的幅度；而且投资的变动并非取决于收入（或产量）变动的绝对量，而是取决于收入（或产量）变动的相对量，即收入（或产量）的增加或减少的百分比。现用表13-1的实例说明加速原理的内容。

表13-1　加速原理例表

年度 （t）	收入 （万元） （Y）	所需全部 固定资本 （K）		重置投资 （D）		净投资 （I）		总投资 （G）	
		台数	万元	台数	万元	台数	万元	台数	万元
1	1 000	100	2 000	10	200	0	0	10	200
2	1 000	100	2 000	10	200	0	0	10	200
3	1 100	110	2 200	10	200	10	200	20	400
4	1 200	120	2 400	10	200	10	200	20	400
5	1 250	125	2 500	10	200	5	100	15	300
6	1 250	125	2 500	10	200	0	0	10	200
7	1 150	115	2 300	10	200	−10	−200	0	0
8	1 100	110	2 200	10	200	−5	−100	5	100
9	1 000	100	2 000	10	200	−10	−200	0	0

表 13-1 以机器台数代表全部的固定资本，每台以 20 万元计算其固定资本的价值，设资本系数（a）为 2，即每增加 1 万元收入，需 2 万元投资。固定资本的折旧率为 10%，如果原来固定资产为 100 台，总值 2 000 万元，则一年需重置投资 200 万元，用以购置 10 台机器补偿这一年的磨损。但对于历年增添的机器设备，为简便起见，不计算其折旧，因而没有重置投资问题。这样，历年随着产量（收入）的变动而引起的投资变动如下：

第一年，年收入（Y）1 000 万元，是由 100 台机器，2 000 万元的固定资本提供的，重置投资 200 万元，以购置 10 台机器补偿磨损的固定设备，无净投资，因此，总投资（G）为：

$$G_{t1} = D + I = 200 + 0 = 200 \text{（万元）}$$

第二年，年收入（Y）1 000 万元，与上年收入比较，没有增加，也没有减少，因此，总投资（G）为：

$$G_{t2} = D + I = 200 + 2（1\,000 - 1\,000）= 200 \text{（万元）}$$

第三年，年收入（Y）1 100 万元，比上年收入增加 100 万元，即增加 10%〔（1 100-1 000）÷1 000〕，这就需追加投资，于是总投资（G）为：

$$G_{t3} = D + I = 200 + 2（1\,100 - 1\,000）= 400 \text{（万元）}$$

这就是说，当收入增加 10% 时，总投资将增加 100%〔（400-200）÷200〕，即总投资按 10 倍于收入增加的速度增加。

与上同理，第四年，当收入增加 9% 时，总投资增加为零。换句话说，当收入增加速度，由上年 10% 降为今年的 9% 时，总投资增加的速度，便由上年的 100%，急剧地下降为今年的零。第五年，当收入增加速度进一步下降为 4% 时，总投资则绝对地下降了 25%。第六年，当收入比上年不增不减时，总投资绝对地下降了 33%。第七年，当收入比上年减少 8% 时，总投资减到零，即绝对地下降了 100%。第八年，当收入减少 4.3%，即减少的速度比上年更小得多时，总投资又大大增加了，由上年没有增加，上升到增加 100 万元。第九年，当收入减少 9%，即减少的速度比上年增大时，总投资又减少到零，即绝对地下降了 100%。

这些情况说明，收入（产量）变动引起投资变动的关系是很复杂的，可能会出现各种情况，而不是同比例变化的，只有把资本区分为净投资和重置投资，才能具体说明收入变动与投资变动之间的关系怎样；并且要对以前年份连续进行观察，才能看出总的变动趋势。从表 13-1 所列 9 年的变动趋势来看，大体上是：当收入（产量）的相对量（与上年比较的变动百分比）增长时，投资是加速增长的，反之，当收入（或产量）的相对量停止增长或下降时，投资是加速减少的。这就是所谓加速原理的含义和作用。

这里还必须明确一点，加速原理的作用是要受一定条件限制的。它只有在没有闲置的生产设备的条件下，加速原理才能起作用；如果企业开工不足，设备闲置，那么，当收入增长时，企业不需添置设备，只需动用闲置的设备就行了，因而就不会有引致投资和投资加速增长的问题。

应当承认，所谓加速原理，就它根据现代化机器大生产的特点来说明收入（或产量）的变动会引致投资的变动这点来讲，确是客观存在的。因此，这个原理对于我们如何确定投资规模具有一定参考意义。

二、加速原理与乘数原理相结合的作用及经济波动原因的分析

加速原理和乘数原理都是说明投资与收入两个变量之间的关系和相互变动的连锁反应，只是前者在于说明，收入变动对投资变动的影响；后者在于说明，投资变动对收入变动的影响。西方经济学家认为，对政府来说，要运用国家财力来调节经济，使之维持稳定，不仅应考虑投资乘数的作用，同时还要考虑加速原理的作用，要把二者结合起来，才能充分估计国家财政政策对宏观经济调节的效果和资本主义经济发展的趋势。

这就是说，在西方经济学家看来，当政府投资增加时，首先因投资乘数作用，会引起收入增加；反过来，随着收入的增加，因加速原理作用，又会引致投资增加，从而形成螺旋式上升的膨胀。一旦社会上的一切可以被利用的生产资源都已被利用，以致经济扩张达到极限，投资就将减少或者停止。当投资减少时，收入则依乘数作用减少；收入减少时，依加速原理作用，又引致投资减少，从而形成螺旋式的下降。而当收入下降到使企业开工不足，大量设备闲置无用时，加速原理便不起作用，而只有乘数原理起作用，于是在一定边际消费倾向下，经济又开始重新回升。这样便形成了周期性的经济波动。

他们认为，这种加速原理和乘数原理相结合的作用，可用数学模型表示如下：

设边际消费倾向（MPC）为 b，即：

$$\frac{\Delta c}{\Delta y} = b$$

加速系数为 a，即：

$$\frac{\Delta I}{\Delta Y} = a$$

现期收入为 y_t，前期收入为 y_{t-1}，由前期收入决定的现期消费为 C_t，即：

$$b\,(y_{t-1}) = C_t$$

前期消费为 C_{t-1}，自发投资为 I_0，引致投资为 I_i，即：

$$a（C_t-C_{t-1}）=I_i$$

这是因为，一个部门的消费需求，会转化为另一个部门的收入，而按加速原理，收入的变动会引致投资的变动，所以，现期消费与前期消费的差额同加速系数之积，便等于引致投资。

现期投资的总额为 I_t，即：

$$I_0+I_i=I_t$$

他们假定，现期收入（y_t）可分为现期消费（C_t）和现期投资（I_t）两大部分。因此，加速原理和乘数原理相结合的作用可表现为：

$$\begin{aligned}y_t &=C_t+I_t\\ &=b（y_{t-1}）+（I_0+I_1）\\ &=b（y_{t-1}）+[I_0+a（C_t-C_{t-1}）]\end{aligned}$$

按照这个数学模型，如果 b，a，I_0 为已知，即可推算出各期的收入水平（y_t）。例如，假设：$b=\dfrac{\Delta c}{\Delta y}=0.5$ 则：

$$a=\dfrac{\Delta I}{\Delta Y}=1$$

$I_0=1\,000$ 亿元（例如政府每年投资 1 000 亿元）则历年的收入（y_t）就有如表 13-2 所示。

表 13-2　加速原理和乘数原理相结合作用例表　　　　单位：亿元

项目 年份	现期消费 $C_t=b（y_{t-1}）$	自发投资 I_0	引致投资 $I_i=a（C_t-C_{t-1}）$	现期投资 $I_t=I_0+I_i$	现期收入 $y_t=C_t+I_t$
1	–	1 000	–	1 000	1 000
2	500	1 000	500	1 500	2 000
3	1 000	1 000	500	1 500	2 500
4	1 250	1 000	250	1 250	2 500
5	1 250	1 000	0	1 000	2 250
6	1 125	1 000	−125	875	2 000
7	1 000	1 000	−125	875	1 875
8	937.5	1 000	−62.5	937.5	1 875
9	937.5	1 000	0	1 000	1 937.5

从上述加速原理和乘数原理相结合作用的模型①及其列表中看出，如果消

①　$y_t=b（y_{t-1}）+[I_0+a（C_t-C_{t-1}）]$。

费倾向（b）愈高，加速系数（a）愈大，则一定的政府投资（I_c）在国民收入（y_t）增长中的作用就愈显著。因此，加速原理与乘数原理的结合作用，便被认为是进一步给政府通过财政手段来调节宏观经济提供了依据。

同时还可看出，尽管政府每年自发投资的数额不变（历年均为 1 000 亿元），但在加速原理和乘数原理相结合的作用下，历年国民收入（y_t）却会有所不同，即呈现出由低到高，又由高到低的起伏变化。如例表 13-2 所示，第三、第四年达到最高峰为（2 500 亿元），到第七、第八年降到谷底（每年为 1 875 亿元），第九年又重新开始上升（为 1937.5 亿元）。由此，后凯恩斯主义者便认为，资本主义经济波动的原因，就在于加速原理与乘数原理相结合的作用。

我们认为，加速原理和乘数原理相结合的作用，只不过是从数量关系方面，或者说，从表面现象上在有限的范围内揭示了投资与收入之间的某些联系。从这些联系上来看，我们不否认它对经济周期性的波动会有一定影响，马克思在研究资本周转时，也曾谈到过投资对经济周期性的影响。但是，这仅仅是"影响"而已，而绝不是引起资本主义周期性地爆发经济危机的根本原因。何况投资乘数原理本身并不完全合理，因此，用它与加速原理相结合的作用来解释经济危机，就更加缺乏根据了。

第三节　货币的与实际的经济周期理论

货币的与实际的经济周期理论是以卢卡斯（Robert Lucas）为代表的理性预期学派于 20 世纪七八十年代提出的新型周期论。

一、理性预期学派经济周期理论的基本思路

理性预期学派沿袭新古典学派的市场机制理论，并在自己的所谓"不变性定理"的基础上，提出了解释经济周期或经济波动产生的原因的基本思路。

理性预期学派认为，在市场经济活动中，由于经济当事人都是具有利己主义本性的，即都是以追求自己利益最大化为目标的经济人，并且能掌握完全的信息，因而能对未来商品价格的变化作出符合实际的、准确的预期和相应的对策。这样，即使货币供给量发生变动也不致使产量和就业量发生变动。这就是说，在他们看来，货币是中性的，货币量变动不影响产量和就业量的变动。只有当需求方面或供给方面有关因素发生意外变动时才会引起产量和就业量的变化，即会引起经济波动。如果这"意外"的变动是指货币供给量的变动，由此而引起的经济波动，便是货币经济周期；如果这"意外"的变

动是指实际因素，诸如技术水平、气候状况、人口、新产品开发、原材料、能源、自然灾害等的变动，而引起的经济波动，便是实际经济周期。总之，他们对经济周期原因的基本解释，就是由于影响经济发展的种种因素发生"意外"变动的结果；如果经济当事人对这些因素的变动，事前已作出理性的准确预期，并采取相应的对策，经济波动就不会发生。

二、货币周期理论

用货币因素的变动来解释经济周期的理论早在理性预期派产生以前就已经出现了。19 世纪的经济学家约翰·穆勒（John S. Mill）、阿尔弗雷德·马歇尔（Alfre Mashall），以及随后的拉尔夫·乔治·霍特里（Ralph George Hawtrey）和奥地利经济学家 F. V. 哈耶克（Fridrich V. Hayek）、美国经济学家欧文·费雪（Irving Fisher）等都是货币周期论的倡导者，但他们主要着眼于由货币而引起的信用膨胀或收缩对经济波动的影响。如霍特里认为，经济周期和经济危机是一种纯粹货币现象。在他看来，资本主义经济之所以会发生周期性波动，是由于银行交替使用扩张信用和紧缩信用的结果；经济危机之所以发生，是由于经济周期高涨阶段后期银行被迫紧缩信用的结果。因此，他断言，如果中央银行适当控制信用，就可以防止经济危机的发生。

理性预期学派的看法与上述观点稍有不同。他们在考察货币因素的影响时，主要着眼于货币供给量变动而引起价格变动对经济（产量、就业量）波动的影响。他们认为，经济波动是由于未预料到的或不规则的货币冲击引起的，即由于货币供应量意外的不规则的变动，使得生产者在意识上感到物价产生了短期的相对价格波动，从而导致就业和产量的波动。应当说明的是，他们的这种观点是以厂商和工人的利益完全一致，以及生产者所掌握的经济信息不全面、不充分的假定为前提的。在这些前提下，生产者会在如下两个方面因对价格变动的反应而使产量和就业量发生波动。

第一，劳动供给的实际收入或实际工资弹性方面。因为工人实际收入长期变动对就业、产量的影响不大，但短期的变动则影响明显。即当物价上涨，生产者（包括厂商、工人）收入增加，劳动、产量增加；物价下跌，工人便趁机"休闲""度假"，劳动减少。而物价的涨跌是长期还是短期，只凭经验判定。

第二，价格变动是否为相对价格变动方面。因为如果是总的物价水平变动，对产量、就业量无大影响；如果总的物价水平稳定，而相对价格变动就会使生产者改变决策，从而使产量、就业量发生波动。但究竟是总的价格水平变动还是相对价格水平变动，也只凭经验判定。

总之，当货币供应量意外变动而使物价变动的情况下，如果生产者意识到物价产生了短期的、相对的价格变动，就会使就业量和产量发生波动。这就是说，当货币存量意外地增加，生产者预期的一般价格水平比实际价格水平低，这时生产者便把这未预期到的那一部分价格上涨误认为是短期的价格和相对的价格上涨，于是就增加生产；反之，就会减少生产。这样，因货币的冲击便形成了经济波动。

三、实际周期理论

理性预期学派除提出货币经济周期理论外，还提出了实际经济周期理论（real business cycle）。在理性预期学派理论中，如果说以卢卡斯（R. Lucas）为代表的货币周期理论是指由于货币冲击引起总需求方面的变动而产生的经济波动；那么，以基德兰德（Finn E. Kydland）和普雷斯科特（Edward C. Prescott）为代表的实际周期理论则是指由于一些实际因素的冲击引起总供给方面的变动而产生的经济波动。实际经济周期理论认为，货币对产量、就业量没有重要影响，引起经济波动的主要是实际因素，而不是货币因素。所谓实际因素，明显的有如技术、能源、人口、气候、战争等，这些因素的变化会集中体现在使生产率发生变化，从而引起供给方面的变化，最终引起经济波动。这种实际经济周期论的思想渊源，可上溯到 20 世纪初的美国经济学家米契尔（Wesley Clair Mitchell）和熊彼特等。他们都有把实际因素的变动视为引起经济波动的原因的思想，理性预期学派则把它进行了进一步丰富发展和更理论化、模型化，并特别注重技术冲击对经济周期的影响。

实际经济周期模型是以理性预期的生产函数模型为基础建立起来的。即假定市场是连续出清的，劳动市场在假定工人对价格预期不变的情况下，劳动的供给曲线始终不变，但劳动的需求曲线却有可能因生产率的变化，从而生产函数曲线的变化而变化。如图 13-1 所示。

图 13-1 中的上图为生产函数图，下图为劳动市场图。上图 F_0 表示正常状态下的生产函数曲线，F_1 表示受实际因素的不利冲击时的生产函数曲线。当发生不利冲击时，例如，当出现恶劣天气，生产率下降，生产函数曲线由 F_0 下移到 F_1。与此相适应，下图中的劳动需求曲线从 N_0^d 下移到 N_1^d。具有正斜率的不变的（因工人对价格的预期不变）劳动供给曲线同正常状态下的劳动需求曲线（N_0^d）的交叉点 A 决定的实际工资（W/P）为 W_0/P_0，就业量为 N_0。这条不变的劳动供给曲线同出现不利冲击时的劳动需求曲线（N_1^d）的交叉点 B 决定的实际工资为 W_0/P_1，就业量为 N_1。图 13-1 说明，在正常状态下，假定经济在 A 点运行，相应的产量为 Q_0，就业量为 N_0，实际工资为 $W_0/$

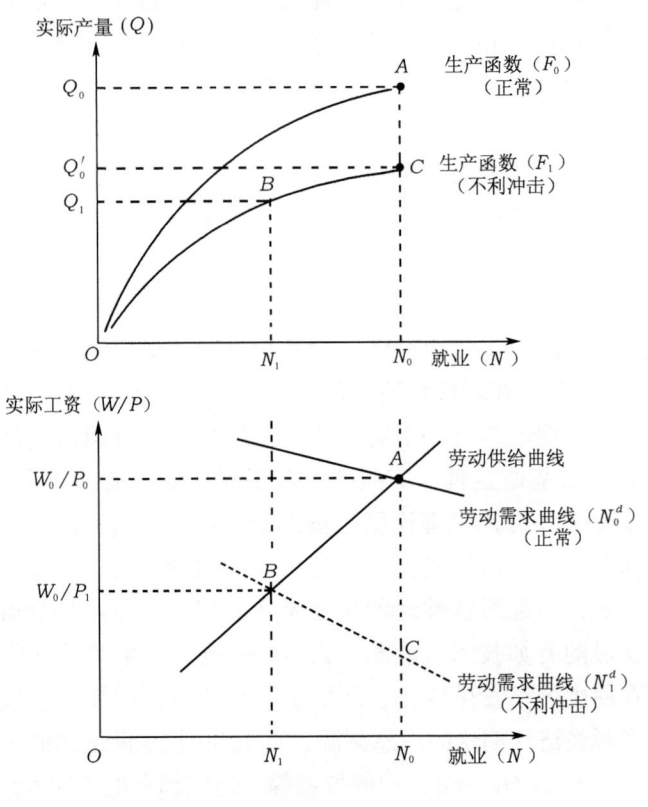

图 13-1

P_0；而由于实际因素的不利冲击，生产率下降，便使生产函数曲线由原来处于正常状态下的 F_0 下移到 F_1，从而使原来的经济均衡点 A 移动到 B，相应的产量从 Q_0 降到 Q_1，就业量从 N_0 降到 N_1，实际工资从 W_0/P_0 降到 W_0/P_1（P 表示价格，$P_1 > P_0$），即出现了经济衰退。如果就业量始终不变，即假定劳动供给曲线不是向右上方倾斜，而是由 N_0 向上通过 C 点和 A 点的一条垂直线。在这种情况下，即使发生实际因素的不利冲击，经济均衡点也不会从 A 点移到 B 点，而是移到 C 点。这时就业量自然不会减少，仍为 N_0，产量下降幅度也较小，只从 Q_0 降到 Q'_0，但实际工资却可能下降到 W_0/P_1 以下。这就是说，在发生不利冲击的情况下，就业量不减，是以工人实际工资的进一步下降为代价，同时也为社会提供了较 Q_1 多一些的产量 Q'_0，但产量毕竟比原来的 Q_0 要少了。

总之，不管劳动供给曲线的位置如何，只要发生不利冲击，产量就会下降，在一般情况下，就业量也会相应下降。不难想象，在相反的情况下，如果发生实际因素的有利冲击，就会使产量和就业量增加，出现经济的向上波动和繁荣。

为了进一步说明实际冲击对经济周期的作用，实际周期论者与货币周期论者一样，在假定工人与厂商利益一致的前提下，用工人有"跨时期闲暇替代"的意愿来进一步说明，实际冲击为什么会引起经济波动。他们认为，在发生有利冲击，经济繁荣时，不仅资本家愿意多投资、多生产，工人也因工资较高，愿意在这个时期多提供劳动而少休闲，从而使就业率提高，劳动时数增多；反之，在发生不利冲击，经济衰退时，不仅资本家要减少投资，工人也因工资较低，愿意在这一时期多享受休闲而少提供劳动，从而使就业率下降，劳动时数减少。这样，工资的变动就造成了就业量和产量的变动。

理性预期学派的货币周期论与实际周期论，虽然面对周期的现实而不得不承认资本主义经济波动的存在，但他们都否认有非自愿失业，而认为工人失业都是在经济衰退时自愿"闲暇替代"的行为，这比凯恩斯承认有非自愿失业的观点还后退了一步，更不用说他们把工人与厂商视为利益一致的片面性和未能揭示出经济周期的真正原因。但比较说来，实际周期论比货币周期论更有说服力一些。因为，货币周期论隐含着一种观点：认为一项温和的货币政策，例如认为，只要货币存量增长率固定不变，就可消除经济波动。这完全是不切实际的幻想。

第四节　其他经济周期理论

西方经济学中的经济周期理论，除以上几种外，还有其他许多种，由于篇幅所限，这里只就其中较为常见的几种作一介绍。

一、消费不足周期论

消费不足周期论把产生经济危机和周期的原因归结为消费不足，即认为是由于消费品的生产超过了人们对消费品需求的结果。这种观点最早是由法国经济学家西斯蒙第（Jean Charles Leonard Simonde de Simondi）在 1819 年出版的《政治经济学原理》一书中提出来的。西斯蒙第把小生产社会视为理想的王国。他认为，在小商品生产条件下，生产的目的是为了消费，因而生产和消费之间存在着自然的直接联系，因而不可能产生生产过剩的危机。但在资本主义条件下，商品是要靠个人从上年生产中获得的收入去购买、去消费的，因此，如果今年的生产超过了上年的收入，那么就会发生收入不足，从而消费不足，使得今年的一部分产品无法销售，这样就可能产生生产过剩的危机。为什么今年的生产会超过上年的收入呢？他认为，这主要是由于资本家不断追求利润，无限扩张生产和在竞争的压力下，广泛使用机器的结果。在大机器生产的条件下，许多小生产者破产，从而使他们的收入和消费减少；资本家为降低生产成本，尽量压低工人工资，使工人的收入和消费也减少。于是就形成了一方面是资本家无限扩大生产，另一方面是广大群众的收入和消费减少，最终产生了生产与消费的矛盾而爆发经济危机。

随后，马尔萨斯（Thomas Robert Malthus）于 1820 年在《政治经济学原理》一书中也提出了消费不足的危机理论。他说："需求总是由价值决定，而供给总是由数量决定"，"供给必须始终同数量成比例，而需求必须始终同价值成比例"，"除非某一种商品的交换价值同该商品的数量成比例，否则说每一个人的需求和供给永远相等，就不可能是正确的"，"因此，市场商品普遍充斥是可能的"。[①] 他还断言，过快的资本积累会引起产品的增长速度超过购买力的增长速度，从而引起产品的有效需求不足和产品的普遍过剩。而为了防止生产过剩，就必须刺激和扩大地主、贵族、僧侣、官吏，以及他们的仆役等的非生产性消费。可见，马尔萨斯实际上是把靠剥削维生的地主、贵族的消费不足视为产生经济危机的原因。

凯恩斯沿袭和发展了马尔萨斯的消费需求不足的思想，建立起以有效需求原理为核心的宏观经济理论体系，并用有效需求不足和资本边际效率的骤然下降来说明商业循环和经济危机产生的原因。因此，从一定意义上讲，凯恩斯也是消费不足周期论者。他在分析消费需求不足的原因时，还指出了资本主义经济的收入、分配的过分不平等是影响消费倾向较低的重要原因，这表明凯恩斯对危机原因的认识虽然还不科学，但比西斯蒙第、马尔萨斯的消费不足论都深入了一步。

二、投资过度周期论

投资过度周期论认为，产生经济周期的原因在于投资过度，即认为由于投资过多，使生产资料或资本品的生产部门过度地发展挤占了本来用于生产消费品的资源。这一方面使就业量因过度投资而增加，以致消费需求增加；另一方面又使消费品供给不足，于是消费品价格上升。在此情况下，厂商投资又转向消费品生产部门，使得原来因过度投资而发展起来的资本品过剩，于是引起经济危机。可见，这种周期理论实际是指在繁荣阶段，由于货币投资过度而引起了生产结构不协调，这就会导致经济危机。提出和倡导这种周

---

① 转引自《马克思恩格斯全集》第 26 卷 Ⅲ，人民出版社，1974 年版。

期理论的经济学家主要有：奥地利的哈耶克（Friedrich August Von Hayek），俄国的杜冈—巴拉诺夫斯基和德国的斯皮特霍夫等。

哈耶克认为，在自由竞争的市场经济条件下，资本品和消费品的生产结构本来是能保持协调均衡发展的，但在现实经济生活中，在繁荣阶段，一旦投资过度，就业增加，人们的收入增加，消费需求增加，引起消费品价格上升，于是生产资源便向消费品生产部门转移。但资金却可能不足。在这种情况下，若靠银行扩大信用来维持足够的资本供给，从而恢复经济均衡并非易事。因为由于种种原因，银行绝不能无限制地扩张信用。例如，由于法律或习惯上的限制，使得银行信用不能无限扩大，以避免出现通货膨胀；同时在繁荣阶段由于物价上升的刺激，消费者往往会增加消费支出，减少储蓄，这也会阻滞银行货币资本的供给。一旦货币资本供给不足，原来已因投资过度而正在兴建或扩充的基建工程便不得不中途停止，从而使供给基建材料、设备的资本品生产过剩，并由此引起连锁反应，以致整个社会经济处于萧条状态，爆发危机。

杜冈—巴拉诺夫斯基完全用借贷资本的运动和比例失调来说明经济周期的原因。他认为，资本投资具有急骤和大量的特点，而闲散的借贷资本的积累却是缓慢的。因此，当投资过剩，即流进生产资料生产部门的资金过多，流进消费资料生产部门的资金太少而发生不平衡时，借贷资本就会出现枯竭，资金就会短缺，经济危机就可能发生。

斯皮特霍夫认为，推动经济周期进入繁荣阶段的主要动因，是新技术的发明、新产品的开发、新市场的开拓、战争的刺激，以及萧条阶段利息率的低落等。即由于这些因素的刺激，使生产资料生产的投资大量增长，固定资本设备的使用日益扩大，于是经济进入了繁荣阶段。然而经济的繁荣高涨会引起两方面的结果：一方面扩大了生产能力，不断向市场提供日益增多的钢、铁、建筑材料等生产资料和汽车等耐用消费品；另一方面货币工资上升，成本增加，利润减少，以致使资本家用以投资的货币资本供给逐渐减少，从而对生产资料的需求也日益减少。这样，势必造成生产资料、耐用消费品供求失衡，即供给大于需求，最后爆发经济危机。斯皮特霍夫进一步认为，只要在经济进入繁荣阶段以后就缩减消费，增加储蓄，调整二者之间的比例关系，便可防止爆发经济危机。因为这一方面可以增加资本供给，从而增加投资，增加对生产资料的需求；另一面可以把原来用于生产消费品的资源转而用于生产生产资料，从而使这个部门生产出来的设备、原材料能被充分利用起来。

由此可见，斯皮特霍夫实际是把经济危机的原因归结为生产部门比例失调的结果（生产资料的供给大于需求），归结为人们的收入在消费与储蓄之间的分配比例不当的结果（消费多、储蓄少），归结为储蓄与生产资料的生产不相适应的结果。

以上种种投资过度周期理论的共同特点，都是把生产结构不协调视为产生经济危机的终极原因，这是想用一个部门投资过多引起各个生产部门（主要是资本品生产部门和消费品生产部门）之间比例失调的片面现象来说明经济危机的原因，从而掩盖产生经济危机的真正根源。

三、太阳黑子经济周期论

太阳黑子经济周期理论认为，经济周期性波动是由太阳黑子的变动引起的。这种观点是由英国经济学家威廉·S. 杰文斯（William Staley Jevons）于1875 年提出来的。他认为，太阳黑子的出现会引起气候的变化，从而影响农作物的收成，进而造成整个社会经济生活的动荡。他还认为，太阳黑子的增多，一般以 10 年为周期，因此经济危机也 10 年爆发一次。他甚至企图用印度的例子来证明，说什么印度的农业受太阳黑子变化的影响十分明显，认为每当出现太阳黑子的时候，印度的粮食就减产，粮价上涨，进而引起英国经济水平下降。然而大量事实说明，当出现经济衰退、萧条的时候，并不常常发生在太阳黑子出现的时候；在太阳黑子出现的时候也并没引起所有资本主义国家的经济衰退、萧条；特别是在 20 世纪 30 年代世界资本主义国家发生经济危机的时候，处于同一太阳照耀下的社会主义苏联经济却蒸蒸日上；何况在资本主义制度产生很久很久以前，太阳黑子就已一再出现过，但却并未引起什么周期性的经济危机。可见，用太阳黑子来解释经济周期性是没有道理的，即使在太阳黑子增多时曾经发生过资本主义经济危机，那也只能说明它们之间发生了偶然的巧合，而并非有必然的联系。

以上种种经济周期理论，除了太阳黑子论说得实在太牵强而外，其他都从不同角度或多或少地揭示了经济周期性波动的原因，但都是一些表面的、次要的原因，而未找出其根本原因所在。

马克思主义认为，引起资本主义经济周期性波动和危机的根本原因在于资本主义经济制度本身的基本矛盾，即资本主义生产的社会化与占有的私有化之间的矛盾。这个矛盾决定了，一方面由于全部剩余价值被资本家无偿占有，使得生产的无限扩大与消费的有限之间不协调；另一方面由于市场的激烈竞争，使得各私人生产者的各自为政与社会化生产要求各部门协调发展之间的脱节，这两方面共同作用的结果，便不可避免地产生周期性的经济波动和危机。马克思指出，生产的社会化和资本主义私人占有之间的资本主义基本矛盾，乃"是危机的最深刻、最隐秘的原因，是资产阶级生产中种种尖锐矛盾的最深刻、最隐秘的原因"。①

宏观经济学小结

宏观经济学主要是在 20 世纪 30 年代，以凯恩斯《就业、利息和货币通论》的宏观分析奠定理论基础的。凯恩斯的宏观经济学，由于适应了当时垄断资产阶级和国家垄断资本主义发展的需要，曾经得到广泛的传播和发展，以致在战后相当长的一个时期，在西方经济学中占据了统治地位，并且成了西方许多国家政府的经济政策的指导思想。但是，随着资本主义矛盾和危机的发展，它终于在无情的现实面前宣告"失灵"了。

以凯恩斯经济理论为代表的宏观经济学最根本的缺点，就是它的分析只着眼于经济总量方面，因而只停滞在经济表面现象上，毫不触及经济关系的本质，这样便完全掩盖了资本主义社会的基本矛盾和阶级对立。例如，在对国民收入的分析中，这种理论对收入消费、储蓄的分析，只分析其总量和"规律"，而未把不同情况、不同性质的非生产者与生产者，剥削者与被剥削者的收入、消费、储蓄区别开来，以致剥削者与被剥削者的关系完全被淹没在抽象的数字游戏之中，从而也就使整个宏观经济理论体系不可能是真正科学的、可靠的。很清楚，凯恩斯在收入分析的基础上建立起来的就业理论，是唯心主义的，是为国家垄断资本主义政策提供理论依据的理论；凯恩斯及其门徒在宏观经济理论基础上提出来的宏观财政政策、货币政策和收入政策，特别是他们的通货膨胀和财政赤字政策，对资本主义矛盾和危机，虽然能暂时起到一些缓和作用，却不能根本予以消除。不仅如此，由于它的政策实质在于加强对工人的剥削，以保证垄断资本的高额垄断利润，还使矛盾愈来愈深，问题愈演愈烈。例如在美国，继 20 世纪 70 年代出现"滞胀"，紧接着又陷入高失业、高赤字、高逆差、高债务的困境；在熬过战后第九次衰退（1990 年 7 月～1991 年 3 月）之后，虽然凭着拥有高科技的优势和"冷战"结束后的有利时机，使经济出现了长达 100 多个月的持续增长，但却依然蕴藏着不可克服的深刻危机，到 2001 年 3 月即产生了第十次经济衰退；到 2007 年，以美国住房次贷危机开始更迅速依次演变成全球性的金融危机、经济危机和主权债务危机，至今也还未见有完全结束之日。

然而，我们也不能不看到，宏观经济学尽管只局限于经济总量的分析，但也毕竟在一定程度上揭示了若干经济总量之间的关系，因而在一定程度上

---

① 马克思、恩格斯：《马克思恩格斯全集》第 26 卷Ⅲ，人民出版社，1974 年版。

反映了现代社会化生产和商品经济的特点。我国的社会主义经济制度与资本主义经济制度是有本质区别的，不容混淆，但就社会化大生产这点来讲，二者却是相似的；特别是我国要建立社会主义市场经济体制，在市场经济运行的机制方面，与资本主义经济有许多地方是相同或相似的。因此，宏观经济学的某些分析方法和经济管理措施，对我们仍有一定参考意义。例如，他们对国民收入均衡的某些分析方法对我们在研究社会总供给与社会总需求的平衡方面，就有一定参考价值；他们的宏观财政政策和货币政策，是以私有制和比较充分的市场机制为前提的。这些前提与我国国情还不完全相同，或还不完全具备，因而我们不能生搬硬套。但它的一些措施和方法，对我们如何加强宏观经济的间接控制，以促进经济计划的实现，仍有一定借鉴意义；他们的乘数原理，虽然具有非科学性的一面，但对我们考察社会主义经济各部门之间的联系，充分估计政府投资和财政收支对国民收入的效应方面仍有启发；他们对某些经济增长模型和经济增长的形成因素以及制约因素的分析，对我们制定经济发展战略和规划工作，也有一些参考作用。

总之，宏观经济学的理论体系是非科学的，在本质上是为垄断资本主义服务的庸俗理论，因此，绝对不能作为我国社会主义建设的指导思想，但对它的某些分析方法和管理措施，应做具体分析，实事求是地选择和参考，任何全盘肯定或全盘否定的态度，都是不恰当的。